부동산 경제학

Real Estate Economics

최차순 지음

PREFACE

부동산은 의·식·주의 하나로서 인간생존의 필수재화의 하나이다. 인간의 욕망은 무한한데 부동산자원은 한정되어 있다. 한정된 자원에는 최적배분과 투기문제를 늘 수반한다. 부동산 문제의 뉴스는 블랙홀처럼 우리의 관심을 빨아들인다. 부동산은 우리나라 가계자산의 70% 수준을 상회할 정도로 국민경제에 지대한 영향을 미친다. 다양한 계층의 남녀노소 할 것 없이 부동산 문제가 늘 회자된다. 부동산은 사람들의 높은 관심사만큼 양적 질적으로 급팽창하였다.

부동산시장은 우리의 일상과 경제적 안정에 큰 영향을 미치며, 그 복잡성과 다양성으로 인해 이를 연구하고 이해할 필요성이 제기되고 있다. 부동산 문제를 풀고 부동산 현상을 체계적으로 규명할 부동산 경제학은 현대 사회에서 끊임없이 주목받는 분야 중 하나이다. 부동산 문제를 풀고 현상을 규명할 전문가의 사회적 수요가 늘어감에 따라 부동산학문이 시작된 지 지난 반세기 동안 지속적인 노력이 진행돼 어느 정도 성과도 이루었다.

저자는 오랫동안 경제학을 강의하면서 경제학의 원리와 이론이 부동산에 어떻게 적용될 수 있는지 학생들에게 강의해 왔다. 그때마다 복잡하고 다양한 부동산 문제를 처음 접하는 학생들, 업계 및 일반인들이 체계적이며 쉽게 접근할 수 있는 교재의 필요성을 생각해왔다. 그러나 이런 비판적 견해와는 달리 저자의 한정된 능력과 지식으로 복잡한 부동산 문제를 경제이론으로 다 담아낼 수 있을까 하는 우려가 없지 않았지만, 첫 걸음을 내딛는 것이 중요하다고 생각하여 독자 제현들의 지도편달을 기다리며 책을 출간하기로 하였다.

이 책은 공인중개사 및 감정평가사 자격시험을 준비하는 응시생들, 대학원 진학에 꿈을 가진 학생들, 부동산 전문가로서 부동산에 대한 심도 있는 이해와 응용력 향상,

부동산경기 흐름을 체계적으로 이해하려는 업계 및 일반인들에게 수년간 공인중개사, 감정평가사 등의 시험출제위원으로서 겪은 경험과 통찰력을 공유하여 부동산 활동 의사결정에 도움을 주고자 집필하게 되었다. 본서는 저자의 경험을 바탕으로 부동산 경제학의 이론을 소개할 뿐 아니라, 부동산 문제를 해결하고 현상을 규명하기 위해 미시 및 거시경제이론이 어떻게 적용되고 응용될 수 있는지를 소개하였다. 따라서, 이 책은 부동산 경제학에 대한 이론적 기반을 제공하는 데 그치지 않고, 학생들과 일반인들이 스스로 문제를 해결하고 응용할 수 있는 능력을 키우는 데에 중점을 두었다. 기존의 부동산 경제학책은 부동산 문제와 현상을 규명하는데 미시 및 거시적 관점 없이 기술하였지만, 본서는 부동산 미시경제학과 부동산 거시경제학으로 구분하여 부동산이 경제에 어떤 영향을 미치며 상호작용하는가를 조명한 점이 기존교재와 차이점이다.

본서는 12장으로 구성되어 있다. 제1편에서는 부동산학의 기초개념을 소개하였다. 제2편에서는 부동산 미시경제학으로 구성하였다. 부동산시장을 중심으로 가격, 탄력성, 자원 배분, 공간시장과 자산시장이 어떻게 이루어지고 변화되는지 기술하였다. 4차 산업혁명시대 부동산산업도 새로운 도전과 지평을 열어가고 있다. 따라서 부동산산업의 미래 흐름으로 프롭테크(proptech) 산업을 소개하였다. 제3편에서는 부동산 거시경제학으로 구성하였다. 부동산 가격과 주요 거시경제지표, 부동산산업과 거시경제, 부동산 조세와 경제적 효과, 경기변동, 실증적 사례 등에 대해 거시적 관점에서 기술하였다.

각 장에 읽고 생각하기 코너 제시와 주요용어 및 개념을 정리하였고, 연습문제를 풀어봄으로 실전 응용력과 인지학습 능력을 스스로 함양할 수 있도록 하여 부동산시장의 특성과 동향을 깊이 이해할 수 있도록 구성하였다. 부동산 경제학은 절대적으로 정형화된 분야가 아니다. 시장의 변화와 새로운 도전에 대응하며 지속적인 학습과 적응이 필요하다. 이 책은 그런 관점에서 독자들이 흥미롭게 탐구하며 새로운 지식과 통찰력을 함께 나누는 여정이 되기를 기대한다.

본서를 출간하는데 많은 분의 도움이 있었다. 부동산 경제학에 깊은 관심을 가지고 오랫동안 연구해온 동료 선후배 교수, 전문가들의 격의 없는 토론과 충고에 감사드린다. 교수선교사로서 부동산 경제학 강의 기회를 주신 남서울대학교, 강의록을 작성하고 교정하는데 요긴한 정보를 제공해 준 부동산학과 학생들의 노고가 없었으면 본서가 빛을 보지 못했을 것이다. 이정원과 현주성 학생은 원고를 읽고 교정까지 해주어 더 없는 고마움을 표한다. 늘 기도와 격려를 아끼지 않는 교우들, 친구들에게도 깊은 감사를

드린다. 어려운 여건 속에서 선뜻 책 출판을 허락해주신 도서출판 21세기사 이범만 사장님, 임직원 여러분과 편집위원들에게 감사드린다. 무엇보다 한평생 동반자로서 인내와 기도로 함께 해준 백혜숙, 신선한 시각으로 든든한 힘이 된 자녀 화미, 경미, 차명환에게도 고마움을 전하고자 한다.

2024년 5월 성산골 연구실에서
최차순

CONTENTS

PART 2 부동산 미시경제학

PART 1
부동산 경제학의 기초

CHAPTER 1

부동산과 부동산 문제

제1절 부동산의 개념

부동산이란 '토지와 그 정착물'[1]을 의미한다. 여기서 정착물이란 토지에 부착되어 이동이 어려워 계속적 연속적 이용되는 물건이다. 물건은 건물, 토지에 자라고 있는 입목 또는 수목의 집단, 농작물, 담장, 교량, 터널 등이 물건으로 분류된다. 우리 민법에서는 협의의 부동산뿐만 아니라 부동산은 아니지만 부동산처럼 등록의 공시법을 갖춘 동산으로 20톤 이상 선박, 항공기, 자동차, 건설기계, 부동산과 동산의 집합물(공장재단, 광업재단 등), 무형의 권리인 어업권 등을 준부동산으로 광의의 부동산에 포함시키고 있다.

영미권에서 부동산이라는 용어는 'real estate', 'real property', 'realty', 또는 land 등으로 사용된다. 부동산을 이와 같은 용어로 사용하는 주된 개념은 부동성(immobility)에 초점을 맞추어 움직이지 않는 자산으로 사용하는데 기인한다. 오늘날 건축 기술의 발전으로 이동식 주택, 모듈주택 등도 부동산에 포함된다. 이들 주택은 소득수준의 향상으로 한 곳에 정주하여 사는 것보다 계절의 변동에 따라 쾌적한 지역으로 옮겨 다니면서 경치를 즐기기에 적합한 주택이다. 주택으로서의 부동산은 그 자체를 소유하는 것도 중요하지만 부동산과 관련된 권리도 부동산의 개념에 포함된다. 또한, 부동산은 소유권 못지않게 공간을 임대차하여 임대수익을 얻을 수 있는 중요한 자산으로 주식, 채권 등과 같이 투자 상품으로의 특성을 보이고 있다.

제2절 희소성과 부동산 문제

주택은 인간이 살아가는 데 꼭 필요한 의식주의 하나인 중요한 재화이다. 주택을 비롯한 건물 등은 저절로 얻어지는 것이 아니고 자원(resource)을 사용하여 생산해야 한다. 오늘날 사람들은 자기가 필요한 물건을 자급자족하여 살 수 없다. 사람들은 협력하여 주택과 같은 부동산을 생산하고 교환해야 한다. 이처럼 인간이 주택과 같은 부동산을 생산, 교환, 할당, 소비하는 행위를 부동산 활동(real estate activities) 또는 부동산 경

1) 민법 제99조 1항

제행위라 한다.

오늘날 부동산 활동에는 다양한 부동산 문제가 발생한다. 왜냐하면, 인간의 욕망은 무한한데 욕망을 충족시켜줄 자원은 한정돼 있기 때문이다. 즉 인간의 욕망을 충족시켜줄 자원의 희소성 때문이다. 인구수 증가, 소득수준 향상, 교육 및 문화 수혜의 향상, 가구 및 인구 생태계 등의 변화는 다양한 욕구를 분출시키고 그 욕구를 채워 줄 수 있는 가용할 수 있는 부동산 자원은 한정돼 있어서 인간이 존재하는 사회에서는 언제나 부동산 문제가 일어난다. 예를 들어 보면, 누가 주택을 생산해서, 누구에게 얼마만큼, 어떤 방법으로 할당할 것인가 하는 부동산 문제이다. 부동산 활동에서 일어나는 다양한 형태의 문제를 부동산 문제라 한다.

인간의 욕망을 충족시켜줄 부동산 이라는 재화가 충분하다면 적어도 부동산 문제는 일어나지 않을 수 있다. 이는 부동산을 생산, 교환, 할당, 소비하는 행위의 부동산 활동에 있어서 부동산 문제가 일어날 수 없음을 의미한다. 현실적으로 부동산 활동은 부동산이 거래되는 부동산 시장에서 일어난다. 부동산 시장에서 부동산이 생산, 교환, 할당, 소비하는 부동산 활동이 끊임없이 일어난다. 부동산 거래의 행위인 부동산 활동은 부동산 문제를 수반한다. 부동산이라는 재화는 부동산의 특성과 인간의 무한한 욕망으로 인하여 희소성이 늘 존재하며 희소성은 시공을 초월하여 부동산 문제를 야기하기 때문에 부동산 문제를 해결하기 위해 부동산 경제학은 출발한다.

위에서 부동산의 특성은 일반 재화와 달리 부동성(immobility), 영속성(indestructibility), 개별성(heterogeneity), 토지의 비생산성(unproductivity) 또는 부증성(비생산성) 등의 물리적 특성, 위치성(situs), 변용성(modification), 분할가능성(divisibility), 내구성(durability), 상호의존성(interdependence) 등의 경제적 특성, 부동산관련법(real estate law), 공공규제(public regulation), 지역적 관습(regional custom), 부동산 관행(real estate practice) 등 제도적 특성을 지니고 있다. 부동산의 이와 같은 특성은 부동산이라는 재화의 희소성을 때로는 더 증폭시켜 아주 복잡한 부동산 문제를 일으킨다.

인간의 욕망(desire)[2]은 무한하다. 인간의 욕망은 양면성이 있다. 새처럼 날고 싶은

2) 인간은 욕망을 가진 존재이다. 캠브리지 사전에서 욕망은 무엇인가 강하게 당기는 힘이다 라고 나타내고 있다. 동양 속담에는 '말을 타면 종을 두고 싶다'라는 격언이 있다. 인간의 기본적 욕망은 육체와 긴밀한 관계를 맺고 있지만, 사회적 욕망은 인간의 의식과 관련이 있는데, 부, 권력, 명예 등 타인들로부터 인정받고 싶어 한다는 것이다. 인간의 무한한 욕망을 이성으로 극복하고 다스리지 못하면 모든

인간의 욕망이 비행기를 만들어내고, 나와 똑같은 인간을 만들어내고 싶은 욕망이 복제 인간과 로봇을 만들어내고, 시공을 초월해서 대화하고 메신저를 주고받으려는 욕망이 인터넷과 컴퓨터를 만들어내고, 서로 다른 공간에서 이질적인 언어구조를 가진 사람과도 실시간으로 대화하고 싶은 욕망이 대화형 인공지능(Chat GPT)을 만들어내고, 좁은 토지에 공간을 효율적으로 사용하려는 욕망이 아파트와 빌딩을 만들어내고, 이동하는 자동차로부터 자유로운 활동을 하고 싶은 욕망이 자율주행차를 만들어 삶의 자유와 질을 높이는 긍정적 힘의 근원이 된다. 반면, 남을 지배하고 침략하려는 욕망이 미사일과 원자폭탄을 만들어내고, 노력하고 땀 흘려 일하지 않으려는 욕망이 사기 계약서를 만들어내고, 교도소를 만들어 부정적 힘의 근원이 된다. 우리 사회에는 욕망을 잘 다스리지 못하여 불행을 겪는 이가 한두 사람이 아니다. 욕망이 긍정적인 에너지로 사용되면 건강하고 풍요로운 삶에 기여하여야 함에도 불구하고 좌절된 욕망은 한정된 부동산이라는 자원을 시간과 공간상의 할당에 희소성을 더 크게 하여 부동산 문제를 일으키게 된다.

제3절 부동산 문제와 경제체제

3.1 부동산 문제

인간의 무한한 욕망을 충족시켜 줄 주택, 토지 등과 같은 부동산 자원은 유한하다. 유한한 부동산을 함께 사용하여 행복한 삶을 영위하기 위해서는 욕망을 적절히 억제할 필요성이 있다. 유한한 부동산이라는 자원을 효율적으로 할당하기 위해서는 필연적으로 선택의 문제가 따른다. 프랑스 실존주의 철학자 사르트러(Sartre)는 인간은 태어나서(birth) 요람(death)에 이를 때까지 끊임없는 선택(choice)의 문제에 직면하게 된다는 것이다. 즉 '인생은 B와 D사이의 C이다'라고 말했다. 인간은 더 질 높은 삶을 영위하고자 더 많은 부와 좋은 주거 환경을 추구한다. 더 많은 부와 좋은 주거 환경을 인간이 원할수록 한정된 부동산 자원은 더 희소해지고 필연적으로 부동산 문제가 일어나게 된

악의 근원이 된다.

다. 한정된 자원을 할당 효율적으로 배분하기 위해서는 합리적 선택(rational choice)의 문제가 수반된다. 부동산이라는 재화의 희소성이 부동산 문제를 낳고 부동산 문제를 해결하기 위해 인간은 끊임없이 선택의 문제에 봉착하게 된다.

부동산 문제는 부동산 시장에서 부동산을 생산, 교환, 할당, 소비 등의 부동산 활동을 하는 과정에서 일어난다. 부동산 문제가 어떤 것들이 있는지 간단히 살펴보자. 우선 부동산의 생산과정에서 발생할 수 있는 부동산 문제는 한정된 자본으로 어떤 유형의 주택이나 건물을 누구를 위해 얼마만큼, 어떤 방법으로 생산할 것인가 하는 문제이다. 또한, 소비하는 과정에서 발생할 수 있는 현실적인 부동산 문제는 소득에 비해 주택과 같은 부동산이 고가로 인해 부동산의 취득 및 임차가 쉽지 않다는 것이다. 결국, 부동산의 소비 과정에서 발생할 수 있는 부동산 문제는 한정된 소득으로 어떤 유형의 부동산을 얼마만큼, 어떤 방법으로 언제 소비할 것인가 하는 문제이다. 이를 요약하면 경제문제에서 기본적으로 해결해야 하는 ① 무엇을 얼마나 생산할 것인가? ② 어떻게 생산할 것인가? ③ 누구를 위해 생산할 것인가? ④ 언제 생산할 것인가? 하는 문제가 부동산 문제에도 같이 적용될 수 있다는 것이다(김대식·노영기·안국신·이종철, 2018, pp.10-11). 따라서 부동산 문제를 경제학적 논리와 방법론으로 접근하여 연구하는 학문이 부동산 경제학이다.

부동산 문제는 부동산을 둘러싼 정치, 사회, 제도, 경제, 법, 문화, 인구통계, 자연환경 등과 섞여서 일어나기 때문에 단순하지 않다. 따라서 부동산 문제를 해결하기 위해서는 정치, 사회, 경제, 제도, 법, 문화, 인구통계, 자연환경에 대한 폭넓은 지식과 이해의 융복합적 사고에 기반한 경제학적 논리와 방법론으로 접근할 때 가능하다.

3.2 경제체제

부동산 문제는 어떤 사회든 존재할 수밖에 없고 어떤 형태로든 풀어야 할 과제이다. 부동산도 인간이 살아가는데 핵심적인 재화의 하나이다. 모든 재화의 생산 배분 소비 과정에서 경제문제가 발생하듯이 부동산의 생산, 교환, 할당, 소비의 기본적 행위 과정에서 부동산 문제가 일어난다. 경제문제를 해결하는 제도나 체제를 경제체제라 한다. 부동산 문제를 시장에서 자유로운 경쟁을 통해서 해결하는 제도를 시장주의 경제체제라 하고, 시장이 아닌 정부나 특정한 계층의 계획과 통제로 해결하는 제도를 사회주의 경제체제라 한다. 특히 토지는 생산 3요소의 하나이다. 토지를 사적재화(private goods)로 볼 것인가 아니면 공공재(public goods)로 볼 것인가의 관점에 따라 자유주의 체제와 사회주의 체제로 구분된다. 자유주의 체제에서는 토지를 사적재화로 취급하여 토지로부터 일어나는 부동산 문제를 시장기구(market mechanism)를 통해 해결하려고 한다. 반면에 사회주의 체제에서는 토지의 공공성 강조하여 정부의 계획(plan)이나 통제(control)에 의해 부동산 문제를 해결하려고 한다.

토지의 부증성으로 인하여 자본주의 체제를 추구하는 자유주의 국가에서도 토지를 둘러 싼 부동산 문제를 해결하는 방법에 차이가 있을 수 있다. 토지의 공적 개념을 강조하는 자유주의 국가에서도 토지의 교환, 할당, 소비 과정에 법과 제도를 도입하여 규제[3]를 하기도 한다. 자본주의 체제에서 부동산의 공공성을 강조하는 기저에는 자본주의 체제의 단점인 부익부 빈익빈의 빈부격차가 토지에서 비롯된다는 헨리 조지(Henry George, 1839~1897)[4]의 경도된 사상에 기인한다. 빈부격차를 해소하기 위해서는 자연적으로 주어지는 토지의 사적 소유를 인정하지 않고 국가가 소유를 해야 한다는 것이다. 그러나 조지의 주장은 자유시장경제를 추구하는 미국 사회에서 외면당하고 있다. 사회주의 국가는 토지뿐만 아니라 주택 등 대부분의 부동산 활동에 직간접적으로 규제를 두고 있어서 부동산 자원이 효율적으로 활용되지 못하고 있다. 사회주의 국가는 사유재산과 이윤추구와 개인의 자유로운 경제활동을 부정한다.

20세기 가장 위대한 경제학자인 케인스(John M. Keynes, 1883~1946)는 "인류의 정치적 문제는 경제적 효율, 사회적 정의, 개인의 자유, 이 세 가지를 결합하는 것이라고" 말했다(김대식·노영기·안국신·이종철, 2018, pp.16-17). 사회주의는 인류가 직면한 이 세 가지 문제 중 '사회적 정의만'을 강조하여 체제 경쟁에서 자본주의 체제에 패배했다. 사회주의 종주국인 소련이 1991년 고르바초프(Gorbatschow)의 재건과 구조조정

3) 우리 헌법 제23조 제2항에서 "재산권의 행사는 공공복리에 적합 하도록 하여야 한다."라고 하여 재산권 행사의 사회적 의무성을 강조하고 있다. 한편, 헌법 제37조 제2항 후단에 "국민의 모든 자유와 권리는 국가안전 보장、질서유지 또는 공공복리를 위하여 필요한 때에만 법률로써 제한할 수 있으며, 제한하는 경우에도 자유와 권리의 본질적인 내용을 침해할 수 없다." 입법부라 할지라도 수권의 범위를 넘어 자의적 입법으로 재산권의 본질적인 내용을 침해하는 입법화하여 사유재산권이 유명무실해지고 사유재산제도가 형해화(形骸化)되어 헌법이 재산권을 보장하는 궁극적인 목적을 달성할 수 없는 입법을 할 수 없도록 하고 있다.

4) Henry George(1839-1897)는 19세기 미국의 비주류 경제학자로서 토지에서 발생하는 지대(rent)는 사유화 될 수 없고 사회 전체에 의해 향유되어야 한다는 주장을 「진보와 빈곤(1979)」에서 주장하였다.

(페레스트로이카), 개방과 언론의 자유(글라스노스트)로 일련의 개방화를 추구하면서 시장경제를 도입하면서 경제체제 경쟁은 막을 내리게 된다. 부동산이 국민경제에서 차지하는 비중에 비추어 보면 자본주의경제에 적지 않은 약점과 경제문제가 존재하지만, 자본주의경제를 능가하는 경제체제는 아직까지 지구상에 존재하지 않는다. 그래서 자본주의 경제체제의 단점을 보완하고자 사회주의 경제체제를 일부 도입하여 부동산 문제를 풀어보고자 하는 것이 수정자본주의 경제체제이다. 현실적으로 부동산 문제를 해결하는 경제체제는 완전한 자유주의도 완전한 사회주의 체제도 존재하지 않고 사회주의 장점을 자본주의 단점에 보완한 혼합자본주의 경제체제를 추구하고 있다.

요약 왜 부동산을 공부해야 하는가?

1. 부동산 전문가는 수요가 많다.
2. 취업 기회가 다양하며 고수익을 창출할 수 있다.
3. 부동산 활동의 의사결정을 하는데 정보를 얻고 법적인 보호를 받을 수 있다.
4. 부동산은 국민경제에 매우 중요하다.
5. 4차 산업혁명 시대 고부가가치를 생산하는 핵심 산업분야이다.

주요용어 및 개념

- 부동산
- 영속성
- 부증성
- 변용성
- 공공규제
- 부동산 문제
- 사적재화
- 자유주의체제
- 부동성
- 개별성
- 위치성
- 내구성
- 부동산 활동
- 경제체제
- 공공재
- 사회주의체제

연습문제

1 부동산은 하나의 속성으로 정의될 수 없고 다양한 속성에 의해 정의될 수 있는데 이를 부동산의 무슨 개념이라 하는가?

2 민법(제99조1항)상의 부동산(토지와 정착물)은 아니지만 다른 법률에 의해 부동산처럼 취급되는 동산이나 권리를 뭐라고 하는가?

3 토지의 정착물에 해당하지 않는 것은?

① 교량
② 다년생 식물
③ 담장
④ 구거
⑤ 가식중인 식물

4 토지에 관한 설명으로 옳지 않은 것은?

① 공간으로서 토지는 지표, 지하, 공중을 포괄하는 3차원 공간을 의미한다.
② 자연으로서 토지는 인간의 노력에 의해 그 특성을 바꿀 수 없다.
③ 소비재로서 토지는 그 가치가 시장가치와 괴리되는 경우가 있다.
④ 생산요소로서 토지는 그 가치가 토지의 생산성에 영향을 받는다.
⑤ 재산으로 토지는 사용·수익·처분의 대상이 된다.

5 부동산의 특성이 아닌 것은?

① 부동성
② 영속성
③ 부증성
④ 개별성
⑤ 동질성

6 부동산의 경제적 개념에 해당하지 않는 것은?

① 환경
② 자산
③ 자본
④ 소비재
⑤ 상품

7 주택의 분류 중에서 공동주택의 유형으로 틀린 것은?

① 연립주택 ② 다세대주택
③ 다중주택 ④ 아파트
⑤ 기숙사

정답 1. 복합개념 2. 준부동산(의제부동산) 3. ⑤ 4. ② 5. ⑤ 6. ① 7. ③

CHAPTER 2

부동산 경제학의 본질

제1절 부동산 경제학의 정의와 구분

1.1 부동산 경제학의 정의

부동산 경제학은 부동산 시장에서 부동산 활동을 하는 과정에서 일어나는 부동산 문제(real estate problem)와 부동산 현상(real estate phenomena)을 다루는 학문이다. 즉 부동산의 생산, 교환, 할당, 소비하는 과정에서 다양한 부동산 문제가 발생할 수 있고 이러한 부동산 문제를 합리적인 방법으로 해결하는 학문이 부동산 경제학이다. 부동산 경제학은 주택, 상업용 부동산, 토지 등 다양한 유형의 부동산에 대한 시장에서의 수요와 공급, 가격 결정 메카니즘, 시장구조 및 특성, 투자 수익률, 부동산 정책, 경기변동, 시장 예측, 부동산의 경제 성장과 국민경제에 미치는 영향 등을 분석한다. 이를 통해 부동산 시장의 특성과 독특한 경제적 영향을 이해하고 투자자, 정책 결정자, 시장 참여자들에게 유용한 정보를 제공한다.

부동산 경제학은 주택 토지 등 다양한 형태의 부동산 자원이 어떻게 할당되고 가격이 결정되는지 연구하는 학문이다. 또한, 가격을 결정하는 요인들이 무엇이며 이들 요인들과 가격과의 동태적 연관성을 연구하게 된다.

첫째, 부동산 경제학은 '입지'에 중점을 두고 있다. 모든 부동산은 그 입지에 따라 가치가 달라진다. 예를 들어 주택이 도심에 있는지, 외곽에 있는지, 아니면 역세권에 위치하고 있는 가에 따라 가치가 달라진다. 따라서 부동산의 공간적 입지를 분석하는 것은 부동산 경제학의 중요한 한 부분이다.

둘째, 부동산 경제학은 '시간'에 따른 변화에 중점을 두고 있다. 부동산 가치는 시간의 흐름, 인구의 변화, 가구구조의 변화, 기술발전, 선호도 변화, 경기변화 등 시간의 흐름에 따라 시장환경이 변화고 이런 요인들 변화가 일어나 부동산 가격에 어떻게 영향을 미치는 분석하는 것은 부동산 경제학의 중요한 영역이다.

셋째, 부동산 경제학은 '정책과 법률'의 변화에 중점을 두고 있다. 부동산 취득, 보유, 양도 과정에 정책과 법률은 아주 밀접하게 연관돼 있어 부동산 가치에 영향을 미친다. 건축 및 금융 규정, 세금 정책 등 다양한 법률과 정책은 부동산 시장에 직간접적으로 영향을 미치기 때문에 부동산 경제학에서 중요하게 다룬다.

부동산은 공간과 시간, 정책과 법률의 요인들이 독립적으로 때로는 상호작용하며 복잡한 동태적 과정을 보이기 때문에 예측이 용이하지 않고 부동산 시장을 안정화하는 것이 매우 어렵다. 그래서 부동산 경제학의 필요성이 제기된다. 부동산학이 부동산을 연구의 대상으로 하지만 부동산 활동 과정에서 일어나는 부동산 문제를 분석할 수 있는 자체적 방법론이 없는 실정이다. 따라서 부동산 문제를 경제학[1]의 분석 도구와 방법론으로 해결하고자 하는 학문이 부동산 경제학이다. 부동산 경제학은 부동산 시장에 참여하는 다양한 참가자들에게 유용한 정보를 제공한다.

부동산 시장의 주요 참여자들은 부동산 사용자(users), 소유자(owners), 임차인(renters), 개발업자(developers), 부동산 관리자(property manager), 촉진자(facilitators) 등이다. 사용자는 소유자이자 세입자이다. 이들은 주택이나 상업용 부동산, 토지 등을 투자로 구매하여 거주 또는 사업 용도로 활용하는 자이다. 소유자는 순수하게 부동산에 투자하여 구매한 부동산에 거주하지 않고 일반적으로 다른 사람에게 임대하거나 양도하는 자이다. 임차인은 부동산 임대하여 순수하게 거주하는 자이다. 개발업자는 판매를 목적으로 부동산을 개발하는 자이다. 부동산 관리자는 부동산의 소유나 사용을 목적으로 하지 않고 부동산의 현상을 유지 관리하는 자이다. 촉진자는 부동산 거래, 개발, 허가 등을 담당하는 은행, 부동산중개업자, 변호사, 세무사, 정부기관 부동산 거래를 원활하게 하는 자들을 지칭한다. 이처럼 부동산 시장에 참여하는 자들이 다양하며 서로 밀접한 이해관계를 가지고 있다. 시장 참여자들은 의사결정에 새로운 정보를 필요로 한다. 이상의 내용을 요약하여 보면, 부동산 경제학은 부동산 현상들 사이에 존재하는 경제법칙을 규명하여 그 법칙을 이용해 다양한 부동산 문제에 대한 해결책을 제시하고 미래의 부동산 현상을 예측하는 학문이다.

---

1) 경제학은 경제문제와 경제현상을 다루는 학문이다. 경제학은 애덤 스미스(Adam Smith, 1723-1790)가 국부론(The Wealth of Nations)을 펴냄으로 출발한다. 국부론이란 한나라의 부(富)를 연구하는 학문이다. 인간의 생존에 기본적으로 요구되는 재화와 서비스를 누구를 위해 어떤 방법으로 생산해서 배분할 것인가 대해 연구하는 것이 국부론이다. 여기서 재화와 서비스의 생산, 교환, 배분, 소비하는 과정에서 다양한 경제문제가 발생할 수 있고 이러한 경제문제를 합리적 방법으로 해결하는 학문이 경제학이다. Alfred Marshall(1890)은 Principles of Economics에서 '경제학은 사회과학의 여왕이다.'라고 말했다. 이 말의 뜻은 여러 내용을 의미하고 있지만, 학문의 접근방법이 분석적 방법을 강조한다는 의미와 함께 인간의 의·식·주 문제를 가장 엄밀하고 심층적으로 다루어 중요하다는 의미도 있다.

1.2 부동산 경제학의 구분

부동산 경제학의 학문체계를 다양하게 나눌 수 있다. 그러나 부동산 경제학이 경제학의 이론과 분석방법을 이용해 부동산 활동의 경제법칙을 규명한다는 점에서 경제학의 학문 분류체계에 따라 부동산경제이론, 부동산 정책론, 부동산정보론 등으로 나눌 수 있다.

(1) 부동산경제이론

부동산경제이론은 부동산의 생산, 교환, 할당, 소비행위 과정 속에 존재하는 경제법칙을 규명하여 그 법칙에 기초하여 부동산 문제에 대한 해결책을 제시하고 미래 부동산 현상을 예측하는 학문이다.

(2) 부동산 정책론

부동산 정책론은 부동산의 생산, 교환, 할당, 소비행위의 경제적 효율성보다도 형평성에 초점을 맞추어 어떤 상태가 바람직한가에 초점을 맞추어 정책, 제도, 법률 등이 사용되어야 하는가를 연구의 대상으로 한다. 예를 들면, '분양가 상한제'라는 부동산 정책 도입이 부동산의 생산, 소비행위 등에 어떤 영향을 미치며 정책의 효과가 정책 수행의 의도대로 나타나는지를 규명하는 학문이다. 부동산 정책은 사회구성원이 부동산 소비 과정에서 소외됨이 없이 최대 다수의 인간다운 삶을 영위하기 위해 제도나 법률로 이루어지게 된다. 부동산 정책은 부동산 활동이 사회적으로 바람직한 방향이나 목표를 설정하고 그 목표를 달성하기 금융적 세제적 등의 정책 수단을 사용하게 된다. 부동산 정책론은 효율성보다 형평성을 연구의 중점적으로 다룬다.

(3) 부동산정보론

부동산정보론은 부동산 시장에서 부동산의 생산, 교환, 할당, 소비하는 과정에서 정보가 시장에 참여하는 자들에게 어떻게 전달되고 활용되어 경제적 효과가 도출될 수 있는지에 대한 연구 분야이다. 4차 산업혁명시대 부동산 활동과 기술과의 융복합의 연결은 부동산산업의 확장성과 성장성에 매우 중요하다. 부동산정보론은 부동산 활동의 의사결정과 다양한 측면에서 부동산 시장을 분석하고 설명하는데 긴요한 정보의 흐름과 특성을 이해하려는 노력을 포함한다. 부동산정보론의 주요 개념과 특성을 연구의 대상으로 한다.

첫째, 부동산정보론은 시장 참여자들이 가지고 있는 '정보의 특성'(characteristics of information)에 주목한다. 정보는 부동산 활동의 기초가 되며, 이 정보가 어떻게 형성되고 전파되는지 이해하는 것이 중요하다. 부동산 활동에서 정보가 거래와 투자에 큰 영향을 미치게 된다.

둘째, 부동산 시장에 참여하는 참가자들의 '정보의 비대칭'(asymmetry of information)이라는 점에 주목한다. 이는 시장 참가자들이 보유하고 있는 정보의 량, 정보의 질, 정보의 공개성과 부분성 등이 이질적이라는 것이다. 이러한 정보의 비대칭성은 부동산 거래의 가격형성, 투자의 성공에 커다란 영향을 미치게 된다. 정보의 가치가 부동산 시장에서도 더없이 중요하다.

셋째, 4차 산업혁명시대 정보통신(ICT), 인공지능(AI), 빅데이터(Big Date), 증강 및 가상현실(AR/VR), 드론(drone) 등의 기술의 발전이 부동산정보론에 큰 영향을 미치고 있다. 온라인 부동산 플렛폼(Plat Form), 데이터 분석, 인공지능 등의 기술을 통해 부동산 시장에서의 정보 수집, 처리, 가공, 전달, 이용이 혁신적으로 이루어지고 있다. 부동산과 기술이 독립된 영역에서 부동산과 기술이 결합 된 프롭테크(PropTech)가 부동산 산업의 신성장동력으로 급부상하고 있다. 일예로 임장활동이 부동산 활동에서 매우 중요한데 드론, AR과 VR기술이 대체하게 되었고, 해외 부동산 투자도 온라인 부동산 플랫폼으로 가능해지는 시대가 열렸고, 부동산경매, 개발 등 모든 분야에 기술이 응용되고 있다. 또한, 부동산 거래에 반드시 수반되는 금융기법에도 기술이 활용되며 부동산과 금융이 결합한 부동산 파생상품인 REITs도 속속히 투자가를 기다리고 있다. 이처럼 부동산 영역에 스폰지처럼 기술을 빨아드리고 있다. 이처럼 부동산정보론은 부동산 시장의 다양한 측면을 이해하고 개선하기 위한 연구와 분석의 대상이 된다. 이를 통해 부동산 시장의 투명성과 효율성을 향상시키는 데 기여할 수 있다. 결국 부동산 경제론은 부동산 활동과 기술과의 융복합 연관성으로 새로운 경제적 효과를 분석하고 미래의 부동산 현상을 예측하는 것을 연구의 대상으로 한다.

부동산 경제학은 연구의 대상에 따라 부동산 미시경제학과 부동산 거시경제학으로 구분할 수 있다. **부동산 미시경제학**은 개별 경제주체들의 부동산 활동과 그 상호작용을 통하여 부동산 시장에서 부동산 가격과 거래량이 어떻게 결정되는지 정태적인 분석을 연구의 대상으로 한다. 즉 부동산 시장에서 수요와 공급의 상호작용 통해 부동산 가격과 거래량이 어떻게 결정되고 균형을 이루어 가는가에 대해 분석의 초점을 맞춘다. 개별경제 주최들이 부동산의 생산, 교환, 할당, 소비의 상호과정 속에서 행동의 지배원리를 분석의 대상으로 한다. **부동산 거시경제학**은 부동산의 생산, 소비활동 등이 경제성장, 국민소득, 재정수입, 물가, 금융, 고용, 인구, 정책 등과 같은 총량적인 지표들이 상호작용하여 국민경제에 어떠한 영향을 미치며 경기변동이 발생하는지 동태적인 분석을 연구의 대상으로 한다.

1.3 부동산 경제학의 방법론

주택을 비롯한 부동산이 가계의 자산 비중뿐만 아니라 국민경제에서 차지하는 비중이 점점 커지고 있다. 이처럼 부동산이 국민경제에 차지하는 비중이 커짐에 따라 부동산과 관련된 이해관계가 매우 복잡하게 나타나 부동산 활동에서 나타나는 아주 다양한 부동산 현상을 한마디로 말하기는 쉽지 않다. 부동산 현상은 매우 복잡하기 때문에 이들 현상속에서 규칙성이나 논리성을 찾아내기란 매우 어렵다. 그래서 경제학 이론이 그렇듯이 부동산 경제학에서도 경제학의 방법론을 적용하여 복잡한 현상을 단순화(simplification)하고 추상화(abstraction)하여 어떤 법칙(law)성을 밝혀낸다. 어떤 부동산 현상에 가설(hypothesis)을 설정하고 가설에 적합 모형(model)을 정립하여 모형을 분석할 수 있는 데이터(date)를 이용해 모형을 검증(test) 한다. 만약 검증된 모형이 부동산 현상을 설명하는 규칙성이 타당하면 하나의 이론이 되는 것이다. 부동산 경제학에서도 경제학의 연구 방법론을 적용하여 다양하고 복잡한 부동산 현상의 규칙성을 밝혀내게 된다. 따라서 부동산 현상을 연구하는데 경제학은 아주 밀접하게 연결돼 있다. 부동산 현상은 시대와 정치, 경제, 사회, 문화, 기술의 변화에 따라 다양하게 진화하고 있어 부동산 경제학의 연구 방법론도 끊임없이 변화하고 있다.

제2절 부동산 경제학의 중요성

부동산은 가계 자산의 중요한 비중을 차지하며 우리 삶의 중요한 부분으로서 그 가치는 복잡한 요인들의 상호작용에 의하여 결정된다. 부동산 가격은 수요와 공급의 원칙에 의해 결정되며, 이는 소득 변화, 인구증가, 가구구조 변화, 기호, 기대, 원자재 가격 변화, 이자율, 세제, 정책, 통화량 등의 다양한 경제적 요인들로부터 영향을 받는다. 시장이 경쟁 시장이면 효율적인 자원 배분이 이루어진다. 즉 새로운 정보가 지체 없이 부동산 시장에 반영되면 효율적 자원 배분이 이루어진다. 그러나 현실적으로 부동산 시장은 정보의 비대칭으로 인해 자원의 할당이 효율적으로 이루어지지 않는다. 부동산 시장에서 부동산 투기가 발생하는 이유는 부동산 시장이 불완전하기 때문이 아니라 할당 효율적이지 않기 때문이다. 자원이 할당 효율적으로 이루어진다는 의미는 어느 누구도 기회비용(opportunity cost)보다 싼 값으로 정보를 획득할 수 없어야 한다.

부동산시장이 효율적 자원 배분을 할 수 없는 이유는 외부효과(external effect), 정보의 비대칭성(asymmetry of information), 불완전 경쟁시장(imperfect competition), 무임승차자(free rider), 소득과 부의 불평등(income and wealth inequality), 불확실성(uncertainty), 비이성적 과열(irrational exuberance) 등으로 인해 시장실패(market failure)가 부동산시장에서도 빈번하게 발생한다. 이런 부동산 문제 들은 개인의 행위만으로 해결할 수 없기 때문에 정부가 시장에 개입하게 된다.

경기변동(business cycles) 및 기술변화(technological change) 역시 부동산 가격에 큰 영향을 미친다. 호황기에는 주택, 상업용 부동산, 토지의 가격이 상승하는 반면, 불황기에는 가격이 하락하는 현상이 일어난다. 또한, 기술 진보는 부동산 가격 하락에 영향을 미치며, 기술퇴보는 가격 상승에 영향을 줄 수 있다. 따라서 이러한 다양한 요인들이 부동산 가격에 미치는 영향을 분석하고 이해함으로써 보다 부동산 활동의 의사결정에 도움을 주게 된다. 시계열적 과거 데이터와 현재 부동산 시장의 동향 분석뿐만 아니라 미래의 예측도 중요하지만 지속적으로 변화하는 부동산경제 환경 속에서 탄력적으로 대처할 수 있는 능력이 중요하다. 결국, 부동산 경제학은 단순히 주택가격만의 문제를 넘어 사회구조적인 주거복지 구현, 그리고 개개인의 삶과 국민경제에 연결되어 있다. 따라서 부동산 경제학은 모든 경제주체가 이해하고 공감할 수 있는 부동산 문제에 대해 처방을 제시할 수 있는 탁월한 통찰력을 준다는 점에서 매우 중요하다.

부동산은 국민경제에 아주 중요하며 경제와 밀접한 관계를 맺고 있으며, 부동산 시장의 역동성이 경제 성장과 안정에 상당한 영향을 미친다. 주택 보급률, 자가주택 보유율, 소득대비 주택가격비율(PIR, income-to-house price ratio) 등의 지표는 경제 건강의 지표로 작용하며, 부동산의 가치, 주택 공급, 모기지 대출의 변동은 보다 광범위하게 경제 상황을 반영하게 된다. 부동산 투자와 개발은 고용, 소비지출, 부의 창출에 기여하여 경제활동을 촉진하고 경기변동을 주도하는 역할을 한다. 부동산과 기술의 결합은 프롭테크(PropTech)[2]산업, 부동산과 금융의 결합은 부동산투자신탁(REITs)[3]산업, 금융과 기술의 결합은 핀테크(FinTech)[4]산업을 융복합적으로 확장시켜 부동산산업 성장의 새로운 동력이 된다. 따라서 부동산과 경제 간의 상호작용을 이해하는 것은 투자자, 정책 결정자, 그리고 일반 개인에게 중요하다. 부동산 경제학의 중요성을 개괄적으로 소개하면 다음과 같다.

2.1 경제 성장

부동산은 다양한 경로를 통해 경제 성장에 기여를 하고 있다. 부동산은 대부분의 나라에서 국부의 3분의 2 이상을 차지할 정도로 국민경제에 중요한 비중을 차지하고 있다. 한국저작권위원회 산업별 명목 GDP 비중 발표에 따르면 부동산 및 임대업은 2021년 GDP에 7.1%를 차지하는 것으로 [그림 2-1]과 같이 나타났다. 이는 부동산산업이 전체 산업분류 체계에서 4위를 차지할 정도로 국민경제에 높은 위상을 보여주는 것이다. 부동산산업에 건설업을 더한 넓은 의미의 부동산산업이 전체 산업에서 차지하는 GDP 비중이 10.5%로 제조업, 저작권업에 이어 3위를 차지하고 있다.

2) 프롭테크"는 부동산과 기술을 결합한 용어로, 부동산 투자 및 관리에 디지털 기술적 혁신을 적용하여 효율성을 높이고 투명성을 제공하여 투자자나 소유주에게 더 나은 정보와 도구를 제공하게 된다.

3) 리츠는 부동산과 부동산 관련자산에 투자 운영하여 수익과 배당을 주주들에게 배분 해주는 부동산투자회를 지칭하게 된다. 리츠는 부동산을 증권화한 부동산 파생상품의 일종이다.

4) 핀테크는 금융과 기술의 합성어로, 금융 서비스를 혁신하고 향상시키기 위해 디지털 기술을 적극적으로 활용하게 된다.

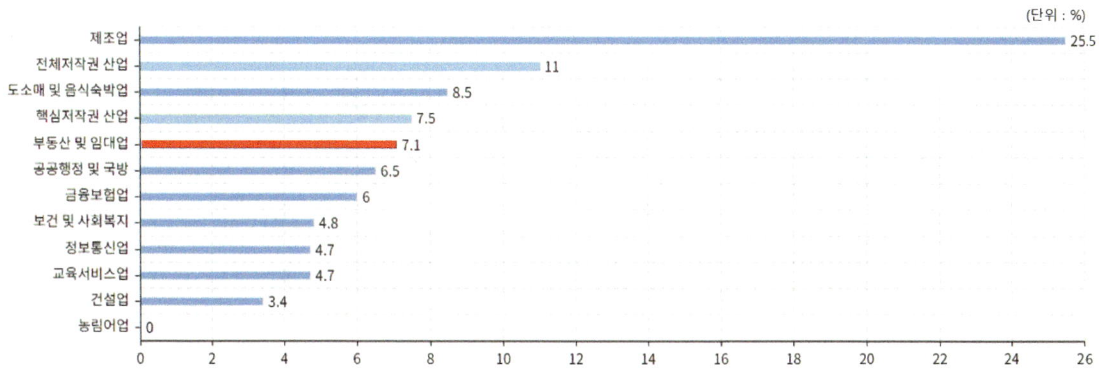

자료 : 한국저작권위원회

[그림 2-1] 산업별 명목GDP 비율

2021년 말 현재 부동산자산은 1경 6,920조원으로 전체 순자본 스톡의 88.5%를 차지하고 있으며, 2021년 GDP 2,080조원 대비 8.1배에 해당한다.[5] 부동산과 밀접한 관련이 있는 건설산업은 GDP 성장과 일자리 창출에 기여한다. 건설 부문의 확장은 노동, 자재 및 서비스 수요를 촉진하여 경제활동을 촉진하고 부동산산업을 확장 시켜 고용기회를 창출하여 경제성장에 기여한다.

2.2 부동산산업

부동산산업(real estate business)은 부동산 임대 및 공급업과 부동산 관련 서비스업으로 우리나라 표준산업분류에서 규정하고 있다. 링과 다소(Ring and Dasso, 1985, p.29)는 부동산산업을 부동산금융 및 투자업, 부동산개발업, 부동산중개업, 부동산서비스업으로 분류하고 있다. 국제표준산업분류(ISIC)[6]는 각종 부동산의 대여 및 운영, 판매를 포함한 부동산의 개발 및 분양, 부동산중개업자 및 계약에 의하거나 수수료를 받는 부동산 임대· 판매· 관리 및 부동산감정평가에 종사하는 경영자를 총칭한다. 그러나 호텔업, 여관업, 기타 하숙업은 포함되지 않는다고 정의하고 있다. 결국, 부동산산

5) 한국은행 경제통계시스템(https://ecos.bok.or.kr), 국민계정. 부동산자산 1경 6,920조원 중 건물이 6312조원(주택부문이 2,098조원), 토지가 1경 608조원이다.

6) ISIC(1968), Statistical Paper Series, No. 4, Rev. 2, Department of Economic and Social Affairs, Statistical Office of the United Nations, New York, P.37.

업은 부동산의 생산, 교환, 할당, 소비행위인 부동산 활동이라 정의할 수 있다.

부동산 부문은 총생산(GDP)에 큰 기여를 하고 있다. 1993년에 부동산 부분이 GDP에 1.4% 기여하였으나 28년이 지난 2021년에는 10.9%로 약 7.8배 증가하였다. 2021년 부동산산업의 사업체 종사자 수는 703천 명으로 1인당 매출액은 324백만 원으로 1993년에 비해 10배 이상 놀라운 성장을 보이고 있다. 부동산 부분은 GDP와 1인당 매출액 측면에서 지난 28년 동안 지속적으로 증가 추세를 이어가고 있다. 또한, 부동산은 건설산업에서 일자리 창출의 중요한 원동력으로 작용한다. 주택 수요 증가는 건설경기 활성화로 이어져 건설 노동자, 건축가, 엔지니어 및 기타 관련 전문가들에게 일자리 기회를 제공하게 된다.

[표 2-1] 부동산산업의 증가 추이

구분		1993	2000	2008	2016	2021[7]
부동산업	사업체수(천개)	47	61	111	143	286
	종사자수(천명)	138	263	389	502	703
	매출액(십억)	4,446	17,021	48,164	110,828	227,589
	GDP(십억)	315,181	651,634	1,154,217	1,740,780	2,080,198
	GDP대비매출액점유률(%)	1.4	2.6	4.2	6.4	10.9
	1인당매출액(백만)	32	65	124	127	324

자료 : 통계청, 각 년도 통계연감, 「도소매, 서비스업 주요 현황」

한편, IT 기술의 급속한 발전과 더불어 부동산과 기술을 융합한 프롭테크(Proptech) 산업이 빠르게 성장하고 있다. 프롭테크 사업의 초기에는 부동산 정보제공 플랫폼에서 부동산 개발, 설계. 시공, 중개 및 임대, 자산관리 등 부동산산업의 모든 영역으로 빠르게 확산되고 있다. 2021년 8월 기준 국내 프롭테크 관련 기업은 278개 업체로 2019년 말 114개에서 2배 이상 급성장 추세를 보이고 있다.[8] 부동산산업의 신성장 동력 산업

7) 2021년 부동산업의 총사업체수는 285,968개(부동산임대공급업:116,850, 부동산관련서비업169,118), 종사자수는 702,920명(부동산임대공급업:244,759, 부동산관련서비업:458,161), 매출액은 227,589십억원(부동산임대공급업:180,884, 부동산관련서비업:46,704)이다.

8) 강준희, “국내 프롭테크 산업 동향 및 전망”, Weekly KDB Report, KDB산업은행 미래연구소, 2021. 9.13, pp.1-5.

으로 새로운 지평을 열어가고 있다.

2.3 재정수입

부동산은 재정수입의 중요한 세원 중의 하나이다. 부동산세는 부동산의 평가 가치를 근거로 세수가 계산되며 부과된다. 이러한 정부의 재정수입은 공공서비스 및 인프라 개발에 재정을 지원한다. 민간이 할 수 없는 막대한 자원이 소요되는 도로, 항만, 공항 등 사회간접자본(SOC) 건설에 정부가 투자함으로 생산 기반을 확충하고, 부동산 개발 및 건설 활동이 경제적 파급 효과를 일으켜 경제 성장과 세수 증대의 기재로 작용하게 된다. 건설 관련 산업인 건축 자재, 건축, 노동 등은 일자리 창출과 소득 증대는 삶의 질을 제고하는 데 기여하게 된다. 결과적으로 정부는 높은 소득세 수입과 사회 복지 비용 감소를 통해 전체 정부 수입에 기여하게 된다. 부동산은 다른 어떤 세원보다 손쉽게 정부의 재정수입을 늘릴 수 있다는 이유만으로 국민납세 정서에 반하는 징벌적 세금을 부과하면 국민에 의해 납세저항에 직면할 수 있다. 예를들면, [표2-2]는 문제인 정부에서 부유세를 거둬들여 빈부격차를 해소한다는 명분 아래 역대 어느 정부에서도 하지 않았든 부동산에 대한 높은 과세부과를 단적으로 보여주는 것이다. 2017년 부동산세는 총세수액의 22.3%였으나, 2021년 말에는 총 세수의 31.5%로 증가 속도가 1.4배에 달한다. 이런 높은 조세부담률은 국민을 잠재적인 납세채무자로 만들고 조세 저항으로 사회적 갈등의 실마리를 제공하게 된다. 종합부동산세는 2017년 1조7천억 원 수준이었으나 2021년에는 6조 1천억 원으로 증가 속도가 3.6배로 가진자에 대한 징벌적 조세라 아니할 수 없다. 종부세는 재산세에 이중적으로 부과되는 세목으로 과잉금지원칙[9]에 따라 재산세에 편입되는 것이 바람직하다.

---

9) 대한민국헌법 제37조 2항 "국민의 모든 자유와 권리는 국가안전보장·질서유지 또는 공공복리를 위하여 필요한 경우에 한하여 법률로써 제한할 수 있으며, 제한하는 경우에도 자유의 권리의 본실적인 내용을 침해할 수 없다.

[표 2-2] 부동산 세수액 추이 (단위 : 조원, %, 배)

구분		2017 (A)	2018	2019	2020	2021 (B)	증가액 (B-A)	배수 (B/A)
부동산세	비중(b/a)	22.3	21.8	22.4	29.0	31.5	9.2	1.4
	세수액	59.2(b)	64.1	65.5	82.8	108.3	49.1	1.8
국 세	계	23.5	27.2	27.2	37.7	57.8	34.3	2.5
	종부세	1.7	1.9	2.7	3.6	6.1	4.4	3.6
	양도세	15.1	18.0	16.1	23.7	36.7	21.6	2.4
	상속세	2.3	2.8	3.2	3.9	6.9	4.6	3.0
	증여세	4.4	4.5	5.2	6.5	8.1	3.7	1.8
지방세	계	35.7	36.9	38.3	45.1	50.5	14.8	1.4
	취득세	23.5	23.8	23.9	29.5	33.7	10.2	1.4
	재산세	10.7	11.5	12.7	13.8	15.0	4.3	1.4
	지역지원시설세	1.5	1.6	1.7	1.8	1.8	0.3	1.2
총세수액		265(a)	294	293	286	344	79	1.3

자료 : 1. 국세청, 각 년도 국세통계연감
2. 서종규, 2017-2021년 부동산 관련 세수 현황 국감자료(김상훈의원) 재구성, 신아일보(2022.9.28.)

2.4 금융시장

부동산과 금융부문 간에는 깊은 상호작용이 있으며 경제 성장과 안정에 커다란 기여를 한다. 가계자산의 80% 정도가 주택, 토지 등의 부동산자산이다. 금융기관이 주택 등의 부동산 소유를 위한 자금을 제공하여 경제활동을 촉진한다. 또한, 가계는 종종 보유 부동산을 담보로 대출을 받아 투자나 소비지출을 늘려 총수여를 증가시켜 경제 성장에 기여한다. 부동산은 부의 축적의 중요한 원천이자 소비자 지출을 촉진하는 주요 요인 중 하나가 된다.

부동산의 금융부문 기여의 또 다른 측면은 모기지 대출을 통한 것이다. 주택 금융과 프로젝트 파이낸싱(PF)은 금융기관에 상당한 수입원이 된다. 2022년말 금융기관의 총대출금 2,166조원 중 주택담보대출이 1,013조원으로 대출금의 46.7% 차지할 정도를 부동산과 금융시장 간에는 아주 밀접한 관계가 있다. 따라서 금융 시스템은 부동산 시장의 안정성에 영향을 받을 수 있다. 급격한 부동산 시장의 변동이 금융부문에 부정적 영향을 미칠 수 있으며, 금융기관들은 부동산 시장의 동향을 신중히 모니터링하게 된다. 부동산 시장의 안정성은 소비자들의 경제적 심리에 영향을 줄 수 있다. 주택가격 상승은 소비자들에게 부가적인 자산을 제공하며 소비 증진에 기여할 수 있다. 이는 은행 및 기타 대출 기관이 주택, 상업용 부동산, 토지 등의 소유를 위한 자금을 제공하고 경제활동을 촉진하며 부동산자산의 매매를 용이하게 하는 데 중요한 역할을 한다는 것이다.

2.5 노동시장

부동산은 다양한 활동을 통해 고용 기회를 생성하는 데 중요한 역할을 한다. 특히 건설 부문은 부동산산업의 주요 구성 요소이며 일자리 창출에 상당한 영향을 미친다. 2022년 통계청 통계연감에 따르면 2021년 부동산업 종사자가 703천명, 건설업 종사자가 2,090천명으로 부동산과 건설업 종사자 합은 2,793천명으로 전체 취업자의 10.2%를 보여 부동산과 건설 부문 자체가 상당한 노동 인력을 고용하며 번성하는 취업 시장에 기여하고 있다.

부동산 활동인 부동산 관리, 임대 및 판매도 고용 기회에 기여한다. 부동산 에이전트, 부동산 관리자, 감정가 및 임대 에이전트와 같은 전문가들이 필요한 이 분야에서 일자리를 창출하게 된다. IT 및 AI 기술의 발달과 함께 프롭테크 산업의 빠른 성장은 고부가가치 창출의 고용 기회를 계속 넓혀 갈 것이다.

또한 부동산은 다양한 관련 산업에서 직간접적으로 일자리를 제공한다. 예를 들어 건설 자재 및 용품, 건축가, 실내 디자이너, 측량사 및 법률 서비스의 수요는 부동산 활동과 함께 증가한다. 결과적으로 부동산의 파급 효과는 이러한 분야 전반에 일자리 기회와 전체 경제 성장에 긍정적으로 영향을 미치게 되며 이는 추가적인 고용 기회와 전반적인 경제 성장에 견인차 역할을 한다.

2.6 투자시장

부동산은 수익을 창출하고 투자 포트폴리오(portfolio) 다변화, 분산화시킬 수 있는 대체 상품으로 자본 투자에서 중요한 역할을 한다. 미국리츠협회(NAREIT's)에 따르면 부동산은 역사적으로 매력적인 장기 수익을 창출해왔다. 2023년 10월 기준 지난 50년(1972-2023) 동안 나스닥 종합지수 수익률은 7.69%, 다우존스 산업평균지수 수익률은 7.22%, S&P 500지수의 수익률은 10.53%로 부동산의 파생상품인 REITs의 평균 수익률이 10.72%로 아주 우수한 성과를 보였다. 이처럼 부동산과 부동산 관련 상품은 분산투자나 헤지(hedge)에 적절한 투자 상품으로 우수한 성과를 보여 투자가들에게 선호를 받고 있다. 이러한 성과는 부동산을 자본 증식과 안정적인 수입 흐름을 찾는 투자자들에게 매력적인 자산 클래스로 선택되고 있다.

부동산 투자는 투자자에게 수익률(return)을 높이고 위험(risk)을 현저히 낮출 수 있는 다양한 혜택을 제공한다. 이부스톤과 시겔(Ibbotson and Siegel, 1984), 그리좀외(Grissom et al, 1987), 카포자와 슈완(Capozza and Schwann, 1990) 등에 연구 결과에 따르면 투자 포트폴리오(portfolio)를 구성할 경우, 부동산이 미포함된 포트폴리오보다 부동산을 포함시킨 포트폴리오가 전반적으로 우수한 투자 성과와 낮은 위험을 보였다고 밝혔다. 서후석(1997)도 포트폴리오 구성에 아파트를 포함시키지 않는 것보다 아파트를 지역적으로 분산 편입시킨 포트폴리오가 최소 9.5%에서 최대 15.7%까지 수익률 성과를 개선 시킬 수 있다고 제시하였다. 이와 같은 결과는 부동산이 다른 자산에 비해 상대적으로 비체계적 위험이 높은 데서 기인한다. 부동산 투자의 성과가 주식 및 채권과 같은 전통적인 자산 클래스와 다른 요인에 영향을 받기 때문에 발생하며, 이는 풍부한 투자 전략에 부동산을 필수적으로 고려할 부분이 된다. 이처럼 부동산 투자는 전략적인 의사결정과 능동적인 자산관리를 통해 자본 성장의 기회를 제공하게 된다는 점에서 아주 중요하다.

결론적으로 부동산과 경제 간의 관계는 상호적이며 다면적이다. 부동산 시장의 성과는 경제 상황의 선행 지표로 작용할 수 있으며, 경제 상황은 부동산 부문의 수요 및 공급에 영향을 미치게 된다. 부동산 투자와 개발은 일자리 창출과 자본 형성에 중요한 역할을 하여 전반적인 경제력을 강화하게 된다. 부동산과 경제 간의 상호의존성을 인식하면 정보에 기반한 결정이 가능하게 되며, 경제의 안정을 견고히 할 수 있으며, 부동산 시장의 잠재력을 활용하여 지속 가능한 경제 성장을 이끌어낼 수 있다.

요약 부동산 경제학의 체계

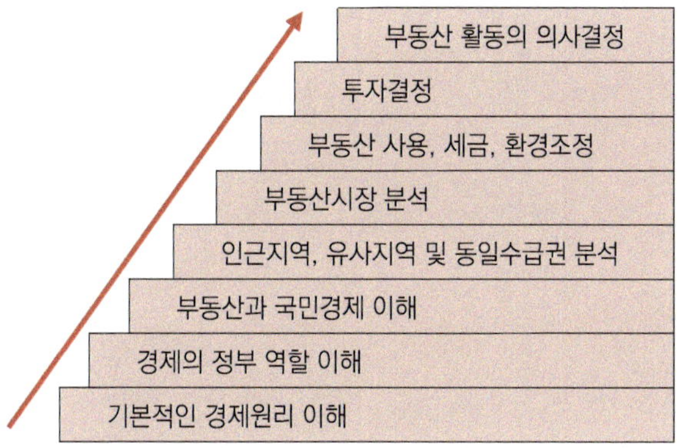

☞ 부동산 경제학의 기본원리와 이론을 부동산의 원리와 이론과 융합하여 부동산 활동의 의사결정에 도움을 주기 때문에 부동산 경제학을 공부해야 한다.

읽고 생각할 거리 부동산 경제학을 왜 공부해야 하는가?

부동산 문제에 대한 솔루션을 제시하기 위해서이다. 부동산 문제는 무엇일까? 치솟는 주거비 부담은 청년, 신혼부부, 서민들의 살림살이를 짓누르는 것이 가장 심각한 부동산 문제일 것이다. 이를 지표로 나타낸 것이 슈바베 지수(Schwabe Index)이다. 슈바베 지수는 가계의 총 소비지출에서 주거비가 차지하는 비중이다. 소득이 높을수록 주거비에 지출하는 비용은 크지만 저소득층보다 소득에서 주거비가 차지하는 비중은 작아진다. 슈바베 지수는 엥겔지수(Engel's Coefficient)와 함께 빈곤의 척도를 나타내는 대표적인 지수이다. 즉 슈바베 지수와 엥겔지수가 높을수록 빈곤층이고 낮을수록 부유층이다.

통계청 자료에 따르면, 2003년 말 소득 1분의 슈바베지수는 10.9%, 5분위는 5.0%이었다. 그런데 2023년 말 소득 1분위의 슈바베지수는 17.4%, 5분위는 7.2%로 지난 20년 기간 동안 소득 1분위는 6.5% 증가하였으나, 5분위는 2.2% 늘어나는데 거쳐 서민들의 주거비 고충이 훨씬 컸다는 것을 알 수 있다.

냉철한 두뇌와 따뜻한 마음으로 부동산 문제의 해법을 제시하여 세련되고 숭고한 생활에 필요한 물질적 수단을 개발하여 슈바베 지수를 낮추고자 부동산 경제학을 연구한다.

주요용어 및 개념

- 부동산 경제학
- 부동산경제이론
- 부동산 정책론
- 부동산정보론
- 부동산 미시경제학
- 부동산 거시경제학
- 기회비용
- 가설
- 모형
- 검증
- 불확실성
- 비이성적 과열

연습문제

1 부동산 경제학의 정의를 설명하시오?

2 경제학에서 중요한 개념인 기회비용은 부동산 경제학에도 아주 중요한 용어로 기회비용의 정의를 간략히 설명하시오?

3 부동산 활동은 부동산 결정 분야와 부동산 결정의 지원 분야로 나눌 수 있는데 부동산 결정분야로만 짝지어진 것은?

① 부동산 관리 - 부동산 평가
② 부동산 마케팅 - 부동산금융
③ 부동산 투자 - 부동산 상담
④ 부동산 개발 - 부동산 투자
⑤ 부동산 금융 - 부동산 중개

4 기회비용에 대한 설명으로 옳지 않은 것은?

① 오직 한 가지 용도에만 사용할 수 있는 자원의 기회비용은 0이다.
② 자본주의에는 존재하나 사회주의 경제체제에서는 이 개념이 성립하지 않는다.
③ 경제학의 관점에서 적절한 비용은 바로 기회비용이다.
④ 기회비용에는 명시적 비용과 잠재적 비용이 포함되어 있다.
⑤ 무한히 많은 자원은 어떤 경우에도 기회비용이 0이다.

정답 1. 부동산 경제학은 부동산 시장에서 부동산 활동을 하는 과정에서 일어나는 부동산 문제(real estate problem)와 부동산 현상(real estate phenomena)을 다루는 학문이다.

2. 기회비용이란 어떤 활동 때문에 포기해야 하는 대안들 가운데 최선의 대안에서 얻을 수 있는 가치이다.

3. ④

4. ②

경제학에서 기회비용은 가장 중요한 개념 중 하나로서, 경제적 분석의 본질은 비용(cost)과 편익(benefit)을 추정하는 것이다. 여기서 말하는 비용이 곧 기회비용을 말하는 것으로 회계적 비용과 잠재적 비용을 합한 것이다. 기회비용은 다음의 내용을 포함하고 있다.

1. 기회비용은 시장경제(자본주의)든 사회주의 경제든 어떤 경제체제에서도 적용된다.
2. 기회비용은 항상 포기한 차선의 기회의 가치에 의해 측정된다.
3. 기회비용은 회계비용과 같을수도 다를수도 있다.
4. 기회비용에서는 잠재적(암묵적)비용이 포함된다.
5. 오직 한 가지 용도에만 사용되는 자원의 기회비용은 0이다.
6. 기회비용은 개인이나 기업만이 아니라 한정된 예산을 사용하는 정부의 경우에도 의사결정에서 항상 고려해야 할 중요한 개념이다.

PART 2
부동산 미시경제학

CHAPTER 3

부동산시장의 이해와 수요·공급

제1절 부동산시장과 경제원리

부동산시장은 부동산 자산이 거래되는 시장으로, 주택, 상업용 건물, 토지 등이 거래되는 유무형의 공간을 포함한다. 부동산시장은 경제에 큰 영향을 미치며, 여러 경제원리와 분석기법이 시장에 적용된다. 물론 경제원리만이 부동산시장에 적용되는 것은 아니고, 법학, 정치학, 경영학, 사회학, 통계학, 수학 등 다양한 학문이 부동산시장을 분석하고 이해하는데 적용된다. 부동산시장은 부동산이라는 재화가 부동산의 수요와 공급의 균형에서 시장가격이 어떻게 결정되는지 경제원리를 적용해서 분석하게 된다. 부동산시장을 분석하기 위해 수요와 공급의 기본적인 경제원리를 설명하고 불완전한 부동산시장에 어떻게 활용될 수 있는지 소개한다.

부동산 미시경제학은 다양한 개별적인 요소들의 작용을 통해 부동산시장에서의 가격 메카니즘 및 시장구조 등의 주제를 연구의 대상으로 한다. 부동산시장에서의 수요·공급 이론에 의한 균형 가격과 거래량, 가격 메커니즘이 경제 후생에 미치는 효과, 시장구조, 시장실패의 요인과 정부개입, 자원 배분의 왜곡 등을 소개한다. 부동산 미시경제학은 부동산의 생산, 교환, 할당, 소비 행위의 개별적인 부동산 활동 주체들의 행동을 미시경제학적 원리를 적용해 설명하고, 가격이 무엇이며 어떤 역할을 하는가를 살펴보고, 가격의 자율적인 조절 기능에 의해 부동산 자원이 어떻게 할당되는지를 다루며, 이를 토대로 다양한 부동산 문제를 해결할 수 있는 부동산 정책 결정을 소개한다.

제2절 부동산시장의 이해

2.1 부동산시장의 정의

경제학에서 시장(market)이란 재화(goods)와 서비스(service), 권리(right)의 교환과정이 이루어지는 제도(institution) 혹은 기구(mechanism)를 의미한다. 일상생활에서 시장은 상품이나 서비스 등이 거래되는 공간적인 장소의 개념을 말하지만, 구매자와 판매자 간의 상호작용으로 교환과정이 이루어지기 위해서는 반드시 공간적인 장소의 개념을 포함할 필요는 없다. 시장이란 다양한 의미를 가지는 데 재화와 서비스의 교환에 의한 상업활동(as the market is active)으로서의 과정이라 할 수 있다(오준석외, 2011, p.14). 시장에서 거래되는 재화와 서비스, 권리를 부동산으로 한정한다면, 부동산시장이란 부동산의 생산, 매매, 교환, 개발, 소비행위 등에 참여하는 사람들 간의 상업활동의 과정이라 할 수 있다. 시장에서 거래되는 재화를 상품이라 한다. 그러나 부동산 거래는 부동산 자체가 이동되는 것이 아니라 부동산권리(right in real estate) 이다. 부동산시장은 거래의 양, 상품의 이질성, 위치의 고정성 등의 측면에서 유사한 부동산에 대해 가격이 균등해지는 패턴을 보이게 되는데 지리적 구역에 기인한다. 부동산시장은 일반상품시장과 지리적 공간을 수반한다. 이런 측면에서 일반상품시장과는 차이가 있다.

부동산시장은 부동산의 특성, 정보의 비대칭성, 상품의 이질성, 비표준화된 상품, 진입과 퇴출의 제약으로 인해 불완전시장(imperfect competition)이다. 불완전시장의 예는 독과점시장, 독점적 경쟁시장이 있다. 이런 불완전시장은 자원을 비효율적으로 배분하게 되고 정부의 시장개입 빌미를 제공하게 된다. 그래서 정부는 시장실패(market failure)를 정상화하기 위해 시장에 개입한다. 정부의 시장개입이 시장실패보다 더 큰 해악을 가져올 수 있다는 정부실패(government failure)를 가져온다. 이것이 작은 정부를 표방하는 고전학파(classical school)의 주장이라는 것이 학계의 보편적 시각이다.

2.2 부동산시장의 용도상 분류

부동산시장은 다양한 기준에 따라 다양하게 분류될 수 있다. 부동산시장을 용도, 형태, 지리적 위치, 투자 목적, 개발 단계 등에 따라 분류할 수 있으며, 각 분류별로 간략히 소개한다.

(1) 용도에 따른 분류

① **주거용 부동산시장**: 주택이나 아파트 등 주거 목적으로 사용되는 거래 시장을 말한다.

② **상업용 부동산시장**: 상가, 사무실, 공장, 호텔 등과 같은 상업 목적으로 사용되는 거래시장을 말한다.

③ **산업용 부동산시장**: 공장, 창고, 생산시설 등 산업 활동을 위해 사용되는 거래 시장을 말한다.

④ **농업용 부동산시장**: 농지, 과수원, 목장, 임야 등의 목적으로 사용되는 거래 시장을 말한다.

⑤ **특수용 부동산시장**: 공공용지, 공원, 골프장, 묘지 등의 목적으로 사용되는 거래 시장을 말한다.

(2) 지리적 위치에 따른 분류

① **도시 부동산시장**: 도시 내의 부동산 거래를 다루는 시장으로, 상업지역, 주거지역, 공장지역 등에 관련된 시장을 말한다.

② **시골 부동산시장**: 시골이나 교외 지역의 주택이나 농지 등에 관련된 시장을 말한다.

(3) 투자 목적에 따른 분류

① **부동산 투자시장**: 부동산을 투자 수단으로 이용하는 시장으로, 임대, 건물 개발, 재개발 등의 시장을 말한다.

② **주택 시장**: 주택구매와 관련된 시장으로, 주거 목적이 주된 관심이 되는 시장을 말한다.

(4) 부동산 형태에 따른 분류

① **주택 시장**: 단독주택, 다가구 주택, 아파트 등 주거용 부동산을 거래하는 시장을 말한다.

② **상업 부동산시장**: 사무실, 상가, 호텔 등과 같은 상업용 부동산을 거래하는 시장을 말한다.

(5) 재무 거래에 따른 분류

① **부동산 금융시장**: 부동산 매매, 임대, 개발 관련 금융 상품이 거래되는 시장으로, 부동산 투자, 대출, 리츠(Real Estate Investment Trust), 프로젝트 파이낸싱(Project Financing), 부동산 펀드(Fund) 등이 포함된다.

(6) 개발 단계에 따른 분류

① **개발시장**: 부동산이 신규로 개발되는 단계의 시장으로, 부지 개발, 건축 등이 진

행되는 시장을 말한다.

② **거래시장**: 이미 개발된 부동산이 거래되는 시장으로, 매매나 임대 등의 거래가 이루어지는 시장을 말한다.

이와 같이 분류하는 것은 부동산시장의 다양성을 반영하며, 각 시장의 특성을 이해하는 것이 부동산시장을 이해하는 데 도움을 줄 수 있다.

2.3 부동산시장의 특성

부동산시장은 경제학에서 지칭하는 완전경쟁시장[10]과 다르다. 경제학에서는 시장을 완전경쟁시장과 불완전경쟁시장으로 구분하고, 불완전경쟁시장을 독점시장, 과점시장, 독점적 경쟁시장의 카테고리로 분류한다. 부동산시장은 정보의 비공개 및 비대칭성, 상품의 비동질성 등으로 인하여 독점적 경쟁시장의 특성을 가져서 일반적으로 불완

[표 3-1] 부동산시장과 완전경쟁시장

특징	완전경쟁시장	부동산시장
1.시장 참여자	• 다수의 구매자와 판매자 존재	• 소수의 구매자와 판매자 존재
2.제품의동질성	• 상품이 동질함	• 개별성으로 상품이 비동질함
3.제품의이동성	• 상품의 이동성이 자유로움	• 상품의 고정성으로 부자유한 이동
4.가격	• 개별 수요·공급자는 가격 순응자(price taker)임 • 일물일가의 법칙 성립	• 때로는 수요·공급자가 가격 결정자(price maker)가 될 수 있음 • 일물일가의 법칙 불성립
4.진입과 퇴거	• 상품의 저가로 환금성의 비제약에 따른 진입과 퇴거가 자유로움	• 상품의 고가로 환금성이 약하고 법적 제한으로 진입과 퇴거가 어려움
5.정보	• 정보 공개로 불확실성이 낮고 거 래 빈도가 높음	• 정보 비공개로 불확실성이 높고 거래 빈도가 낮음
6.이윤	• 정상이윤만 존재	• 초과이윤이 존재할 수 있음
7.정부의 역활	• 정부의 개입 불필요	• 시장의 안정화 측면에서 재정 및 금융정책이나 규제로 시장의 활성화와 진정에 개입함
8.자원 배분	• 효율적 자원 배분이 이루어짐	• 비효율적 자원 배분이 이루어짐

10) 완전경쟁시장을 흔히 경쟁시장이라고도 한다. 이하에서는 혼용하여 쓰기로 한다.

전경쟁시장으로 분류한다. 시장을 완전경쟁시장과 불완전경쟁시장으로 구분하는 가장 큰 차이는 가격 메커니즘(price mechanism) 차이로 자원의 효율적 배분 유무에서 비롯된다. 부동산시장의 특성을 알기 위해서는 완전경쟁시장과의 차이를 알 필요가 있다.

부동산시장의 용도상 분류와 특성의 관점에 비추어 보건대 부동산시장이 일반 재화시장과 다른 독특한 시장이 존재함을 알 수 있다. 이하에서는 부동산시장만의 특징을 간략히 소개한다.

(1) 시장의 국지성(locality of the market)

부동산시장은 부동산의 고정성, 이질성, 영속성의 물리적 특성으로 고도로 국지화된 시장이다. 여기서 국지성이란 특정 지리적 위치나 지역에 대한 특정한 특징이나 조건을 나타내는 것을 의미한다. 부동산의 고정성 특성으로 인해 지역에 따라 지역시장(local market)을 갖게 된다. 특정한 지역에 주택에 대한 초과수요가 발생할 경우 다른 지역의 주택을 이동하여 공급할 수 없다는 점과 동일하게 초과공급이 존재하는데 인위적으로 수요를 증가시킬 수 없다는 점에서 일반적인 재화 시장과 차별성을 갖게 된다. 즉 재화 시장에서 특정 상품에 대해 수요가 증가하면 상품의 공급을 증가시켜서 고정성을 해소할 수 있지만, 부동산시장에서는 부동산의 고정성 때문에 이동이 불가능 하다는 것이다. 또한, 같은 지역이라 할지라도 부동산의 위치, 유형, 구조, 방향, 신규 및 재고량, 크기, 규모 등에 따라 부동산의 이질성으로 여러 개의 하위시장(submarket)으로 나누어진다.

예를 들어 주택 시장이라 하더라도 단독주택 시장과 공동주택 시장으로 분류할 수 있고, 단독주택 시장을 단독주택, 다가구주택, 다중주택으로, 공간으로 세분되고, 공동주택은 아파트, 다세대주택, 연립주택, 기숙사로 세분된 부분시장이 형성된다. 부분시장이라 하더라도 규모, 크기, 위치, 주택의 연수 등에 따라 세분된 다양한 부분시장으로 나누어진다. 부분시장은 이처럼 세분된 시장으로 나눌 수 있는데 이것을 시장의 세분화(market segmentation)라 한다. 부동산시장은 수급의 예측성 오류, 장기적인 건축기간 소요, 생산비 고액 등으로 시장의 불균형(market disequilibrium)이 형성되어 경쟁력을 저하하기도 한다.

(2) 일물일가의 법칙(law of one price) 불성립

부동산시장은 일반적인 재화 시장과 다르게 일물일가의 법칙이 성립되지 않는다. 왜냐하면,완전경쟁시장에서는 상품의 동질성, 다수의 구매자와 판매자가 완전한 정보(perfect information)를 갖고 있기 때문에 한 상품에 단 하나의 가격만이 형성되는 일물일가의 법칙이 성립된다. 그러나 부동산시장에서는 부동산 상품의 개별성과 비표준화로 구매자들이 제품을 쉽게 비교할 수 없을 뿐만 아니라 시장참여자가 완벽한 정보를 가질 수 없으므로 매우 제한적인 경쟁이 이루어질 수밖에 없어 한 상품에 여러 개의 가격이 형성되어 일물일가의 법칙이 성립되기 어렵다.

한 상품에 여러 개의 가격이 존재할 수밖에 없고, 가격이나 거래량 등 거래 정보를 얻는데 높은 비용이 발생하여 부동산 거래의 빈도가 낮다. 낮은 거래 빈도는 부동산 자원의 효율적 배분을 저해한다. 특히 부동산 거래에서 정보의 가치(information value)가 중요하게 취급된다. 부동산 거래에서 정보를 많이 가진자는 이득을 얻게 되지만, 정보를 적게 가진 자는 이득을 얻을 수 없게 되는데 이것을 정보의 비대칭성(asymmetric information)이라 한다. 정보의 비대칭성은 자본소득(capital income)의 불평등을 초래하여 부(wealth)의 불균형을 심화시킬 수 있다. 따라서 거래 정보의 투명화, 상품의 표준화 등으로 자원 배분의 왜곡과 부의 불균형을 개선할 필요성이 있다.

(3) 비조직적인 시장(decentralized market)

부동산은 상품의 유형이나 규모에 따라 상품의 질이 다양해질 수 있어 상품의 표준화가 현실적으로 쉽지 않고, 거래당사자 간의 직거래가 주로 이루어져 거래의 정보가 비공개되는 경향이 강할 뿐만 아니라 효율적 통제가 수월하지 않는다는 점에서 부동산시장은 경쟁시장과 차이가 존재한다. 비조직적 시장은 거래가 은밀하게 이루어져 거래의 내용을 파악하기가 쉽지 않다. 거래의 은밀성은 더 많은 이익을 얻고 세금을 절감하기 위해 이중적 가격을 형성하기도 한다. 이런 편법, 불법, 탈법의 거래는 종종 사회적 문제를 일으킨다. 부동산거래의 사회적 문제가 발생하게 되면 효율적인 정책 수립 및 시행, 정책 효과 분석이 어렵다. 이로 인해 시장은 왜곡될 수 있고, 왜곡된 시장을 정상화하는 데는 많은 비용과 시간이 소요된다.

비조직적인 시장은 거래의 내면성으로 통제가 불가능하고 정보의 비공개성으로 부동산시장을 선진화하는데 커다란 제약이 되기도 한다. 거래의 은밀성으로 거래 내역이 투명하게 공개되지 않고 지하시장(underground matkt)화 되어 국민경제에 부정적인 영향을 미칠 수 있다. 이는 시장실패(market failure)를 초래하게 되어 정부가 부동산시장에 개입하게 되는 단초가 된다. 뿐만 아니라 수급 조절의 어려움을 야기 하기도 한다.

(4) 수요와 공급조절의 어려움(difficulty in demand and supply adjustment)

부동산시장에서 수요와 공급의 조절이 어려운 이유는 시간, 규제, 금융, 수요 예측, 토지, 심리적 요인 등이 복잡하게 상호작용하기 때문이다. 지역별로 토지의 한정성과 부동산 개발 및 건설에 시간이 많이 소요되기 때문이다. 수요 증가에 대응하여 새로운 주택이나 주택단지를 건설하는 데는 몇 년의 시간이 소요될 수 있다.

수요 증가에 따른 부동산 개발이나 건설의 장시간 소요뿐만 아니라 다양한 규제와 까다로운 허가 절차가 공급에 장애 요인으로 작용한다. 건축허가, 용지 개발 규제, 환경영향 평가, 주민 의견 수렴, 교통영향 평가, 과도한 기부채납 등이 수급 조절의 높은 허들로 작용한다. 산업화와 도시화로 개발 가능한 토지의 한정성 때문에 적절한 부지를 찾기가 어렵고, 이로 인해 공급이 제한될 수 있다.

부동산 금융시장의 조건 및 정책 결정도 수급의 조절을 어렵게 한다. 시장 금리, 대출조건 및 금융 규제, 세제 정책 등이 수요와 공급에 직접 영향을 미친다. 이러한 금융 및 부동산 정책이 부동산시장의 수급 조절을 어렵게 한다.

부동산의 정확한 수요 예측이 어렵기 때문에 수요와 공급의 조절이 용이하지 않다. 부동산의 수요 예측에는 고려할 사항이 한두 가지가 될 수 없다. 수요 예측에 고려할 요인들은 인구 및 가구 변화 추이, 소득수준의 변화, 부동산의 선호, 교통 등이 있다. 이러한 요인들은 단독으로 때로는 복합적으로 상호영향을 주변서 시간 가변적으로 변하기 때문에 예측이 어렵다. 예측과 다른 변동은 시장의 불안정성을 증가시킨다.

투기행위(speculation)와 투기심리의 비이성적 과열(irrational exuberance)이 부동산시장에서 수요와 공급의 조절을 어렵게 한다. 예를들면 우리나라 아파트시장에서 '묻지마 투자', '영끌'이라는 신조어가 생길 정도로 아파트 투기행위의 비이성적 과열은 예측 불가능한 변동성(volatility)을 초래하여 부동산시장의 안정성을 위협하게 한다. 이러한 다양한 이유로 부동산시장에서 수급 조절이 쉽지 않고 예측을 하기가 어려운 과제다. 따라서 정부, 거래자, 개발자 등 시장에 참가하는 시장참가자들의 협력이 필요하며. 효과적인 정책과 선제적인 규제가 필요하다.

(5) 정부의 시장개입

정부의 부동산시장 개입은 가격 안정화, 소득 불평등 완화, 시장의 불안정성 해소, 금융시스템의 안정화로 시장의 건전성을 유지하고 시장실패(market failure)를 바로 잡기 위해서이다. 부동산시장은 정보의 비공개성과 수급 조절의 어려움으로 인해 가격의 변동성을 예측하기가 어려운 불안정성을 가지고 있다. 가격의 급격한 상승 또는 하락은 시장 참여자들에게 큰 부담을 주고 자원 배분의 왜곡과 소득분배의 불평등을 초래할 수 있기 때문에 시장의 불안정성을 완화하고 시장의 안정성을 유지하기 위해 정부가 시장에 개입한다.

정부는 부동산시장의 공정한 경쟁환경을 유지하고 투명한 거래를 유지하기 위해 시장에 개입한다. 부동산 가격의 안정화와 부동산 거래의 투명성은 시장의 건전한 발절과 소비자 신뢰를 증진 시킨다. 부동산 가격의 과도한 상승은 주택 소유자와 비소유자 간의 소득 불평등을 증가시킬 수 있다. 정부는 이러한 불평등을 완화하고 소득분배를 조절하기 위해 부동산 정책을 시행한다.

부동산시장에 정부의 시장개입은 부동산시장과 금융시장은 밀접하게 연결되어 상호 영향을 주고받으며, 부동산시장의 높은 변동성은 곧 금융시장에도 큰 영향을 주기 때문에 금융시스템(financial system)의 안정을 위해서 정부가 부동산시장에 개입한다. 즉 부동산 가격의 급격한 하락은 은행과 금융기관의 안정성을 저해할 수 있기 때문에 금융시스템의 안정을 유지 관리하는 것이 국민경제의 안정적인 성장에 매우 중요하기 때문이다. 그러나 원칙과 기준이 없는 형평성과 정치적 목적을 달성하기 위해 인기영합적 정책(populist policy)인 근시안적인 정부개입은 어디까지나 자제할 필요성이 있다.

(6) 시장의 불완전성(market imperfections)

부동산시장은 수급의 불균형, 이질적인 상품의 특성, 고정성, 정보의 비공개, 시장의 비조직성, 불확실한 예측 등으로 시장이 불완전성을 갖게 된다. 시장이 불완전성을 갖는다는 것은 보이지 않는 손(invisible hand)에 의해 수요와 공급이 자율적으로 작동되지 않아 자원 배분이 효율적으로 이루어지지 않는다. 모든 시장이 경쟁시장이 되면 자원 배분이 효율적으로 이루어진다. 그러나 부동산시장은 독점적 경쟁시장의 성질을 갖고 있어 수요와 공급이 자율적으로 작동되지 않아 시장의 불완전성 특성을 보인다.

시장의 불완전성은 가격 형성 및 자원 배분에 영향을 미친다. 시장의 불완전성은 가격이 신축적으로 움직이지 않아 불균형 가격이 상당히 오랫동안 지속되어 구매자나 판매자에게 왜곡된 신호로 작용하여 효율적 자원 배분을 왜곡하게 한다. 시장의 불완전성은 한계비용가격(marginal coast pricing)설정을 어렵게 하여 자원 배분이 효율적으로 이루어지지 않는다.

부동산은 일반 재화에 비하여 고가 상품으로 구매하기가 쉽지 않다, 뿐만 아니라 거래비용이 높고 거래 절차가 복잡하여 시장의 진입과 퇴출이 자유롭지 못한 경향이 있다. 이는 시장의 불완전성을 높이게 된다. 부동산시장은 불완전한 시장, 준강성 시장, 구체적인 시장과 추상적 시장이 결합 된 시장이다. 이러한 시장의 불완전성은 부동산 활동 행위 과정에서 효율성의 제약뿐만 아니라 자원 할당의 비효율성을 초래하게 된다. 이런 부동산시장의 특성을 이해하고 대응책을 모색하는 것이 부동산 경제학 연구와 정책 결정의 중요한 과제 중 하나이다.

2.4 부동산시장의 기능

부동산시장은 부동산 관련 자산이 거래되는 공간으로 주택, 상업용 건물, 토지 등의 수요와 공급에 의해 임대료와 점유 상태를 결정하는 공간시장과 공간시장에서 창출된 현금흐름(cash flow)과 자본환원율(capitalization rate)에 의해 자산 가격이 창출되는 자산시장을 시스템적으로 연결하여 장기적으로 시장의 균형이 이루어지는지를 보여준다. 부동산시장은 자원 배분, 고용창출, 소득분배 등 다양한 기능을 수행하며 경제 전반에 매우 큰 영향을 미친다. 부동산의 기능을 다음 몇 가지로 소개한다.

(1) 자원 배분

부동산시장은 수요와 공급의 상호작용을 통해 자원을 효율적으로 할당하며, 가격을 창조하는 기능을 한다. 현금을 보유한 자는 부동산 소유권을 이전받고 부동산 보유자에게 현금을 지급하고, 부동산을 보유한 자는 부동산의 소유권을 넘겨주는 대가로 현금을 받아 소유권 할당이 매매 시장가격 기구를 통해 자율적으로 이루어진다. 동일한 원리로 부동산 소유자는 임대료를 받고 부동산 사용 및 수익권을 임차인에게 넘겨주고, 임차인은 공간의 사용 및 수익권을 얻는 대가로 임차료를 지급함으로 공간 배분이 임대차 시장기구를 통해 자율적으로 이루어진다. 즉 부동산시장은 소유권 할당과 공간을 효율적으로 배분하는 기능을 수행한다.

(2) 가격창조

부동산시장은 수요와 공급의 상호작용을 통해 가격창조 기능을 수행한다. 부동산 자원은 시간의 흐름에 따라 용도변경, 기능의 쇠퇴 등에 의해 부동산 신규시장과 재고 시장을 통해 끊임없이 새로운 가격이 창조되어 자원 배분의 신호 역할 기능을 한다. 가격정보를 통해 경제주체가 현금을 보유하는 것이 이로운 것인지, 아니면 부동산에 투자하는 것이 이로운 것인지 투자 수단의 의사결정에 가격이 중요한 정보제공 역할을 한다.

(3) 정보제공

부동산시장의 새로운 가격창조를 통해 소비자는 얼마만큼의 부동산을 소비할 것인가 생각하고 공급자는 얼마만큼의 부동산을 생산할 것인가 각각 결정하게 된다. 이로써 가격이라는 정보는 부동산 수요와 공급을 조절하는 중요한 기능을 한다. 또한, 부동산시장은 경제의 건강상태를 나타내는 중요 지표 기능을 한다.

(4) 고용창출

부동산시장은 임대 및 서비스업뿐만 아니라 건설산업과 연계되어 부동산 공급과 고용을 창출하는 중요한 기능을 한다.

(5) 금융시장과 융합

부동산시장은 금융시장과 직간접으로 밀접히 연계되어 부동산 파생 상품뿐만 아니라 금융시장 성장에 중요한 기능을 한다. 부동산 개발 및 구입에 큰 비용이 소요되어 부족한 자금을 은행을 비롯한 금융시장에서 자금 융통을 할 수밖에 없다. 부동산 투자는 대출 및 금융기관과의 금융 거래를 촉진하며, 부동산 가격의 움직임은 금융시장에 큰 영향을 미칠 수 있다.

(6) 프롭테크(proptech) 촉진

4차 산업혁명시대 AI 및 디지털(digital) 기술의 급속한 발전은 프롭테크(proptech) 부문의 촉진을 통해 부동산산업의 지평을 확산시키는 기능을 한다. 이는 금융, 기술과의 융합를 통해 부동산시장 성장의 신동력이 되어 경제 전반에 큰 역할을 미친다.

(7) 소득분배

부동산 가치의 상승은 소유주에게 부의 이전을 가져올 수 있으며, 이는 사회적인 부의 재분배에 부동산시장이 기여할 수 있다. 즉 부동산시장은 부의 이전 수단으로 작용할 수 있다. 부동산시장을 통해 적절한 소득재분배 이루어지지 않을 시 정부는 부동산시장에 개입하여 소득분배 개선을 위해 세제 및 금융정책을 수행할 수 있다.

제3절 부동산시장의 수요와 공급

3.1 가격의 기능

경제학에서 가격이란 상품 1단위[11)]의 값을 가격이라 한다. 가격은 상품 1단위와 교환되는 화폐액을 말한다. 부동산시장에서 가격의 기능은 첫째, 부동산 활동의 지표(indicator)가 된다. 둘째, 부동산 생산과 소비의 신호(signal)나 유인(incentive) 역할을 한다. 셋째, 부동산 할당(allocation)의 지표가 된다. 이처럼 가격은 경제주체들이 부동산의 생산과 소비 활동을 자기책임 하에 자유롭게 할 수 있도록 하는 기능을 가지고 있다. 가격의 신호를 보고 생산과 소비 행위가 자유롭게 이루어지는 과정을 가격의 자율적인 조정기능이라 한다. 인위적인 간섭없이 자율적인 가격 기능하에 상품의 수요와 공급이 결정되는 시장조직을 자유시장기구(free market mechanism)라 한다.

3.2 수요

(1) 수요의 개념

수요(demand)란 소비자가 상품을 구매하고자 하는 욕구를 말한다. 수요량(quantity demanded)이란 일정 기간에 상품을 구매하고자 하는 최대수량(maximum quantity

---

11) 단위란 노트는 권, 사과는 개, 자동차는 대, 옷은 벌 등 수 많은 재화의 거래단위가 상이하여 일반적으로 특정 상황이나 경제적 변수의 변화를 측정하거나 설명하는데 사용되는 상대적인 단위의 개념이다.

desired)이다. 수요는 일정 기간에 구매하고자 하는 수량이므로 유량(flow)[12]이다. 여기서 수요는 단순히 어떤 상품이나 서비스를 구매하려는 막연한 희망(hope)이나 필요(need)를 말하는 것이 아닌 구매할 의지와 능력(purchasing power)을 말한다. 다른 조건이 일정하다면 일정 기간에 사람들이 사고자 하는 상품의 수량은 가격이 낮을수록 더 많이 구매하려고 하고 가격이 높을수록 더 적게 구매하려고 한다.

(2) 수요곡선

수요곡선(demand curve)이란 일정 기간에 소비 주체가 상품을 구매하려는 가격과 수량 사이의 무수히 많은 점들의 조합(combination)을 나타내는 곡선이다. 예를 들면 아파트의 가격이 400백만원 일 때 10호를 구매하고, 350백만원 일 때 20호를 구매하고, 300백만원 일 때 30호를 구매하고, 250백만원 일 때 40호를 구매한다고 가정하면, 각 가격에 대응하여 구매하려는 수량의 점들을 연결한 선이 수요곡선이다. [그림 3-1]에서 보는 바와 같이 A점, B점, C점, D점을 연결한 선이 수요곡선이다. 일반적으로 소비자는 가격이 높을수록 아파트 구입 수량을 줄이려 하고, 가격이 낮을수록 아파트 구입 수량을 늘리려 한다. 이때 가격은 구매자가 지불 하고자 하는 최고가격이고, 수량은 구입하고자 하는 최대수량이다.

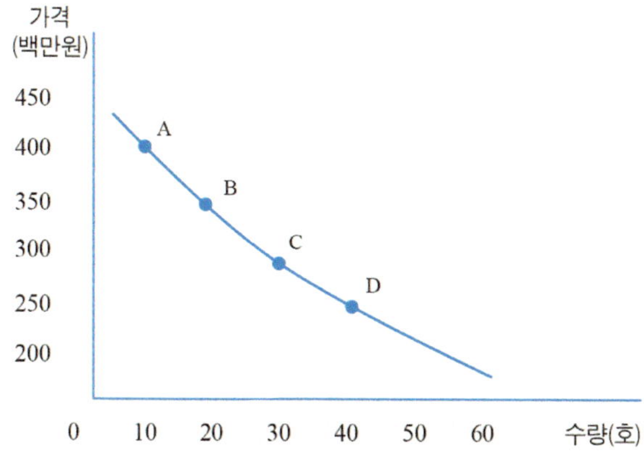

[그림 3-1] 아파트의 수요곡선

12) 경제학에서 단위는 매우 중요하다. 단위는 일정한 기간의 개념인 유량(flow)과 일정한 시점의 개념인 저량(stock)이 있다. 유량의 예는 소득, 생산, GDP, 수출 등이고, 저량의 예는 재고, 자산, 부 등이다.

(3) 수요의 법칙

어떤 재화에 대해 다른 조건이 일정하다면, 재화의 가격이 오르면 수요량이 감소하고 가격이 내리면 수요량이 증가한다. 즉 수요량과 가격이 반대 방향으로 변하는 것을 수요의 법칙(law of demand)이라 한다. 수요의 법칙에서 가격과 수요량은 반비례(역) 관계이다. 이런 수요의 법칙이 성립하기 위한 전제는 소비자가 합리적으로 행동한다는 것이다.

(4) 소득효과와 대체효과

수요곡선은 우하향하는 형태를 가지게 된다. 수요곡선이 우하향하는 이유는 소득효과(income effect)와 대체효과(substitute effect) 때문이다. 여기서 소득효과란 어떤 재화의 가격이 하락하면 동일한 지출액으로 전보다 더 많은 수량을 구입할 수 있기 때문에 수요량이 증가한다. 이는 재화의 가격하락은 소비자의 실질소득을 증가시켜 재화의 구매력을 향상시킴으로써 재화의 소비량이 늘어나는 효과를 말한다. 예를 들면 5억원으로 원룸가격이 1억원일 때는 원룸 5호를 구입할 수 있는데 반하여 가격이 5천만원일 때는 10호를 구입할 수 있다.

대체효과란 다른 조건이 일정하다면 상대적으로 비싼 재화의 소비를 줄이고 상대적으로 싼 재화의 소비가 늘어나는 효과를 말한다. 이는 실질소득의 변화와 무관하게 비슷한 효용을 가진 어떤 재화의 가격이 하락하면 상대 재화의 수요는 줄이고 가격이 하락한 재화의 수요를 늘리는 것을 말한다. 예를 들면 연립주택과 다세대주택 1호의 가격이 각각 1억원이다. 이때 다세대주택 1호의 가격이 5천만으로 하락했다고 하자. 종전에는 연립주택 1호의 가격으로 다세대주택 1호를 구입할 수 있었는데 이제는 연립주택 1호의 가격으로 다세대주택 2호를 구일할 수 있다. 가격변동에 따라 수요량의 변동을 가격효과라 한다.

(5) 개별수요곡선과 시장수요곡선

시장에는 다양한 형태의 수많은 수요가 존재한다. 소비자 한 사람 한 사람의 수요를 개별 수요(individual demand)라 하고, 시장에 참여하는 소비자 전체의 수요를 시장수요(market demand)라 한다. 각 소비자의 수요가 독립적이라면 시장수요곡선은 개별수요곡선을 수평적으로 합하여 구한다. 수평적으로 합한다는 의미는 동일한 가격 수준에서 모든 소비자의 개별수량을 합하는 것이다. 예를 들면 [그림 3-2]에서 a의 아파트 수요곡선과 b의 아파트 수요곡선을 합한 c가 아파트 시장수요곡선이다.

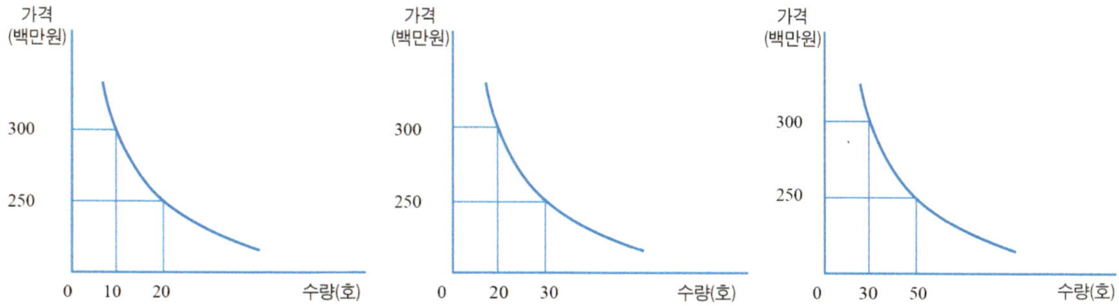

(a)의 수요곡선 (b)의 수요곡선 (c) 시장수요곡선

[그림 3-2] 아파트의 개별수요곡선과 시장수요곡선

(6) 수요량의 변화와 수요의 변화

수요량의 변화는 수요곡선상의 변화를 말한다. [그림 3-3]에서 보는 바와 같이 아파트 가격이 내리면 소비가 A점에서 B점으로 증가하고, 가격이 오르면 소비가 B점에서 A점으로 감소하여 단지 수요곡선상에서 가격의 변화에 따라 수요량이 변화는 것을 수요량의 변화라 한다. 한편, 수요의 변하는 수요곡선[13] 자체의 이동을 말한다. 수요의 이동은 상품 자체의 가격 외에 소비자의 소득, 기호, 기대 등의 요인으로 수요곡선 자체가 이동하는 것을 의미한다. [그림 3-4]에서 보는 바와 같이 소비자의 소득, 기호, 기대가 높아지면 아파트에 대한 수요가 증가하여 수요곡선이 D에서 D1로 우측으로 이동하고, 소득, 기호, 기대가 낮아지면 아파트에 대한 수요가 감소하여 D에서 D2로 좌측으로 이동하는 것을 수요의 변화라 한다. 따라서 수요량의 변화는 아파트 가격의 변화에 따라 아파트 수요량이 수요곡선상에서 변하는 것을 말하는 것이고, 수요의 변하는 아파트 가격 외에 소비자의 소득, 기호, 기대 등의 요인이 변함에 따라 수요곡선 자체가 이동하는 것을 말한다. 수요량의 변화와 수요의 변화를 정확히 아는 것은 수요와 공급의 법칙을 이해하는데 기본이 된다.

13) 수요곡선이 직선이면 수요직선으로 불려야 할 것이다. 그러나 경제학에서는 수요곡선과 수요직선을 구분하지 않고 모두 곡선이라고 부른다. 왜냐하면 수요직선은 수요곡선의 특수한 형태의 하나로 보기 때문이다.

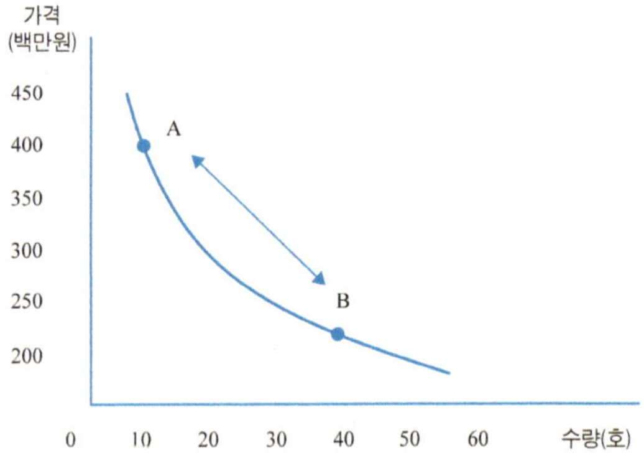

[그림 3-3] 수요량의 변화

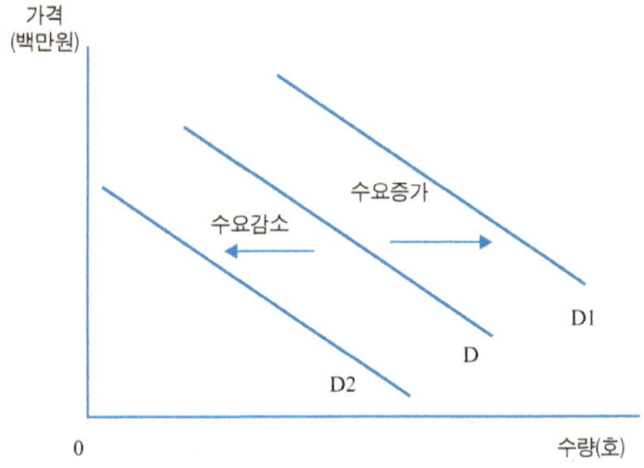

[그림 3-4] 수요의 변화

(7) 수요 변화의 요인

앞에서 설명하였듯이 해당 부동산의 가격 이외에 다른 요인이 변하면 부동산에 대한 수요가 변하여 수요곡선 자체가 이동한다. 부동산 수요 변화의 요인은 다음과 같다.

첫째는 소득(income)의 변화이다. 일반적으로 소비자의 소득이 증가하면 수요가 증가하고 소득이 감소하면 수요가 감소한다. 예를 들어 연립주택에 살던 사람이 소득이 증가하면 삶의 형편이 좋아져 연립주택 대신에 아파트에 살고 싶은 욕망이 커져 아파트 수요가 증가한다. 그러면 아파트 수요곡선이 우측으로 이동하게 된다. 반대로 소득이 낮아지면 아파트 수요곡선이 좌측으로 이동한다. 이때 소득이 증가함에 따라 수요가 증가하는 상품을 정상재(normal goods) 혹은 상급재(superior goods)라 한다. 반면에 소득이 증가함에도 수요가 감소하는 상품을 열등재(inferior goods) 또는 하급재라 한다.

둘째는 소비자의 선호(preference)이다. 어떤 상품에 대한 선호가 높아지면 그 상품에 대한 수요가 늘어난다. 예를 들어 아파트에 살고 싶은 선호가 높아지면 다른 주택보다 아파트 수요가 늘어나게 된다. 그러면 아파트 수요곡선이 우측으로 이동하게 되고, 반대로 선호가 감소하면 수요곡선이 왼쪽으로 이동하게 된다.

셋째는 대체재의 가격(the price of a substitute) 변화이다. 대체 관계에 있는 아파트와 연립주택의 경우 아파트의 가격이 상승하면 연립주택의 소비가 증가하여 수요곡선이 이동하고, 반대로 연립주택의 가격이 상승하면 아파트의 소비가 증가하여 수요곡선이 이동하게 된다.

넷째는 한 상품의 예상(expectation)이다. 한 상품의 가격변화에 대한 기대가 그 상품의 수요를 변화시켜 수요곡선이 이동한다. 일반적으로 아파트 가격이 가까운 장래에 오를 것으로 사람들이 기대하면 아파트 가격이 더 오르기 전에 구매하려고 하기 때문에 아파트 수요가 증가하여 수요곡선이 우측으로 이동한다. 반대로 가격이 하락할 것으로 사람들이 기대하면 아파트 가격이 하락하는 시점에 구매하려고 하기 때문에 아파트 수요가 감소하여 수요곡선이 좌측으로 이동한다.

다섯째는 인구(people) 및 가구(household)의 변화이다. 인구나 가구수의 증가는 수요를 증가시킨다. 반대로 인구나 가구수의 감소는 수요를 감소시킨다. 일반적으로 인구나 가구수의 증가는 부동산 수요 증가로 수요곡선을 우측으로 이동시키고, 반대로 인구나 가구수의 감소는 부동산 수요 감소로 수요곡선을 좌측으로 이동시킨다.

여섯째는 세금(tax)과 규제(regulation)이다. 부동산 취득, 보유, 양도 과정에 무거운 세금부과는 부동산 수요를 줄여서 수요곡선이 좌측으로 이동하고, 가벼운 세금부과는 부동산 수요를 증가시켜 수요곡선이 우측으로 이동한다.

일곱째는 대출금리(loan interest rate)와 융자(subsidy)지원이다. 부동산 취득 및 개발을 함에 있어서 낮은 대출금리와 높은 융자지원은 수요를 증가시켜서 수요곡선이 우측으로 이동하고, 반대로 높은 대출금리와 낮은 융자지원은 수요를 감소시켜서 수요곡선이 좌측으로 이동한다.

여덟째는 부 혹은 자산(wealth)이다. 부유한 사람은 가난한 사람에 비하여 부동산을 취득할 수 있은 기회가 늘어나 수요곡선이 우측으로 이동하고, 반대로 가난한 사람은 부유한 사람에 비하여 부동산을 취득할 기회가 감소하여 수요곡선이 좌측으로 이동한다.

(8) 수요함수(demanded function)

수요함수는 특정 상품이나 서비스에 대한 수요량을 가격과 수요 변화의 요인들의 함수로 나타낸 것을 수요함수라 한다. 소비자의 어떤 상품 X재에 대한 수요량을 Dx, X재의 가격을 Px, 소득을 I, 선호를 T, 연관 상품가격을 Pr, 기대를 E라고 한다면, X재의 수요함수는 일반적으로 식(3-1)과 같은 형태로 나타낼 수 있다.

$$Dx = f(Px, I, T, Pr, E) \tag{3-1}$$

식(3-1)에서 X재의 가격 이외 다른 요인들이 고정된 상태에서 X재의 가격변화에 따라 X재의 수요량은 변화한다. X재의 수요곡선상에서 수요량이 변한다. X재의 가격은 고정돼 있고 다른 요인들의 변화에 따라 수요곡선 자체가 이동하게 된다. 이 함수를 통해 기업이나 정부는 가격정책, 세제정책, 소득정책 등을 조절하여 시장에서 원하는 수요를 유도하거나 조절할 수 있다. 수요함수는 경제학에서 중요한 개념으로 다루어지며, 이를 통해 시장에서의 가격과 수량 조절에 대한 이해를 돕는 도구로 활용된다.

2.3 공급

(1) 공급의 개념

공급(supply)이란 판매자가 상품을 판매하고자 하는 욕구를 말한다. 공급량(quantity demanded)이란 상품을 판매하고자 하는 최대수량(maximum quantity desired)이다. 공급은 일정 기간에 판매하고자 하는 수량이므로 유량(flow)이다. 여기서 공급량은 생산자가 실제로 팔 수 있는 능력을 갖춘 상태에서 판매하고자 하는 상품 수량을 의미한다. 다른 조건이 일정 불변이라면 일정 기간에 사람들이 판매하고자 하는 상품의 수량은 가격이 높을수록 더 많이 판매하려고 하고 가격이 낮을수록 더 적게 판매하려고 한다.

(2) 공급곡선

공급곡선(supply curve)이란 일정 기간에 생산 주체가 상품을 판매하려는 가격과 수량 사이의 무수히 많은 점들의 조합(combination)을 나타내는 곡선이다. 예를 들면 아

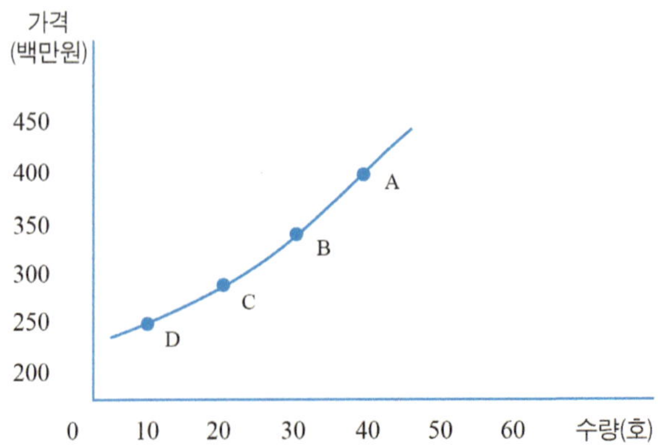

[그림 3-5] 아파트의 공급곡선

파트의 가격이 400백만원 일 때 40호를 판매하고, 350백만원 일 때 30호를 판매하고, 300백만원 일 때 20호를 판매하고, 250백만원 일 때 10호를 판매한다고 가정하면, 각 가격에 대응하여 판매하려는 수량의 점들을 연결한 선이 공급곡선이다. [그림 3-5]에서 보는 바와 같이 A점, B점, C점, D점을 연결한 선이 공급곡선이다. 공급곡선은 가격에 비례하여 우상향한다. 일반적으로 판매자는 가격이 높을수록 아파트 판매 수량을 늘리려 하고, 가격이 낮을수록 아파트 판매 수량을 줄이려 한다. 이때 가격은 판매자가 받고자 하는 최고가격이고, 수량은 판매하고자 하는 최대수량이다.

한편, 토지의 공급곡선은 경제적 공급곡선과 물리적 공급곡선으로 분리하여 살펴볼 필요성이 있다. 첫째, 토지는 '용도의 다양성'으로 인해 가격의 변화에 따라 공급이 변할 수 있다. 이는 가격의 변화에 대해 공급이 변할 수 있음을 의미한다. 즉 가격에 대한 토지의 경제적 공급곡선은 탄력적이다. 예를 들면 주택에 대한 수요가 증가하면 주택을 계속 공급하기 위해서는 택지가 필요하다. 그런데 현실적으로 택지가 부족하게 되면 농지나 임야를 택지로 용도 전환하여 택지를 추가로 공급하여 주택을 건설할 수 있다는 의미이다. 이때 토지의 절대량은 비록 고정되어 있다 할지라도 토지의 용도 전환으로 택지의 공급은 늘어날 수 있다. 따라서 토지의 경제적 공급곡선은 [그림 3-6]에서 볼 수 있듯이 가격에 대해 우상향한다.

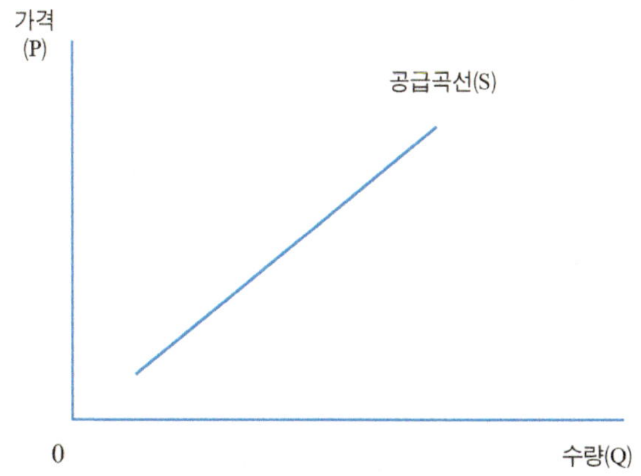

[그림 3-6] 토지의 경제적 공급곡선

둘째, 토지는 '부증성'으로 인해 절대량은 고정돼 있다. 따라서 토지의 물리적 공급곡선은 [그림 3-7]에서 볼 수 있듯이 가격에 대한 수직이다. 이는 가격의 변화에 대해 공급이 즉각적으로 대응하지 못함을 의미한다. 즉 가격에 대한 토지의 물리적 공급곡선은 완전 비탄력적 이다. 토지의 물리적 공급곡선은 가격에 대해 수직이나 경제적 공급곡선은 가격에 대해 우상향한다. 이점이 일반 재화나 서비스의 공급곡선과 토지의 공급곡선이 다르다는 것을 알아야 부동산시장을 분석하고 이해하는 데 도움이 된다.

[그림 3-7] 토지의 물리적 공급곡선

(3) 공급의 법칙

어떤 재화에 대해 다른 조건이 일정하다면, 재화의 가격이 오르면 공급량이 증가하고 가격이 내리면 공급량이 감소한다. 즉 공급량과 가격이 같은 방향으로 변하는 것을 공급의 법칙(law of supply)이라 한다. 공급의 법칙에서 가격과 수요량은 비례(정) 관계이다. 이런 공급의 법칙이 성립하기 위한 전제는 판매자가 합리적으로 행동한다는 것이다.

(4) 개별 공급곡선과 시장 공급곡선

시장에는 다양한 형태의 수많은 공급이 존재한다. 판매자 한 사람 한 사람의 공급을 개별 공급(individual supply)이라 하고, 시장에 참여하는 판매자 전체의 공급을 시장공급(market supply)이라 한다. 각 판매자의 공급이 독립적이라면 시장 공급곡선은 개별공급곡선을 수평적으로 합하여 구한다. 수평적으로 합한다는 의미는 동일한 가격 수준에서 모든 판매자의 개별수량을 합하는 것이다. 예를 들면 [그림 3-8]에서 a의 아파트 공급곡선과 b의 아파트 공급곡선을 합한 c가 아파트 시장 공급곡선이다.

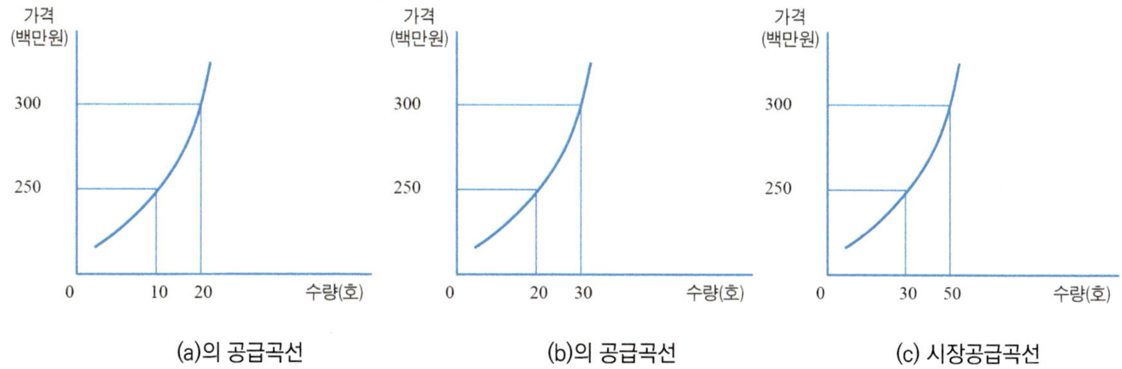

[그림 3-8] 아파트의 개별공급곡선과 시장공급곡선

(5) 공급량의 변화와 공급의 변화

공급량의 변화는 공급곡선 상의 변화를 말한다. [그림 3-9]에서 보는 바와 같이 아파트 가격이 오르면 판매가 B점에서 A점으로 증가하고, 가격이 내리면 판매가 A점에서 B점으로 감소하여 단지 공급 곡선상에서 가격의 변화에 따라 공급량이 변하는 것을 공급량의 변화라 한다. 한편, 공급의 변하는 공급곡선 자체의 이동을 말한다. 공급의 이동은 상품 자체의 가격 외에 생산기술, 원자재가격, 기대 등의 요인으로 공급곡선 자체가 이동하는 것을 의미한다. [그림 3-10]에서 보는 바와 같이 생산기술, 원자재가격, 기대가 높아지면 아파트에 대한 공급이 증가하여 공급곡선이 S에서 S1로 우측으로 이동하고, 생산기술, 원자재가격, 기대가 낮아지면 아파트에 대한 공급이 감소하여 S에서

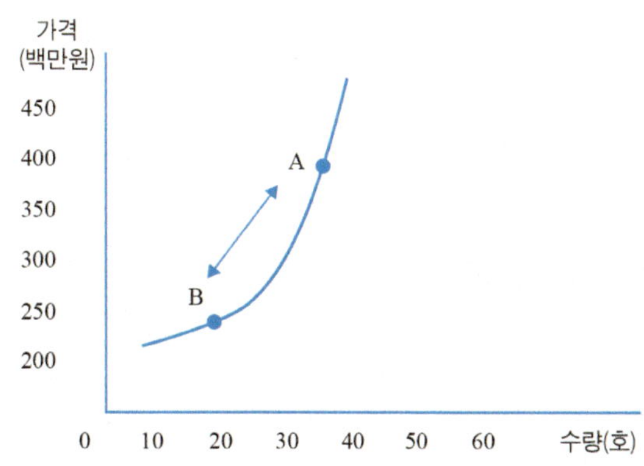

[그림 3-9] 공급량의 변화

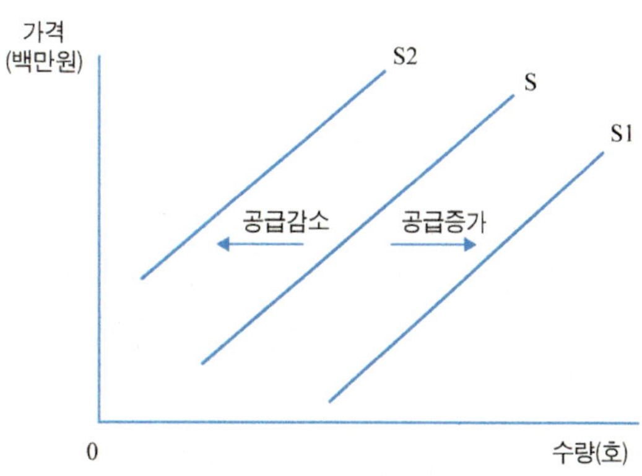

[그린 3-10] 공급의 번화

S2로 좌측으로 이동하는 것을 공급의 변화라 한다. 따라서 공급량의 변화는 아파트 가격의 변화에 따라 아파트 공급량이 공급곡선 상에서 변하는 것을 말하는 것이고, 공급의 변하는 아파트 가격 외에 판매자의 생산기술, 원자재가격, 기대 등의 요인이 변함에 따라 공급곡선 자체가 이동하는 것을 말한다. 공급량의 변화와 공급의 변화를 정확히 아는 것은 수요와 공급의 법칙을 이해하는데 기본이 된다.

(6) 공급 변화의 요인

앞에서 설명하였듯이 해당 부동산의 가격 이외에 다른 요인이 변하면 부동산에 대한 공급이 변하여 공급곡선 자체가 이동한다. 부동산 공급 변화의 요인은 다음과 같다.

첫째는 생산기술이다. 부동산 건설의 기술 진보는 생산단가를 낮추어 공급량을 증가시켜 공급곡선을 우측으로 이동시키고, 반대로 생산기술의 퇴보는 생산단가를 높이어 공급량을 감소시켜 공급곡선을 좌측으로 이동시킨다.

둘째는 원자재가격이다. 원자재가격의 변화에 따라 부동산 공급량이 변한다. 원자재가격 하락은 공급량을 증가시켜 공급곡선을 우측으로 이동시키고, 반대로 원자재가격 상승은 공급량을 감소시켜 공급곡선을 좌측으로 이동시킨다.

셋째는 부동산 가격 상승에 대한 기대이다. 가까운 장래에 부동산 가격이 상승하리라는 기대가 형성되면 높은 가격에 판매하기 위해 공급량을 늘려서 공급곡선이 우측으로 이동하고, 반대로 가격이 하락이라는 기대가 형성되면 손해를 피하고자 공급량을 줄여서 공급곡선이 좌측으로 이동한다.

넷째는 공급자 수의 변화이다. 공급자의 수가 많으면 공급량이 증가하여 공급곡선이 우측으로 이동하고, 공급자의 수가 적으면 공급량이 감소하여 공급곡선이 좌측으로 이동한다.

다섯째는 대체재의 가격이다. 대체재의 가격이 상승하면 대체재의 공급량은 증가하나, 해당 부동산의 공급량은 감소한다. 예를 들면 아파트의 대체재를 연립주택이라 하면, 연립주택의 가격이 상승하면 건설업자는 연립주택의 공급량을 더 많이 생산하여 연립주택의 공급은 증가하나 아파트의 공급량은 감소하게 된다.

여섯째는 세금(tax)과 규제(regulation)이다. 부동산 취득, 보유, 양도 과정에 무거운 세금부과는 부동산 공급을 줄여서 공급곡선이 좌측으로 이동하고, 가벼운 세금부과는 부동산 공급을 증가시켜 공급곡선이 우측으로 이동한다.

일곱째는 대출금리(loan interest rate)와 융자(subsidy)지원이다. 부동산 취득 및 개발을 함에 있어서 낮은 대출금리와 높은 융자지원은 공급을 증가시켜서 공급곡선이 우측으로 이동하고, 반대로 높은 대출금리와 낮은 융자지원은 공급을 감소시켜서 공급곡선이 좌측으로 이동한다.

(7) 공급함수

공급함수는 특정 상품이나 서비스에 대한 공급량을 가격과 공급 변화의 요인들의 함수로 나타낸 것을 공급함수라 한다. 생산자의 어떤 상품 X재에 대한 공급량을 Sx, X재의 가격을 Px, 생산기술 T, 원자재가격을 Pf, 가격상승 기대 E, 공급자의 수 Sn이라고 한다면, X재의 공급함수는 일반적으로 식(3-2)과 같은 형태로 나타낼 수 있다.

$$Sx = f(Px, T, Pf, E, Sn) \tag{3-2}$$

식(3-2)에서 X재의 가격 이외 다른 요인들이 고정된 상태에서 X재의 가격변화에 따라 X재의 공급량은 변한다. X재의 공급곡선 상에서 공급량이 변한다. X재의 가격은 고정돼 있고 다른 요인들의 변화에 따라 공급곡선 자체가 이동하게 된다. 이 함수를 통해 기업이나 정부는 가격정책, 세제 정책, 소득정책 등을 조절하여 시장에서 원하는 공급을 유도하거나 조절할 수 있다. 공급함수는 경제학에서 중요한 개념으로 다루어지며, 이를 통해 시장에서의 가격과 수량 조절에 대한 이해를 돕는 도구로 활용된다.

제4절 부동산 가격 결정

4.1 시장균형 결정

지금까지 우리는 부동산시장의 수요곡선과 공급곡선을 따로따로 살펴보았다. 가격과 수요량과는 반대 방향으로 움직이는 수요곡선, 가격과 공급량에 같은 방향으로 움직이는 공급곡선이 시장에서 만나서 균형가격과 균형수량이 어떻게 결정되는지 살펴보자. 아파트 매매시장을 예로 들면, 종축은 아파트 가격을 표시하고 횡축은 아파트 수량을 표시한다. [그림 3-11]은 아파트의 시상수요곡선 D와 시장공급곡선 S를 동일한 평면에 함께 표시한 것이다. D와 S가 만나는 점 E가 균형(equilibrium)점이다. 여기서 균형점이란 어떤 가격 수준에서 수요와 공급이 일치하여 수요자는 사고 싶은 것을 모두 구매하고 공급자는 팔고 싶은 것을 모두 매도하여 구매자와 매도자가 모두 만족한 상태이다. 즉 균형상태에 도달하면 다른 상태로 변화할 유인이 없는 한 균형이 지속하는 상태를 균형이라 한다. 아파트시장의 균형점 E에서 균형가격(equilibrium price)은 3백만 원이고 균형수량(equilibrium quantity)은 30호이다.

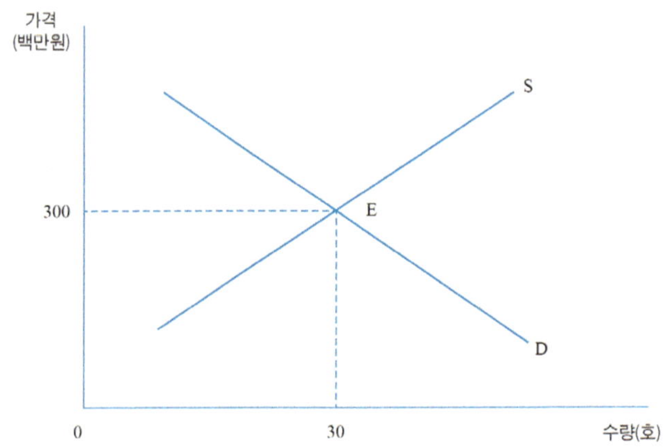

[그림 3-11] 수요와 공급의 균형

이제 균형의 원리를 이용해 아파트의 수요함수와 공급 함수가 주어지게 되면 아파트의 균형 가격과 균형 수량을 구할 수 있다. 어느 지역 아파트에 대한 수요함수는 P=500-Qd이고, 공급함수는 P=100+Qs라 하자. 수요함수의 P는 가격으로 단위는 백만 원이고, Qd는 아파트 수요량을 나타내며 단위는 m^2이다. 그리고 공급함수의 Qs는 아파트 공급량을 나타내며 단위는 m^2이다.

이 경우 다른 조건이 일정할 경우 균형 가격과 균형 수량은 다음과 같이 구한다.

첫째, 균형 가격은 수요량(Qd)과 공급량(Qs)이 일치할 때 성립한다. 따라서 균형 가격 P는 Qd=Qs 인 상태에서 구한다.

둘째, Qd=Qs 인 상태를 만들기 위해서는 수요함수를 Qd=500-P로 정리하고, 공급함수를 Qs=P-100로 정리한다.

셋째, 500-P = P-100인 상태로 함수 놓고 P를 구한다. P값이 수요와 공급이 일치하는 균형 가격이다. 따라서 균형 가격 P는 300백만 원이다. 균형 수량은 균형 가격 300백만원을 수요함수나 공급함수에 대입하면 200m^2이 된다.

수요·공급의 원리를 이용한 다양한 형태의 균형 가격과 균형 수량을 물어보는 응용 문제가 각종 시험에서 자주 출제되고 있으므로 철저한 학습이 필요하다.

그런데 균형상태보다 높거나 낮은 시장가격이 형성되면 초과수요와 초과공급이 발생하는 데 수요와 공급의 조정 과정을 통해 [그림 3-12]와 같이 균형 가격에 도달한다. 이제 아파트 가격이 균형 가격 300백만원보다 높은 400백만원에서 결정되면, 생산자는 40호의 아파트를 공급하고, 소비자는 20호의 아파트를 구입하게 되어 결과적으로 20호의 아파트는 거래되지 않고 남게 되는 데 이것을 초과 공급량(excess quantity supplied)이라 한다. 반면, 아파트 가격이 균형 가격 300백만원보다 낮은 200백만원에서 결정되면, 소비자는 40호의 아파트를 소비하려고 하고, 생산자는 20호의 아파트를 공급하게 되어 결과적으로 20호의 아파트가 부족하게 되는데 이것을 초과수요량(excess quantity demanded)이라 한다.

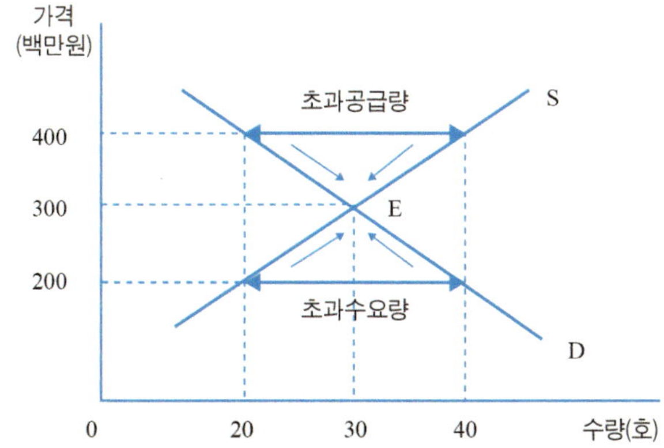

[그림 3-12] 균형가격의 결정 과정

시장에 초과 공급량이 발생하면 생산자끼리 경쟁이 일어나 더 낮은 가격을 받고서라도 아파트를 판매하려고 하기 때문에 아파트 가격은 내리기 시작한다. 가격이 내리면 생산자들의 생산량은 줄어들어 초과 공급량은 줄어든다. 한편, 초과수요량이 발생하면 소비자끼리 경쟁이 일어나 더 높은 가격을 지급하고서라도 아파트를 구매하려고 하기 때문에 아파트 가격은 오르기 시작한다. 가격이 오르면 소비자들의 소비량은 줄어들어 초과수요량은 줄어든다.

이처럼 아파트 시장에서 일시적인 초과수요와 초과공급이 발생한다고 하더라도 수요와 공급의 자율적 조정으로 균형점 E로 수렴하여 균형 가격 3백만원과 균형 수량 30호에 도달하는 현상을 수요·공급의 법칙(law of demand and supply)이라 한다. 수요·공급의 이론은 시장경제에서 가격과 거래량의 결정을 설명하는 가장 기본적이고 핵심적인 이론이다. 시장경제에서 수요·공급의 보이지 않는 손(invisible hand)에 의해 결정되는 가격(price)은 희소한 부동산 자원을 효율적으로 배분하는 신호(signal)역할을 하게 된다.

4.2 시장균형의 변동

현실시장에서는 수요와 공급을 변화시키는 다양한 요인에 의해 균형 가격과 수량이 수시로 늘 변한다. 수요와 공급의 변화로 시장수요곡선과 시장공급곡선이 이동하여 균형 가격과 균형 수량이 변한다. [그림 3-13]과 [그림 3-14]를 통해 시장균형의 변동 4가지 유형을 살펴보자.

첫째, 공급은 일정한데 수요가 증가하는 경우는 가격과 거래량 모두 증가한다.
둘째, 공급은 일정한데 수요가 감소하는 경우는 가격과 거래량 모두 감소한다.
셋째, 수요는 일정한데 공급이 증가하는 경우는 가격은 하락하고 거래량은 증가한다.
넷째, 수요는 일정한데 공급이 감소하는 경우는 가격은 상승하고 거래량은 감소한다.

[그림 3-13]은 공급이 일정한 상태에서 수요가 증가하는 경우와 감소하는 경우의 균형 가격과 균형 수량을 보여주는 것이다. 공급 S가 일정한 상태에서 수요 D가 증가하게 되면 균형점은 E에서 E1로 이동하여 초과수요량이 발생하여 균형 가격과 균형 수량이 증가한다. 또한, 공급이 일정한 상태에서 수요 D가 감소하게 되면 균형점은 E에서 E2로 이동하여 초과 공급량이 발생하여 균형 가격과 균형 수량이 감소한다.

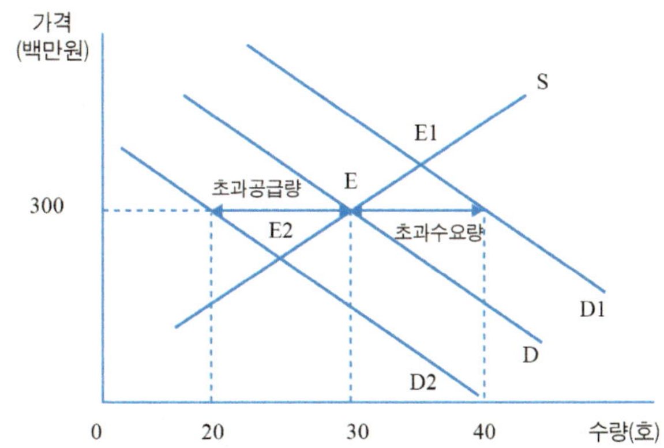

[그림 3-13] 수요의 변화와 균형의 이동

[그림 3-14]는 수요가 일정한 상태에서 공급이 증가하는 경우와 감소하는 경우의 균형 가격과 균형 수량을 보여주는 것이다. 수요가 일정한 상태에서 공급이 증가하게 되면 균형점은 E에서 E1로 이동하여 초과 공급량이 발생하여 균형 가격은 하락하고 균형 수량이 증가한다. 또한, 수요가 일정한 상태에서 공급이 감소하게 되면 균형점은 E에서 E2로 이동하여 초과수요량이 발생하여 균형 가격은 상승하고 균형 수량은 감소한다.

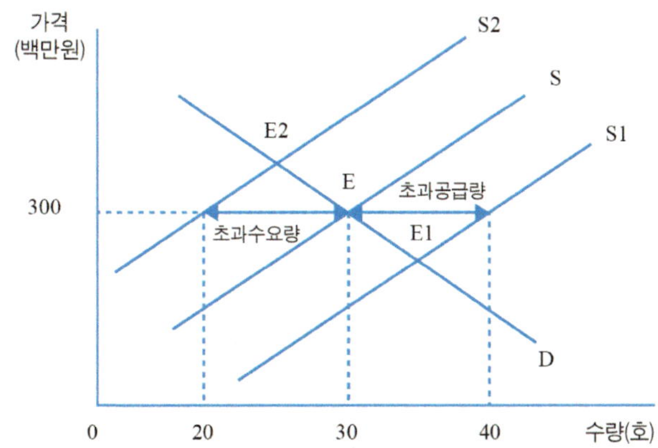

[그림 3-14] 공급의 변화와 균형의 이동

위 4원칙을 수요·공급의 4법칙 이라고 한다. 현실시장에서는 위 4가지 형태의 시장 균형만이 존재하는 것은 아니다. 때에 따라서는 수요와 공급이 동시에 변할 경우도 있다. 이 경우 균형 가격과 균형 수량의 변동을 파악하기란 쉽지 않다. 수요의 증가 폭과 공급의 증가 폭이 동일할 경우는 균형 가격과 균형 수량은 불변이 된다. 그러나 공급의 증가 폭보다 수요의 증가 폭이 더 클 경우는 균형 가격과 수량은 상승한다. 반대로 공급의 증가 폭보다 수요의 증가 폭이 더 작을 경우는 균형 가격을 하락하고 균형 수량은 더 커지게 된다. 수요와 공급이 동시에 변하는 경우는 수요와 공급 중 어느 것이 더 많이 변하는가에 따라 균형 가격과 균형 수량의 달라진다.

제5절 부동산시장의 단기와 장기균형

5.1 단기와 장기 개념

부동산시장에서 단기와 장기를 구분하는 기준이 명확하지 않다. 경제학에서는 경제 현상이나 정책의 영향이 나타나는 시간적 범위에 따라 구분한다. 단기는 몇 개월에서 1년 이내의 시간의 범위에서 경제적 변화나 현상을 나타낸다. 단기적인 경제분석은 주요 수요와 공급의 변화, 가격 및 생산량 변동 등을 주로 다룬다. 단기에는 부동산시장에서 초과이윤이 발생하더라도 신규진입에 제한이 있을 수 있고, 손실이 발생하더라도 이탈이 어려운 기간을 말한다. 장기는 주로 1년 이상의 긴 시간의 경제적 변화나 추세를 다루는 시간적 범위를 나타낸다. 장기에는 기존 생산시설 외에 새로운 생산시설을 추가할 수 있고, 초과이윤이 사라지고 정상이윤이 존재할 정도의 긴 시간을 말한다. 장기적인 경제분석은 기술의 변화, 인구 및 가구 추이 변화, 생산성 변화, 장기적인 투자 등을 주로 다룬다. 부동산시장에서 단기와 장기균형이 어떻게 형성되는지 살펴보자.

5.2 단기균형

부동산시장의 단기균형이 이루어지는 과정을 [그림 3-15]를 통해 살펴보자. 아파트 임대시장에 아파트 공급 S^*와, 아파트 수요 D^* 가 만나는 E^*에서 균형 임대료 R^*와 균형 임대량 Q^*가 결정된다. 임대공급은 일정한 가운데 일시적으로 수요가 증가하면 수요곡선이 D1로 이동하고 초과수요가 Q^*Q2만큼 발생하고, 임대료는 R^*에서 R1으로 상승하고 단기균형이 E1에서 이루어진다. 아파트 공급 S^*와 수요 D1이 만나는 E1 점에서 균형 임대료 R1이 결정된다.

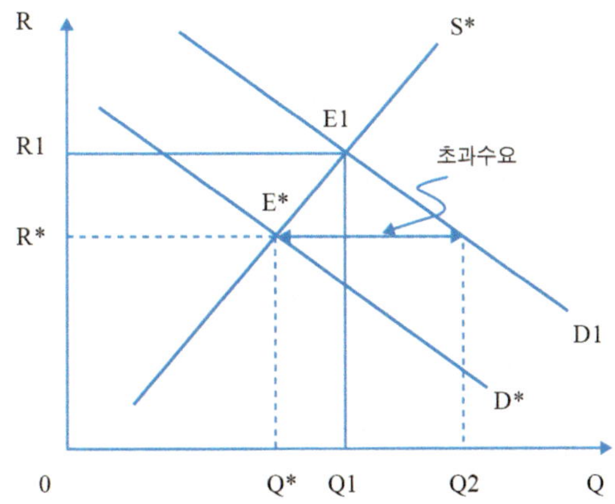

[그림 3-15] 부동산시장의 단기균형

5.3 장기균형

부동산시장의 장기균형이 이루어지는 과정을 [그림 3-16]을 통해 살펴보자. 아파트 임대시장에 아파트 공급 S^*와, 아파트 수요 D^* 가 만나는 E^*에서 균형 임대료 R^*와 균형 임대량 Q^*가 결정된다.

첫째, 최초 균형점 E^*에서 수요가 증가하면 수요곡선이 D^*에서 D1로 우측 이동한다. 수요의 증가는 임대료를 R^*에서 R1로 상승시키고 초과수요가 존재하는 한 공급은 증가하여 공급량은 Q^*에서 Q1로 증가한다.

둘째, 임대료가 R^*에서 R1로 증가했다는 것은 기존 아파트 공급자들이 초과이윤을 획득하고 있다는 것이다. 이 경우 초과이윤과 초과수요가 사라질 때까지 신규아파트 공급자들이 시장에 진입하여 공급을 증가시켜 공급이 S^*에서 S1로 이동하여 균형 임대료는 R1에서 R^*로 내려오면서 새로운 균형점은 E1에서 E3로 이동한다. 장기공급곡선은 SLR1이 된다.

셋째, 새로운 균형점이 E1에서 E3로 이동한다는 전제는 신규아파트 공급을 증가시키는데 생산비용이 고정돼 있다는 가정에서 가능하다. 그러나 현실적으로 아파트를 생산하는 비용은 시간의 흐름에 따라 생산비가 상승한다. 따라서 신규아파트 공급은 생산비를 감안한 공급량은 S1에서 S2로 좌측 이동한 E2에서 장기균형이 이루어진다. 장기공급 곡선은 SLR2가 된다.

넷째, 장기적인 임대수요 증가는 임대료와 공급량을 증가시킨다. 임대료의 크기는 수요 및 공급곡선의 탄력성 상호 작용에 의해 그 크기가 결정된다.

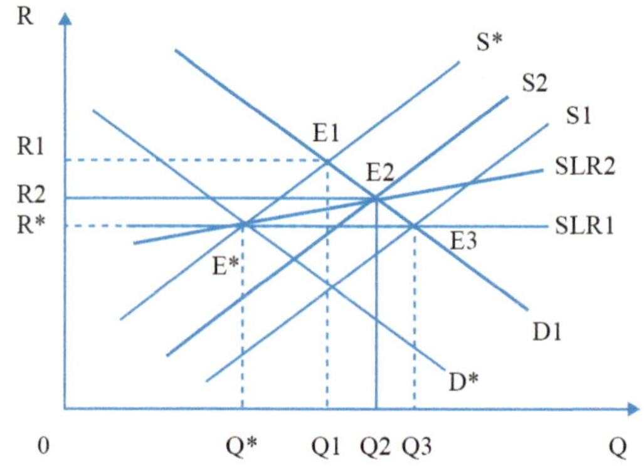

[그림 3-16] 부동산시장의 장기균형

제6절 균형 가격의 결정과 변화

6.1 균형의 변화

지금까지 앞 절에서는 부동산시장의 수요와 공급의 보이지 않는 손에 의해 장·단기 균형이 이루어지는 과정을 설명하였다. 이런 균형 분석의 기본 전제는 '다른 모든 조건이 일정하다(other ceteris paribus 또는 other things being equal)'는 가정하에 다른 부문을 무시하고 한 부문만 분석하였다. 이런 분석을 부분균형분석(partial equilibrium analysis)이라 한다. 그러나 부동산시장에서 균형가격의 결정은 부동산시장의 요인에 의해서만 균형가격이 결정되는 것이 아니라 시장기구에 영향을 미치는 소득, 인구, 가구, 기대 등 부동산시장 외적 요인들의 상호 작용에 의해 균형가격이 결정되는 것을 분석하는 것이 일반균형분석(general equilibrium analysis)[14]이다. 한번 달성된 균형은

14) 일반균형분석은 프랑스의 수리경제학자 레옹 왈라스(L. Walras, 1834~1910)의 이론이다. 그는 카를 멩거(K. Menger, 1840~1921) 등과 한계효용이론(marginal utility theory)을 창시했다. 일반균형분석은 경제 전체의 상호의존관계를 감안하여 여러 시장의 동시 균형을 분석하는 이론이다. 이 이론은 후생경제학을 연구하는 중요한 분석 도구로 활용되고 있다.

계속 균형상태에 머무는 것이 아니라 충격 요인에 의해 균형이 변한다. 균형 변화의 이론에는 정태적 이론과 동태적 이론이 있다. 우선 왈라스와 마샬의 균형결정론을 살펴보고 이어서 에치겔의 거미집 이론을 살펴보기로 한다.

6.2 정태적 균형이론

(1) 왈라스의 균형이론

균형가격의 변화를 설명하는 요인으로 가격 요인에 의해서 균형이 변한다고 보는 견해가 레옹 왈라스(L. Walras, 1834~1910) 이다. 왈라스는 균형가격의 변하는 가격을 변화시키는 요인에 의해 가격의 이동 과정을 거쳐서 새로운 균형가격에 도달함을 주장하였다. [그림 3-17]에서 보는 바와 같이 균형가격 P^*보다 부동산 가격이 P1과 같이 높게 형성되면 초과공급이 ab만큼 존재하게 되고, 초과공급이 존재하면 기업들은 가격을 P1에서 P^*로 인하시키게 되므로 원래의 균형가격 E로 수렴한다.

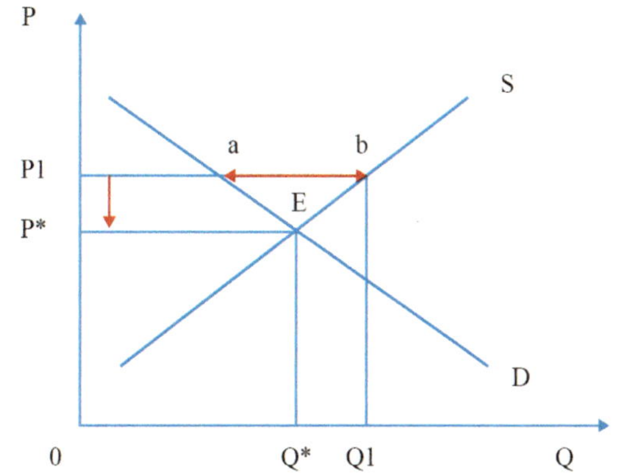

[그림 3-17] 왈라스의 균형가격

(2) 마샬의 균형이론

알프리드 마샬(A. Marshall, 1842~1924)[15]은 균형가격의 변하는 수량을 변화시키는

15) 알프리드 마셜(A. Marshall, 1842~1924)은 영국의 경제학자로서 「Principle of Economics」은 수요와 공급, 한계효용, 생산비용 가치론의 개념을 정립한 경제학 고전 교재로 수 많은 경제학도들에게 경제학을 간파하는데 영감을 준 책이다.

요인에 의해 수량의 이동 과정을 거쳐서 새로운 균형가격에 도달함을 주장하였다. [그림 3-18]에서 보는 바와 같이 균형가격 P^*보다 높은 부동산 가격이 P1과 같이 형성되면, 초과공급이 ab만큼 존재하는 한 공급자가 받고 싶은 가격 P1보다 낮은 가격 M에서 수요자는 가격 지불을 원하기 때문에 균형수량 Q^*보다 많은 재고 Q1이 존재하면 공급자는 판매 수량을 Q1에서 Q^*로 줄여서 균형가격은 P^*로 수렴한다.

반대로 균형가격 P^*보다 낮게 부동산 가격이 P2로 형성되면, 부동산시장에는 초과수요가 gh만큼 존재하는 한 공급자가 받고 싶은 가격 P2보다 높은 가격 N에서 수요자는 가격 지불을 원하기 때문에 균형수량 Q^*보다 적은 생산량 Q2가 존재하면 공급자는 판매 수량을 Q2에서 Q^*로 늘려서 균형가격은 P^*로 수렴한다.

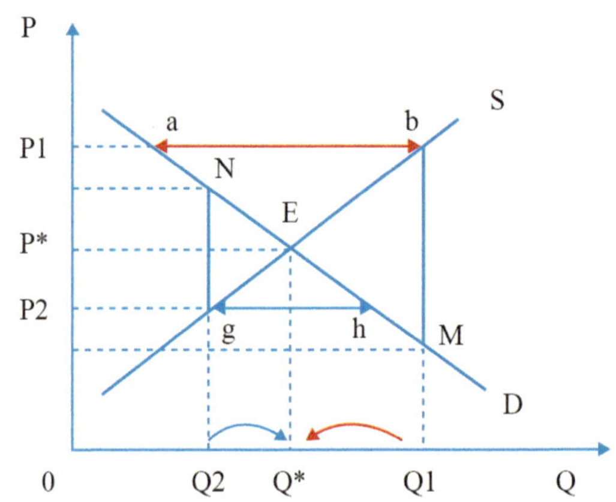

[그림 3-18] 마샬의 균형가격

6.3 동태적 균형이론

(1) 부동산시장의 특성과 거미집이론

부동산시장의 특성은 한마디로 수요의 변화에 공급이 즉각적으로 대응할 수 없다는 것이다. 수요는 신속히 변하나 공급은 생산기술, 원부자재의 가격, 공사 기간 등의 요인으로 신속히 수요에 부응하지 못하여 수요와 공급이 늘 언벨런스(unbalance) 상태가 되어 균형에 도달하는데 시차를 가지고 균형에 수렴해 간다. 이를 설명하는 이론이 모세 야곱 에치겔(M.J. Ezekiel, 1844~1917)[16]의 거미집이론이라 한다.

(2) 거미집이론(Cob-web theorem)

전 절에서는 우리는 수요와 공급이 늘 신축적으로 변한다는 가정하에 균형가격과 균형수량이 어떻게 달성되는지 분석하였다. 그러나 우리가 가정했던 수요와 공급의 신축성은 주택과 같은 생산기간이 많이 소요되는 부동산 거래시장 에서는 현실적으로 가정이 성립될 수 없다는 것이다. 이는 농산물의 수요와 공급 시차로 인하여 초과수요와 초과공급이 반복하여 가격 폭등과 가격폭락이 반복하는 현상과 같다. 예를 들면, 옥수수 가격이 싸면 농민들이 옥수수 재배를 줄이고 대신 싼 옥수수를 사서 돼지 사육을 늘려서 농가소득을 증가시킨다. 따라서 옥수수 수요가 급증하면서 옥수수 가격이 폭등하게 되고 늘어난 돼지 사육으로 인해 돼지가격은 폭락하게 되고, 돼지 사육은 줄면서 돼지 가격은 폭등하고 또다시 옥수수 재배를 늘리면 옥수수 가격은 폭락하게 된다. 이렇게 주기적인 순환변동에 따라 가격의 폭등과 폭락을 설명하는 이론이 에치겔의 거미집이론이다. 거미집이론이란 농산물의 수급량 변동과 가격변동의 순환적 변동 궤적이 거미집 모양과 유사하여 붙여진 이름이다.

여기서 주목할 것은 농가는 옥수수와 돼지의 가격변화에는 즉각적으로 반응을 하나 옥수수와 돼지의 공급은 생산기간 때문에 일정 기간이 지난 후 공급이 가능하다는 것이다. 즉 수요와 공급의 시차로 인하여 가격의 폭등과 폭락이 반복된다는 것이다. 이런 현상은 부동산시장 특히 아파트시장에도 그대로 재현된다는 것이다. 시차를 고려하여 부동산 가격이 균형에 접근하는가를 설명하는 거미집이론 모형은 수요곡선의 기울기와 공급곡선의 기울기의 크기에 따라서 수렴형, 발산형, 순환형 세 가지 모형이 있다.

(3) 거미집이론의 모형

1) 수렴형 : 시장균형의 안정

수요곡선 D의 기울기 절댓값이 공급곡선 S의 기울기 절댓값보다 작은 경우에 나타나는 모형이다. 즉 수요의 가격탄력성이 공급의 탄력성보다 큰 경우 수렴형이 된다. 수렴 과정의 순서는 ① → ② → ③ → ④ → ⑤ 이다.

---

16) 모세 야곱 에치겔(M.J. Ezekiel, 1844~1917)은 미국의 경제학자로서 거미집이론(Cob-web theorem)을 창시했다.

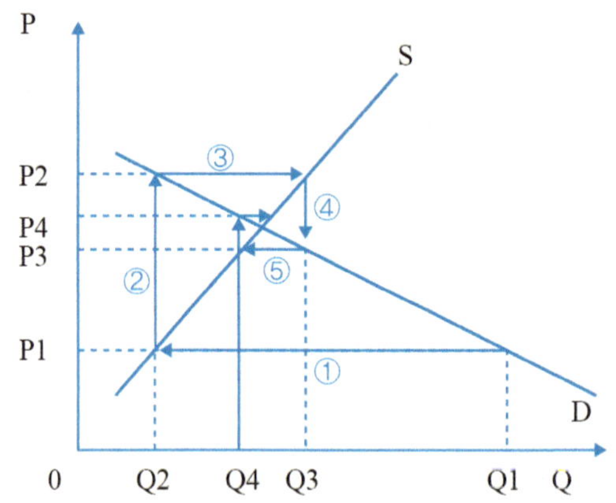

[그림 3-19] 수렴형

2) 발산형 : 시장균형의 불균형

수요곡선 D의 기울기 절댓값이 공급곡선 S의 기울기 절댓값보다 큰 경우에 나타나는 모형이다. 즉 수요의 가격탄력성이 공급의 탄력성보다 작은 경우 수렴형이 된다. 발산 과정의 순서는 ①→②→③→④→⑤ 이다.

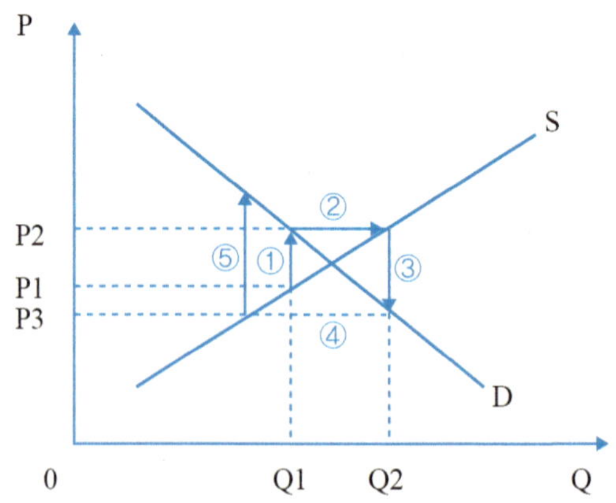

[그림 3-20] 발산형

3) 순환형 : 시장균형의 중립

수요곡선 D의 기울기 절댓값이 공급곡선 S의 기울기 절댓값과 동일한 경우에 나타나는 모형이다. 즉 수요의 가격탄력성이 공급의 탄력성과 동일한 경우 수렴형이 된다. 순환과정의 순서는 ①→②→③→④ 이다.

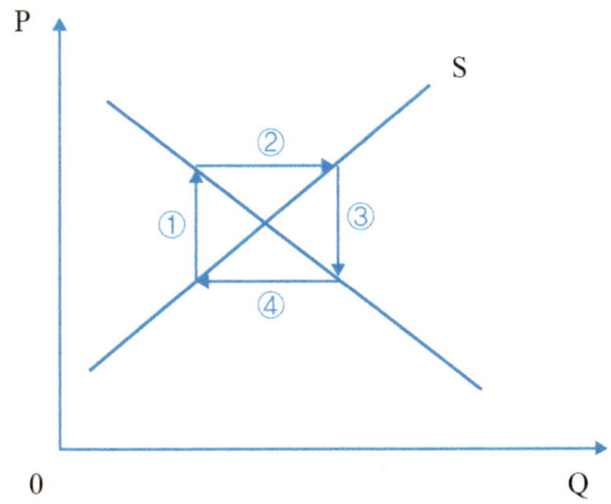

[그림 3-21] 순환형

읽고 생각할 거리 **수요와 공급은 주택 시장에 어떤 영향을 미칠까?**

부동산업에 종사하는 경우 수요와 공급이 부동산 가격에 어떤 영향을 미치는지 이해하는 것이 필요하다. 부동산에 적용되는 경제학의 원리는 다른 재화나 서비스와 동일하다. 수요와 공급이 완벽하게 일치할 때, 즉 모든 잠재 구매자가 필요한 것을 구매할 수 있고 모든 판매자가 제공하는 모든 것을 판매할 수 있을 때 시장은 균형에 이르고 균형 가격과 수량이 결정된다.

그러나 부동산 수요와 공급의 균형은 쉽지 않다. 더 많은 판매 가능한 부동산을 만들려면 시간과 상당한 작업, 그리고 많은 노력이 필요하다. 전혀 불가능할 경우도 있고, 어느 정도 공급할 수 있다고 하더라도 소비자 수요를 충족할 만큼 적시에 공급이 늘어나지 못할 수도 있다.

수요와 공급의 기본적인 경제원리를 이해하면 소비자가 자신의 부동산을 사고 팔기에 가장 좋은 시기를 결정하는 데 도움이 될 수 있다. 수요와 공급을 결정하는 요인을 아는 것은 부동산 활동에 도움이 된다.

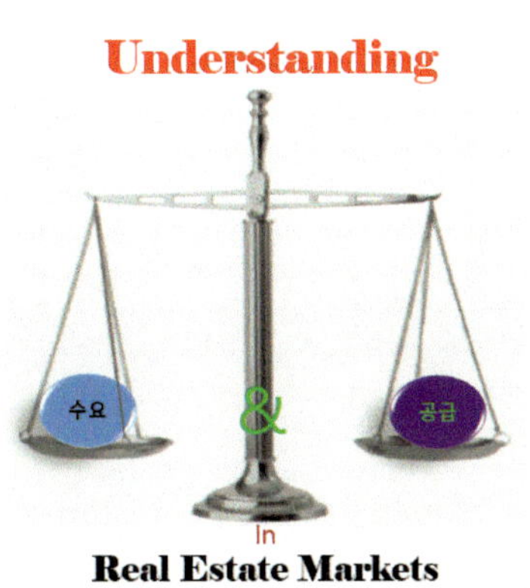

주요용어 및 개념

- 완전경쟁시장
- 독과점시장
- 가격 메카니즘
- 시장의 국지성
- 자본소득
- 시장의 세분화
- 대체효과
- 수요의 법칙
- 수요량
- 저량
- 할당 효율적 시장
- 균형가격
- 초과수요량
- 부동산시장의 기능
- 불완전경쟁시장
- 독점적 경쟁시장
- 일물일가의 법칙
- 지역시장
- 투기행위
- 소득효과
- 수요
- 보이지 않는 손
- 유량
- 거미집이론
- 정보가치
- 균형수량
- 초과공급량

연습문제

1 부동산 수요의 개념을 설명하시오?

2 부동산 수요량의 개념을 설명하시오

3 유효수요와 잠재수요를 비교 설명하시오?

4 부동산 수요의 변화와 수요량의 변화를 각각 설명하시오?

5 부동산수요 결정요인을 설명하시오?

6 부동산 공급 결정요인을 설명하시오?

7 부동산시장의 기능을 설명하시오

8 부동산의 수요와 공급에 관한 설명으로 옳지 않은 것은?
① 가격이 상승하면 공급량이 증가한다.
② 수요량은 실재로 구매한 수량이다.
③ 공급량은 주어진 가격 수준에서 매도하고자 하는 수량이다
④ 이자율이 하락하면 수요는 증가한다.
⑤ 가격 이외의 다른 요인이 수요량을 변화시키면 수요곡선은 좌측 또는 우측으로 이동한다.

9 부동산 시장에서 주택의 공급곡선을 우측으로 이동시키는 요인이 아닌 것은?
① 주택건설업체 수의 증가
② 주택건설용 건축자재 가격의 하락
③ 주택담보대출 이자율의 상승
④ 새로운 건설기술의 개발에 따른 원가절감
⑤ 주택건설용 토지가격의 하락

10 A지역 아파트 시장의 단기공급함수는 Q=300, 장기공급함수는 Q=P+250이고, 수요함수는 장단기 동일하게 $Q=400-\frac{1}{2}P$이다. 이 아파트 시장이 단기에서 장기로 변화할 때 아파트 시장의 균형 가격(ㄱ)과 균형 수량(ㄴ)의 변화는(단, P는 가격이고 Q는 수요와 공급량이며, 다른 조건은 일정하다고 가정함)

① ㄱ : 50 감소, ㄴ : 50 증가
② ㄱ : 50 감소, ㄴ : 100 증가
③ ㄱ : 100 감소, ㄴ : 50 증가
④ ㄱ : 100 감소, ㄴ : 100 증가
⑤ ㄱ : 100 감소, ㄴ : 150 증가

정답

1. 부동산시장에 구매능력을 갖춘 수요자가 부동산을 구매하려는 의도를 말한다.
2. 부동산 수요량이란 특정가격에서 수요자가 값을 지불하고 구입할 의사와 능력을 갖춘 부동산의 최대 양을 말한다.
3. 유효 수요는 시장에서 구매 의사와 구매 능력을 갖춘 실질 수요를 말한다.
   잠재수요는 구매 의사는 있으나 구매 능력을 갖추지 못하여 유효수요에는 포함되지 않으나 향후 시장 여건에 따라 유효수요로 변화할 수 있는 예비수요를 말한다.
4. 부동산수요의 변화는 부동산 가격 이외 다른 요인 중 하나 이상의 요인이 변하여 부동산수요곡선 자체가 이동하는 것이다.
   부동산수요량의 변화는 다른 조건이 일정할 경우 부동산 가격의 변화로 부동산 수요곡선 상에서 이동하는 것이다.
5. 인구와 가구수, 대체재 가격, 보완재 가격, 소득, 세금과 규제, 이자율과 융자액, 선호, 기대
6. 건설비용, 기술수준, 세금, 금리, 공급자의 수, 기대, 대체재 가격
7. 공간 및 자원 배분기능, 부동산 상품의 교환기능, 가격창조기능, 부동산시장에 대한 정보제공 부동산 상품의 양과 질 조절기능, 토지이용 유형결정
8. ②
9. ③
10. ③

풀이

1. 단기 시장의 균형 : $400-\frac{1}{2}P(\text{수요량})=300(\text{공급량})$, P=200, Q=300
2. 장기 시장의 균형 : $400-\frac{1}{2}P(\text{수요량})=P+250(\text{공급량})$, P=100, Q=350
3. 장기균형-단기균형 : 100-200= 100감소, 350-300=50증가

CHAPTER 4

부동산 수요와 공급의 탄력도

제1절 부동산 수요의 탄력도

1.1 탄력도의 개념

(1) 탄력도의 정의

우리는 앞장에서 수요와 공급의 법칙을 통해 수요는 가격에 반비례하고 공급은 가격에 비례한다는 것을 살펴보았다. 여기서 수요가 가격에 반비례한다는 방향성에 관한 논의를 했고 그 크기가 얼마나 되는가에 대한 언급은 없었다. 그러나 방향성 못지않게 크기도 중요하다. 이러한 크기를 측정하는 도구를 경제학에서는 탄력도 혹은 탄력성(Elasticity)[1]이라 한다. 수요량이나 공급량의 그 결정요인에 대하여 반응하는 정도를 나타내는 지표가 탄력성이다.

탄력성이란 수요량을 종속변수로 그 결정요인을 독립변수로 나타내며, 독립변수의 변화율에 대한 종속변수의 변화율을 의미한다. 탄력성의 개념을 응용하면 수요나 공급의 예측, 정책 효과를 분석할 수 있어서 경제학에서 매우 중요한 개념으로 다루고 있다. 탄력성의 다양한 개념을 살펴보기로 하자.

(2) 탄력도와 기울기와의 관계

탄력도(elasticity)와 기울기(slope)와의 관계는 대체로 역의 관계에 있다. 즉 기울기가 가파르거나 수직선이 되면 탄력도의 값은 작아지고 비탄력적으로 된다. 반대로 기울기가 완만하거나 수평선이 되면 탄력도의 값은 커지고 탄력적으로 된다. 아래 [그림 4-1]의 수요곡선 기울기는 $\frac{\triangle P}{\triangle Q}$이다. 그러나 수요곡선의 탄력도는 $\frac{P}{Q} \times \frac{\triangle Q}{\triangle P}$로 구한다. 만일 $\frac{P}{Q}$를 제외하면 기울기와 탄력도는 역의 관계가 됨을 알 수 있다.

기울기와 탄력도가 역의 관계에 있는 이유는 다음과 같다. 수학과 경제학은 종속변수와 독립변수를 표시하는 것이 [그림 4-2]와 같이 일반적으로 반대로 표시한다. 수학에서 종속변수 Y는 종축, 독립변수 X는 횡축에 표시한다. 반면 경제학에서 X 재화의

---

1) 탄력성이란 어떤 물체나 물질이 외부의 힘으로 변형되었을 때 그 변형된 상태에서 본래의 형태로 돌아가려는 물체나 물질의 성질을 의미한다. 이를 주로 탄성(Elasticity)이라고 불리며 물리적, 화학적 현상에서 나타날 수 있다.

수량을 나타내는 종속변수 Q는 횡축, X 재의 가격을 나타내는 독립변수 P는 종축에 표시한다. 그런데 경제학에서 항상 이렇게 표시하지 않는 경우도 있다. 이를테면 임금, 이자율과 같은 변수는 독립변수로 횡축에 표시하기도 한다.

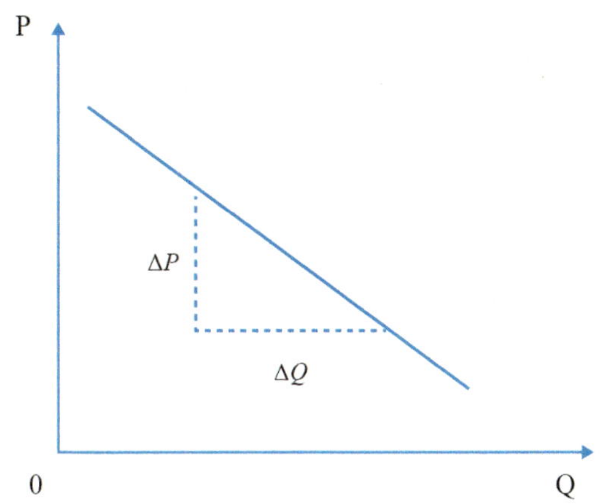

[그림 4-1] 기울기와 탄력도의 관계

탄력도와 기울기와의 관계가 역의 관계에 있다는 것은 경제학에서는 수학과 달리 종속변수를 횡축에 독립변수를 종축에 표시하기 때문이다. 이런 기초개념도 기울기와 탄력성과의 관계를 설명할 때 아주 중요한 개념으로 꼭 알아 둘 필요가 있다.

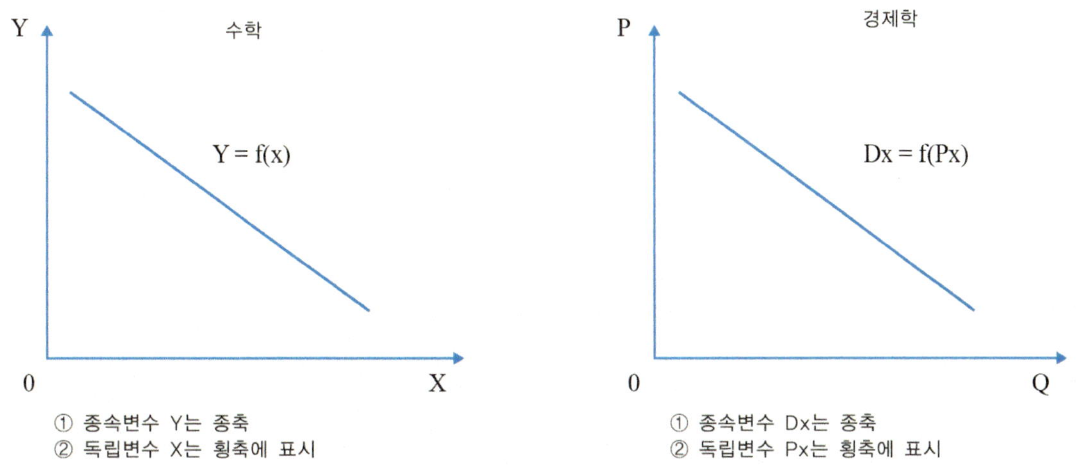

[그림 4-2] 기울기와 탄력도가 역의 관계에 있는 이유

(3) 수요곡선의 기울기와 탄력도의 크기

수요곡선의 기울기와 탄력도의 여러 유형에 대한 크기를 정리하면 [표 4-1]과 같다. 직선의 기울기가 수직이면 탄력성의 크기는 완전비탄력적이고, 직선의 기울기가 수평이면 탄력성의 크기는 완전탄력적이다. 직선의 기울기가 45°이면 탄력성의 크기는 단위탄력적이다. 직선의 기울기가 급경사이면 탄력성은 비탄력이고 완만한 경사이면 탄력적이다.

[표 4-1] 기울기와 탄력성의 크기 비교

직선의 기울기	탄력성의 크기	탄력성 수치
수직	완전비탄력적	$\varepsilon = 0$
급경사	비탄력적	$\varepsilon < 1$
기울기 45°	단위탄력적(점탄력적)	$\varepsilon = 1$
완만한 경사	탄력적	$\varepsilon > 1$
수평	완전탄력적	$\varepsilon = \infty$

1.2 부동산 수요의 가격 탄력성

(1) 부동산 수요의 가격 탄력성(price elasticity of demand) 정의

부동산 수요의 가격탄력성이란 부동산의 가격이 변할 때 부동산 수요량이 얼마나 변하는가를 나타내는 지표이다. 그런데 부동산 수요의 가격탄력성을 가격을 생략한 체 부동산 수요의 탄력성이라고도 한다. 부동산 수요의 가격탄력성은 다음 식 4-1과 같다.

$$\text{수요의 가격탄력성}(\varepsilon_d) = \frac{\text{수요량의 변화율}}{\text{가격의 변화율}} = \frac{\frac{\Delta Q}{Q} \times 100}{\frac{\Delta P}{P} \times 100} = \frac{\Delta Q}{\Delta P} \times \frac{P}{Q} \qquad (4\text{-}1)$$

식(4-1)에서 △는 델타(delta)라 읽으며 증분 또는 변화분을 나타내는 기호이다. P는 가격의 변화가 없을 때 가격이고, Q는 가격이 P일 때 변화가 없는 수량을 나타낸다. ΔP는 가격이 P에서 P1로 변화된 자신의 가격이 아닌 증분 가격($\Delta P = (P1 - P)$) 이고,

ΔQ는 수량이 Q에서 Q1로 변화된 자신의 수량이 아닌 증분 수량($\Delta Q = (Q1 - Q)$)을 나타낸다.

부동산 가격과 수요량은 수요의 법칙에 의해 반대 방향으로 변화기 때문에 부동산 수요의 가격 탄력성 값을 구하면 언제나 음(-)의 부호를 갖는다. 그런데 탄력성 값을 음의 부호로 표시하지 않고 절대값(‖)을 취하여 양(+)의 값으로 나타낸다. 수요의 가격 탄력성이란 가격이 1% 변할 때 수요량이 몇 % 변하는가를 나타낸다. 부동산 수요의 탄력성은 개별수요에 대해서도 사용할 수 있고 부동산 시장수요에 대해서도 사용할 수 있다. 부동산 시장수요는 개별수요와 달리 수요에 미치는 요인이 다양하다.

부동산 수요의 탄력성이란 부동산 수요량의 변화분을 수요량의 변화를 일으키는 가격, 소득, 인구, 가구, 기대이익 등의 변화분으로 나눈 값이다. 예를 들면, 아파트 가격의 탄력성이란 아파트 수요량의 변화율을 아파트 가격의 변화율로 나눈 값이다. 탄력성의 개념을 부동산 수요의 탄력성에 응용하면 부동산 수요의 호탄력성, 부동산 수요의 점탄력성으로 나누어 설명할 수 있다.

(2) 부동산 수요의 호탄력성(arc elasticity of demand)

부동산 수요의 호탄력성(arc elasticity)이란 부동산 수요곡선상의 두 구간 사이의 탄력성을 말하며 흔히 구간 탄력성이라 한다. 부동산 수요곡선상의 호탄력도를 아래 [그림 4-3]의 A와 B 구간 사이를 계산하면 다음과 같다. 동일한 수요곡선상에 A에서 B로 이동시는 호탄력성 값이 2이고, B에서 A로 이동시는 호탄력성 값이 0.5이다.

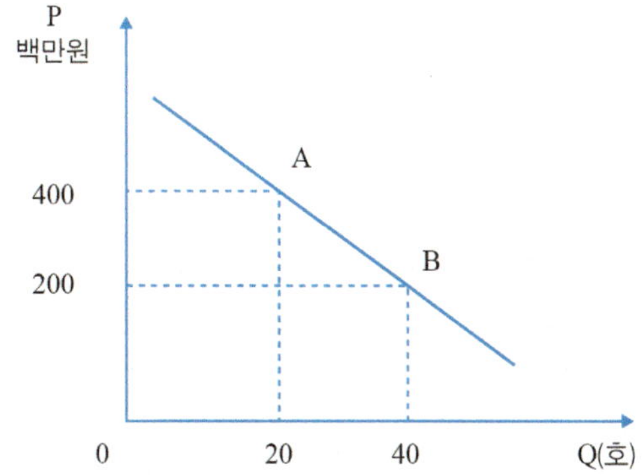

[그림 4-3] 부동산 수요의 호탄력성

$$\text{A에서 B로 이동} : \varepsilon_d = \frac{\Delta Q}{\Delta P} / \frac{P}{Q} = \frac{20}{200} / \frac{400}{20} = 2 \quad (4\text{-}2)$$

$$\text{B에서 A로 이동} : \varepsilon_d = \frac{\Delta Q}{\Delta P} / \frac{P}{Q} = \frac{20}{200} / \frac{200}{40} = 0.5 \quad (4\text{-}3)$$

■ 수정 호탄력성(중간점방법)

위에서 살펴본 바와 같이 동일한 수요곡선상이라도 기준이 되는 가격을 최초로 어느 것을 삼느냐에 따라 수요의 호탄력성 값이 달라지는 문제점을 해결하기 위해 A와 B의 중간점을 기준으로 하는 다음과 같은 수정공식을 사용하여 구하면 다음과 같다.

$$\text{A와 B의 중간점} : \varepsilon_d = \frac{\Delta Q}{\Delta P} / \frac{(P_1 + P_2)/2}{(Q_1 + Q_2)/2} = \frac{20}{200} / \frac{(400+200)/2}{(20+40)/2} = \frac{10}{10} = 1 \quad (4\text{-}4)$$

(3) 부동산 수요의 점 탄력성(point elasticity of demand)

부동산 수요의 점 탄력성(point elasticity)이란 부동산 수요곡선상의 한 점에서 측정한 탄력성 값이다. 점탄력성은 가격의 변화분이 아주 미미할 때 수요의 탄력성을 측정하는 구하는 것이다. 즉 [그림 4-4]의 부동산 수요곡선상의 A와 B점을 한없이 가깝게 한 E점에서 계산한 것이 점탄력성이다.

$$\varepsilon_d = \frac{\Delta Q}{\Delta P} \times \frac{P}{Q} = \frac{DB}{DE} \times \frac{OC}{OD} = \frac{DB}{OD} = \frac{CO}{AC} = \frac{BE}{AE} \quad (4\text{-}5)$$

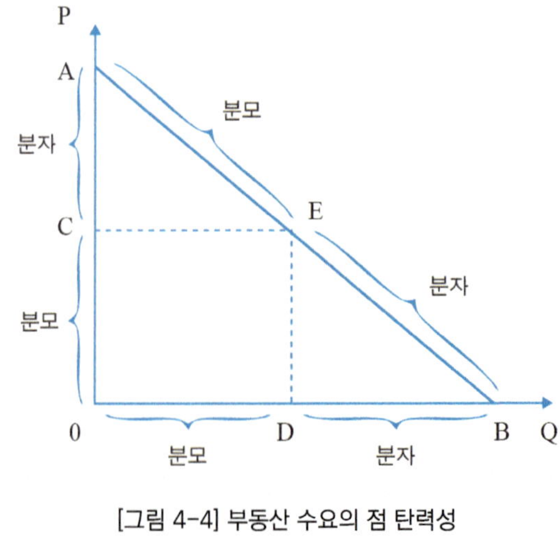

[그림 4-4] 부동산 수요의 점 탄력성

■ 점 탄력성의 크기

부동산 수요곡선의 모양이 [그림 4-5]와 같이 우하향하는 직선의 경우, 점 탄력성의 크기는 수요곡선상의 위치에 따라 달라진다. 수요곡선 AB의 중간 점인 E점에서는 AE=BE임으로 E점에서의 탄력성은 단위탄력적($\varepsilon_d = 1$)이고, E점보다 상방에서는 탄력적($\varepsilon_d > 1$)이고, E점보다 하방에서는 비탄력적($\varepsilon_d < 1$)이고, A점에서는 완전탄력적($\varepsilon_d = \infty$)이고, B점에서는 완전비탄력적($\varepsilon_d = 0$)이다.

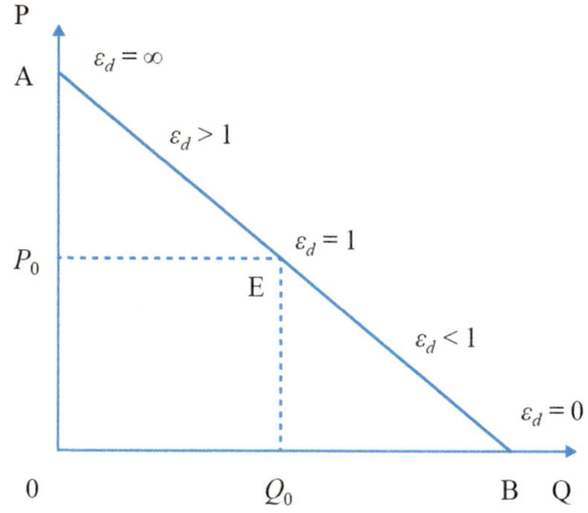

[그림 4-5] 부동산 수요의 점 탄력성 크기

1.3 부동산 수요의 가격탄력성과 총지출액

(1) 개념

부동산 수요의 가격탄력성은 부동산 가격이 변함에 따라 총지출액이 어떻게 변할 것인가에 대한 정보를 제공한다. 수요의 가격탄력성을 가격은 생략한 체 수요의 탄력성이라고도 한다. 총지출액(E)은 부동산 가격(P)에 시장 수요량(Qd)을 곱하여 계산하며, 식 4-6과 같다.

$$E = P \times Qd \tag{4-6}$$

예를 들면, 부동산 수요의 가격탄력성이 1일 경우, 가격이 10% 상승하면 수요량은 10% 감소하여 총지출액에 변화가 없다. 이 경우를 단위탄력적이라 한다. 즉 단위탄력적일 경우에는 부동산 가격의 변화에 수요량의 변화가 없다. 그러나 부동산 수요의 가격탄력성이 1보다 크거나 작은 경우에는 부동산 가격의 변화에 수요량이 더 많이 반응한다. 예를 들면 부동산 수요의 가격탄력성이 2일 경우, 가격이 10% 상승하면 수요량은 20% 감소하여 총지출액은 감소하고, 반대로 가격이 10% 하락하면 수요량은 20% 증가하여 총지출액은 증가한다. 이를 정리하면 [표 4-2]와 같다.

[표 4-2] 부동산 수요의 가격탄력성과 총지출액 변화

	총지출액	
	가격상승	가격하락
단위탄력적($\varepsilon_d = 1$)	변동 불변	변동 불변
탄력적($\varepsilon_d > 1$)	감소	증가
비탄력적($\varepsilon_d < 1$)	증가	감소

(2) 탄력성과 가격전략

탄력성과 가격변화폭은 비탄력적일수록 가격 변화 폭이 크다.

첫째, 부동산 수요의 가격탄력성이 탄력적일 때 가격(임대료) 상승은 가계의 총지출액이 감소하여 부동산 임대자는 저가 전략이 유리하다.

둘째, 부동산 수요의 가격탄력성이 비탄력적일 때 가격(임대료) 상승은 가계의 총지출액이 증가하여 부동산 임대자는 고가전략이 유리하다.

셋째, 부동산 수요의 가격탄력성이 단위탄력적일 때 가격(임대료)과 상관없이 가계의 총지출액이 불변이므로 가격전략 무의미하다.

(3) 탄력성과 세금부담

탄력성과 세금부담은 비탄력적일수록 세금부담이 크다

첫째, 부동산 수요와 공급의 가격탄력성 중 상대적으로 탄력적일수록 조세의 전가에 따른 세금부담이 작다.

둘째, 부동산 수요와 공급의 가격탄력성 중 상대적으로 비탄력적일수록 조세의 전가에 따른 세금부담이 크다.

(4) 부동산 수요의 가격 탄력성 특징

부동산 수요의 가격 탄력성은 일반적으로 비탄력적이나 부동산을 세분화하면 비탄력적이 아닐 수 있다. 따라서 부동산 수요의 가격 탄력성은 다양한 특징을 가지고 있다.

첫째, 주거용 부동산은 여타 부동산에 비해 탄력적일 수 있다.

둘째, 주거용 부동산의 가격 탄력성이 탄력적이면, 가격상승은 주거용 부동산의 수요를 감소시켜 임대 수입을 감소시킨다.

셋째, 어떤 부동산의 용도 전환이 쉬워지면 대체 부동산이 늘어나 탄력성을 커진다. 반대로 용도 전환이 어려워지면 대체 부동산이 줄어들어 탄력성은 작아진다. 따라서 부동산의 용도 전환 용이성 여부에 따라 탄력성 값은 달라질 수 있다.

넷째, 부동산 수요의 거래 기간이 짧으면 비탄력적이 되고, 반대로 거래 기간이 길어지면 탄력적이 된다. 왜냐하면, 특정 부동산에 대한 수요가 오랜 기간 증가하면 신규부동산의 공급이 증가하거나 부동산의 용도 전환이 일어나 대체 부동산이 증가하기 때문이다.

(5) 부동산 수요의 가격 탄력성 결정요인

앞에서 살펴본 바와 같이 부동산 수요의 가격 탄력성 결정요인을 정리하면 [표 4-3]과 같다.

[표 4-3] 부동산 수요의 가격 탄력성 결정요인

	탄력성	비탄력성
대체제의 유무와 다소	대체재 많을 경우	대체재 적을 경우
상품의 성격	사치품 부동산	필수품 부동산
가격	고가 부동산	저가 부동산
부동산 가격이 소득에서 차지하는 비율	소득에서 차지하는 비율 큰 경우	소득에서 차지하는 비율 작은 경우
기간의 장단	장기	단기
부동산의 용도	부동산 다용도 사용	부동산 한정된 용도

1.4 부동산 수요의 교차탄력성과 소득탄력성

(1) 부동산 수요의 교차탄력성(cross-price elasticity of demand)

부동산 수요의 교차탄력성이란 어떤 부동산 수요량의 변화가 다른 부동산 가격의 변화에 대해 반응하는 정도를 나타내주는 지표로 다음 식(4-7)과 같이 정의된다.

$$\varepsilon_{XY} = \frac{X\text{부동산의 수요량변화율}}{Y\text{부동산의 가격변화율}} = \frac{\frac{\triangle Q_X}{Q_X}}{\frac{\triangle P_Y}{P_Y}} = \frac{\triangle Q_X}{\triangle P_Y} \times \frac{P_Y}{Q_X} \tag{4-7}$$

식(4-7)에서 ε_{XY}는 X 부동산 수요의 Y 부동산 가격에 대한 교차탄력성, P_Y는 Y 부동산 가격, Q_X는 X 부동산의 수요량을 나타낸다. X 부동산과 Y 부동산이 서로 대체재라면 부동산 수요의 교차탄력성은 양(+)의 부호를 갖고 수요량과 가격은 동일한 방향으로 변한다. X 부동산과 Y 부동산이 서로 보완재라면 부동산 수요의 교차탄력성은 음(-)의 부호를 갖고 수요량과 가격은 반대 방향으로 변한다. X 부동산과 Y 부동산이 독립재라면 교차탄력성 값은 0이 된다.

부동산 수요의 가격탄력성은 원래 음(-)의 부호를 가지기 때문에 음·양의 구분이 불필요하지만, 부동산 수요의 교차탄력성이나 소득탄력성의 부호는 절댓값으로 나타낼 수 없기 때문에 매우 중요한 의미를 갖는다.

(2) 부동산 수요의 소득탄력성(income elasticity of demand)

부동산 수요의 소득탄력성이란 부동산 수요량의 변화가 소득(I) 변화에 대해 반응하는 정도를 나타내주는 지표로 다음 식(4-8)과 같이 정의된다.

$$\varepsilon_I = \frac{\text{부동산의 수요량변화율}}{\text{소득의 변화율}} = \frac{\frac{\triangle Q}{Q}}{\frac{\triangle I}{I}} = \frac{\triangle Q}{\triangle I} \times \frac{I}{Q} \tag{4-8}$$

식(4-8)에서 ε_I는 부동산 수요의 소득탄력성, I는 소득, $\triangle I$는 소득의 변화분, Q는 부동산 $\triangle Q$는 부동산 수요량의 변화분을 나타낸다. 대부분의 부동산은 소득이 증가하면 부동산 수요도 증가하기 때문에 부동산 수요의 소득탄력성 값은 양(+)의 부호를 갖는다. 이러한 부동산을 정상재라 한다. 그러나 수요의 소득탄력성 값이 음(-)의 부호를 가질 때 열등재라 한다.

(3) 탄력성과 재화의 특성 관계

재화는 가격이나 소득의 변화에 따라 수요량이 증가하거나 감소하여 탄력성 값의 부호가 양(+) 혹은 음(-)일 수 있다. 이를 탄력성과 재화의 특성 관계를 정리하면 [표 4-4]와 같다. 부동산 수요량에 미치는 요인이 부동산 가격, 소득, 연관재 부동산 가격, 기대, 인구, 가구수 등이 있으나 이 중에서도 가격과 소득의 변화에 대한 탄력성 지표를 중요하게 고려하여 이들 탄력성과 재화의 특성을 아래와 같이 정리하였다. 최근에는 가구수의 변화가 부동산 수요량에 영향을 미친다는 연구 결과[2]를 제시하고 있어 부동산 수요의 가구수 탄력성도 관심 있게 살펴볼 필요가 있다.

[표 4-4] 가격탄력성과 재화의 관계

		수요의 교차탄력성	수요의 소득탄력성
값 부호	양 (+)	대체관계	정상재
	제로 (0)	독립관계	-
	음 (-)	보완관계	열등재

제2절 부동산 공급의 탄력도

2.1 부동산 공급의 가격탄력성

(1) 부동산 공급의 가격탄력성(price elasticity of supply) 정의

부동산 공급의 가격탄력성이란 부동산의 가격이 변할 때 부동산 공급량이 얼마나 변하는가를 나타내는 지표이다. 그런데 부동산 공급의 가격탄력성을 가격은 생략한 체 부동산 공급의 탄력성이라고 한다. 부동산 공급의 가격탄력성은 다음 식(4-9)와 같다.

2) 최차순, "인구구조가 주택가격에 미치는 영향 분석", 부동산경영, 제28집, 2023, pp. 7-22.

$$\text{공급의 가격탄력성}(\varepsilon_s) = \frac{\text{공급량의 변화율}}{\text{가격의 변화율}} = \frac{\frac{\Delta Q}{Q}\times 100}{\frac{\Delta P}{P}\times 100} = \frac{\Delta Q}{\Delta P}\times\frac{P}{Q} \tag{4-9}$$

식(4-9)에서 △는 델타(delta)라 읽으며 증분 또는 변화분을 나타내는 기호이다. P는 가격의 변화가 없을 때 가격이고, Q는 가격이 P일 때 변화가 없는 수량을 나타낸다. ΔP는 가격이 P에서 P1로 변화된 자신의 가격이 아닌 증분 가격($\Delta P = (P1 - P)$) 이고, ΔQ는 수량이 Q에서 Q1로 변화된 자신의 수량이 아닌 증분 수량($\Delta Q = (Q1 - Q)$)을 나타낸다.

부동산 가격과 공급량은 공급의 법칙에 의해 같은 방향으로 변화기 때문에 부동산 공급의 가격 탄력성 값을 구하면 항상 양(+)의 부호를 갖는다. 공급의 가격탄력성이란 가격이 1% 변할 때 공급량이 몇 % 변하는가를 나타낸다. 공급의 가격탄력성 크기는 생산비와 기간에 의하여 결정되는 데 일반적으로 토지의 공급 가격탄력성은 비탄력적이라고 말하고, 주택과 상업용 부동산 생산하는데 몇 개월 수년이 걸릴 수 있어 장기적으로 보면 비탄력적이다.

(2) 부동산 공급의 가격탄력성 측정

1) 선형의 공급곡선이 원점을 통과하는 경우의 점 탄력성($\varepsilon_s = 1$)

원점을 통과하는 선형의 45° 우상향 공급곡선 위의 모든 점에서 공급의 가격탄력성은 1이다. [그림 4-6]의 공급곡선 S의 B점에서 공급의 가격탄력성 구하면 다음과 같다.

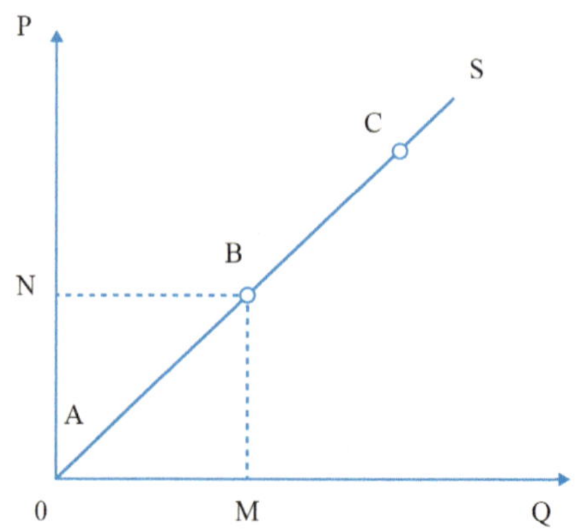

[그림 4-6] 선형의 공급곡선이 원점을 통과하는 경우의 점 탄력성

공급의 가격탄력도 $\varepsilon_s = \frac{P}{Q} \times \frac{\Delta Q}{\Delta P} = \frac{ON}{OM} \times \frac{OM}{MB} = 1$이 되어 공급곡선 S상의 모든 점에서 공급의 가격탄력성은 1이다. 왜냐하면, 공급곡선 S의 B점이나 C점에서의 기울기는 항상 같아서 MB=NB가 되기 때문이다.

2) 선형의 공급곡선이 횡축보다 종축을 먼저 통과하는 경우의 점 탄력성($\varepsilon_s > 1$)

선형의 우상향 공급곡선이 횡축보다 종축을 먼저 통과하는 경우의 가격탄력성은 1보다 크다. [그림 4-7]의 공급곡선 S의 B점에서 공급의 가격탄력성 구하면 다음과 같다.

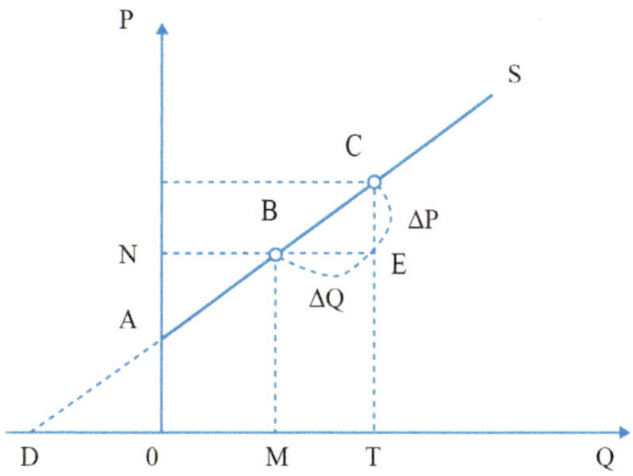

[그림 4-7] 선형의 공급곡선이 횡축보다 종축을 먼저 통과하는 경우의 점 탄력성

공급곡선 S의 B점이나 C점에서의 기울기는 항상 같다. 기울기는 $\frac{CE}{BE} = \frac{\Delta P}{\Delta Q}$ 이다. 변화분은 $\frac{\Delta Q}{\Delta P} = \frac{BE}{CE} = \frac{DM}{BM}$ 이다. 삼각형 BCE와 삼각형 DBM은 닮은 꼴이다. 점 B에서 가격은 BM이고, 수량은 OM이다. 따라서 공급의 가격탄력도 $\varepsilon_s = \frac{P}{Q} \times \frac{\Delta Q}{\Delta P} = \frac{BM}{OM} \times \frac{DM}{BM} = 1 > 1$이 되어 공급곡선 S상의 모든 점에서 공급의 가격탄력성은 1보다 크다. 여기서 DM이 OM보다 크기 때문에 탄력성은 1보다 크다.

3) 선형의 공급곡선이 종축보다 횡축을 먼저 통과하는 경우의 점 탄력성($\varepsilon_s < 1$)

선형의 우상향 공급곡선이 종보다 횡축을 먼저 통과하는 경우의 가격탄력성은 1보다 작다. [그림 4-8]의 공급곡선 S의 B점에서 공급의 가격탄력성 구하년 다음과 같다.

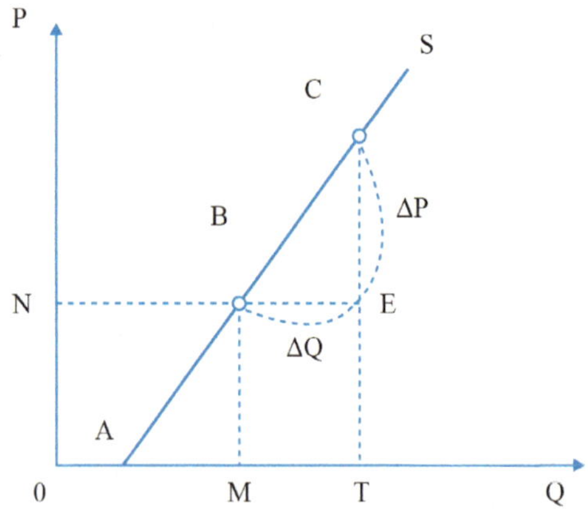

[그림 4-8] 선형의 공급곡선이 종축보다 횡축을 먼저 통과하는 경우의 점 탄력성

공급곡선 S의 B점이나 C점에서의 기울기는 항상 같다. 기울기는 $\frac{CE}{BE}=\frac{\Delta P}{\Delta Q}$ 이다. 변화분은 $\frac{\Delta Q}{\Delta P}=\frac{BE}{CE}=\frac{AM}{BM}$ 이다. 삼각형 BCE와 삼각형 ABM은 닮은 꼴이다. 점 B에서 가격은 BM이고, 수량은 AM이다. 따라서 공급의 가격탄력도 $\varepsilon_s=\frac{P}{Q}\times\frac{\Delta Q}{\Delta P}=\frac{BM}{AM}\times\frac{AM}{BM}=1 < 1$이 되어 공급곡선 S상의 모든 점에서 공급의 가격탄력성은 1보다 작다. 여기서 AM이 BM보다 작기 때문에 탄력성은 1보다 작다.

4) 특수한 선형 공급곡선

다음 [그림 4-9]의 공급곡선 S1과 같이 수직인 공급곡선과 S2와 같이 수평인 공급곡선인 경우의 탄력성을 알아보자. 우선 공급곡선이 S1과 같이 수직인 경우에는 가격이 무한히 변해도 공급량의 변화는 0이므로 모든 점에서 공급의 가격탄력성은 0이다. 반면, 공급곡선이 S2와 같이 수평인 경우에는 공급수량이 무한히 변해도 가격의 변화는 0이므로 모든 점에서 공급의 가격탄력성은 무한대(∞)이다.

2.2 부동산 공급의 가격탄력성 결정요인

부동산 공급의 가격탄력성 결정요인은 원부자재 조달, 기술 수준, 기간 등이 있다.
첫째, 부동산을 생산하는 데 필요한 원부자재를 싼값으로 쉽게 조달할 수 있으면 부

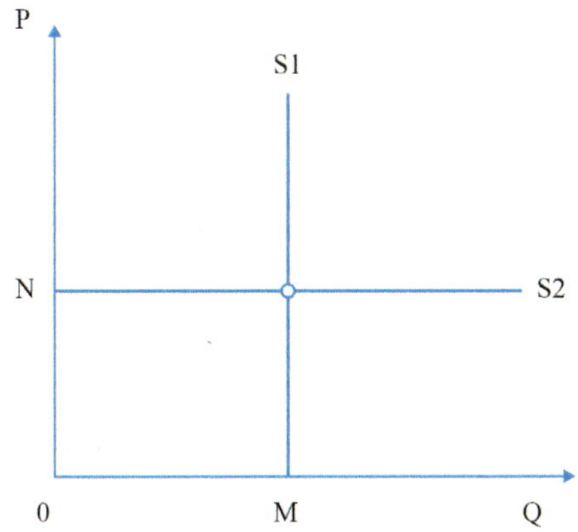

[그림 4-9] 특수한 선형 공급곡선의 가격탄력성

동산 공급의 가격탄력성은 탄력적이 된다. 반대로 원부자재를 싼값으로 쉽게 조달할 수 없으면 부동산 공급의 가격탄력성은 비탄력적이 된다.

둘째, 부동산을 생산하는 기술 수준이 높으면 부동산 공급의 가격탄력성은 탄력적이 된다. 반대로 기술수준이 낮으면 부동산 공급의 가격탄력성은 비탄력적이 된다.

셋째, 기간이 길어질수록 부동산을 공급하는 것이 쉬워지기 때문에 부동산의 가격탄력성은 탄력적이 된다. 반대로 기간이 짧을수록 부동산을 공급하는 것이 어렵기 때문에 부동산의 가격탄력성은 비탄력적이 된다.

넷째, 부동산 생산량이 증가할 때 생산비가 빠르게 상승하는 부동산은 비탄력이며, 생산비가 완만하게 상승하는 부동산은 탄력적이다.

2.3 부동산 공급의 가격탄력성 특징

부동산은 일반 재화에 비해 생산기간이 길고 생산요소가 한정돼 있어 다음과 같은 특징을 가지고 있다.

첫째, 부동산 공급은 생산기간이 일반 재화와 비교 시 길어서 가격이 상승한다 하더라도 단기적으로 공급량을 크게 증가시킬 수 없어 비탄력적이다. 그러나 장기에는 공급량을 쉽게 조절할 수 있어 탄력적이 된다.

둘째, 부동산 공급의 가격탄력성이 비탄력적이라는 의미는 공급곡선의 기울기가 가파르다는 것이다. 이는 단기적으로 부동산 공급곡선의 기울기가 가파르다는 것이다.

그러나 장기적으로는 부동산 공급의 가격탄력성이 탄력적이라는 의미는 공급곡선의 기울기가 완만하다는 것이다. 이는 장기적으로 부동산 공급곡선의 기울기가 완만하다는 것이다.

셋째, 토지 공급의 가격탄력성은 완전 비탄력이다. 라는 의미는 공급곡선의 기울기가 수직이다는 것이다. 이는 토지의 공급곡선은 수직이다.

넷째, 부동산 생산의 규제가 까다롭거나 용도변경의 제한이 많으면 부동산 공급의 가격탄력성은 비탄력적이 된다.

다섯째, 일반적으로 재고 주택은 신규주택에 비해 탄력적이고, 신규주택은 상대적으로 비탄력적 경향이 있다.

읽고 생각할 거리 **탄력성(elasticity)과 커피 산업**

경제학에서 "탄력성"이란 용어는 가격변화로 인한 사람들의 행동 변화를 설명하는 데 사용된다.

수요의 가격탄력성은 가격이 변동할 때 소비자들이 소비를 더 할지 아니면 덜할지 측정하는 유용한 도구이다.

커피 수요의 가격탄력성은 커피 산업에서 중요한데, 특히 커피 가치 사슬의 작동 방식을 변경하려는 정책 결정자와 주요 산업 주체들에게 중요하다.

세계적으로 약 2,400만명의 커피 농민 중 많은 사람들이 저렴한 가격과 가격 변동성으로 큰 어려움을 겪고 있다. 이런 어려움을 해결하기 위해 생산자 가격을 높여 많은 돈을 지불하면 문제를 해결할 수 있다고 말하기는 쉽지만, 이것이 소비자들의 구매 결정에 어떤 영향을 미칠지 예측하는 것은 간단하지 않다.

커피 수요의 가격탄력성을 종종 과소평가하여 커피 산업이 큰 위기에 처하게 되었다는 기사를 접할 때가 있다. 부동산시장에도 비슷한 현상이 발생된다. 예를 들어 아파트 수요의 가격탄력성을 과소평가하여 아파트 공급량을 적절하게 조절하지 못하여 주택 시장의 실패를 수없이 경험했다.

안타깝게도, 시장논리가 아닌 정치논리로 "상식적인" 예측은 종종 주택 시장을 수렁으로 밀어 넣어 시장의 자생력을 복원하는 데 매우 큰 어려움이 되기도 한다.

주요용어 및 개념

- 탄력성
- 공급의 가격 탄력성
- 비탄력적
- 완전비탄력적
- 수요의 교차탄력성
- 호탄력성
- 수요의 가격 탄력성
- 탄력적
- 완전탄력적
- 수요의 점 탄력성
- 수요의 소득탄력성
- 점탄력성

연습문제

1 수요의 가격 탄력성을 설명하시오?

2 수요의 가격탄력성을 결정하는 요인을 설명하시오?

3 수요의 소득탄력성을 설명하시오?

4 수요의 교차탄력성을 설명하시오?

5 수요의 교차탄력성과 재화에는 두 종류가 있다? 교차탄력성이 0보다 큰 재화, 교차탄력성이 0보다 작은 재화에 대해 각각 설명하라?

6 A부동산의 가격이 5% 상승할 때, B부동산의 수요는 10% 증가하고 C부동산의 수요는 5% 감소한다. A와 B, A와 C 간의 관계는?(단, 다른 조건은 동일함)

	A와 B의 관계	A와 C의 관계
①	대체재	보완재
②	대체재	열등재
③	보완재	대체재
④	열등재	정상재
⑤	정상재	열등재

7 부동산 수요의 가격탄력성에 관한 설명으로 옳지 않은 것은?(단, 다른 조건은 동일함)

① 수요곡선 기울기의 절댓값이 클수록 수요의 가격탄력성이 작아진다.

② 임대주택 수요의 가격탄력성이 1보다 작을 경우 임대료가 상승하면 전체 수입은 증가한다.

③ 대체재가 많을수록 수요의 가격탄력성이 크다.

④ 일반적으로 부동산의 전환 가능성이 클수록 수요의 가격 탄력성이 커진다.

⑤ 수요의 가격 탄력성이 비탄력적이면 가격의 변화율보다 수요량의 변화율이 더 크다.

8 다음과 같은 조건하에서 아파트에 대한 수요함수가 Qd=-2P+8Y+100이고, P=4, Y=4인 경우, 수요의 소득탄력성은?(단, Qd : 수요량, P : 가격, Y : 소득이고, 소득탄력성은 점탄력성을 말하며, 다른 조건은 동일함)

① 7/31 ② 8/31
③ 7/32 ④ 8/32
⑤ 9/31

9 어느 지역의 아파트에 대한 수요의 가격탄력성은 0.6이고 소득탄력성은 0.5이다. 아파트의 가격이 5% 상승함과 동시에 소득이 변하여 전체 수요량이 1% 감소하였다면, 이때 소득의 변화율은?(단, 아파트는 정상재이고, 수요의 가격탄력성은 절댓값으로 나타내며, 다른 조건은 동일함)

① 1% 증가 ② 2% 증가
③ 3% 증가 ④ 4% 증가
⑤ 5% 증가

10 수요함수와 공급함수가 각각 A부동산 시장에서는 Qd=200-P, Qs=10+1/2P이고 B부동산 시장에서는 Qd=400-1/2P, Qs=50+2P이다. 거미집이론에 의한 A시장과 B시장의 모형 형태의 연결이 옳은 것은?(단, X축은 수량, Y축은 가격, 각각의 시장에 대한 P는 가격, Qd는 수요량, Qs는 공급량이며, 가격 변화에 수요는 즉각 반응하지만 공급은 시간적인 차이를 두고 반응함, 다른 조건은 동일함)

① A : 발산형 B : 수렴형 ② A : 발산형 B : 순환형
③ A : 순환형 B : 발산형 ④ A : 수렴형 B : 발산형
⑤ A : 수렴형 B : 순환형

11 부동산시장의 수요와 공급의 가격탄력성에 관한 설명으로 옳지 않은 것은?(단, 다른 조건은 동일함)

① 측정하는 기간이 길수록 수요의 탄력성은 더 탄력적이다.
② 공급의 탄력성은 생산요소를 쉽게 얻을 수 있는 상품일수록 더 탄력적이다.
③ 수요의 탄력성이 탄력적일 경우 임대료가 상승하면 전체 임대 수입은 감소한다.
④ 대체재가 많을수록 수요의 탄력성은 더 탄력적이다.
⑤ 제품의 가격이 가계소득에서 차지하는 비중이 작을수록 수요의 탄력성이 더 탄력적이다.

12 부동산 조사에 따르면 아파트 수요의 가격탄력성은 −0.2이고 아파트 공급의 가격탄력성은 1.3이라고 한다. 이 경우 아파트에 부과되는 조세의 귀착에 관한 설명 중 올바른 것은?

① 아파트 공급자보다 수요자에게 더 많이 귀착된다.
② 아파트 수요자보다 공급장에게 더 많이 귀착된다.
③ 아파트 공급자와 수요자에게 동일한 만큼 귀착된다.
④ 아파트 수요의 소득탄력성에 대한 정보가 추가되어야 알 수 있다.
⑤ 아파트 공급의 소득탄력성에 대한 정보가 추가되어야 알 수 있다.

정답

1. 수요의 가격 탄력성은 수요량의 변화율을 가격의 변화율로 나눈 것이다.
2. 대체재가 많을수록 보다 탄력적이다.
   시장을 세분할수록, 분류범위를 좁게할수록, 보다 탄력적이다.
   용도 전환이 용이할수록 보다 탄력적이다.
   측정 기간이 장기일수록 보다 탄력적이다.
3. 수요의 소득탄력성은 소득의 변화율에 대한 수요량의 변화율 정도이다.
4. 수요의 교차탄력성은 한 상품의 수요가 다른 연관 상품의 가격변화율에 반응하는 정도이다.
5. 교차탄력성이 0보다 큰 재화는 대체재, 교차탄력성이 0보다 작은 재화는 보완재이다.
6. ①
7. ⑤
8. ②
9. ④
10. ④
11. ⑤
12. ①

풀이

8. 1. 수요의 소득탄력성(점탄력성)은 다음과 같이 구할 수 있다.

   수요의 소득탄력성= $\frac{\Delta Q_d}{\Delta Y} \times \frac{Y}{Q}$

   2. 수요의 소득탄력성 계산

   1) 수요함수에서 수요량을 소득에 대해 미분하면 $\frac{\Delta Q_d}{\Delta Y} = 8$이다

   2) 소득(Y)이 4일 때, 가격(P)이 4일 때, 수요량(Qd)는 124이다.

   3) 수요의 소득탄력성 = $\frac{\Delta Q_d}{\Delta Y} \times \frac{Y}{Q} = 8 \times \frac{4}{124} = \frac{8}{31}$

10. 1. A부동산시장

   수요곡선 기울기의 절대치(1)←공급곡선 기울기의 절대치(2) : 수렴형

   2. B부동산시장

   수요곡선 기울기의 절대치(2)→공급곡선 기울기의 절대치(0.5) : 발산형

12. ①

   조세부담은 수요와 공급 중 상대적으로 비탄력적인 쪽에 더 많이 귀착된다. 이 문제에서 수요는 아파트 소비자, 공급은 아파트 생산자이다.

CHAPTER 5

부동산시장과 자원 배분

제1절 시장기구와 균형

시장경제는 시장기구[1]에 의해 자원이 효율적으로 배분된다. 시장기구는 수요와 공급의 법칙을 통해 균형가격과 수량이 결정된다. 가격이 수요와는 역의 관계이고 공급과는 정의 원리로 시장기구가 작동된다는 것을 3장에서 설명하였다. 즉 수요와 가격은 반대 방향으로 움직이고 공급과 가격은 정의 방향으로 움직인다는 것을 설명하였으나, 그 크기에 대해서는 탄력성이라는 개념으로 4장에서 설명하였다. 이제 5장에서는 시장기구에 의해 자원 배분이 어떻게 효율적으로 이루어지는지 살펴보고자 한다.

부동산이라는 자원도 수요와 공급의 원리가 작동되는 시장기구에 의해 무엇을 얼마나, 누구를 위해, 어떤 방법으로, 언제 생산할 것인가에 대해 동일한 경제원리가 적용된다. 여기서 시장기구(market mechanism)는 일반적으로 시장내 기업 간의 가격결정, 진입장벽, 규모, 수익 등의 경쟁 수준과 상호작용을 의미하는 개념이다. 이러한 시장기구는 완전경쟁시장과 불완전경쟁시장으로 구분할 수 있고, 독점시장, 독점적경쟁시장과 과점시장을 불완전경쟁시장에 포함시켜 4가지 유형의 시장기구로 분류한다. 이들 각 시장기구에서는 수요와 공급을 통해 균형가격과 수량이 결정되어 자원이 배분된다.

여기서 균형이라는 시장경제의 의미는 수요와 공급이 일치하는 지점을 나타낸다. 일단 균형에 도달하면 외부적 충격 요인이 없는 한 변하지 않는 상태를 말한다. 광의의 개념으로는 경제주체들의 효용이 극대화된 상태로 더 이상의 조정의 필요성을 느끼지 못한 상태이다. 그러나 경제학에서 균형은 정지와 변화의 동시적인 개념으로 시간이 변함에 따라 균형이 변한다는 것이다. 즉 경제주체들의 행동, 기술의 변화, 정책 등이 영향을 주어 균형이 조절되거나 새로운 균형이 형성된다.

부동산시장은 불완전경쟁시장의 한 유형으로서 수요와 공급의 시장가격 기구에 의해 효율적인 자원 배분은 이루어질 수 있으나 분배를 공평하게 해주지는 않는다. 자원 배분의 효율성이란 시장기구의 균형에서 경제적 후생의 극대화를 의미한다. 경제적 후생에는 소비자잉여와 생산자잉여가 있으며 이를 합하여 사회적 후생이라 한다. 사회적 후생이 시장경제와 사회주의 경제를 구분하는 중요한 척도가 된다.

---

1) 시장기구는 시장가격 기구(price market mechanism)를 축약하여 쓰는 용어로 일반적으로 혼용하여 사용한다.

제2절 시장균형과 경제적 후생

2.1 시장균형과 사회적 후생

시장경제에서 수요곡선과 수요공급이 만나서 균형가격과 균형 수량이 결정되는 수준에서 사회후생(social welfare)[2]이 극대가 된다. 계획경제에서는 사회후생이 존재할 수 없고 오직 시장경제에서만 존재한다. 이점이 사회주의 경제보다 시장경제가 우월하다는 것이다. 사회적 후생에는 소비자잉여와 생산자잉여가 있다.

(1) 소비자잉여(consumer's surplus)

잉여(surplus)에 대해 영국의 경제학자 알프리드 마셜(Alfred Marshall)은 어떤 재화를 소비하지 않을 때와 소비했을 때 얼마나 혜택을 얻는가를 보여주는 개념이 잉여이다라고 정의했다. 소비자잉여란 어떤 재화를 소비하기 위해 최고로 지불할 용의가 있는 가격에 비해 실제 지불한 가격과의 차액을 소비자잉여라 한다. 수요곡선은 소비자가 상품을 구입할 때 각 상품 단위에서 지불하고자 하는 최고가격을 표시해 준다.

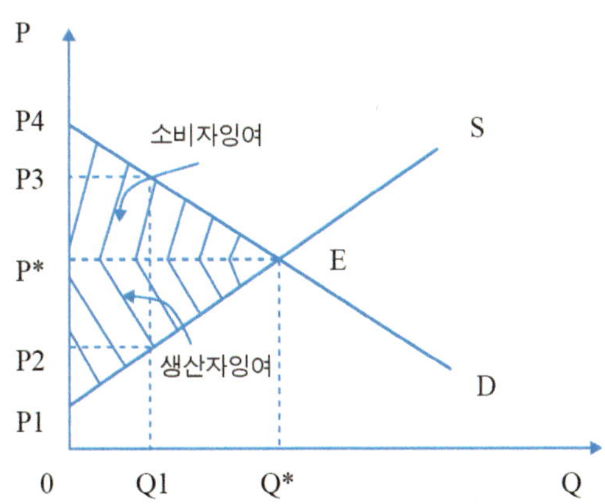

[그림 5-1] 소비자잉여와 생산자잉여

[그림 5-1]에서 소비자는 P^*의 가격으로 어떤 상품을 Q^*만큼 구입하고 지불해야 할 총금액은 $OP^* \times OQ^*$이다. 즉 사각형 □OP^*EQ^*가 된다. 그런데 소비자가 Q1만큼을 소

2) 사회후생(social welfare)을 총잉여(total surplus)와 혼용하여 사용한다.

비한다고 하면 지불해야 할 가격은 P3로 Q^*만큼을 소비할 때 P^* 가격보다 높은 가격을 지불해야 한다. 그럼에도 불구하고 소비자는 Q^*를 구매할 때 P3 가격이 아닌 P^*만 지불하면 된다. Q^*를 구입할 때 소비자가 최대로 지불할 용의가 있는 지불총액은 사다리꼴 $OP4EQ^*$이나 실제 지불한 지불총액은 사각형 □OP^*EQ^*로 사다리꼴 $OP4EQ^*$에서 사각형 □OP^*EQ의 차액인 삼각형 △P^*P4E가 소비자잉여이다.

소비자잉여는 한 단위씩 거래되는 경매(auction) 방식에서는 언제나 최고가격에서 거래되기 때문에 소비자잉여가 발생할 여지가 없다. 또한, 수요곡선이 수평이라면 소비자잉여가 0이 된다. 즉 소비자잉여는 수요곡선이 탄력적일수록 작아지고 비탄력적일수록 커진다. 따라서 소비자잉여는 다량의 상품이 거래되는 시장경제에서 나타날 수 있다. 수요곡선이 주어진 경우라면 시장균형가격이 낮을 때 소비자잉여는 커진다.

(2) 생산자잉여(producer's surplus)

생산자잉여란 어떤 재화를 판매해서 실제 얻는 수입과 그 재화를 판매해서 꼭 얻어야 되겠다고 생각하는 최저수입과의 차액을 생산자잉여라 한다. 공급곡선은 판매자가 상품을 판매할 때 각 상품 단위에서 얻고자 하는 최소가격을 표시해 준다.

[그림 5-1]에서 생산자는 P^*의 가격으로 어떤 상품을 Q^*만큼 판매하고 얻을 총금액은 $OP^* \times OQ^*$이다. 그런데 판매자가 Q1만큼을 판매한다고 하면 실제 꼭 받을 가격은 P1로 Q^*만큼을 판매할 때 P* 가격보다 낮은 가격이다. 그럼에도 불구하고 판매자는 Q*를 판매할 때 P2 가격이 아닌 P^*가격을 받는다. Q^*를 판매할 때 생산자가 받아야만 하는 최소 수입 총액은 사다리꼴 $OP1EQ^*$이나 실제 얻은 수입 총액은 사각형 □OP^*EQ^*로 사각형 □OP^*EQ에서 사다리꼴 $OP1EQ^*$를 차액한 삼각형 △$P1P^*E$가 생산자잉여이다.

생산자잉여는 공급곡선이 수평이라면 생산자잉여가 0이 된다. 생산자잉여는 공급곡선이 비탄력적 일수록 커지고, 탄력적 일수록 작아진다. 따라서 생산자잉여는 다량의 상품이 거래되는 시장경제에서 나타날 수 있다. 공급곡선이 주어진 경우라면 시장균형가격이 높을 때 생산자잉여는 커진다.

(3) 사회후생

사회후생이란 소비자잉여와 생산자잉여의 합을 총잉여 혹은 사회후생이라고도 한다. [그림 5-1]의 삼각형 △P1P4E가 사회적 후생이다. 이와 같은 사회후생은 시장수요곡선과 시장공급곡선이 만나서 균형가격과 균형 수량이 이루어질 때 극대가 된다. 시장에서 사회적 후생이 극대가 될 때 자원 배분이 효율적으로 이루어진다. 여기서 시장은 완전경쟁시장을 의미한다. 그런데 완전경쟁시장은 자원을 효율적으로 배분은 할 수 있지만 분배를 공평하게는 할 수 없다. 그래서 종종 정부는 시장실패(market failure)를 바로 잡는다는 측면에서 시장에 개입한다. 정부의 시장개입으로 자원 배분의 왜곡이 어떻게 일어나는지를 살펴보기로 한다.

2.2 정부의 시장개입과 경제적 후생

정부는 부동산시장의 왜곡을 바로잡기 위해서 직접 혹은 간접적으로 시장을 규제하여 시장가격이나 거래량을 변경시킬 수 있다. 시장을 직접 규제하는 것이 최고가격제(maximum prices) 혹은 최저가격제(minimum prices)이다. 최고가격제의 예는 분양가 상한가를 들 수 있고 최저가격제의 예는 농산물가격지지제도, 최저임금제 등을 들 수 있다. 시장을 간접적으로 규제하는 것이 부동산 거래에 세금을 부과하는 것이다. 정부의 부동산시장 개입은 비효율적인 자원 배분을 가져온다.

제3절 부동산 가격 통제와 자원 배분

완전경쟁시장에서 수요와 공급의 균형에서 효율적인 자원 배분이 이루어 짐을 전 절에서 살펴보았다. 그러나 경쟁시장에서도 가격 통제(price control)가 이루어지면 자원 배분의 왜곡이 발생할 수 있다. 가격 통제는 정부의 정책 목표를 달성하기 위해 시장가격 기구에 인위적인 제약을 가하는 것이다. 정부가 가격 통제로 시장기구를 제어하게 되는 이유는 다음과 같다.

첫째, 공급에 비해 초과수요가 장시간 지속하여 인플레이션 발생 조짐을 보일 때 시장을 진정시키고자 가격 통제를 한다.

둘째, 정부의 공공 목적을 달성하고 소비자를 보호하고자 가격 통제를 한다.

셋째, 긴급한 경제적 위기나 비상 상황(전쟁, 자연재해 등)에서 가격 폭등을 방지하고 생활 필수품에 대한 접근을 보장하고자 가격 통제를 한다.

넷째. 정부는 특정한 경제적 목적을 달성하고자 가격 통제를 한다.

정부의 가격 통제는 일반적으로 최고가격제와 최저가격제가 있다. 이런 가격 통제는 시장기구에 직접 개입하여 의도와 다른 부작용을 초래할 수 있다.

3.1 최고가격제

최고가격제(maximum price)는 전시나 재난 등으로 공급에 비해 초과수요가 발생하여 물가 상승 압력으로 인플레이션 우려가 예상되는 경우 소비자를 보호하기 위한 수단으로 정부가 시장기구에 직접 간섭하는 것이다. 최고가격제는 분양가상한제, 임대료 규제, 이자율 규제 등이 있다. 아파트 가격의 급격한 상승을 안정시키고자 신규주택 시장에서 분양가상한제(price ceiling on new housing)를 적용하는 경우를 [그림 5-2]을 가지고 설명해 보자.

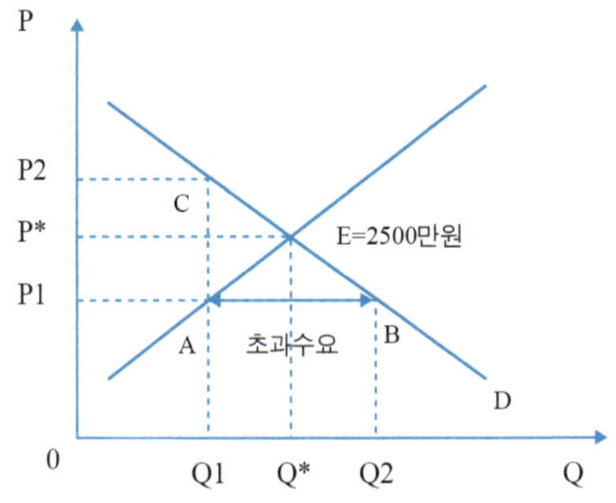

[그림 5-2] 최고가격제

[그림 5-2]의 신규아파트 분양시장에서 가격 통제가 없는 상태의 아파트 평당 분양가격은 2,500만 원이다. 이 경우 시장에서 형성되는 평당 분양 가격이 높아 일반서민들의 내 집 마련의 기회가 어렵다는 판단에 따라 정부가 평당 분양 가격을 시장균형가격 P^*=2,500만 원보다 낮은 분양가 상한제를 실시한다고 하자. 분양가상한제 가격은 시장균형가격 P^*보다 낮은 P1=2,000만 원으로 설정하였다. 이렇게 되면 신규아파트 분양시

장에서 2,000만 원을 초과하여 아파트를 분양할 수 없다.

아파트 분양가상한제가 도입되면 소비자는 저렴한 가격에 아파트를 더 많이 구매하려고 하기 때문에 수요가 증가하여 Q1~Q2만큼의 초과수요가 발생하지만, 아파트를 분양하려는 생산자는 공급을 Q^*에서 Q1로 감소시켜 공급 부족 현상이 나타난다. 저렴한 가격에 아파트를 분양받으려는 수요는 증가하는데 저렴한 가격에 분양하려는 생산이 감소하여 수요와 공급의 불일치로 아파트 분배에 문제가 발생한다. 이런 분배 문제를 해결하는 방법으로 선착순 방식(first-come-first-served)과 배급제도(coupon system)가 있다. 선착순 방식은 글자 그대로 먼저 아파트를 분양받으려 하는 사람에게 아파트를 먼저 분양하는 것이다. 그렇게 되면 부족한 아파트를 먼저 분양받으려고 뒷거래, 웃돈 거래 등 암시장(black market)이 형성되어 시장이 교란해지는 문제를 초래하기 쉽다. 배급제도는 아파트를 구매하려는 사람에게 미리 쿠폰을 나누어 주고 그 쿠폰만큼만 아파트를 분양하려고 하는 것이다. 이런 제도는 행정의 편의는 도모할 수 있으나 소비자의 선호가 반영되지 못한다는 단점이 있다.

최고가격제의 가장 큰 문제는 장기적으로 공급량 부족으로 품귀현상이 계속 일어나 가격이 상승한다는 것이다. 그러나 최고가격제 없이 시장가격 기구의 자동조절기능에 맡기면 일시적으로 가격이 상승하고, 가격이 상승하는 한 공급이 늘어나 초과수요는 자동적으로 감소하여 시장이 안정을 찾아가게 된다. 결국 최고가격제는 소비자의 후생을 개선할 수 없기 때문에 정부의 시장개입은 최소화하는 것이 바람직하다.

3.2 최저가격제

최저가격제(minimum price)는 시장의 균형가격보다 높은 가격을 설정하고 그 가격 이상 거래는 자유이지만 최저가격제보다 낮은 거래를 규제하는 제도를 가리킨다. 최저가격제는 농산물가격지지 제도나 최저임금제 등이 있다. 농산물가격지지 제도는 농산물생산자인 농민들의 이익을 최소한 보장하기 위한 것이고, 최저임금제는 노동자들의 노동 권익을 보호하기 위함이다. 1988년부터 도입한 우리나라 최저임금제가 자원 배분에 어떻게 영향을 미치는지 [그림 5-3]을 가지고 설명해 보자.

최저임금제는 2002년부터 '1인 이상 근로자가 일하는 모든 직장'으로 확대되어 정규직 또는 비정규직 가리지 않고 실시되고 있다. 노동시장에서 노동의 수요와 공급이

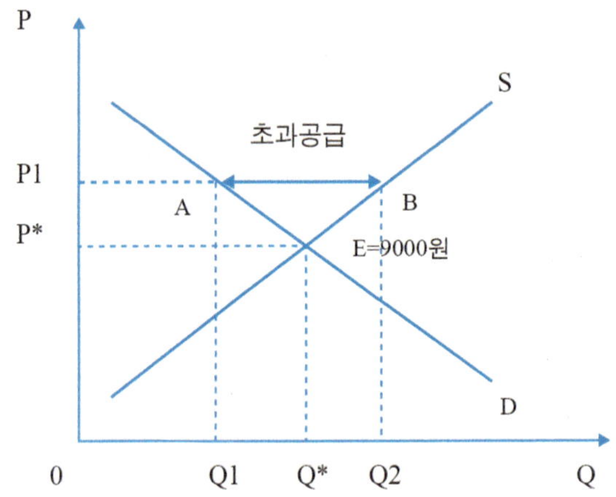

[그림 5-3] 최저가격제

만나는 균형 최저임금이 시간당 P^*=9,000원이다. 그런데 시간당 9,000원으로는 최저 생계비를 충당할 수 없어 국회가 최저임금을 시간당 P1=10,000원으로 인상하는 고용법을 통과시켜 적용한다고 하자.

최저임금이 시장균형 임금인 9,000원보다 높은 10,000원으로 적용하면, 높아진 임금에 노동자들이 더 많이 일하려고 하기 때문에 노동시장에서는 노동의 초과공급이 Q1~Q2만큼 발생하고, 노동의 수요는 Q^*에서 Q1만큼 줄어들어 노동수요와 공급의 불일치라는 문제가 초래된다. 즉 노동시장에는 만성적인 실업문제가 생긴다.

최저임금제 실시가 전체 노동자의 노동 소득이 증가하였다고 말할 수 있을까? [그림 5-3]에서 최저임금제 실시 전의 전체 노동자 임금은 사각형 $0P^*Q^*E$이다. 최저임금제 도입 후 전체 노동자 임금은 사각형 0P1AQ1이다. 최저임금제 실시 전보다 임금은 상승했지만 고용 노동량은 감소하여 단적으로 최저임금제 도입이 전체 노동자의 노동 소득이 올랐다고 말할 수 없다. 노동수요의 임금 탄력도가 1보다 커서 탄력적이면 임금 인상률보다 노동수요량의 변화율이 더 높아서 전체 노동자의 노동 소득은 오히려 감소한다. 그러나 노동수요의 임금 탄력도[3]가 1보다 작아서 비탄력적이라면 임금 상승률보다 노동수요량의 변화율이 더 감소하여 전체 노동자의 노동 소득은 증가한다. 그렇다 하더라도 비숙련 노동자, 비정규직 노동자의 고용기회는 더 줄어질 수 있다. 따라서

3) 노동수요의 임금탄력도=$\frac{\text{노동수요량의 변화율}}{\text{임금 변화율}}$ 이다.

최저임금제 도입이 노동자의 노동 소득을 반드시 증가시킬 수는 없다.

이 경우 최저가격제 없이 노동 시장기구의 자동조절 기능에 맡기면 일시적으로 임금이 하락하고, 임금이 하락하는 한 공급이 감소하여 초과공급은 자동적으로 감소하여 노동시장은 균형을 찾아가게 된다. 역시 최저가격제는 노동자의 후생을 개선하는 데 한계가 있을 수 있어 유연한 노동시장 정책이 바람직하다. 근본적인 노동시장 개선책은 각종 규제를 혁파하여 기업하기 좋은 환경 조성과 인프라를 구축하는 것이 필요하다.

제4절 부동산시장의 효율성과 정보가치

4.1 부동산시장의 효율성 개념

부동산시장의 효율성은 시장이 자원을 효과적으로 할당하고 가격이 공정하게 형성되는 정도를 나타낸다. 효율적인 부동산시장은 다양한 주체들이 정보를 공유하고 거래를 원활하게 진행할 수 있는 구조로 정보가 부동산 가치에 즉각 반영되는 시장을 의미한다. 부동산시장의 효율성이라는 개념은 파마(E. Fama, 1939~)[4]의 효율적 시장가설(Efficient Market Hypothesis, EMH)을 부동산시장에 적용하여 부동산시장에서도 금융시장과 마찬가지로 정보의 중요성을 다룬 개념이다.

따라서 부동산시장의 모든 시장참여자가 동일한 정보에 접근할 수 있어야 하고, 정보의 비대칭성이 줄어들면 시장참여자들이 더 나은 결정을 내릴 수 있어 자원 배분이 효과적으로 이루어진다. 효율적인 부동산시장은 낮은 거래비용으로 최선의 정보를 이용해 최적의 시장기구가 작동되는 시장이다. 효율적인 부동산시장은 정보의 시장 반영

4) 유지 파머(Eugene Fama, 1939~)는 미국의 경제학자로서 효율적 시장가설(效率的市場假說, Efficient Market Hypothesis, EMH)을 창시했다. 효율적 시장가설이란 자산의 가격이 가용한 모든 정보를 반영한다는금융경제학의가설이다. 효율적 시장가설에 따르는 경우 시장가격은 새로운 정보에 의해서만 변하므로, 같은 위험을 지는 경우에 시장 수익률 이상의 수익을 꾸준히 내는 것은 불가능하다. 파마는 1970년 연구에서 이전 연구들의 가설 검정을 검토하며 약형(weak form), 준강형(semi-strong form), 강형(strong form) 세 가지 수준의 시장 효율을 제시했다. 약형 시장 검정은 시장이 과거 가격 정보를 반영하고 있는지 확인한다. 준강형 시장 검정은 시장이 연기 보고서나 주식 분할, 증자 등의 공개된 시장 정보를 모두 반영하고 있는지 확인한다. 마지막으로 강형 시장 검정은 독점적인 자료기 시장가격에 반영되는지를 확인하였다.

신속성 정도에 따라 약성 효율적 시장, 준강성 효율적 시장, 강성 효율적 시장으로 나눌 수 있다.

4.2 효율적 시장 구분

(1) 약성 효율적 시장

약성 효율적 부동산시장이란 현재 시장 가격이 이미 모든 과거 가격과 거래 정보를 반영하고 있는 시장을 의미한다. 따라서 과거의 가격 정보를 통해 미래의 가격을 예측하는 것은 불가능하다. 이는 기술적 분석이나 과거 부동산 가격 차트 분석을 통해서는 정상이윤(normal profit)[5] 이상의 초과이윤(excess profit)을 획득할 수 없다는 것을 의미한다. 그러나 현재 정보나 미래정보를 분석하여 거래하면 초과이윤을 획득할 수 있는 시장을 나타낸다.

(2) 준강성 효율적 시장

준강성 효율적 부동산시장이란 현재 시장가격이 모든 공개 정보를 이미 반영하고 있는 시장을 의미한다. 따라서 어떤 종류의 현재 공개된 정보를 분석하여 초과이윤을 얻지 못한다. 이는 기본적인 재무 정보나 회사 공시, 보고서 등이 이미 시장에 반영되어 있다는 의미이다. 즉 현재 정보 분석을 통해 미래의 가격을 예측하는 것은 불가능하다. 그러나 미래정보를 분석하여 거래하면 초과이윤을 획득할 수 있는 시장을 나타낸다. 예를 들면, 판교 근처에 5만 명이 거주할 수 있는 스마트 도시가 들어선다는 오늘 자 신문의 정보를 가지고 판교 근처에 투자한다 하더라도 초과이윤을 얻을 수 없다는 것이다. 오늘 발표된 스마트 도시의 정보가 이미 토지가격에 반영되었기 때문이다. 또 다른 예를 들어 보면, 3기 신도시 광명, 시흥시 지역을 발표(2021. 3. 8)한 시점에 이 지역의 토지가격은 신도시 정보가 반영되어 토지가격이 엄청나게 상승한 상태에서 토지에 투자를 하여도 초과이윤 얻을 수 없다.

---

5) 경제학에서 정상이윤은 경제적 이윤이 0일 때를 말한다. 경제적 이윤은 총수입에서 총비용을 차감한 이윤이 0일 때를 말한다. 즉, 경제적 이윤 : 총수입=총비용=0, 초과이윤 : 정상이윤-경제적 이윤 >0, 손실 : 정상이윤-경제적 이윤 <0.

(3) 강성 효율적 시장

강성 효율적 부동산시장이란 시장이 모든 종류의 정보, 공개되지 않은 비공개 정보까지 모두 반영하고 있는 시장을 의미한다. 따라서 어떠한 형태의 정보도 시장참여자들에게 추가적인 이익을 제공하지 않는다. 이는 내부 정보나 비밀 거래 등이라도 시장에 이미 반영되어 있다는 것을 의미한다. 과거, 현재, 미래정보를 분석하여 이용하더라도 초과이윤을 얻지 못하는 사장을 말한다. 이런 시장을 완전경쟁시장이라 한다.

4.3 할당 효율적 시장

(1) 할당 효율적 시장

'할당 효율적 시장'은 경제학에서 자원이 효과적으로 분배되어 생산성이 최대화되고 소비자들의 욕구가 최대한 충족되는 시장을 의미한다. 이는 자원 할당이 최적화되어 있는 시장에서는 어떤 개체나 기업이라도 자원을 더 효율적으로 사용할 여지가 없다는 것을 나타낸다. 따라서 그 누구도 정보를 기회비용보다 저렴한 가격으로 정보를 획득할 수 없다는 것을 의미한다.

할당 효율적 시장은 경쟁적인 시장에서 특히 강조되며, 경쟁은 자연스럽게 자원을 효율적으로 할당하고 가격을 경쟁적으로 조절하는 메커니즘으로 작용한다. 이는 경제 이론에서 중요한 원리 중 하나이며, 자유시장 경제에서 자연스럽게 나타나는 특징 중 하나로 간주 된다. 그렇다고 할당 효율적 시장이 완전경쟁시장만을 의미하지 않는다. 부동산시장의 생산성 효율성이란 최소의 비용으로 부동산 생산이 이루어지는 시장을 의미한다. 즉 평균 임대료보다 높은 비용으로 부동산을 생산하는 기업은 부동산시장에서 존립하기 어렵다는 것이다.

(2) 부동산시장과 할당 효율적 시장

부동산시장이 할당적 효율성이라는 의미는 생산요소가 생산성이 가장 높은 용도에 할당되며, 소비자들의 선호에 따라 부동산이 공급되는 시장을 나타낸다. 이로써 시장은 생산과 소비 모두에서 최적의 상태에 도달하게 되어 경제적 효율성이 극대화되어 자원 배분이 최적화된다.

1) 불완전경쟁시장과 할당 효율적 시장

완전경쟁시장은 불완전 경쟁시장과 달이 초과이윤을 얻을 수 없다. 정보가 시장에 즉각적으로 반영되기 때문이다. 반면 불완전 경쟁시장에서는 초과이윤을 얻을 수가 있다. 부동산시장과 같이 불완전 경쟁시장 일지라도 초과이윤을 얻는데 수반되는 기회비용이 초과이윤과 동일하다고 한다면 부동산시장도 할당 효율적 시장일 수가 있다. 따라서 할당 효율적 시장이라는 개념이 반드시 완전경쟁시장만을 의미하는 것은 아니다. 즉 초과이윤과 초과이윤을 얻는데 들어간 비용이 일치한다면 할당 효율적일 수 있다.

2) 부동산시장의 초과이윤과 할당적 효율성

부동산시장에서 투자자가 초과이윤을 획득할 수 있는 것은 시장이 불완전하기 때문이 아니라 할당 효율적이지 못하기 때문이다. 따라서 부동산시장도 불완전 경쟁시장이지만 초과이윤을 얻을 수 없다면 할당 효율적 시장이다. 동일한 개념으로 부동산시장이 독점시장이라 하더라도 초과이윤을 획득하는데 소요되는 기회비용이 초과이윤과 동일하다면 할당 효율적 시장이라 한다. 부동산시장에서 특정 투자자가 초과이윤을 획득할 수 있다고 하는 것은 부동산시장이 불완전하기 때문이 아니라 할당 효율적이지 못하기 때문이라 할 수 있다. 이는 시장에 정보의 반영 정도를 나타내는 중요한 개념이다.

4.4 부동산시장과 정보의 가치

정보가 소수의 사람에게 독점되어 있거나 기회비용보다 적은 비용으로 우수한 정보를 획득할 수 있는 비대칭 정보(asymmetric information) 구조하에서는 초과이윤이 발생한다. 부동산시장에서 초과이윤을 얻을 수 있다고 하는 것은 정보획득 비용이 초과이윤보다 적을 때이다. 이는 부동산 투자에 있어서 정보의 가치가 중요함을 나타낸다. 부동산 투자에서 정보의 가치를 계산하는 예를 설명해 보자.

(1) 부동산시장과 정보 가정

1년 후 신도시가 들어설 가능성이 있는 주변에 한 필지의 일단의 토지가 있다. 1년 후 신도시가 들어서게 되면 4억 7,200만 원이 되고, 들어서지 않으면 3억 2,000만 원이 된다. 신도시가 들어설 확률은 현재로서 50%이다. 투자자 A의 요구 수익률은 10%이다. 투자자 A는 1년 후 신도시가 반드시 들어올 거라는 정보를 획득하는데 4백만 원 비용이 들었다. 이 경우 투자자 A가 토지에 투자한다면 정보의 가치는 얼마인가? (단, 주어진 조건에 한함).

(2) 부동산시장의 정보의 가치 계산

① **불확실한 경우 시장가치**

a. 1년 후 신도시가 들어설 확률을 반영한 가중평균치로 계산한 시장가치

시장가치 = 4.72억 × 50% + 3.2억 × 50% = 3.96억 원

b. 현재 시점에서 현재가치

현재가치 = 시장가치 / 할인율 = 3.96억 / $(1+0.1)^1$ = 3.6억 원

② **확실한 경우 시장가치**

a. 1년 후 신도시가 확실히 들어설 확률을 반영한 가중평균치로 계산한 시장가치

시장가치 = 4.72억 × 100% + 3.2억 × 0% = 4.72억 원

b. 현재 시점에서 현재가치

현재가치 = 시장가치 / 할인율 = 4.72억 / $(1+0.1)^1$ = 4.29억 원

③ **투자자 A의 정보의 가치**

정보의 가치 = 정보가 확실한 경우 현재가치-정보가 불확실한 경우 현재가치

= 4.29억 원 - 3.6억 원 = 0.69억 원

④ **투자자 A의 정보의 가치 초과이윤**

초과이윤 = 정보의 가치 - 정보획득 비용 = 0.69억 원 - 0.04억 원 = 0.65억 원

제5절 토지시장과 주택 시장

부동산시장 중에서 토지는 생산의 3요소 중의 하나로 생산요소인 동시에 자산의 특성을 가지고 있다. 생산요소와 자산의 특성을 동시에 가지고 있는 토지시장은 생산의 불가능성, 토지의 개별성, 토지이용의 외부성, 정보의 불완전성 등의 특징을 가지고 있어 별도로 다룰 필요가 있다. 주택이란 인간이 살아가는 데 꼭 필요한 의식주 중의 하나이다. 주택 시장이란 주거 목적에 쓰이는 다양한 유형의 주택이 거래되는 시장을 총

칭한다. 이하에서는 토지와 주택이 우리 삶에 워낙 큰 비중을 차지하고 있어 균형가격과 자원 배분이 어떻게 이루어지는지 살펴본다.

5.1 토지시장

토지시장이란 토지의 이용 목적에 따라 주거용, 상업용, 농업용, 공업용, 광업용, 특수용 등의 토지로 거래되는 시장을 말한다. 즉 토지의 수요와 공급에 의해 시장가격이 결정되는 시상을 의미한다.

(1) 토지의 수요곡선

토지는 파생수요(derived demand)이다. 토지는 일반 재화 및 서비스와 같이 그 자체로 사람에게 효용을 줄 수 없다. 토지는 생산요소로 가령 주택을 건설하고자 할 때 택지가 필요하다. 즉 주택을 공급하기 위해서는 토지가 필요하다. 이런 수요를 경제학에서는 파생수요라 한다. 따라서 주택의 임대료가 상승하면 주택 공급자는 더 많은 주택을 공급하고자 토지 수요를 증가시킨다. 뿐만 아니라 토지 수확물에 대한 곡물 가격이 상승하면 농지에 대한 토지 수요가 증가한다. 특정 지역에 신도시가 들어선다든지, 인구가 늘어나게 되면 토지 수요가 증가하여 토지가격이 상승한다.

토지의 수요곡선 D_L이 [그림 5-4]와 같이 토지의 수요와 임대료와는 역방향의 관계를 보여준다. 일반적으로 토지의 임대료가 낮을수록 수요가 증가하고 임대료가 높을수록 수요가 감소한다. 토지의 수요에 영향을 미치는 요인은 인구, 경제성장, 소득, 정책

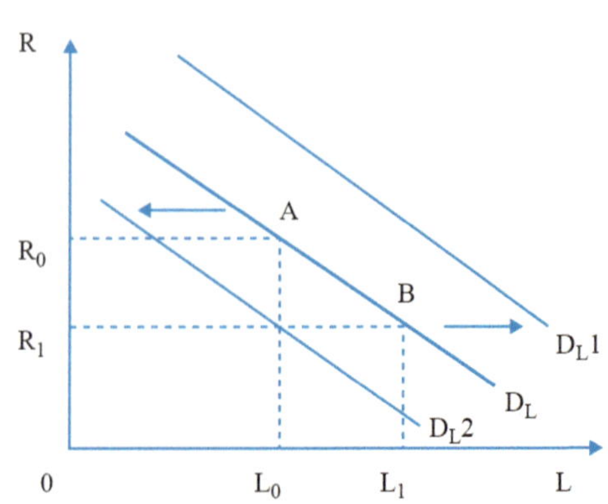

[그림 5-4] 토지의 수요곡선

등의 변화는 토지 수요곡선 자체를 이동시킨다. 토지에서 생산되는 농산물의 수확량 증대, 인구 증가, 경제성장, 실질소득 증가, 토지정책의 완화 등은 토지 수요곡선 D_L을 D_L1처럼 우측으로 이동시키고, 농산물의 수확량 감소, 인구 감소, 경제성장, 실질소득 증가, 토지정책의 완화, 경제침체, 실질소득 감소, 토지정책의 강화 등은 토지 수요곡선을 D_L을 D_L2처럼 좌측으로 이동시킨다.

(2) 토지의 공급곡선

토지의 공급은 물리적 공급과 경제적 공급으로 나눌 수 있다. 토지의 물리적 공급이란 자연 그 자체로 주어지는 고정 토지 S_L을 말한다. 그러나 토지의 경제적 공급이란 토지가 물리적으로 고정되어 있다 할지라도 특정 용도에 대한 토지 수요가 증가하면 다른 용도의 토지가 형질을 변경하여 특정 용도로 전환되어 공급할 수 있는 것을 경제적 공급이라 한다. 이런 측면에서 물리적 토지 공급이 고정인 것과 다르게 경제적 토지 공급은 가격(임대료)에 따라 비례한다. 토지의 경제적 공급 증가의 기본 가정은 모든 토지가 형질을 변경하러라도 동질의 토지 특성을 가진다는 것이다. 그러나 전통적인 토지의 공급곡선 S_L은 수직으로 나타낸다. [그림 5-5]는 토지의 공급곡선을 보여주는 것으로 토지 공급의 가격탄력성이 완전비탄적인 것을 나타낸다. 이때의 토지 공급곡선은 공급의 법칙이 성립될 수 없다.

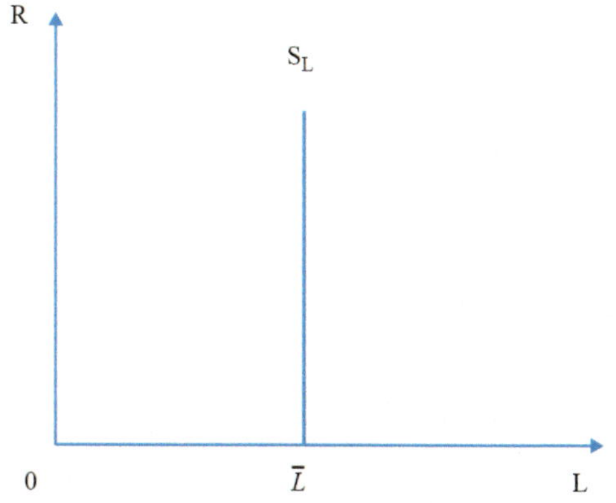

[그림 5-5] 토지의 공급곡선

(3) 토지시장의 균형가격

토지의 공급곡선 S_L은 장단기 구분 없이 수직선으로 나타내고, 토지의 수요곡선 D_L은 우하향하는 곡선으로 직교 평면에 [그림 5-6]과 같이 그릴 수 있다. 그림에서 토지시장의 균형은 수요곡선과 공급곡선이 만나는 E점에서 균형 임대료 R_0와 균형 토지 $\bar{L}$가 결정된다. 이때 균형토지 L을 고정되어 있으므로 $\bar{L}$로 표시한다. 임대료는 수요에 의해 결정된다. 즉 인구 증가나 실질소득의 상승으로 토지의 수요곡선이 우측으로 이동하면 임대료가 상승하고, 반대일 경우에는 좌측으로 이동하여 임대료가 하락한다.

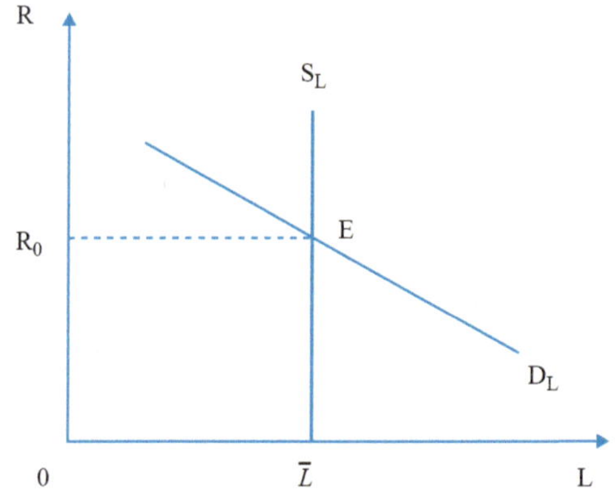

[그림 5-6] 토지시장의 균형가격

[그림 5-6]에서 지대가 0이더라도 $\bar{L}$만큼의 토지를 공급할 의사가 있으므로 토지의 수요에 의해 지대 R_0가 주어지는 것은 토지 소유자의 노력과 무관하게 지대가 발생함으로 이를 불로소득이라 한다. 조지 헨리(George Henry)는 19세기 미국의 사상가로 특히 '토지 불로소득'에 대한 주장으로 유명하다. 그의 주장을 간단하게 말하면, 토지의 가치가 상승함에 따라 발생하는 이익을 토지 소유자에게만 돌아가지 않고, 사회 전체에 혜택이 돌아가야 한다는 것이다.

공공시설, 교육, 인프라 등의 요인으로 토지의 수요가 증가하여 토지의 가격이 증가하는 것은 토지 소유자가 아무런 노력을 기울이지 않아도 토지 가치가 증가하는 것은 공공의 노력 결과로 보았다. 조지 헨리는 이러한 불로소득을 최소화하고 사회적 공헌을 증대시키기 위해 토지세를 도입하고, 땅을 소유하는 데 따른 비용을 지불하도록 제안했다. 이를 통해 토지의 가치 상승에 따른 혜택을 모두가 공유할 수 있도록 하려는 토지

불로소득을 '단일세' 또는 '토지세'로 사회 전체에 혜택이 돌아가야 한다는 것이다.

5.2 주택 시장

주택 시장이란 주거 목적에 사용되는 주택이 거래되는 시장을 말한다. 주택은 인간이 살아가는데 의식주의 하나인 필수 재화이다. 주택 시장에서는 주택의 매매와 임대가 수요와 공급에 의해 거래량과 가격이 결정된다. 주택 시장에는 단독주택, 아파트, 다세대주택, 연립주택, 콘도 등 다양한 주택 유형들이 있다. 주택 시장은 지역 경제와 부동산 가격, 대출 이자율, 경제성장, 인구 변화 등의 다양한 요인들에 영향을 받는다. 주택 시장은 지역별로 다르게 움직일 수 있으며, 주택 수요와 공급의 균형에 따라 주택 가격이 변동될 수 있다. 주택 시장은 또한 사회적, 경제적, 정치적 변화에 따라 다양한 형태로 진화한다.

(1) 주택 시장의 구성요소

주택 시장은 신규주택 시장과 재고 주택 시장으로 나눌 수 있는데, 신규주택 시장은 분양을 목적으로 새로 건설된 주택이 거래되는 시장을 말하고, 재고 주택 시장은 기존 주택(재고)의 거래가 이루어지는 시장을 말한다. 주택거래는 주택의 판매자, 구매자, 중개업자, 금융 대출자, 감정평가사, 변호사 등 다양한 구성요소들이 협력하여 거래량과 가격을 결정한다.

신규주택 시장이 형성되어 작동되기 위해서는 신규주택건설이 이루어져야 한다. 주택건설은 경제적 요인(이자율, 대출조건), 생산비 요인(토지, 건축자재 비용, 노무비), 정책적 요인(주택정책, 세제 및 금융 혜택, 보조금, 법규 및 규제), 사회적 요인(인구, 가구수), 기술적 요인 등에 의한 복합적 작용에 영향을 받을 수 있다. 한편 재고 주택 시장이 작동되기 위해서는 가구 및 인구이동에 의한 공가 발생, 물리적 상태(노후 및 기능 저하), 소득수준 향상 등에 의한 주택의 여과 현상(filtering)이 발생해야 한다.

주택 시장은 신규주택 시장과 재고 주택 시장에 참여하는 주택수요자의 내부적 요인, 주택 공급자의 외부적 요인, 인근 지역시장, 사회적, 정책적 변화, 경기변동 등 다양한 구성요소의 상호영향을 통해 작동하며 시간의 흐름에 따라 동태적으로 변화한다. 이를 그림으로 나타내면 [그림 5-7]과 같다.

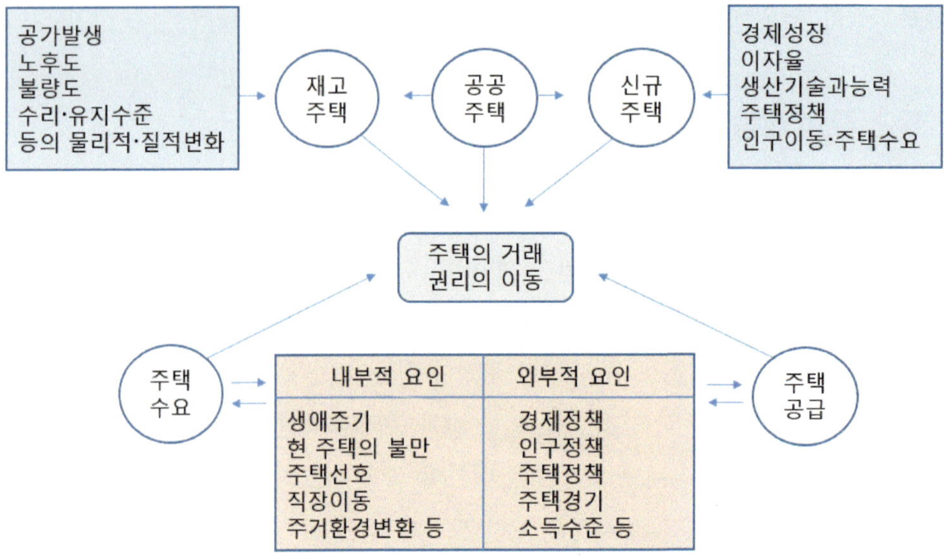

출처: 하성규, 주택정책론, 박영사, 2001, p.91.

[그림 5-7] 주택 시장의 작동 및 구성요소

(2) 주택 시장과 완전경쟁시장 차이점

주택 시장이 어떠한 특성을 가지는 시장인가 살펴보기 위해서는 시장의 기준이 되는 완전경쟁시장과 비교를 해보면 알 수 있다. 주택 시장은 완전경쟁시장과 비교하여 [표 5-1]과 같은 차이점이 있다.

첫째, 주택 시장은 완전경쟁시장에 비해 한정된 수요자와 공급자가 있다.

둘째, 주택 시장은 완전경쟁시장에 비해 상품의 성격이 이질적이다.

셋째, 주택 시장은 완전경쟁시장에 비해 상품의 이동이 비이동성이다.

넷째, 주택 시장은 완전경쟁시장에 비해 정보취득이 제한적이다.

다섯째, 주택 시장은 완전경쟁시장에 비해 완전 대체가 불가능하다.

여섯째, 주택 시장은 완전경쟁시장에 비해 비동일 가격이다.

[표 5-1] 주택 시장과 완전경쟁시장의 차이점

	구분 / 차이점	주택 시장	완전경쟁시장
1	가격	고가, 비동일 가격	동일가격
2	대체상품	완전대체 불가능	대체가능
3	거래자	한정된 판매자·구매자	다수의 판매자·구매자
4	상품의 성격	이질적 상품	동질적 상품
5	정보취득	제한적이며 비용과 시간과다	정보획득 자유
6	상품의 이동	비이동성	이동성
7	교환과정	법률 규정의 영향	영향 없음
8	시장의종류	자가주택 시장,임대주택 시장 신규주택 시장,재고주택 시장	다양한 시장 존재
9	시장범위	지역시장	국제시장, 전국시장, 지역시장

출처: 이래영, 부동산경제론, 삼영사, 2009, p.119.

(3) 주택 시장에서의 가격과 생산

주택 수요와 수요량에 대한 본격적인 논의에 앞서 논의를 단순하게 하고자 지역별 주택 수요를 고려하지 않기로 한다. 주택 시장은 신규주택과 기존 재고 주택의 두 부분으로 나누어지며 이 두 주택은 완전 대체재라고 가정하자.

주택 수요는 주택을 사고자 하는 욕구를 말하고, 주택 수요량은 주택을 사고자 하는 수량을 주택 수요량(quantity demanded)이라 한다. 수요량에는 다음과 같은 특징을 가지고 있다.

첫째, 주택 수요량은 가격이 주어져 있을 때 주어진 그 가격으로 소비자가 구매하고자 하는 최대 수량(maximum quantity demanded)이다. 주택 수요량은 소비자가 실제로 구입한 수량(quantity purchased)과 항상 일치한다는 보장은 없다. 소비자가 주택을 구입하려고 시장에 나가보니 주택 매물이 다 팔리고 1단위 밖에 없었다면 소비자의 주택 구입 수요량은 2단위이지만 구매량은 2단위이다. 이는 주택량 부족이 없어야만 수요량과 실재 구매한 수량과 같아진다는 의미이다.

둘째, 주택 수요란 막연히 의도된 수량이 아닌 주택을 구입할 수 있는 구매력을 가지고 구입하고자 하는 수량을 말한다. 여기서 구매력이란 실재로 돈을 지불하고 주택을 구입할 수 있는 능력을 의미한다.

셋째, 주택에 대한 수요량은 일정한 기간을 명시해야 비로서 그 의미가 명확해진다. 막연히 아파트 수요량이 10호라면 명확한 의미를 갖지 못한다. 예를 들면 신도시에서 1개월 동안 아파트 수요량이 100호라면 아파트 수요가 증가된 것을 알 수 있다. 그러나 아파트 수요량인 5호라면 수요가 그렇게 증가된 것이라 볼 수 없다. 이처럼 주택에 대한 수요량은 1개월, 1년 등의 기간을 명시할 때 그 의미가 명확해지는 것을 유량(flow)[6]이라 한다. 일전한 기간을 굳이 밝힐 필요가 없을 때는 매기당(per unit time) 이라 표기하면 된다. 주택 수요량이란 일정 기간에 소비자가 구매력을 갖추고 구매하고자 하는 주택의 최대수량이다. 주택은 워낙 고가이기 때문에 주택금융의 역할이 중요하다. 자가주택 보유[7]를 권장하는 미국은 다양한 형태의 장기 저리의 모기지 주택을 보급하고 있다.

주택 수요곡선을 설명하기 전에 주택 수요와 비슷한 개념들을 우선 살펴보자. 주택소요(housing needs)이다. 주택소요란 주택을 구입할 의사나 구매력을 고려하지 않고 국민의 주거생활 안정과 향상을 보장하기 위해 필요한 주택의 양을 의미한다. 주택소요는 구매력이 없는 계층들의 사회정책적 차원에서 보호하거나 주택정책의 수혜대상으로 보기 때문에 주택 시장의 원리보다는 사회·정책적 개념으로 이해되어야 할 것이다. 주택소요는 주택정책의 수혜대상인 소득수준이 열악한 계층들을 대상으로 필요한 주택의 양으로서 주택의 최저기준이 나라마다, 경제, 사회, 문화적 수준에 따라 상이하다.

주택선호(housing preferences) 지불능력이나 지불의사와 관계없이 주택에 대한 인간의 욕망, 기대, 좋아함을 표현한 것이다. 주택소요와 주택선호는 구매력을 동반하지 않는다는 점에서 주택수요와 차별이 있다.

1) 주택수요함수

주택에 대한 수요량에 영향을 미치는 요인들과 수요량 사이에 존재하는 관계를 주택수요함수(housing demand function)라 한다. 주택에 대한 수요량을 H_D, 주택의 가격을 P, 가구의 소득을 I, 가구의 재산을 W, 주택 소유 비용을 C, 소비자의 예상을 E, 인구·

6) 유량과 대조되는 일정한 시점을 밝혀서 단위를 말하는 저량(stock)이 있다.

7) 2015년 기준 미국의 주택보유 비율은 64.5%, 일본은 61.6%, 한국은 56.8%(2018) 이고, 루마니아의 주택 보유비율은 96.4%로 1위이고, 스위스는 43.4% 50개국 중 최하위이다. https://ko.wikipedia.org/wiki/주택_보유_비율에_따른_나라_목록.

사회적 제 속성을 Z로 표시해보자. 그러면 주택의 수요함수는 다음과 같이 표시된다.

$$H_D = f(P, I, W, C, E, Z) \quad (5\text{-}1)$$

여기서 f는 H_D와 P, I, W, C, E, Z는 1:1의 관계가 있다는 기호로서 식(5-1)을 'H_D는 P, I,...Z의 함수이다'라는 의미이다.

2) 주택의 수요곡선

일반적으로 주택의 수요량을 결정하는데 소비자의 입장에서 가장 큰 영향을 미치는 요인은 주택의 가격이다. 따라서 주택가격 이외에 다른 요인들은 일정하다고 가장하고 주택가격의 변화에 따라 주택 수요량의 변화를 나타낸 것이 식(5-2)이다.

$$H_D = f(P, \overline{I}, \overline{W}, \overline{C}, \overline{E}, \overline{Z}) \quad (5\text{-}2)$$

식(5-2)에서 P 이외의 변수에 횡선을 그은 것은 해당 변수가 일정 불변한다는 것이다. 식(5-2)을 그림으로 표시한 것이 주택의 수요곡선 [그림 5-8]이다. 주택의 수요곡선은 일반적으로 우하향한다. 주택의 가격이 하락하면 주택의 수요량이 증가하고, 가격이 상승하면 수요량이 감소한다. 이런 주택의 가격과 수요량과는 역의 관계를 수요의 법칙(law of demand)이라 한다. 주택구매자가 주택에 대해 지불할 용의가 있는 최고가격을 수요가격(demand price)이라 한다. 주택의 가격변화에 따라 수요곡선상의 이동을 수요량의 이동이라 한다.

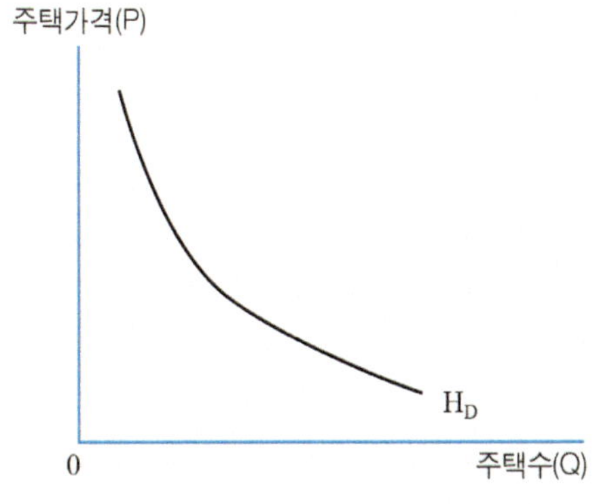

[그림 5-8] 주택의 수요곡선

주택 수요의 이동은 식(5-2)에서 주택가격(P)은 고정돼 있고, 주택가격 이외의 요인 변화에 따라 주택 수요곡선 자체가 이동하는 것을 주택 수요의 이동이라 한다.

$$H_D = f(\overline{P}, I, W, C, E, Z) \tag{5-3}$$

주택 수요곡선을 우측으로 이동시키는 요인은 주택 소비자의 소득 증가, 재산 증가, 주택보유 비용의 하락, 주택가격 상승에 대한 기대 증가, 인구 및 가구수의 증가의 경우이다. 반대로 주택 수요곡선을 좌측으로 이동시키는 요인은 주택 소비자의 소득 감소, 재산이 감소, 주택 보유비용의 증가, 주택가격 상승에 대한 기대 감소, 인구 및 가구수의 감소의 경우이다.

3) 주택의 공급함수

주택 공급(housing supply)은 새로 건설되는 신규분양 주택뿐만 아니라 기존 건설되어 존재하는 재고 주택을 포함한다. 신규 분양하는 신규주택 시장과 기존 재고 주택이 거래되는 재고 주택 시장은 그 특성과 성질에 따라 차이가 있다. 주택 시장을 분석할 때는 두 시장의 특성을 고려하여 구분하여 분석하여야 함에도 불구하고, 두 시장 간에는 대체 관계에 있다는 가정하에 여기서는 일반론적으로 주택 공급이라 한다.

가. 주택의 단기공급곡선

재고 주택 시장은 주택 공급을 주택스톡 개념으로 볼 경우 단기에는 고정돼 있어서

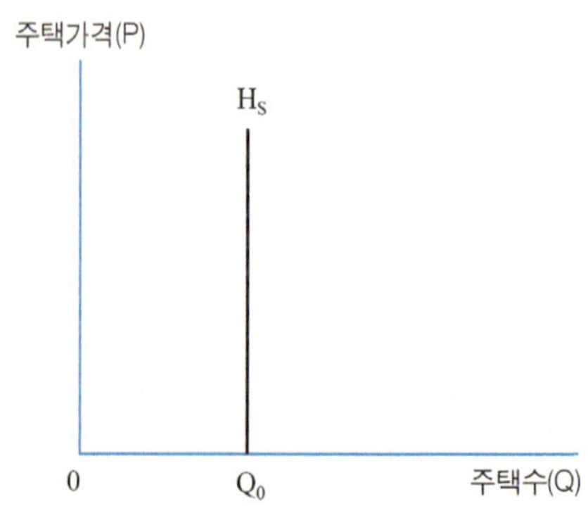

[그림 5-9] 단기 주택 공급곡선

주택가격 Q_0에 대한 주택 공급 H_S는 완전 비탄력이다. 이를 그림으로 표시하면 [그림 5-9]와 같다. 그러나 시간이 경과 함에 따라 기존 재고 주택의 보수 및 증·개축에 의해 주택 공급은 증가한다.

나. 주택의 장기공급곡선

주택에 대한 공급량에 영향을 미치는 요인들과 공급량 사이에 존재하는 관계를 주택공급함수(housing supply function)라 한다. 주택에 대한 장기 공급량을 H_S, 주택의 가격을 P, 토지가격을 P_L, 주택생산에 투입되는 노동, 건축자재 등의 가격을 P_C, 생산기술을 T, 주택가격의 기대를 E_P, 주택건설 기업의 수를 N로 표시해보자. 그러면 주택의 공급함수는 다음과 같이 표시된다.

$$H_S = f(P, P_L, P_C, T, E_P, N) \tag{5-4}$$

여기서 f는 H_S와 P, P_L, P_C, T, E_P, N는 1:1의 관계가 있다는 기호로서 식(5-4)을 'H_S는 P_L, P_C, ...N의 함수이다'라는 의미이다. 주택의 장기공급곡선은 일반적으로 우상향한다. 주택은 내구재로서 일반 재화와 달리 주택의 공급량은 기존 재고 주택에 신규 건설주택을 합하여 표시하여 나타내기 때문에 시간의 경과에 우상향한다.

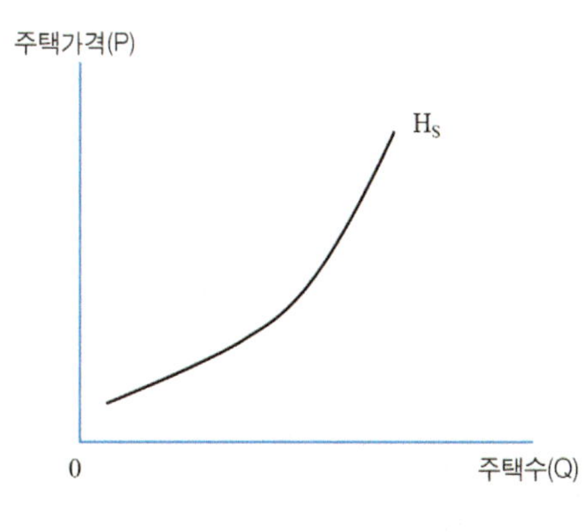

[그림 5-10] 장기 주택 공급곡선

주택의 가격이 상승하면 주택의 공급량이 증가하고, 가격이 하락하면 공급량이 감소한다. 이런 주택의 가격과 수요량과는 역의 관계를 공급의 법칙(law of supply)이라 한다. 주택 판매 수량에 대하여 판매자가 꼭 받아야 하겠다고 생각하는 최저가격을 최저가격(supply price)이라 한다. 주택의 가격변화에 따라 공급곡선 상의 이동을 공급량의 이동이라 한다. 주택 수요의 이동은 식(5-4)에서 주택가격(P)은 고정돼 있고, 주택가격 이외의 요인 변화에 따라 주택 공급곡선 자체가 이동하는 것을 주택 공급의 이동이라 한다.

$$H_S = f(\overline{P}, P_L, P_C, T, E_P, N) \tag{5-5}$$

주택 공급곡선을 우측으로 이동시키는 요인은 토지가격 하락, 건축비 하락, 주택건설기술의 향상, 주택가격 상승에 대한 기대 증가, 주택건설회사 수의 증가의 경우이다. 반대로 주택 공급곡선을 좌측으로 이동시키는 요인은 토지가격의 상승, 건축비 증가, 주택건설기술의 퇴보, 주택가격 상승에 대한 기대 감소, 주택건설회사 수의 감소의 경우이다.

4) 주택 시장의 균형

가. 주택 시장의 단기 균형

이제 앞에서 도출한 주택수요함수와 주택 공급함수를 이용해 주택 시장의 장단기 균형을 분석하여 보자. 여기서는 논의를 단순하게 하기 위하여 지역별 주택수요는 고려

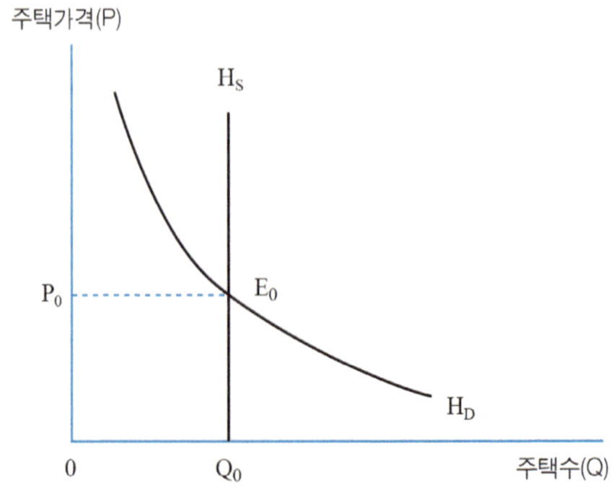

[그림 5-11] 주택 시장의 단기 균형

하지 않기로 하고 단기와 장기로 나누어 살펴본다. 주택 공급 H_S는 주어진 주택스톡으로 주택가격의 변화에 대하여 완전 비탄력이고, 주택수요 H_D는 주택가격의 변화에 우하향하는 경우, 주택 시장의 단기 균형은 주택 공급곡선 H_S와 주택 수요곡선 H_D가 만나는 E_0 점에서 [그림 5-11]과 같이 이루어진다. E_0 점에서 주택의 균형가격은 P_0이고, 균형수량은 Q_0이다.

나. 주택 시장의 장기균형

주택 시장의 장기균형을 [그림 5-12]을 가지고 설명해 보자. 소득의 증가나 가구수 증가 등의 요인으로 주택 수요곡선이 H_{D0}에서 H_{D1}로 이동하게 되면, 일시적으로 주택가격은 P_1로 상승할 수 있다. 주택가격이 P_1로 상승하면 주택건설업자들은 신규주택 공급을 증가시킨다. 따라서 주택 공급 곡선은 H_{S0}에서 H_{S1} 이동하게 된다. 주택 시장의 장기균형은 수요곡선 H_{D1}과 공급곡선 H_{S1}이 만나는 E_1 점에서 이루어진다. E_1 점에서의 장기 균형가격은 P_2이고 균형 수량은 Q_2이다. 장기 균형가격 P_1이 기존의 주택가격 P_0보다 높을 수도 있고 낮을 수도 있는데, 이는 주택수요에 비해 주택 공급량이 더 많으면 가격은 내려가고 반대로 주택 공급에 비해 주택수요량이 더 적으면 가격은 상승할 수 있다. 주택 시장의 장기 균형가격은 주택 수요곡선과 주택 공급곡선의 가격에 대한 탄력성에 따라 다르다.

주택수요의 가격탄력성이 공급의 탄력성보다 클 때, 공급곡선의 변화는 가격변동 폭은 작고, 수량변동 폭은 크다. 반면 수요곡선의 변화는 가격변동 폭은 크고, 수량변동

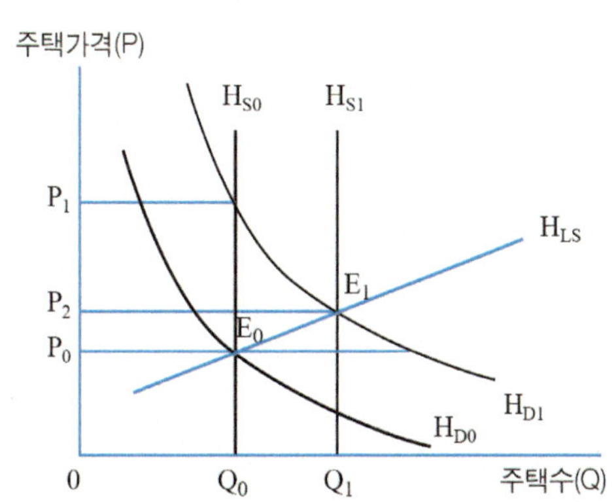

[그림 5-12] 주택 시장의 장기균형

폭은 작다. 주택수요의 가격탄력성이 공급의 탄력성보다 작을 때, 공급곡선의 변화는 가격변동 폭은 크고, 수량변동 폭은 작다. 반면 수요곡선의 변화는 가격변동 폭은 작고, 수량변동 폭은 크다.

주택 시장의 장기공급곡선은 주택생산량이 증가함에 따라 생산비도 함께 증가하여 우상향하는 공급곡선 H_{LS}가 된다. 일반적으로 신규 건설주택과 기존 재고 주택을 합한 장기 주택 공급곡선은 주택가격에 대하여 우상향하는 곡선으로 나타낸다. 이자율이나 대출 규제 등의 변화에 따라 장기적인 주택 공급은 변한다. 예를 들어 이자율이 상승하면 주택건설비용이 상승하여 주택 공급이 감소하여 주택 공급곡선이 좌측으로 이동하고, 반대로 이자율이 하락하면 주택 공급이 증가하여 주택 공급곡선이 우측으로 이동한다. 이런 논리는 주택매매시장뿐만 아니라 주택임대시장에서도 적용될 수 있다.

4) 주택점유 형태

우리는 앞 절에서 주거서비스를 설명함에 있어서 주택의 소유와 임대를 구분하지 않고 설명했다. 현실적으로 주택을 보유할 것인가 아니면 임대할 것인가는 소비자의 개인별 소득수준, 보유비용, 선호도, 정책 등에 따라 다르다. 자가주택과 임대주택이 완전 대체재라고 가정하면 주택점유(housing tenure) 의사결정에 미치는 영향을 다음과 같이 설명할 수 있다.

자가주택의 선호에 미치는 요인은 다음과 같다.
첫째, 소득의 증가, 부의 증가는 자가 주택점유를 높인다.
둘째, 주택 보유비용의 하락은 자가 주택점유를 높인다.
셋째, 장래 주택가격이 상승하리라는 기대가 강할수록 자가 주택점유를 높인다.
넷째, 이자율이 낮고 및 대출 규제가 약할수록 자가 주택점유를 높인다.
다섯째, LTV, DTI, DSR 비율이 완화될수록 자가 주택점유를 높인다.

임대주택의 선호에 미치는 요인은 다음과 같다.
첫째, 소득의 감소, 부의 감소는 임대주택 점유를 높인다.
둘째, 주택 보유비용의 증가는 임대주택 점유를 높인다.
셋째, 장래 주택가격이 하락하리라는 기대가 약할수록 임대주택 점유를 높인다.

넷째, 이자율이 높고 및 대출 규제가 강할수록 임대주택 점유를 높인다.

다섯째, LTV, DTI, DSR 비율이 강화될수록 임대주택 점유를 높인다.

5) 주택가격 결정 모형

주택 시장분석에서 주택가격의 본질과 어떤 요인에 의해 가격이 결정되는가 하는 주제는 매우 중요하다. 앞 절에서 주택가격에 대한 명확한 개념적 정의 없이 임의적으로 표준적 단위를 설정하여 분석하였지만 실제로 주택이 소비되는 가격 단위는 매우 다양하고 복잡하다. 주택의 일상적인 소비를 할 때 적용되는 가격과 주택 시장의 버블(bubble)을 분석할 때 주택가격은 내용과 질적인 측면에서 차이가 있다. 주택의 가격변화가 주택의 품질까지도 분리하고자 하는 의도로 경제학자들은 다양한 기법으로 주택가격을 추정하는 시도를 해왔다. 주택가격을 결정하는 대표적인 모형이 헤도닉(Hedonic)의 특성(속성) 가격함수(Hedonic Price Function)와 쉴러와 샤페(Shiller and Sharpe)의 자산가격함수(Market Fundamental Value Function)가 있다.

주택가격은 입지, 주택의 고유속성 등에 의해 결정되는데, 주택가격을 종속변수로 하고, 주택가격에 영향을 미치는 다양한 속성들의 함수로 나타내어 주택가격을 규명하고자 하는 모형을 속성가격모형 또는 헤도닉모형이라 한다. 이 모형을 이용해 주택가격을 추정한 시도는 라케스터(Lacaster, 1966)와 로젠(Rosen, 1974)의 연구에서 이론적 틀이 마련되었다.

공간시장에서 임대료는 공간서비스에 대한 수요와 공급에 의해 결정된다. 공간서비스에 대한 수요는 소득, 공간서비스 가격, 선호도, 대체재의 존재유무 등에 의해 결정된다. 공간서비스는 단기적으로 주어져 있어서 일정하지만, 장기적으로 신규 건설주택에 따라 변하게 된다. 디파스퀠리-위튼(Dipasquale and Wheaton, 1996)의 D-W 모형의 2/4분 면에서 임대료와 이자율에 의해 주택가격이 결정된다. 임대료와 이자율에 의해 주택 자산의 기본가치(market fundamental price)가 결정되지만, 자산시장에서 재정거래(arbitrage)가 일어나면서 자산가격이 자산가치와 일치하게 된다. 자산가격이론에 따르면 주택가격은 해당 주택의 내재가치에 의해 결정된다. 그러나 이 이론은 공간시장의 임대료 변화에 따라 자산가치가 결정되지만 현실적으로 공간시장의 변화가 없음에도 한 지역의 주택가격이 변화하거나 다른 지역으로 가격전이(price spillover)가 일어나는 것을 설명하는 데 한계가 있다.

제6절 주택의 여과 과정

앞 절에서는 신규 건설주택 시장과 기존 재고 주택 시장을 중심으로 주택가격과 수량이 어떻게 결정되는지 살펴보았다. 주택가격과 수량이 어떻게 결정되는지 못지않게 짚어야 할 중요한 개념이 주택의 여과 과정(filtering process) 이다. 주택 시장은 거주자의 소득수준에 따라 여러 개의 하위시장으로 나누어진다. 주택은 고가주택(high-end housing)과 저가주택(low cost housing) 으로 구별할 수 있다. 사람들은 자신들의 소득수준에 맞추어 주택을 선택하는 경향이 있다. 고소득층은 고급주택이나 새 주택을 소비하는 반면, 빈민층은 저가의 기존주택을 소비한다. 저소득층은 그들이 소비하는 주택이 고소득층이 소비하는 주택으로부터 공급된다는 의미이다. 주택의 여과 현상은 주택에 거주하는 사람들의 소득수준에 따라 주택소비가 변화되는 것을 말한다. 상위계층이 사용하던 기존 주택이 하위계층의 사용으로 전환되는 것을 하향여과(filtering-down)라 하고, 그 반대의의 경우를 상향 여과(filtering-up)라 한다. 상향 여과는 저급주택이 수선되거나 재개발되어 상위계층의 사용으로 전환되었을 때 나타난다(안정근, 2009, 168). 가구의 선호와 기호는 동일하지만 소득은 서로 다르다는 것을 가정으로 하여 주택의 여과과정을 설명하기로 한다.

6.1 주택의 하향여과 과정

(1) 저가주택 시장

[그림 5-13]에서 저가주택 시장에서 주택의 수요 LD_0와 공급 LS_0가 접하는 A점에서 균형인 상태에서 어떤 요인에 의해 수요가 LD_1로 증가했다고 가정하자. 저가 주택의 수요 증가는 빈곤층 가구가 증가하거나, 정부가 일정 수준 이하의 주택건설을 금지할 경우 저가 주택의 수요가 증가한다. 최초의 균형은 LD_0와 공급 LS_0가 접하는 A점에서 균형임대료 R_0, 균형 주택서비스량은 Q_0이다. 저가 주택수요 LD_0에서 LD_1로 증가하면 AB 만큼의 초과수요를 발생시키고, 그때의 저가 주택의 공급량은 Q_1이 된다. 임대료가 R_0에서 R_1로 상승함에 따라 고가주택은 하향여과가 일어나 저소득층에게 제공되기 시작한다. 이 상태에서 주택서비스 제공자는 초과이윤을 얻게 되어 주택서비스 공급량은 LS_0에서 LS_1로 이동하여 Q_2로 공급량이 증가한다. 고가주택의 하향여과는 임대로 상승

분이 저가 주택으로의 전환비용을 감당할 수준까지 계속 이루어진다. 고가주택의 하향 여과가 계속 진행됨에 따라 임대로 상승분이 저가 주택으로의 전환비용과 같아지는 수준에서 하향 여과는 멈추게 되고, 균형 임대료는 처음 임대료와 동일한 R_0로 회귀하게 된다.

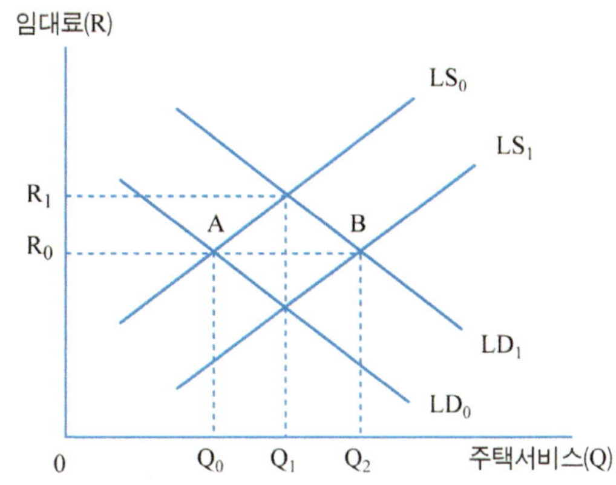

[그림 5-13] 저가주택 시장에서의 여과과정

(2) 고가주택 시장

주택 시장에서 하향 여과가 일어난다는 의미는 고가주택의 공급량이 그만큼 감소한다는 것을 의미한다. [그림 5-14]에서 고가주택 시장에서 하향 여과가 일어나면 고가주택의 공급이 HS_0에서 HS_1로 좌상향 이동하여 균형점은 A에서 B로 이동한다. 고가주택의 공급감소는 고가주택에 대한 초과수요를 발생시키고 임대료를 R_O에서 R_1로 상승

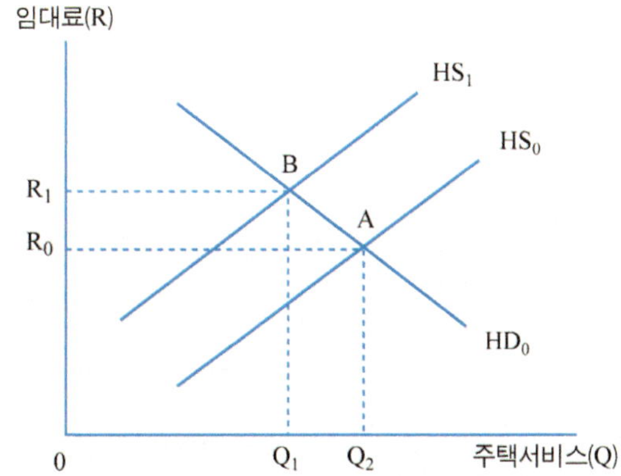

[그림 5-14] 고가주택 시장에서의 단기여과 과정

시킨다. 고가주택의 임대료 상승은 고가주택을 건설하는 진입 확대와 가동률을 높이는 동기로 작용하여 고가주택의 착공량이 증가하게 된다. 이 경우 건축비가 일정한 경우와 상승하는 경우를 나누어 단기와 장기 여과과정이 어떻게 이루어지는지 살펴보자.

1) 건축비용이 일정한 경우 고가주택 시장

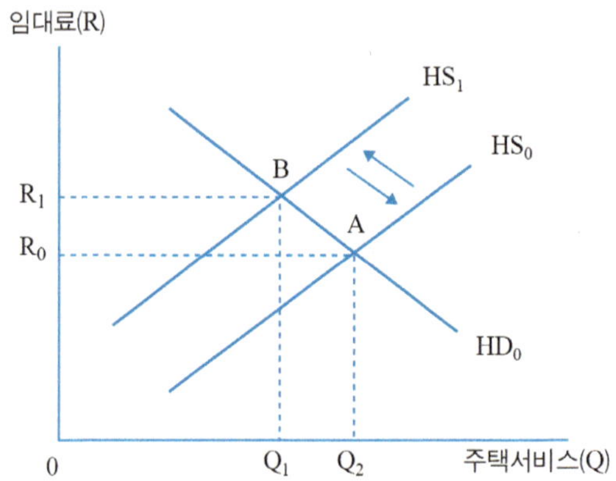

[그림 5-15] 고가주택 시장에서의 장기여과 과정(1)

기존 주택건설업체는 가동률을 높이고, 새로운 건설업체가 시장에 진입하게 된다. 고가주택의 착공량이 증가하더라도 건축비가 일정하여 [그림 5-15]에서 공급곡선은 HS_1에서 HS_0로 이동하며, 균형점은 B점에서 A점으로 이동한다. 주택 공급량이 증가함에 따라 균형임대료는 R_1에서 R_0로 회귀한다. 이렇게 되면 고가주택의 임대료는 원래 수준으로 회귀하고 공급량은 Q_0로 불변이지만, 저가 주택이 주택 시장 전체에서 차지하는 비중이 커지게 된다.

2) 건축비용이 상승하는 경우 고가주택 시장

건축비용이 상승하는 경우, 고가주택의 공급증가는 건축비 상승을 동반하게 되어 고가주택의 공급량을 HS_1보다 적은 HS_2까지만 이동시켜 균형임대료는 C점에서 결정된다. [그림 5-16]에서 새로운 균형점 C에서 균형임대료는 당초 R_0보다 높은 수준인 R_2에서 결정되고, 주택서비스 공급량은 Q_0보다 감소 된 Q_2가 된다. 이상이 고가주택 시장에서 하향여과 과정을 통해서 장기균형이 이루어지는지 살펴보았다.

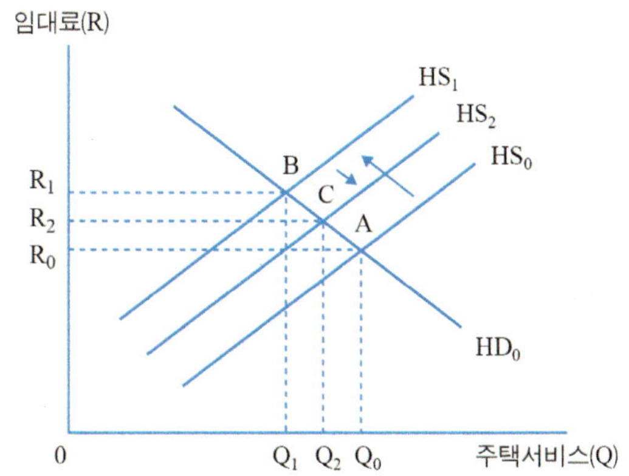

[그림 5-16] 고가주택 시장에서의 장기여과 과정(2)

6.2 주택의 상향 여과 과정

주택의 상향 여과 과정은 저소득층의 주거지역에 있는 주택이 수선되거나 재개발 또는 재건축되어 고소득층의 주거지역으로 전환되는 형태로 나타나는 현상을 말한다. 주택의 여과 과정이 원활하게 작동하는 주거지역에 상향 여과가 발생하면 주거의 질이 개선되는 효과가 있다.

6.3 주거분리와 여과 작용

(1) 주거분리 현상의 의의

많은 도시지역에서 고소득층의 주거지역과 저소득층의 주거지역이 분리되는 현상을 볼 수 있다. 도시에서 고소득층 주거지역과 저소득층 주거지역으로 분리되는 현상을 주거분리(housing segregation)라 한다. 우리나라는 산업화와 도시화의 영향으로 도심으로 인구가 유입되면서 주거지의 확대가 지속적으로 이루어지고 있다. 도심으로 인구가 유입되면서 도심주변의 일부 주택들은 산업수요에 맞춰 그 기능이 변경되기도 하였지만, 그렇지 못한 주택들은 하향 여과되어 도시 주변의 저소득층 밀집 주거지역으로 변화게 되었다. 주거분리 현상은 도시 전체에서도 나타나고, 도시와 인접한 근린 지역에서도 발생하고 있다. 고소득층이 사는 주거지역의 고급주택은 수선비용보다 수선 후 가치가 높으면 계속하여 고급주택으로 남게 되고, 저급주택 역시 수선 후 가치가 수선비용보다 낮으면 저급주택으로 남는 것이 일반적이다. 왜 이런 현상이 일어나는지 살펴보자.

(2) 주거분리와 근린지역 변화

부동산의 가치는 주변 환경의 영향에 의해 가치가 결정되는 경향이 있다. 즉 주거지 주변에 쾌적한 호수공원과 양호한 시설을 갖춘 도서관 등이 있으면 주택의 가치를 상승시키는 쪽으로 나타날 수 있다. 반대로 쓰레기 소각장, 화장터 등의 혐오 시설이 주거지 옆에 있을 경우에서는 혐오 시설 기피 현상으로 주택의 가치를 하락시키는 방향으로 나타날 수 있다.

주거지 주변의 시설이 주택의 가치를 상승시키는 방향으로 나타나는 현상을 정의 외부효과(positive externality)라 하고, 하락시키는 방향으로 나타나는 현상을 부의 외부효과(negative externality)라 한다. 이런 이유로 고소득층은 고급주택 지역으로 이주를 하고 저소득층은 고급주택을 사는데 큰 비용을 충당할 수 없어 저급주택 지역에 머무는 경향이 있다. 고급주거지의 주택은 수선비보다 수선 후 가치가 커서 고급주택으로 계속하여 남는 경향이 있으나 저급주거지의 주택은 수선비보다 수선 후 가치가 작아서 수리하는 것보다 그대로 두는 것이 오히려 이익되기 때문에 저급주택으로 계속하여 남게 된다. 그러나 때에 따라서는 고급주택지역이 저급주택지역으로 저급주택지역이 고급주택지역으로 전환되기도 한다.

(3) 여과 작용에 의한 주거분리 현상

어떤 지역에 고소득층 주거지역과 저소득층 주거지역이 구분된 경우 저소득층 주택은 될 수 있는 대로 고소득층 주거지역 가까이 입지를 원하고, 고소득층 주택은 될 수 있는 한 저소득층 주거지역에서 떨어져 입지 하려는 경향이 있다. 저소득층이 고소득층 주거지 가까이 입지 하려는 것은 정(+)의 외부효과를 기대하는 것이고, 고소득층이 저소득층 주거지에서 떨어져 입지 하려는 것은 부(-)의 외부효과를 기피 하려고 하기 때문이다. 고소득층 주거지와 저소득층 주거지 경계 지역 부근에 있는 저소득층 지역의 토지는 할증되어 거래되고 경계 지역 부근에 있는 고소득층 주거지역은 할인되어 거래된다.

고소득층에 인접한 저소득층 주거지역의 주택이 수선비보다 주택가치 상승분이 크다면 저소득층 주거지역은 재개발되어 고소득층 주거지역으로 변환할 수 있다. 반대로 저소득층 인접한 고소득층 주거지역의 고급주택이 수선비보다 가치 상승분이 적다면 저소득층 가구가 고소득층 주거지역으로 들어오는데 이런 과정을 침입(invasion) 현상이라 한다.

침입에 의해 고소득층 주거지역으로 저소득층 가구가 들어오면 고소득층 주거지역은 점점 감소하여 저소득층 주거지역으로 전환되어 간다. 이처럼 어떤 지역의 토지이용이 이질적인 요소의 침입으로 다른 유형의 토지이용으로 변화되어 가는 과정을 천이(succession) 현상이라 한다. 이런 현상은 위와 반대 방향으로도 작용한다. 어떤 지역에 고소득층 주거지역과 저소득층 주거지역이 구분되어 있다고 하여 현 상태로 계속 존속되는 것은 아니고 여과 작용에 의해 주거분리 현상은 계속 일어난다.

읽고 생각할 거리 **부동산정보 취득보다 활용이 중요하다.**

주위를 둘러보면 각종 정보가 넘쳐난다. 부동산만 해도 매물에서부터 분양정보, 개발정보,정부정책, 제도변경에 이르기까지 종류를 헤아릴 수 없다, 바야흐로 정보의 사회다.

이 같은 정보를 어디서 얻고 어떻게 활용하느냐에 투자의 성공여부가 달려 있다고 해도 지나친 말이 아니다. 다시 말해 정보는 돈이다.

요즘'네티즌'이라는 말을 어렵지 않게 접하게 된다. 인터넷이나 각종 통신망을 통해 정보를 검색하고 분류하고 서로 의사를 전달하는 수단으로 삼는 사람을 묶어 말하는 것이다.

한발 더 나아가 인터넷에서 물건을 사고 파는'사이버 시장'도 새로운 시장으로 각광받고 있다. 물론 앞으로 더욱 활성화할 것은 분명하다.

개인이 홈페이지를 만들어 매물을 소개하는가 하면 주택업체나 전문 중개업소도 인터넷을 통한 매물 소개와 거래에 활발하게 참여하고 있다. 뿐만 아니라 부동산과 관련된 각종 정보사업자들도 나름대로의 영역을 구축하고 부동산 정보를 상품화하고 있다. 거래정보망, 경매정보망, 토지정보망, 부동산 투자상담 등이 그것이다.

개인이 통신이나 인터넷을 통해 내놓은 물건은 중개업소를 거치지 않기 때문에 그 만큼 싸다.

최근 자료에 따르면 인터넷 홈페이지를 개설해 영업활동을 펼치는 중개업소가 50여개소에 달하며 이를 통해 짭짤한 재미를 보고 있다고 한다. 그런데 재미있는 현상은 컴퓨터 이용이 능숙한 젊은 층이 주로 찾고 있어 소형 아파트가 주거래 대상이라는 것이다.

정보는 넘쳐나지만 정작 정보를 활용하는 수요층은 한정된 셈이다. '구슬이 서말이라도 꿰어야 보배'라는 옛말이 생각나게 한다.

출처 : 신임호(사회2부 차장), 매일경제, 1998.3.27.

주요용어 및 개념

- 소비자잉여
- 생산자잉여
- 최저가격제
- 분양가상한제
- 암시장
- 최저가격제
- 하향여과
- 주거분리
- 천이
- 고가주택 시장
- 최고가격제
- 후생손실
- 선착순 방식
- 최고가격제
- 여과과정
- 상향여과
- 침입
- 저가주택 시장

연습문제

1 소비자 잉여와 생산자 잉여의 개념을 설명하시오?

2 사회적 후생의 개념을 설명하시오?

3 최고가격제와 최저가격제를 각각 설명하시오?

4 주택의 분양가 상한제가 실시되면 장기적으로 주택 공급은 어떻게 변하는가?

5 효율적 시장의 개념을 설명하시오?

6 할당 효율적 시장의 개념을 설명하시오?

7 주택의 여과 과정에는 하향여과와 상향 여과가 있다. 각각 설명하시오?

8 주거분리에 관한 설명으로 틀린 것은?(단, 다른 조건은 동일함)

① 고소득층 주거지와 저소득층 주거지가 서로 분리되는 현상을 의미한다.

② 고소득층 주거지와 저소득층 주거지가 인접한 경우, 경계 지역 부근의 저소득층 주택은 할인되어 거래되고 고소득층 주택은 할증되어 거래된다.

③ 저소득층은 다른 요인이 동일할 경우 정(+)의 외부효과를 누리고자 고소득층 주거지에 가까이 거주하려 한다.

④ 고소득층 주거지와 저소득층 주거지가 인접한 지역에서는 침입과 천이현상이 발생할 수 있다.

⑤ 도시 전체에서 뿐만 아니라 지리적으로 인접한 근린 지역에서도 발생할 수 있다.

9 도시에 있어서 직주분리의 원인이 아닌 것은?

① 도시의 지가 폭등
② 도심지의 환경악화
③ 한계지의 저지가
④ 도심 건물의 고층화
⑤ 교통수단의 발달과 정비

10 원룸 아파트의 균형시장임대료보다 낮은 수준에서 정부가 최고임대료를 정했다고 하자. 예상될 수 있는 파급효과 중 옳은 것은?

① 원룸 아파트의 초과수요가 발생하여 아파트 부족이 야기될 것이다.
② 단기에는 아파트 물량은 별로 변하지 않지만 장기에는 아파트 물량이 크게 증가할 것이다.
③ 장기보다 단기에서 아파트 부족 문제가 더 악화될 것이다.
④ 신규 입주자를 유치하기 위해서 임대료 할인서비스가 제공될 것이다.
⑤ 아파트 임대시장에 전혀 영향을 미치지 못한다.

11 아래 그림과 같이 원룸시장의 균형임대료는 월 50만원으로 나타났다. 최저임대료를 월 70만원으로 설정하면, 임대인의 월 경제적 순손실(deadweight loss)은 얼마인가?(단, 가로축은 원룸수(단위:만호), 세로축은 임대료(단위:만원), 주어진 조건에 한함).

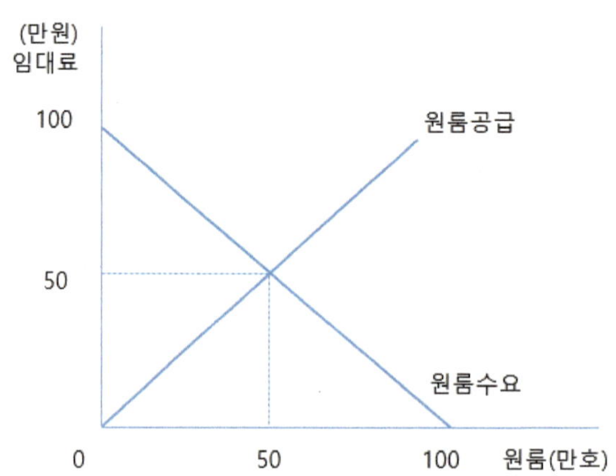

① 100억원
② 200억원
③ 300억원
④ 400억원
⑤ 500억원

12 스타필드 개발사업이 진행된다는 정보가 있다. 다음과 같이 주어진 조건하에서 합리적인 투자자가 최대한 지불할 수 있는 이 정보의 현재가치는?(단, 제시된 가격은 개발정보의 실현 여부에 의해 발생하는 가격차이만을 반영하고, 주어진 조건에 한함)

- 스타필드 개발예정지 인근에 일단의 A토지가 있다.
- 3년 후 도심에 GTX 노선 역사가 개발될 가능성은 50%로 알려져 있다.
- 3년 후 도심에 GTX 노선 역사가 개발되면 A토지의 가격은 5억 9,895만원, 개발되지 않으면 1억 9,965만원으로 예상된다.
- 투자자의 요구수익률(할인율)은 연 10%이다.

① 1억 1,000만원
② 1억 2,000만원
③ 1억 3,000만원
④ 1억 4,000만원
⑤ 1억 5,000만원

정답 1. 소비자잉여란 소비자가 어떤 상품을 소비하기 위하여 지불할 용의가 있는 가격과 실제로 지불한 가격과의 차액을 말한다.
생산자잉여란 생산자가 어떤 상품을 판매하여 얻는 실제수입과 생산자가 그 상품을 판매하여 반드시 얻어야 하겠다고 생간한 수입과의 차액을 말한다.
2. 소비자잉여와 생산자잉여를 합한 것을 사회적 후생 혹은 총잉여라 한다.
3. 최고가격제는 정부가 시장가격보다 낮게 정한 가격을 최고가격제라 한다.
최저가격제는 정부가 시장가격보다 높게 정한 가격을 최저가격제라 한다.
4. 주택의 분양가 상한제가 실시되면 장기적으로 주택 공급은 감소하게 된다.
5. 효율적 시장이란 상품의 가치에 모든 이용 가능한 새로운 정보가 즉각적으로 가치에 반영되는 시장을 말한다. 여기에는 약성 효율적 시장, 준강성 효율적 시장, 강성효율적 시장이 있다.
6. 자원의 할당(배분)이 효율적으로 이루어지는 시장을 말한다. 즉 임대료 수익률과 다른 투자 대안의 투자 수익률이 같을 때 자원의 할당 효율적 시장이라 한다.
7. 하향여과란 어떤 주거지역에 신축할 수 있는 저소득층의 주택이 법적으로 제한될 경우 고소득층이 사용하던 기존 주택이 저소득층의 주택으로 사용되는 것을 말한다.
상향여과란 저소득층의 주거지역에 있는 주택이 수선되거나 재건축 또는 재개발되어 고소득 층의 주택으로 사용되는 것을 말한다.
8. ②
9. ④
10. ①
단기에는 원룸의 공급이 고정되어 있으며, 임대주택 수요도 비탄력적이므로, 주택난이 심각하지 않으나, 장기에는 원룸의 수요와 공급이 모두 탄력적이므로, 원룸에 대한 초과수요가 매우 커져 주택난이 심각해진다.
11. ④
1. 주어진 문제에서 원룸 수요와 공급의 기울기는 각각 1이다.
2. 기울기가 1임으로 아래 그림과 같이 월 최저 임대료를 70만원으로 설정할 때, 원룸 공급 곡선과 만나는 점은 30만원이다. 즉 월 최저 임대료를 70만으로 설정하면 원룸 공급은 50만호에서 30만호로 감소한다. 여기서 A~B=A~D와 같다.
3. 이때 경제적 순손실은 [40만원(A-D)×20만호]/2=400억원

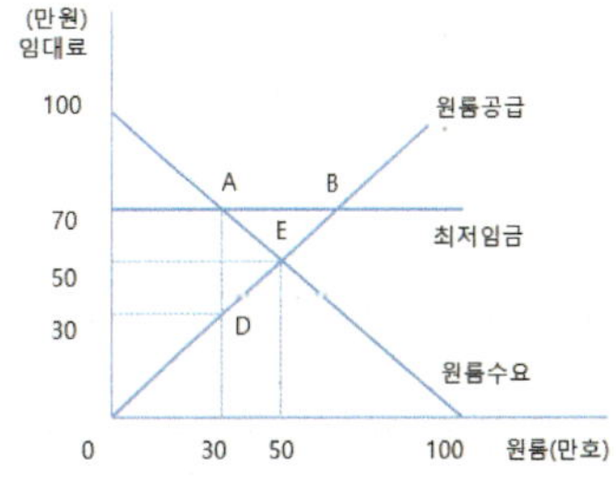

정답 12.⑤

A방법

① 불확실한 경우 시장가치

a. 3년 후 신도시가 들어설 확률을 반영한 가중평균치로 계산한 시장가치

시장가치 = (598,950,000)×0.5 + (199,650,000)×0.5 = 399,300,000원

b. 현재 시점에서 현재가치

현재가치 = 시장가치 / 할인율 = 399,300,000원÷1.1÷1.1÷1.1= 300,000,000

② 확실한 경우 시장가치

a. 3년 후 신도시가 확실히 들어설 확률을 반영한 가중평균치로 계산한 시장가치

시장가치 = (598,950,000)×1 + (199,650,000)× 0 = 598,950,000원

b. 현재 시점에서 현재가치

현재가치 = 시장가치 / 할인율 = 598,950,000원÷1.1÷1.1÷1.1= 450,000,000원

③ 투자자 A의 정보의 가치

정보의 가치 = 정보가 확실한 경우 현재가치-정보가 불확실한 경우 현재가치

= 450,000,000원 - 300,000,000원 = 150,000,000원

B방법

① 3년 후 정보가치 : (598,950,000-199,650,000)×0.5=199,650,000원

② 정보의 현재가치 : 199,650,000원÷1.1÷1.1÷1.1= 150,000,000원

CHAPTER 6

부동산 공간시장과 자산시장

제1절 부동산 공간시장과 자산시장 개요

부동산은 자본시장(capital market)에서 주식이나 채권처럼 거래되는 하나의 자산(asset)이다. 일반적인 재화인 빵과 우유는 소비함으로 소비자에게 효용을 준다. 부동산인 토지나 주택은 그 자체를 소비할 수 없고 공간서비스를 이용하여 효용을 얻거나 자산 보유로 자본이득(capital gains)을 얻을 수 있는 국민경제에 존재 하는 자원이다. 토지는 자연 상태로 존재하기도 하고, 토지에 건물을 건립하기도 한다. 건립된 건물은 주택, 상업용, 정부 관공서, 공장 등의 용도로 사용된다. 이렇게 건물이 건립되게 되면 국부는 점점 증가한다. 토지의 가치는 GDP에 포함되지 않는다.

사람들은 두 가지 목적을 얻고자 부동산을 취득한다. 하나는 부동산의 공간(space)을 사용할 목적이고 다른 하나는 자본이득(capital gains)을 얻을 목적으로 부동산을 취득한다. 부동산의 공간 사용을 목적으로 거래되는 시장을 공간시장(space market)이라 한다. 부동산의 공간 사용 목적보다는 주식, 채권, 금처럼 하나의 자산으로 자본이득을 목적으로 거래되는 시장을 자산시장(asset market)이라 한다. 부동산 보유자는 부동산 공간을 임차인에게 제공하여 임대료(rent) 수익을 기대할 수 있고, 임차인에게 부동산을 제공하지 않고 직접 보유하여 부동산 가격 상승으로 자본이득(capital gains)을 취할 수 있다.

부동산은 일반 재화와 달리 공간시장과 자산시장을 넘나들며 거래되는 양면적 특성을 가지고 있다. 공간시장에서 임대료가 결정되고 임대료에 의해 부동산 가격이 결정되고 가격에 의해 부동산 생산이 이루어지고 생산으로 공간 재고가 결정되고 공간 재고로 또다시 임대료가 결정되어 균형을 이루어 간다. 이런 일련의 과정을 디파스퀠리와 위튼(DiPasquale and Wheaton, 1996)은 4사분면을 이용해 설명하였는데 이를 D-W 모형이라 한다. 이하에서는 D-W 모형을 이용해 공간시장과 자산시장의 균형 과정을 설명한다.

제2절 D-W 모형

2.1 임대료 결정

1사분면에서는 건물의 공간 재고(S)와 공간 수요에 의해 균형 임대료 R가 결정된다. 가로축에 공간 재고 S, 세로축에 임대료 R을 나타내는 그래프가 [그림 6-1]과 같을 경우, 공간 재고는 단기적으로 고정된 것이기에 수직 곡선 S로 나타냈고, 공간 수요는 임대료와 역의 관계로 우하향의 수요곡선 D로 나타낼 수 있다. 수요곡선과 공급곡선이 만나는 점에서 균형 임대료 R가 공간시장(space market)에서 결정된다.

공간 수요함수(D)는 임대료(R)와 경제 조건(E)에 의해 결정되어 식(6-1)과 같이 나타낼 수 있다. 여기서 경제 조건(E)은 소득, 인구, 가구수, 기대, 선호, 세제, 금융 등이다. 소득 수준이 향상되거나 인구, 가구수 증가, 특정한 부동산 공간에 대한 기대나 선호 증가는 공간 수요 증가로 이어져 임대료 R에서 R1로 상승을 초래하고 위의 반대는 임대료 하락을 가져온다.

단기 균형 임대료는 특정한 시점에서 주어진 부동산 공간 재고와 공간 수요에 의해서 결정된다.

$$D(R, E) = S \qquad (6\text{-}1)$$

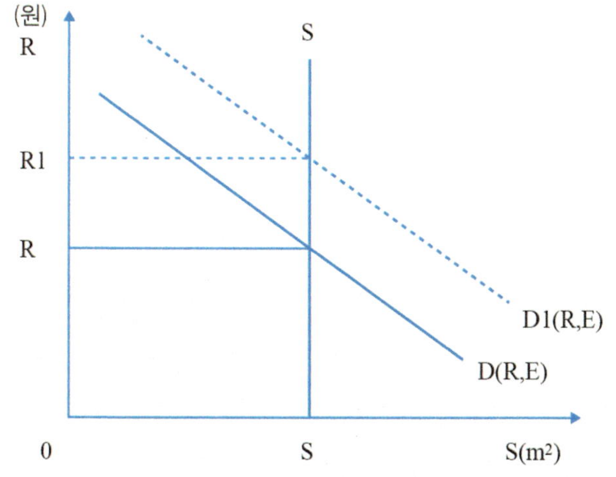

[그림 6-1] 공간서비스 임대료 결정

2.2 자산 가격 결정

2사분면에서 균형 임대료 R와 자본환원율 i에 의해 자산 가격 P가 자산시장(asset market)에서 결정된다. 가로축에 임대료 R, 세로축에 자산 가격 P를 나타내는 그래프가 [그림 6-2]와 같을 경우, 원점을 통과하는 우상향의 자산 가격 곡선 P를 나타낼 수 있다. 여기서 자본환원율(capitalization rate, 또는 cap rate)이 공간시장과 자산시장을 연결하는 고리이다. 자본환원율[1]이란 부동산 투자에서 발생 되는 수익률로서 외생적으로 주어지는 외생변수(exogenous variables)이다. 자산 가격 P는 균형 임대료 R와 자본환원율 i에 의해 결정되므로 식(6-2)[2]와 같이 나타낼 수 있다.

$$P = \frac{R}{i} \tag{6-2}$$

자본환원율은 기본적으로 이자율, 주식이나 채권의 투자로부터 기대되는 자본 수익률에 영향을 받는다. 임대료가 증가하면 주식이나 채권에 투자하는 대신 부동산 투자 수요가 증가하여 부동산 가격이 상승하여 가격 곡선은 위로 이동하고, 반대이면 아래

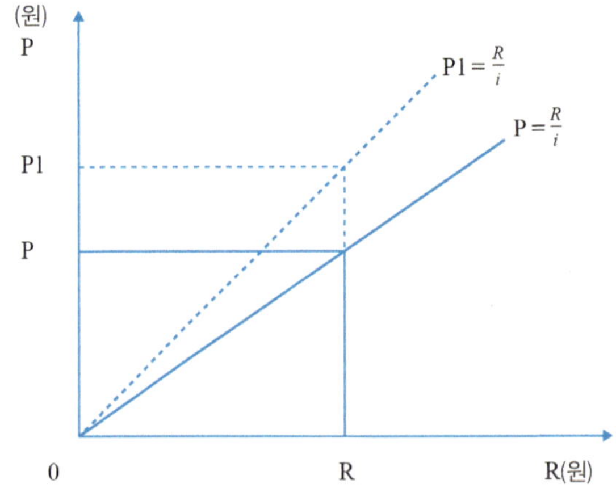

[그림 6-2] 자산 가격 결정

1) 자본환원율=순영업소득/부동산투자액으로 나누어서 구해진다. 자본시장에서 채권이나, 주식을 거래하여 얻는 수익을 투자 수익률이라 하는데, 금융시장 등에서 사용하는 수익률과 구분하고자 부동산시장에서는 자본환원율이라 한다.

2) P=R/i의 도출 과정은 부록으로 별도 설명한다.

로 이동한다. 환원이자율 이 증가하면 자산 가격은 하락하여 시계방향으로 이동하고, 반대이면 시계 반대 방향으로 이동하여 자산 가격 P에서 P1로 증가한다. 여기서 구해지는 자산 가격은 부동산으로부터 발생되는 현금흐름의 현재 가치와 같다. 이는 수익환원법의 이론적 근거가 된다.

2.3 신규 건설 결정

3사분면에서 신규 건설(C)은 자산 가격(P)과 생산비에 의해 자산시장(asset market)에서 결정된다. 가로축에 자산 가격 P, 세로축에 신규 건설 C를 나타내는 그래프가 [그림 6-3]와 같을 경우, 우상향의 신규 건설 곡선 C를 나타낼 수 있다. 신규 건설은 자산 가격, 원부자재 가격, 생산기술 수준, 세제 및 금융에 의해 영향을 받는다. 신규 건설 C는 자산 가격 P와 생산비용 K 등의 여건에 의해 결정됨으로 식 (6-3)와 같이 나타낼 수 있다.

$$C = f(P, K) \tag{6-3}$$

그러나 식 (6-3)은 그림[6-3]의 곡선을 정확하게 나타내지 못한다. 왜냐하면 신규 건설 C는 자산 가격 P와 생산비용 K 외에 토지 형질 비용 등과 같이 부동산 건설 비용과 무관하게 고정적으로 발생하는 비용(a)을 상수로 식(6-3)에 포함시켜 나타내야 원점에서 우측으로 떨어진 지점에서부터 우상향하는 곡선이 된다. 이는 신규 건설은 비록 생산비가 0이라 하더라도 일정한 비용을 커버할 수 있는 가격 이하에서는 생산이 이루어지지 않는다. 이를 감안한 생산함수는 $C = a + f(P, K)$와 같이 나타내야 한다. 그럼에도 불구하고 여기서는 자산 가격 P에 신규건설 C가 즉각적으로 반응한다는 것을 나타내기 위해 상수를 무시하고 식(6-4)와 같이 나타낸다. 이런 가정은 논의 단순화를 위한 가정으로 신규 건설 비용이 시간의 흐름에 따라 고정되어 있음을 의미한다.

$$P = f(C) \tag{6-4}$$

신규 건설의 병목현상(bottlenecks)은 토지 부족, 원부자재 가격 상승, 기술 수준 정체, 정책 규제 등으로 인해 발생할 수 있다. 신규 건설은 생산 여건에 의해 직간접적인 영향을 받는다. 생산비의 개신은 신규 건설을 C에서 C1로 증가시켜 시계 반대 방향으로 이동시키고, 생산비의 가중은 신규 건설을 감소시켜 시계방향으로 이동시킨다. 따라서 신규 건설 C는 자산 가격 P와 생산비용 등에 의해 균형 신규 건설 C가 결정된다.

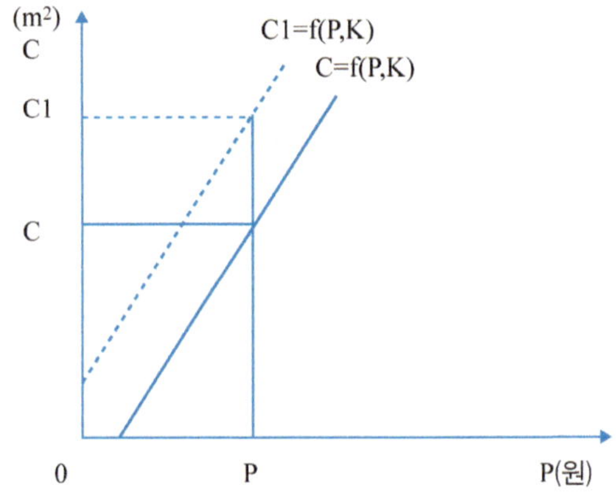

[그림 6-3] 신규 건설 결정

2.4 공간 재고 결정

4사분면에서 신규 건설 C와 기존 재고 S, 감가상각율 δ 에 의해 장기적인 공간 재고가 공간시장(space market)에서 결정된다. 가로축에 신규 건설 C, 세로축에 공간 재고 S를 나타내는 그래프가 [그림 6-4]와 같을 경우, 원점을 통과하는 우상향의 공간 재고 곡선 S를 나타낼 수 있다. 자산시장에서 신규 건설이 C에서 C1로 증가되면 공간시장에서 공간 재고 S가 S1로 우측 방향으로 증가한다. 기간 초의 재고가 $S=S_t$이고, 기간 말의 재고가 S_{t+1}이라 한다면, 기말의 재고는 식 (6-5)와 같이 나타낸다.

$$S_{t+1} = S_t + C - S_t \times \delta \tag{6-5}$$

기말의 재고 변동은 식 (6-6)과 같이 나타낼 수 있다.

$$\triangle S = C - \delta S_t \tag{6-6}$$

식 (6-6)에서 δ 는 감가상각률이고, 기말재고는 신규 건설에 기초 재고에 감가상각률을 곱한 것의 차이만큼 변동한다. 장기균형에서는 재고 변동($\triangle S$)이 0이 되어 신규 걸설과 기초 재고에 감가상각률을 곱한 재고량이 같아져야 한다. 따라서 장기 공간 재고의 균형은 식 (6-7)과 같이 결정된다.

$$C = \delta S \quad \text{또는} \quad S = \frac{C}{\delta} \tag{6-7}$$

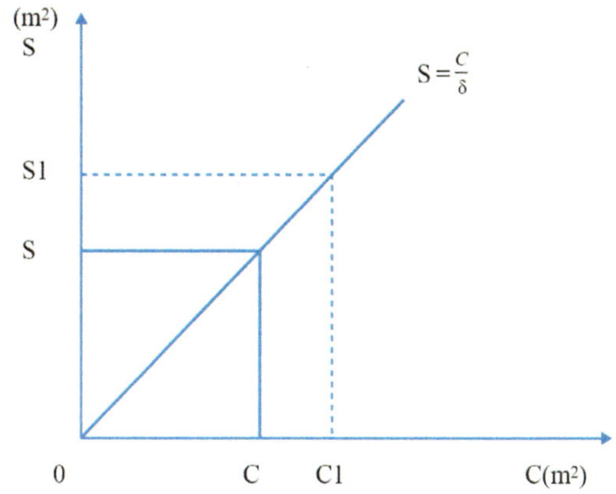

[그림 6-4] 공간재고 결정

[그림 6-4]의 공간재고 기울기는 $\frac{1}{\delta}$이고, 우상향의 공간재고 곡선을 나타낼 수 있다. 장기적으로 공간재고 S가 유지되기 위해서는 매기마다 멸실 공간재고(δS_t)만큼의 신규 건설이 이루어져야 한다. 만약에 멸실 공간 재고보다 신규 건설이 더 많이 공급되면 수요가 변동하지 않는 한 균형 임대료는 하락하여 장기적으로 신규 공급이 하락하여 균형이 형성될 것이고, 반대로 멸실 공간 재고보다 신규 건설이 더 적게 공급되면 수요가 변동하지 않아도 균형 임대료가 상승하여 장기적으로 신규 공급이 증가하여 새로운 균형 재고가 형성된다. D-W 모형은 공간시장과 자산시장의 시장기구 상호작용을 통해 장기균형 경로를 보여 주는 모형으로 중요한 함의가 있다.

제3절 부동산 공간시장과 자산시장의 장기균형

3.1 공간시장과 자산시장의 균형 경로

부동산 공간시장과 자산시장의 장기균형(long-run steadystate equilibrum)은 앞 절에서 설명한 1사분면에서 4사분면을 하나의 그래프 [그림 6-5]와 같이 결합하여 나타낼 수 있다.

[그림 6-5]의 공간시장에서 주어진 공간 재고 S와 공간수요 D(R,E)가 만나는 점에서 균형 임대료 R이 1사분면 그래프에서 결정된다. 자산시장에서 부동산 자산의 가격 P는 임대료 R과 자본환원률 i에 의해 2사분면 그래프에서 결정된다. 여기서 자본환원율 i는 투자자가 자본시장에서 주식, 채권, 금, 부동산 등 자산에 투자할 경우 기준 수익률이 된다. 즉 투자자는 앞의 자산 중 동일한 위험 조건이라면 수익률이 가장 높은 자산에 투자할 것이다. 여기서 주어지는 자본환원율은 자본시장에서 이자율과 임대수익 등에 의해 결정되는 외생변수이다.

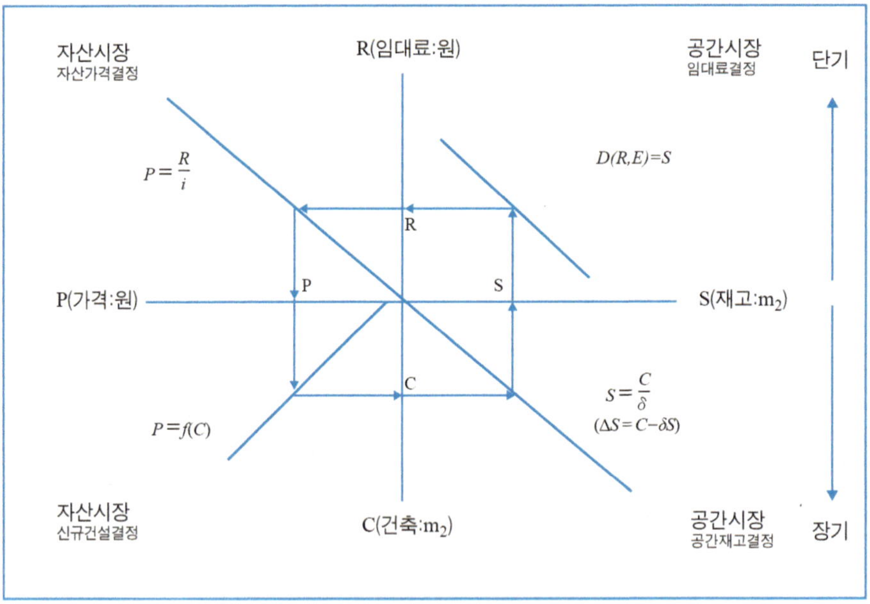

[그림 6-5] 부동산 공간시장과 자산시장의 균형

자산시장에서 신규 건설 C는 부동산 자산 가격 P와 생산비 C에 의해 3사분면 그래프에서 결정된다. 생산비가 하락하면 신규 건설은 증가하고 생산비가 상승하면 신규 건설은 감소한다. 신규 건설은 장기적으로 공간시장에서 공간 재고를 증가시킨다. 공간시장에서 장기 공간재고 S는 신규 건설 C와 기존 공간 재고에 의해 4사분면 그래프에서 결정된다. 4사분면의 장기 공간 재고는 신규 건설 C, 기존 공간 재고에서 멸실된 공간 재고(δS)를 차감한 순공간 재고의 합으로 결정된다. 여기서 δ 는 감가상각률을 나타낸다. 즉 공간 재고는 시간이 흐름에 따라 그 기능이 마모되어 공간서비스로서 효용을 제공할 수 없어 공간시장에서 멸실 하게 된다. 외부적 조건 변경 충격이 없는 한 임대료는 자산 가격을 경정하고, 자산가격은 신규 건설을 결정하고, 신규 건설은 장기적으로 공간 재고를 결정하게 되어 부동산의 공간시장과 자산시장은 균형을 이루게 된다.

[그림 6-6]은 공간시장과 자산시장, 신규 건설이 상호 시스템적으로 작용하여 공간시장에서 단기 임대료(1), 장기 공간 재고(4), 자산시장에서 단기 자산가치(2), 장기 신규 건설(3)이 어떻게 상호 작동되는지를 보여 주고 있다.

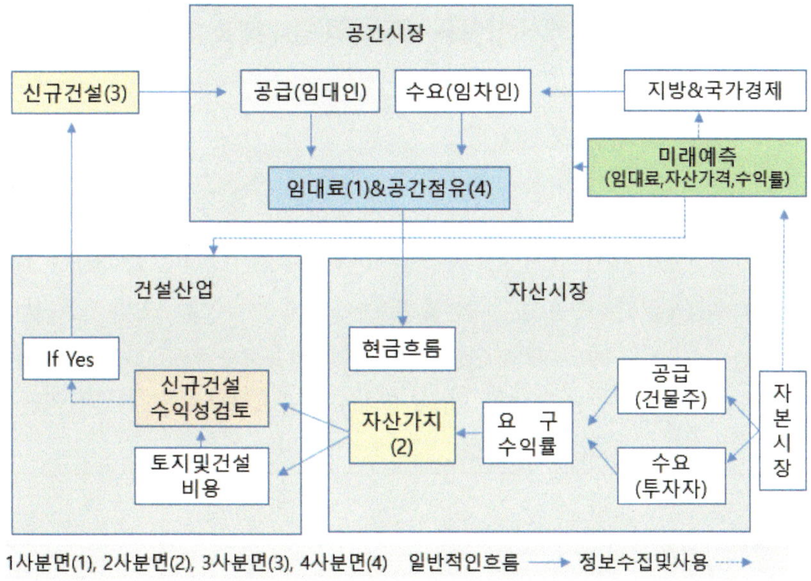

출처 : 김경환•손재영, 2011, p.292, 재구성

[그림 6-6] 부동산 공간시장, 자산시장, 건설산업의 연계

3.2 연립방정식 체계를 통한 균형

부동산 공간시장에서 공간 재고 S, 공간 수요 D(R,E)에 의해 임대료 R이 결정되고, 자산시장에서 임대료 R, 자본환원율 i에 의해 자산 가격 P가 결정된다. 자산시장에서 신규 건설 C는 자산 가격 P와 생산비 C에 의해 결정된다. 공간시장에서 공간 재고 S는 신규 건설 C와 감가상각률 δ 에 의해 장기 공간 재고가 결정된다. 이상을 방정식으로 나다내면 다음과 같다. 이제 연립방정식 체계를 통해 균형이 이루어지는 지를 예제1을

통해 설명한다.

공간시장(1) : $D(R,E)=S$

자산시장(2) : $P=\frac{R}{i}$

자산시장(3) : $P=f(C)$

공간시장(4) : $S=\frac{C}{\delta}$

[예제 1] 다음 제시된 조건에서 상업용 부동산의 임대료 R, 자산가격 P, 신규건설 C, 공간재고 S를 각각 도출하라.

예제 1

상업용 부동산의 공간시장에서 수요함수가 $D(R,E)=E(200-4R)$, 공급함수가 S이고, 자산시장에서 자산가격 방정식은 $P=\frac{R}{i}$이고, 신규건설 함수는 $P=f(C)=200+2C$이고, 공간시장에서 공간재고 방정식은 $S=\frac{C}{\delta}$이다. 여기서 E는 현 경제 상태에서 노동자 수 6(600만 명), 자본환원율 $i=6\%$, 감가상각률 $\delta=1\%$/년, 가격 및 임대로 단위는 만원/m^2 하자. (단, 다른 요인을 불변이라고 가정)

해설

$D(R,E)=E(200-4R)=S \Rightarrow R=50-\frac{S}{4E}$ (6-8)

$P=\frac{R}{i}$ (6-9)

$P=f(C)=200+2C \Rightarrow C=\frac{P}{2}-100$ (6-10)

$S=\frac{C}{\delta} \Rightarrow C=\delta S$ (6-11)

(6-11)을 (6-10)에 대입하여 정리하면, $\delta S=\frac{P}{2}-100$ (6-12)

(6-12)에 (6-9)를 대입하여 정리하면, $\delta S=\frac{R}{2i}-100$ (6-13)

(6-13)에 (6-8)를 대입하여 S에 대해 정리하면, $S=\frac{200E-800iE}{1+8i\delta E}$ (6-14)

(6-14)를 (6-8)에 대입하여 R에 대해 정리하면, $R = 50 - \frac{50-200i}{1+8i\delta E}$ (6-15)

(6-15)에 $i = 0.06,\ \delta = 0.01,\ E = 6$를 적용하여 R을 구하면 약 R=13이고, (6-9)에 R을 대입하여 P를 구하면 약 P=218이고, (6-10)에 P를 대입하여 C를 구하면 약 C=9이고, (6-11)에 C를 대입하여 S를 구하면 약 S=900을 구할 수 있다. 이는 상업용 부동산의 자본환원율이 외생적으로 6% 주어지고, 감가상각률이 연 1%이고, 주어진 경제환경에서 600만 명의 노동자들이 일할 경우, 상업용 부동산의 임대료는 13만원/m^2, 자산가격은 218만원/m^2, 신규 건설은 9m^2, 공간 재고는 900m^2일 때 공간시장과 자산시장이 균형을 이룬다는 의미이다.

제4절 D-W 모형을 이용한 비교정태 분석

4.1 부동산 보유 여부 분석

부동산 보유자의 장기적 균형(long-run steadystate equilibrum)은 부동산 보유에 따른 보유비용(cost of owing)과 부동산 임대로부터 얻어지는 임대료(rent)가 같을 때 결정된다. 부동산을 보유할까 아니면 임대하여 임대소득을 얻을까의 판단 기준은 부동산 보유에 따른 보유비용보다 임대소득이 더 크면 소유를 포기하고 임대할 것이고, 반대로 보유비용이 임대소득보다 더 적으면 임대 대신에 보유를 통한 자본이득(capital gains)을 얻으려고 할 것이다. 이와 같은 원리는 부동산 보유의 기회비용이 다른 직장을 선택하여 얻어지는 소득보다 클 때 자기 사업을 계속 운영하려는 원리와 동일한 원리이다. 결국 부동산 보유 여부는 부동산으로부터 발생 되는 자본환원율(cap rate)이 부동산 투자를 결정한다.

4.2 경제성장 및 고용자 수 증대 효과

경제성장과 고용 자수 및 가구 수 확대는 부동산 공간 수요곡선을 우측 방향으로 [그림 6-7]과같이 이동시켜 임대료 수준을 높여 신규 건설 증가로 이어진다.

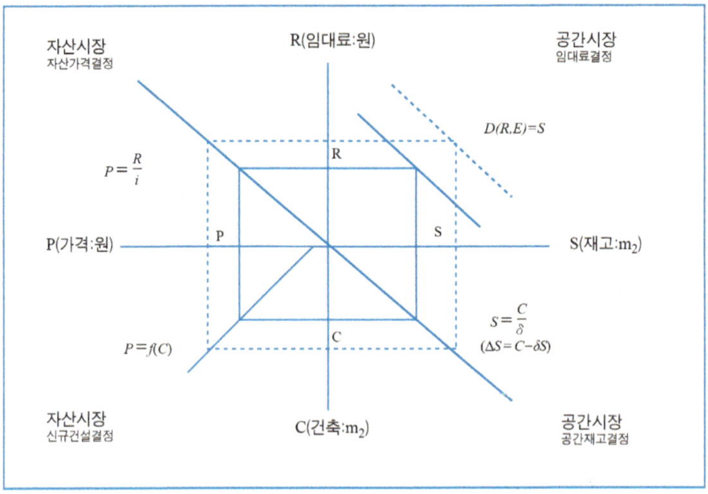

[그림 6-7] 경제성장 및 가계소득 증대 효과

1사분면의 공간 수요가 점선과 같이 우측으로 이동하면, 임대료가 상승하고, 임대료 상승은 자산 가격을 상승시키고, 자산 가격 상승은 신규 건설 확대로 이어져 장기적으로 공간 재고 증가로 연결되어 새로운 장기균형이 점선과 같이 이루어지는 것을 [그림 6-7] 그래프에서 볼 수 있다. 아래 [그림 6-8]은 우리나라 2012년부터 2023년까지 지난

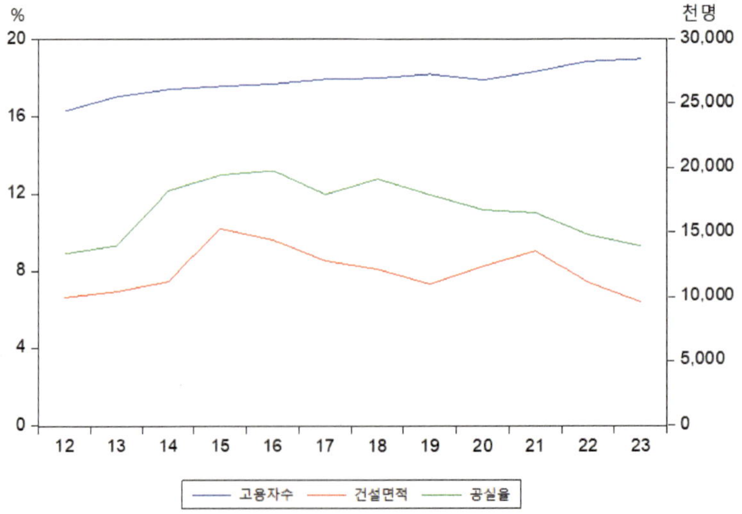

출처 : 통계청 국가통계포털

[그림 6-8] 경제성장 및 고용 증가 효과

10년간의 고용의 수준을 나타내는 취업자 수와 건설 면적 증가 추이를 보여 주고 있다. 고용률 상승과 건설 면적은 유사한 궤적을 보이나 문재인 정부기간인 2017년부터 2023년 6월까지 기간에는 고용률 수준보다 신규 건설이 저조한 추이를 그림에서 볼 수 있다. 이는 건설산업 성장보다 부동산 산업의 강력한 규제와 소득주도성장이라는 경제 주류 사조와는 다소 동떨어진 분배정책에 중점을 주었기 때문이다.

4.3 장기 이자율 하락 효과

장기 이자율 하락은 자본 환원율 하락에 영향을 주어 자산시장에서 부동산 가격 상승을 초래하여 [그림 6-9]와 같이 시계 반대 방향으로 가격 곡선이 이동한다. 반대로 이자율이 상승하면 가격 곡선이 시계방향으로 이동한다. 장기 이자율이 낮아지면 부동산 투자에 대한 요구수익률(cap rate)이 낮아져 부동산 자산 가격이 상승하여 투자가들은 더 큰 금액으로 부동에 투자하게 된다. 이는 투자수요 증가로 신규 건설이 증대되어 장기적으로 건물 재고는 늘어난다. 공간시장에서 공간 재고 증대는 균형 임대료를 낮추고, 자산 가격 상승, 신규 건설 증대, 공간시장에서 장기균형 재고를 늘어나 장기적 균형을 유지한다. 장기 이자율은 경기 상황 및 경제성장률, 통화정책, 세계 경제 상황 등의 상호작용에 영향을 받는다.

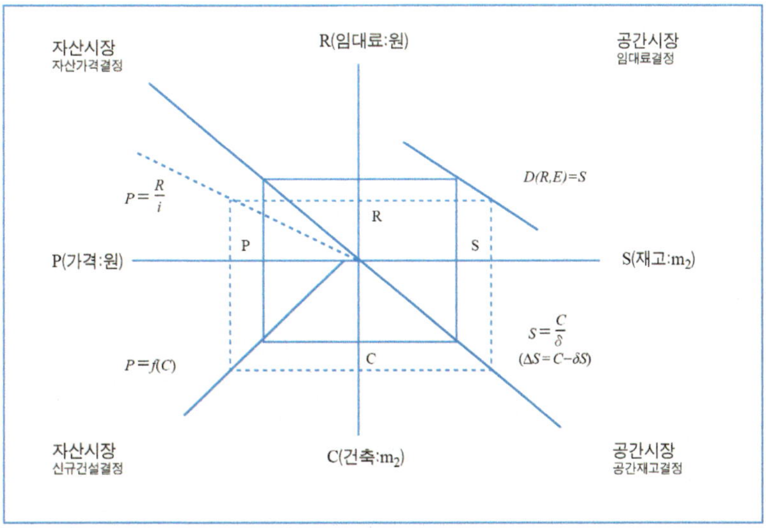

[그림 6-9] 장기 이자율 하락 효과

[그림 6-10]은 우리나라 상업용 부동산의 투자 수익률과 최근 10년 동안 미국의 부동산 유형별 Cap Rate를 보여 주고 있다. 한국의 지난 10년간 상업용 부동산의 Cap Rate는 2012년 5.55%였으나 2023년에는 6.8%로 다소 높은 추세를 보였다. 동기간 한국의 10년 국채 수익률이 2.6%로 부동산 Cap Rate보다 약 3배 높은 수준을 보여 주고 있다.

한편 미국의 부동산 투자 수익률을 살펴보면, 2012년에는 산업용 부동산의 Car Rate가 6.14%로 가장 높았으나 10년이 흐른 2023년에는 4.99% 주택과 비슷함을 보였고, 2012년 주택의 Cap Rate는 4.87%로 낮은 수준을 보이다가 2021년 코로나로 인하여 저점을 보인 후 2023년에 회복하는 추세를 보였다. 오피스, 산업, 주택, 상업용 부동산의 투자 수익률이 전체적으로 미국의 10년 국채금리 평균 2.2%보다 약 2배보다 높은 수준을 보여 주고 있다.

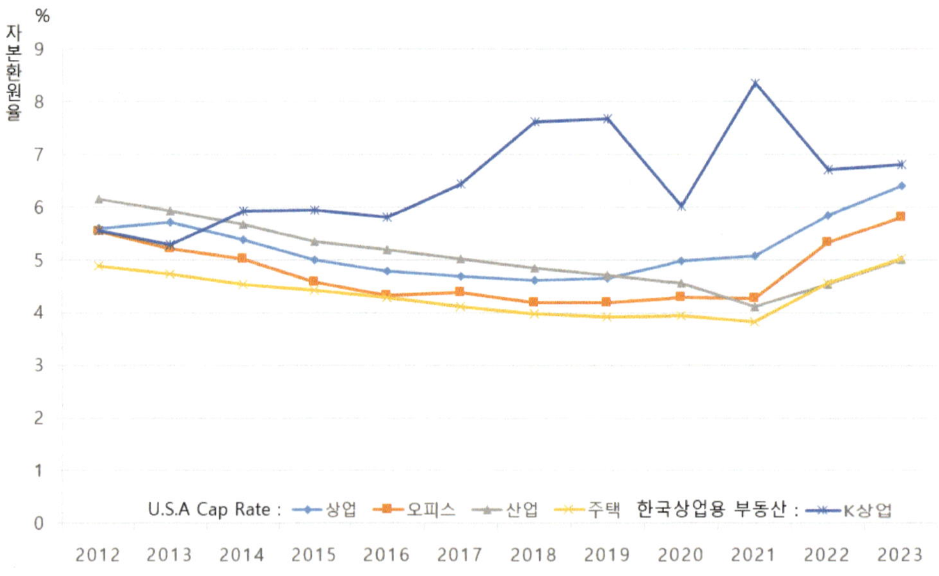

자료 : 1. Statista. https://www.statista.com
2. CBRE Korea: Intelligent Investment. https://www.cbrekorea.com

[그림 6-10] 한국과 미국의 부동산 Cap Rate

4.4 부동산 생산비 하락 효과

부동산 건축기술 진보와 건축비 하락은 부동산 건설경기를 호전시켜 전반적으로 부동산 신규 건설이 증가하여 그림 [6-11] 에서 보는 바와 같이 부동산 생산 곡선을 시계 반대 방향으로 이동시킨다. 반대로 생산비가 상승하면 생산 곡선은 시계방향으로 이동한다. 건축비 하락은 토지가격 하락, 원부재 가격 하락, 이자율 하락, 부동산 생산성 향상 등이 영향을 미친다. 이런 요인으로 신규 건설이 증가하면 장기균형 재고가 늘어나 임대료는 당초보다 낮고, 자산시장의 부동산 자산을 증가시켜 장기적으로 자산 가격을 하락시킨다.

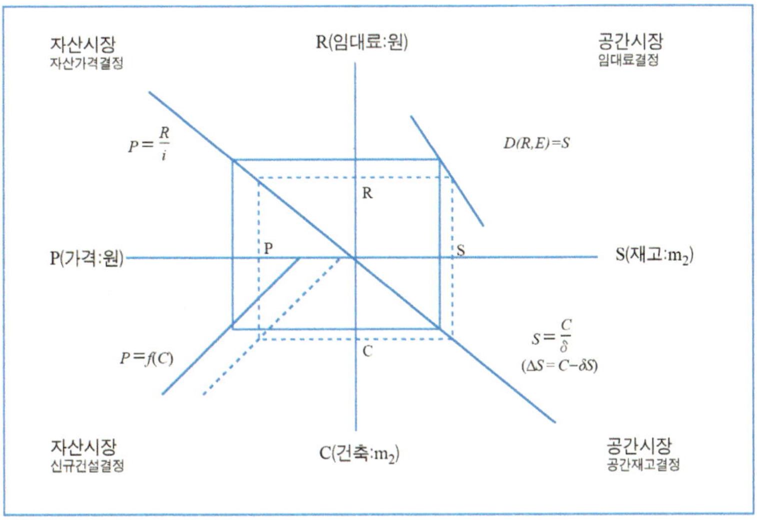

[그림 6-11] 부동산 생산성 향상 및 생산비 하락 효과

제5절 D-W 모형 분석의 한계

D-W 모형은 부동산 공간시장에서 공간서비스를 제공하는 내구재 재화이며 동시에 자본시장에서 투자 상품으로 거래될 수 있는 하나의 자산으로서 공간시장과 자산시장에서 시스템적으로 작동 과정을 거쳐 장기적인 균형 관계를 명료하게 설명해 주는 도구로 부동산시장을 역동적으로 이해하는 데 커다란 공헌을 하였다. 그러나 Colwell (2002)은 다음의 몇 가지 문제점을 지적하고 있다.

첫째, 자산 가격을 결정하는 자본환원율이 외생적으로 주어지는 외생변수라 하였는데 과연 자본환원율이 외생변수 일까이다. 자본환원율은 자본시장에서 여타 금융상품 투자에서 발생하는 수익률에서 비롯되는 내생변수이다. 부동산은 자본시장에서 투자 선택의 하나로서 자본시장과 부동산시장은 분리해서 논할 수 없는 상호 밀접한 연관에서 환원이율이 결정되는 내생변수로 보는 것이 적절하다. 따라서 D-W 모형에서 환원이율이 어떠한 과정을 거쳐 결정되는지 연구가 지속되어야 한다. 둘째, D-W 모형은 단기 균형 관계를 설명하는 데는 유용한 도구이나 장기균형 관계로부터 이탈되었을 경우 어떠한 조정을 통하여 균형을 회복하는지 설명하는 데는 한계가 있다. 이 점은 좀 더 정교한 분석 도구를 이용해 해결해야 할 과제이다. 셋째, D-W 모형에서는 부동산 공간시장이나 자산시장에서 중요하게 취급하는 공실률 증감이 임대율에 어떠한 영향을 미치는지 파악할 수 없고, 경제학에서 중요하게 취급하는 기대심리 변수가 공간시장과 자산시장에 명시적으로 어떠한 영향을 미치는지 분석하는 데는 한계가 있다. 향후 이런 문제점들을 D-W 모형에 포함하여 종합적인 분석을 할 수 있는 도구로 발전시켜 가야 할 것이다.

읽고 생각할 거리

Issue Report

디파스퀄리-위튼 모형으로 살펴본 서울 오피스 시장

CUSHMAN & WAKEFIELD

DiPasquale와 Wheaton(1992)은 부동산 시장을 공간(Property)과 자산(Asset) 시장으로 구분하여, 두 시장이 상호 유기적으로 연결되어 있음을 주장하는 새로운 모형을 제안했다. 본 보고서는 디파스퀄리-위튼 모형(이하 D-W 모형)에 대한 이론적인 설명과 모형을 통한 서울 오피스 시장 변화 과정을 살펴보고자 한다.

D-W 모형은 총 4개의 사분면으로, 임차 활동이 일어나는 공간 시장(제 1·4사분면)과 투자가 이뤄지는 자산 시장(제 2·3사분면)으로 나뉜다. 제 1사분면(공간 시장)에서는 오피스 임대료(R)가 결정된다. 시장이 균형 상태일 때, 오피스 공간 수요(D)는 시장의 재고(S) 수준과 같다. 제 2사분면(자산 시장)에서는 제 1사분면에서 결정 된 임대료에 투자 시장에서의 요구수익률인 자본환원율(i)을 고려해 자산 가격(P)이 결정된다. 제 3사분면(자산 시장)에서는 신규 오피스 공급량이 결정된다. 건설 비용(C)은 신규 건축 활동이 증가함에 따라 상승하는 것을 가정하며, 제 2사분면에서 결정된 자산 가격은 대체 비용 곡선($CCosts$)에 따라 변하여 결과적으로 대체 비용과 자산 가격이 같아지는 수준에서 신규 오피스 공급량이 결정된다. 제 4사분면에서는 제 3사분면에서 결정된 신규 오피스 공급량이 장기적으로 오피스 재고(stock)로 전환되는 공간 시장을 설명한다. 오피스 재고 변화량(ΔS)은 신규 공급량에서 감가상각(멸실 포함)을 고려한 재고의 손실(d)을 뺀 값과 같다. 장기 균형상태에서 오피스 재고 수준과 신규 공급이 같기 때문에 시간이 지나도 오피스 재고는 일정하게 유지된다.

종합하면, 오피스 재고가 일정한 상태에서 오피스 수요에 의해 임대료가 결정되고(제 1사분면), 제 1사분면에서 결정된 임대료는 자산 시장으로 옮겨져 오피스 자산 가격을 결정한다(제 2사분면). 2사분면에서 결정된 오피스 자산 가격은 시장에 필요한 신규 오피스 공급 규모를 결정해, 시장에 오피스를 공급하게 된다(제 3사분면). 마지막으로, 장기적인 균형 상태에서 공급된 신규 오피스는 시장에서 재고로 전환된다(제 4사분면).

만약 오피스 임차 수요의 증가로 수요 곡선이 우측 이동할 경우, 임대료는 기존보다 상승하게 되고, 이는 오피스 자산 가격의 상승, 오피스 공급의 증가, 그리고 시장 재고로 전환되면서, 결과적으로 오피스 시장 전체 규모는 수요 곡선 이동 전보다 커지게 된다.

D-W 기본 모형

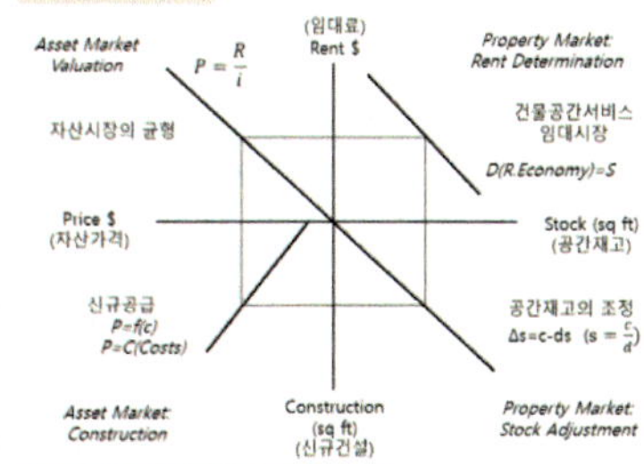

오피스 임차 수요 증가 시 D-W 모형

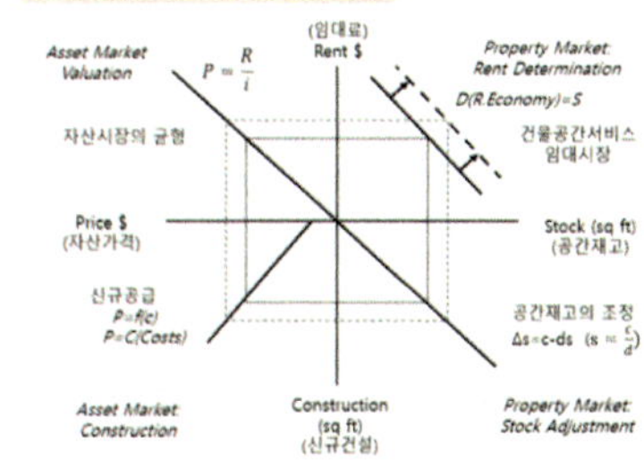

D-W 모형을 이용해 서울 오피스 시장을 살펴보면 다음과 같은 흐름을 확인할 수 있었다. 서울 오피스 시장은 1997년 외환위기 이후 인 2000년 초반 글로벌 부동산 회사들이 한국에 진출하기 시작하면서 본격적으로 성장하기 시작했다. 2008년 글로벌 금융위기 이전까지만 해도 신규 오피스 공급이 상대적으로 부족한 상황에서 견고한 경제성장률과 국내 무역수지의 증가로 빠르게 성장한 국내 기업들은 앞다투어 사무실을 찾기 시작했다. 그 결과, 오피스 임차 수요의 증가로 이어져, 서울 오피스 시장의 공실률은 2005년 1분기 5.0%에서 2008년 3분기 0.1%로 빠르게 감소했다. 또한, 동 기간 서울 오피스의 명목 임대료는 약 18% 상승했다(제 1사분면).

투자 시장에서의 오피스 자산 가격 또한 매년 꾸준히 상승했다. 임대료 상승과 자본환원율의 감소는 결과적으로 오피스 자산 가격의 상승으로 이어졌다. 서울 오피스 자본환원율은 2008년 6.1%에서 2022년 3.5%로 감소하는 동안, 동 기간 서울 오피스 평당 매매가는 약 1,680만 원에서 약 3,110만 원으로 약 2배 상승했다(제 2사분면).

2000년대 후반부터 2010년 중반까지 CBD와 YBD를 중심으로 서울 내 대규모의 신축 오피스 공급이 집중적으로 이루어졌다. CBD에서는 센터원, 그랑서울, 서울스퀘어, 페럼타워 등이 YBD에는 전경련회관, IFC, 파크원이 위 기간 동안 신규 공급되었다. 실제로 2008년부터 2022년 사이 비주거용 건물의 공사비 지수는 86.0에서 147.3로 상승했으며, 대체 비용 곡선의 변화로 인해 높아진 자산 가격만큼 지난 10년간 서울 내 A급 신축 오피스는 약 142만 평 공급이 되었다(3사분면). 신규 건축된 오피스는 오피스 임차시장에서의 재고로 전환되어, 결과적으로 오피스 시장 재고는 이전보다 증가했다(4사분면).

2000년대 중반 시작된 오피스 임차 수요의 증가는 오피스 자산 가격의 상승과 신규 오피스 공급을 증가시켰고, 결과적으로 서울 오피스 시장 규모의 확대를 가져온 것을 D-W 모형을 이용해 실증적으로 확인할 수 있었다.

서울 오피스 시장 임대료 및 공실률 추이

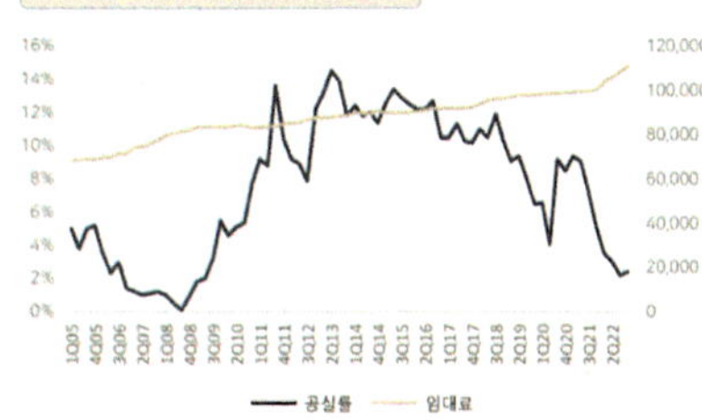

서울 오피스 평당 매매가 및 Cap Rate

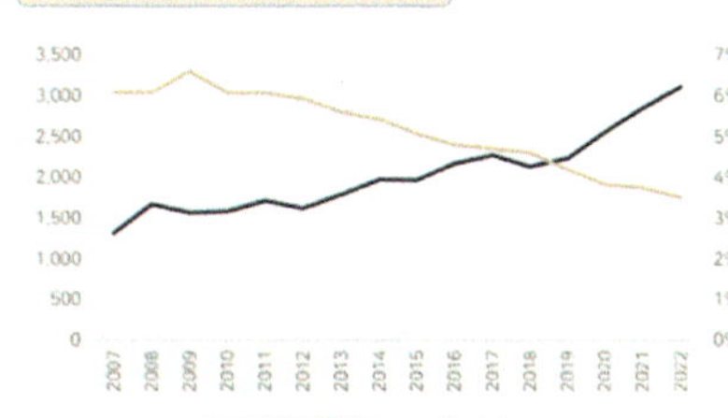

Source: Cushman & Wakefield Research

출처 : Cushman & Wakefield Korea Research, Issue Reprot Vol.4, September 2023.

주요용어 및 개념

- 자본시장
- 공간시장
- D-W 모형
- 수익환원법
- 보유비용
- 자본이득
- 자산시장
- 자본환원율
- 장기균형
- 외생변수

연습문제

1 디파스퀠리·위튼의 4사분면 모형의 각 분면에서 무엇이 결정되는지 설명하시오?

2 디파스퀠리·위튼의 4사분면 모형에 관한 설명으로 옳지 않은 것은?

① 장기균형에서 4개의 내생변수,즉 공간재고, 임대료, 자본환원율, 건물의 신규공급량이 결정된다.

② 신축을 통한 건물의 신규공급량은 부동산 자산가격, 생산요소 가격 등에 의해 영향을 받는다.

③ 자본환원율은 요구수익률을 의미하며 시장이자율 등에 의해 영향을 받는다.

④ 최초 공간 재고가 공간서비스에 대한 수요량과 일치할 때 균형 임대료가 결정된다.

⑤ 건물의 신규공급량과 기존 재고의 소멸에 의한 재고량과 감소분이 일치할 때 장기균형에 도달한다.

3 디파스퀠리·위튼의 4사분면 모형에 관한 설명으로 옳지 않은 것은?

① 부동산 공간시장과 자산시장의 관계를 설명한 모형이다.

② 1사분면은 부동산 가격과 공간재고량의 관계를 나타낸다.

③ 2사분면은 부동산 가격과 임대료의 관계를 나타낸다.

④ 3사분면은 부동산 가격과 신규 건설량의 관계를 나타낸다.

⑤ 4사분면은 신규 건설량과 공간재고량의 관계를 나타낸다.

4 부동산 시장의 특징을 설명하시오?

정답 1. 1사분면에서는 부동산 공간 재고량과 공간 수요에 의해 균형 임대료가 결정된다.

2사분면에서는 균형 임대료가 결정되면 균형 임대료와 자본 환원율에 의해 자산 가격이 결정된다.

3사분면에서는 자산 가격이 결정되면 자산 가격과 한계비용(MC)이 같아지는 이윤극대화 수준까지 신규 건설 공급량이 결정된다.

4사분면에서는 신규 건설 공급량에 의해 신규 건설 공급량과 부동산 재고의 변동에 의해 부동산 공간재고량이 결정된다.

2. ①

자본환원율은 외생변수로서 D-W모형에서 결정되는 것이 아니고 외부에서 주어지는 외생 변수이다. 따라서 자본환원율은 시장이자율 등에 영향을 받는다.

3. ②

1사분면은 공간 재고와 부동산 수요에 의해 부동산 임대료가 결정되는 시장이다.

4. 1) 지역적 시장의 특징을 가지고 있다. 즉 시장의 지역세분화, 지역에 따른 가격수준의 차이가 있다.

2) 개별적 특징을 가지고 있다. 즉 거래의 비공개성, 상품의 비표준화, 시장의 비조직화 특징을 갖는다.

3) 공급의 장기성 특징을 갖는다. 부동산(주택 등)을 생산하는데 장시간이 걸려서 수급조절이 어려워 단기적으로는 가격 왜곡 현상이 일어날 수 있다.

4) 정부의 과다한 규제가 있고, 부동산이 어디에 위치해 있느냐에 따라 시장의 외부성이 있다.

5) 부동산은 고가이어서 자금의 조달 또는 융통성이 중요하다.

CHAPTER 7

부동산시장의 실패와 정부개입

제1절 시장실패와 원인

1.1 시장실패 개념

시장경제에서 자원 배분은 시장기구를 통해 경제주체의 자발적 참여와 자유로운 경쟁을 통해 효율적으로 이루어진다. 시장에서 각 생산 요소의 소유자가 한계생산물가치만큼 소득분배가 이루어지고 자원 배분의 할당이 이루어지는 시장이 경쟁시장이다. 경쟁시장에서 자원이 효율적으로 배분되기 위해서는 수요와 공급의 원활한 작동을 전제로 한다. 현실 시장경제에는 시장기구 메카니즘을 원활하게 작동하는 것을 방해하는 규모의 경제, 독과점, 외부성, 공공재, 정보의 비대칭 등이 존재한다. 이런 시장실패 요인이 존재하는 한 부동산시장도 완전경쟁시장이 될 수 없다. 시장의 불완전성, 외부성 존재, 정보의 비대칭성 존재 등이 부동산시장의 실패 원인이 되고 부동산 문제를 발생시킨다. 따라서 부동산시장이 가격기구에 의해 자원 할당이 효율적으로 이루어질 수 없음을 나타낸다. 불완전 경쟁시장에서 시장메카니즘이 원활하게 작동할 수 없어 소득분배와 자원 할당이 비효율적으로 배분되는 것을 시장실패(market failure)라 한다. 시장실패는 정부가 시장에 개입하는 이유와 근거가 된다.

1.2 시장실패 원인

(1) 규모의 경제

규모의 경제(economics of scale)란 기업이 생산에 필요한 모든 생산 요소를 증가시킬 때 생산 요소 투입 비율보다 더 큰 비율로 생산이 증가하는 경우를 규모의 경제(economics of scale)라 하고, 생산 요소 투입 비율과 같을 경우는 규모에 대한 보수 불변(constant returns to scale), 생산 요소 투입 비율보다 더 작은 비율로 생산이 증가하는 경우를 규모의 비경제(decreasing returns to scale)라 한다. 규모의 경제가 있는 경우에는 생산 규모가 증가함에 따라 평균비용이 낮아지고 한계비용 가격설정이 이루어지지 아니하여 완전경쟁이 무너져 자원 배분이 왜곡된다. 부동산시장은 일반 재화 시장과 다르게 부동산의 특성, 정보 비공개 등으로 불완전 경쟁시장으로 알려져 있다.

그러나 기업이 경쟁기업이면 한계비용 가격설정이 이루어져 자원 배분이 효율적으로 이루어진다. 자원 배분이 효율적으로 이루어진다는 것은 그 기업의 가격(P)이 한계비용(MC), 한계수입(MR)과 같다는 것이다. 자원 배분의 효율적 조건은 식(7-1)과 같다.

자원 배분의 효율적 조건 : P = MC = MR (7-1)

식(7-1)은 상품의 판매 가격이 그 상품의 한계비용과 같아서 정상이윤(normal profit)만 얻고 있기 때문이다. 그러나 시장이 독점, 독과점, 독점적 경쟁시장과 같이 불완전경쟁시장이 되면 한계비용 가격설정이 이루어질 수 없어 자원 배분이 비효율적으로 이루어져서 시장실패가 일어난다. 규모의 경제가 있는 경우에도 자원이 비효율적으로 이루어진다. 즉 규모의 경제가 존재하면 생산이 증가함에 따라 평균생산비가 감소하여 자연적 독점기업이 형성될 수 있어 시장실패가 일어난다.

(2) 독과점 기업 존재

독과점 기업이 존재하게 되면 경쟁시장에 비해 생산자들은 최적 생산량보다 적게 생산하게 되고 소비자들은 적은 양을 비싼 가격에 소비하게 되므로 자원 배분이 비효율적으로 이루어진다. 즉 독과점 기업들은 이윤을 극대화하기 위해 기업들의 시장 진입을 어렵게 할 뿐만 아니라 적은 생산량을 비싼 가격에 판매하므로 사회적 후생 감소를 초래하여 시장실패를 가져온다. 지금까지 완전경쟁 기업이었던 한 기업이 독점기업으로 전환되어 불완전 경쟁기업이 되면 시장 가격과 공급량은 어떻게 변할까? [그림 7-1]을 통해 설명해 보자.

경쟁기업이었을 때 공급곡선은 S이고 수요곡선은 D이다. 수요곡선 D와 공급곡선 S가 만나는 E점에서 균형가격은 P_0, 균형 수량은 Q_0이다. 경쟁기업이 독점기업으로 전환되면 경쟁기업의 공급곡선 S가 더 이상 공급곡선이 아닌 한계비용곡선(MC)이 된다. 그리고 한계수입곡선(MR)은 수요곡선으로부터 도출되는데 한계 수입 곡선은 항상 수요곡선 아래에 있다. 따라서 독점기업은 한계비용(MC)과 한계수입(MR)이 만나는 B점에서 균형 생산량 Q_1이 결정되고 가격은 P_1이 된다. 따라서 경쟁기업이 독점기업이 되면 생산량은 Q_0에서 Q_1로 감소하고, 가격은 P_0에서 P_1로 증가한다. 또한 생산자와 소비자 모두 사회적 후생이 △AEB만큼 감소하여 자원 배분의 왜곡이 발생한다.

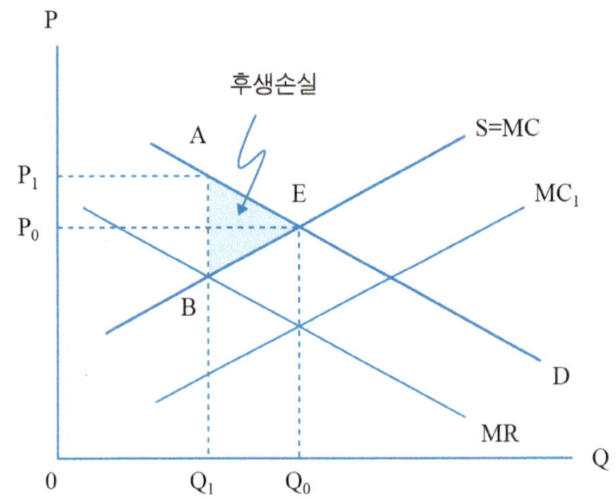

[그림 7-1] 경쟁기업의 독점화

경쟁기업이 독과점 기업이 되면 경쟁시장의 이윤극대화 조건이 성립되지 않아 자원 배분이 비효율적으로 이루어진다. 즉 (7-2)와 같다.

$$MR = MC < P \tag{7-2}$$

식(7-2)는 경쟁기업이 독과점 기업이 되면 판매 가격(P_1)이 한계비용(MC)보다 위에 있어 초과이윤을 얻게 된다. 상품을 하나 더 판매할 때마다 초과이윤이 발생하기 때문이다. 독과점 기업들은 공정한 경쟁과 소비자의 이익을 고려하기보다는 시장지배적 위치에서 가격을 임의로 조정할 수 있어 시장가격 기구의 자율성을 저해할 수 있다. 또한 독과점 기업은 새로운 기술이나 제품 등에 대한 혁신을 저해할 수 있다. 경쟁이 더 자유로운 환경에서는 기업들이 더욱 높은 수준의 혁신을 도모하게 되지만, 독과점 기업은 자체적으로 혁신에 투자할 동기가 줄어들어 공정성과 효율성을 저해할 수 있어 시장실패를 초래한다.

(3) 외부성

외부성(externality)[1]이란 거래 당사자가 아닌 사람에게 의도하지 않은 혜택이나 손

1) 외부성을 외부효과(external effect)라 부르기도 한다.

해를 주면서도 아무런 대가를 받거나 비용을 지불하지 않는 상태를 말한다. 즉 외부성이란 경제주체의 행위가 시장가격 기구를 통하지 않고 다른 제3자에게 혜택을 주거나 손해를 입히는 것을 외부성이라 한다. 외부성을 외부효과(external effect)라 하기도 하는데, 외부성에는 외부경제와 외부비경제가 있다. 외부경제는 제3자에게 의도 하지 않는 혜택을 주는 효과를 긍정적 외부효과 혹은 외부경제(external economy)라 하고, 손해를 끼치는 효과를 부정적 외부효과를 외부비경제(external diseconomy)라 한다.

외부효과가 존재하면 자원이 비효율적으로 배분된다. 왜냐하면 사회적 관점에서 계산된 비용과 개인적 관점에서 계산된 비용의 차이 때문이다. 즉 사회적 관점에서 계산된 비용보다 개인적 관점에서 계산된 비용이 적어서 사회적으로 적정 생산량보다 과잉생산하기 때문이다. 사회적으로 필요한 생산량보다 낮은 가격으로 더 많이 생산되어 자원이 낭비되기 때문이다. 예를 들면, 섬유를 생산하는 직물회사는 직물을 생산할 때 매연을 많이 배출한다. 이에 따라 공기가 오염되어 사회에 큰 손해를 끼친다. 따라서 직물회사는 외부비경제를 발생시킨다. 직물회사는 공기정화 비용을 직물생산 비용에 포함하지 않기 때문에 직물회사의 직물 생산비용은 공기정화 비용을 포함한 사회적비용보다 작아서 외부비경제가 일어난다. [그림 7-2]를 이용해 외부효과를 설명해 보자.

[그림 7-2]에서 Q는 직물 생산량, P는 가격, D는 수요곡선, Sp는 직물회사의 공급곡선, Ss는 사회적비용을 포함한 공급곡선을 각각 나타낸다. 경쟁기업의 한계비용곡선(MC)[2]은 그 기업의 공급곡선(S)이 된다. 직물회사의 공기정화 비용을 포함한 한계비용곡선은 MCs, 정화 비용을 미포함한 한계비용곡선은 MCp이다. 사회 전체적으로 볼 때 직물회사의 바람직한 직물 생산량은 Qs이다. 그런데 직물회사는 현실적으로 Qs가 아닌 Q*를 생산하여 사회적으로 필요한 직물보다 QsQ*만큼 과잉 생산하고 있다. 이 경우 외부비경제를 해결하기 위해 어떻게 하면 좋을까?

정부는 직물회사에 공기정화 비용에 해당하는 AEs의 세금을 직물 한 단위당 부과하면 직물회사의 사적 한계비용곡선(MCp)이 수직으로 이동하여 사회적 한계비용곡선(MCs)과 일치하여 외부비경제를 해소하여 효율적인 자원 배분이 이루어진다.

---

2) 한계비용$(MC) = \dfrac{\text{총비용의 변화분}(\Delta TC)}{\text{총생산량의 변화분}(\Delta Q)} = \dfrac{\Delta(TFC+TVC)}{\Delta Q} = \dfrac{\Delta TVC}{\Delta Q}$, 왜냐하면 ΔTFC는 생산량이 증가함에 따라 제로(0)에 접근하여 제로(0)로 간주하기 때문이다. 디 자세한 학습은 안국신 경제학의 길잡이 p142를 참조하기 바란다.

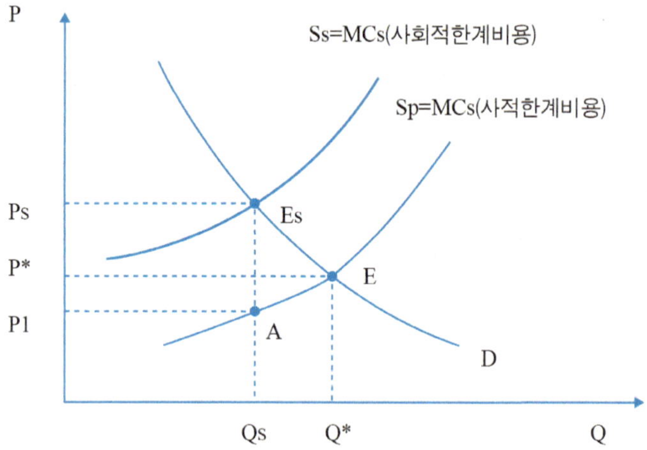

[그림 7-2] 경쟁시장과 외부효과

외부효과는 사적한계비용이 사회적 한계비용보다 커서 사회적으로 바람직한 최적의 생산량보다 과소 생산하여 비효율적인 자원 배분이 이루어지는 상태를 말한다. 즉 사적 편익(private benefit)보다 사회적 편익(social benefit)이 크다. 이 경우에는 기업에 보조금을 지급하여 사회적 한계비용곡선과 사회적 한계비용을 일치하는 수준에서 생산하게 되면 효율적인 자원 배분이 이루어진다.

주택가 인근에 위의 예와 같이 매연을 많이 배출하는 기업이 있으면 주거 쾌적성 저하로 집값이 하락하는 외부비경제 효과가 나타날 수 있다. 외부비경제를 발생시키는 매연을 배출하는 기업이나 쓰레기 소각장, 고압선, 유치장 등을 주택가 주변에 두지 않으려는 것을 님비현상(NIMBY; not in my back yard)이라고 한다. 반대로 아름다운 호수나 공공도서관, 공원이 주택가 인근에 있으면 집값이 상승하는 외부경제 효과가 나타날 수 있다. 외부경제를 발생시키는 아름다운 호수나 공원, 공공도서관 등을 주택가 주변에 유치하려는 것을 핌피현상(PIMFY; please in my front yard)이라 한다.

(4) 공공재

지금까지는 시장경제에서 기업들이 생산하는 사적재화(private goods)에 대해 살펴보았다. 그러나 개인이 살아가는 데는 사적재화 못지않게 치안, 국방, 등대 등과 같은 공공재(public goods)도 중요하다. 사적재화의 특징은 경합성과 배제성을 갖는다. 경합성이라 하는 것은 개인이 특정 재화를 소비할 때 다른 사람은 그 재화를 소비하거나 소비할 기회를 갖지 못하는 것을 의미한다. 배제성이라 하는 것은 비용을 지불하지 않는 사람은 소비 기회를 배제하는 것을 의미한다.

공공재(public goods)는 여러 사람이 동시에 사용할 수 있고 누구도 소비에서 배제시킬 수 없는 상품을 의미한다. 공공재인 치안, 국방, 등대 등은 특정한 사람이 배타적으로 소비할 수 있는 것이 아니고 모든 사람이 동시에 편익을 받을 수 있다. 따라서 공공재는 비경합성(non-rivalry)과 비배제성(non-excludability)의 특성을 가진다.

이러한 공공재는 시장에서 양(+)의 가격을 매길 수도 없고 가격을 매기는 것도 바람직하지 않다. 공공재는 비용을 치르지 않기 때문에 무임승차자 문제(free rider problem)가 발생한다. 많은 사람이 동시에 사용할 수 있기 때문에 추가적으로 한사람이 공공재를 소비하더라도 한계비용 0이 된다. 이렇게 되면 한계비용 가격설정에 따르면 가격이 0이 된다. 한계비용 가격설정에 따라 공공재를 생산할 수 없으므로 사회적으로 필요한 만큼의 공공재를 과소생산 하기 때문에 시장실패가 일어난다. 공공재로 인한 시장실패를 해결하기 위해서는 공익을 추구하는 정부가 개입하여 직접 생산하거나 공공재를 생산하는 민간기업에 보조금을 지급하여 생산을 유도하면 된다.

(5) 정보의 비대칭

이 세상에서 확실한 것은 오직 불확실함 뿐이라고 프랑스 철학자 파스칼(B. Pascal, 1623~1662)은 말했다. 그렇다. 내일 일을 알 수 없는 불확실한 사회에서 우리는 살아가고 있다. 불확실성 하에서는 효율적인 자원 배분의 전제인 한계비용 가격설정이 불가능해져 효율적인 자원 배분이 이루어질 수 없어 시장실패가 발생한다. 이러한 불확실성을 완벽하게 대처할 수 있는 보험이 존재하면 시장실패가 일어나지 않는다. 그러나 위험을 완벽하게 반영할 수 있는 정보가 존재하지 않아 시장실패가 일어난다. 이는 정보의 비대칭성으로 인해 불확실성에 대응할 수 있는 완벽한 보험이 시장에 존재하지 않아 자원이 비효율적으로 배분된다.

정보의 비대칭은 특정한 경제주체는 많은 정보를 가지고 있으나 그렇지 않은 경제주체는 정보의 부족으로 합리적인 의사결정을 할 수 없고 도덕적 해이, 역선택의 문제, 의사결정 오류, 권력의 집중, 사회적 갈등을 일으킬 수 있다. 예를 들면, 신규아파트 분양시장에서 정보를 많이 보유한 분양공급자가 정보를 적게 보유한 수분양자에게 도덕적 해이(moral hazard)로 충분한 정보를 제공하지 않을 경우, 수분양자들은 아파트에 대한 정보의 부재로 부동산 분석이 어려워서 상대적으로 질이 낮은 아파트를 더 높은 가격에 분양받는 역선택(adverse selection)의 문제가 발생할 수 있다. 따라서 정보에 대한 공정하고 폭넓은 접근을 촉진하고, 정보의 투명성과 정확성을 강조하는 노력이 필요하다.

1.3 시장기구와 형평성

시장이 경쟁시장이면 한계비용과 가격이 균형을 이루어 효율적 자원 배분이 이루어질 수 있고, 경쟁시장이 독점, 과점, 독점적경쟁시장으로 불완전경쟁시장이 되면 한계비용 가격설정이 이루어질 수 없어 자원 배분이 효율적으로 이루어질 수 없다. 경쟁시장에서 각 생산 요소 소유자들이 한계생산물가치[3]만큼 소득분배와 자원 배분이 이루어지면 효율적 시장이 달성된다. 경쟁시장이라 하더라도 참여하는 경제주체들의 능력과 보유한 생산 요소의 차이 등으로 소득분배와 자원 배분에 불공평이 발생할 수 있다. 시장가격 기구가 자원 배분의 효율성은 달성할 수 있을지라도 형평성까지 달성할 수는 없다. 즉 시장가격 기구 경제적 약자에게 인간다운 삶을 보장하거나 사회적 자산 배분의 불평등까지도 완화하거나 균등화할 수는 없다.

시장기구를 통해 효율성은 어느 정도 달성할 수 있으나 형평성을 동시에 달성할 수 없다는 점이 시장기구의 한계이다. 시장기구를 통해 이루어지는 효율성은 가치 중립적이지만 형평성은 가치판단이 필요하다. 경제공동체에서 경제 성장의 과실을 골고루 누구나 배분받을 수 있다면 그런 사회가 이상적인 사회일 것이다. 그러나 개인의 능력, 자본, 노력, 자산 소유의 차이에 따라 형평성에 차이가 있을 수 있다. 사회적으로 중요한 가치나 목표를 달성하기 위해서는 종종 시장기구의 작동만으로는 부족할 수 있다. 예를 들어, 교육, 보건, 환경보호 등의 분야에서는 정부의 개입이 필요할 수 있다. 이러한 분야에서는 형평성과 효율성을 동시에 달성하기 위해 규제, 재분배, 공공 서비스 제공 등의 정책이 필요하다. 따라서 시장기구만으로는 형평성을 완전히 달성하기 어렵다.

시장기구에서 해결할 수 없는 형평성의 문제를 완화하거나 제고하기 위해 정부는 시

3) 예를들어 노동의 한계생산물가치(VMP_N)는 노동의 한계생산물(MP_N)에 임금(W)을 곱한 것이 한계생산물가치이다. $VMP_N = MP_N \times W$, 이하 자본과 토지의 한계생산물가치도 각 생산요소의 한계생산물에 이자율(i)과 임대료(r)을 각각 곱한 것과 같다.

장에 개입한다. 그런데 형평성을 제고하기 위한 대안의 선택지가 많지 않다는 것이다. 그럼에도 불구하고 국토균형개발, 주거복지 실현, 개발제한구역 지정, 최저임금제 등으로 형평성을 제고하고자 법률이나 규제를 통해 시장에 개입한다.

제2절 정부개입과 정부실패

2.1 정부개입

시장실패는 경쟁시장에서도 외부효과와 공공재 등이 존재하면 일어날 수 있음을 살펴보았다. 그러나 경쟁시장보다 독과점 기업에서 자원 배분의 왜곡과 소득분배 왜곡이 훨씬 심각하여 시장실패가 발생한다. 시장실패로 소득과 자원 배분의 지나친 불평등은 일할 의욕을 꺾고 사회적 위화감과 갈등을 유발하여 사회적비용을 초래하게 한다. 그래서 정부는 독과점 기업 규제법(공정거래법)[4]을 제정하여 시장실패를 개선하기 위해 시장에 개입한다. 정부가 시장에 개입하는 이유는 다양하며, 시장실패 보완, 자원 배분 및 소득분배 불평등 증진, 소비자 보호, 환경보호, 경제안정화, 인프라 구축, 사회적 공익 추구, 시장경쟁을 유지하기 위해 개입한다. 정부는 이와 같은 목표를 실현하기 위해 부동산시장 가격기구에 개입한다. 개입 방법은 직접개입, 간접개입, 규제 등이 있다.

직접개입은 주택 분양가상한제, 주택(상가건물)임대차보호법상 임대료 상한제, 등으로 가격기구에 영향을 미치거나, 공공주택 건설, 소유권 통제, 토지수용, 토지은행, 공영개발 및 도시개발사업을 직접 시행하기도 한다. 예를 들어 특정한 지역에 아파트 수요에 비해 공급이 충분하지 않아 가격 폭등이 발생하자 시장의 안정성을 위해 정부가 분양가상한제를 도입한다고 하자. 아파트 시장의 주택 공급은 어떻게 될까?

아파트 분양시장에서 분양가상한제는 분양시장에서 형성되는 가격 수준이 너무 높다고 판단하여 정부가 직접 시장에 개입하여 설정하는 가격이다. 따라서 분양가 최고

4) 우리나라의 공정거래법은 이미 형성된 독과점을 인정해 주되 더 이상 독과점이 심화하는 기업결합이나 카르텔을 금지하고, 독과점 기업이 자유경쟁에 반하는 행동을 규제하고 있다. 미국은 한 기업이 독과점이라고 판정되면 정부가 독과점 기업을 기업 분할 명령을 내려 경쟁기업 구전로 전환하게 한다는 점에서 공정거래법이 우리나라와 차이가 있다. 우리나라에서는 독과점 기업 폐회를 조사하고 시정하는 기관이 공정거래위원회가 있다.

가격은 균형가격보다 낮게 설정된다. 분양가 최고가격보다 낮게 설정되면 최고가격이 시장 가격이 된다. [그림 7-3]에서 아파트 분양가 최고가격은 P_0보다 낮은 P_1로 설정되었다고 하자. 분양가 최고가격인 P_1에서는 수요량 Q_2가 공급량 Q_1을 초과한다. 분양시장에 초과수요로 인해 분양 가격은 P_0까지 곧 상승한다. 그러나 P_1 이상으로 상승하는 것을 법으로 금지해 놓았기 때문에 최고가격제하에서 분양가는 P_0에 묶이게 된다. P_0 가격하에서는 아파트를 분양받으려 하는 사람들은 원하는 만큼 분양받을 수 없다.

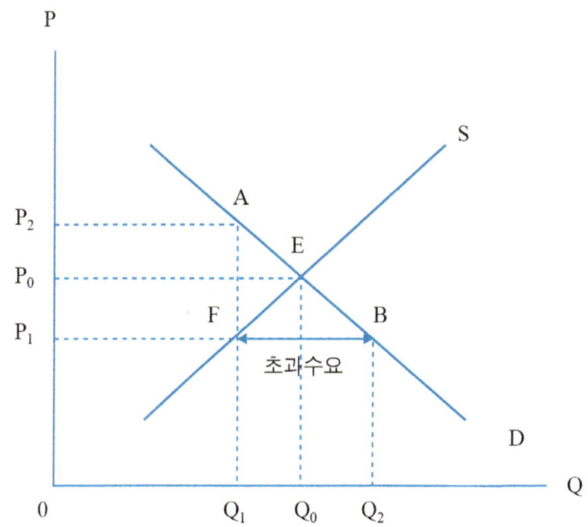

[그림 7-3] 아파트 분양가 상한제 효과

이런 상태에서는 웃돈을 주고서라도 아파트를 분양받으려 하는 암시장(black market)이 생기게 마련이다. 분양가 상한제하에서는 부족한 아파트를 어떻게 할당해 줄 것인가 하는 문제가 발생한다. 또한 분양가 상한가에서 아파트를 건설할 수 없는 한계기업들이 시장에서 퇴출하여 아파트 공급이 감소하게 되어 아파트 가격이 상승한다. 가격에 맞추다 보면 부실한 원자재를 사용하여 부실한 아파트가 공급될 수 있다. 아이러니컬 하게도 서민들을 위한 분양가 상한제는 서민들의 집 마련할 기회를 더 어렵게 한다. 이점이 정부의 시장 개입으로 자원 왜곡을 보여 준다.

간접 개입은 각종 세제와 금융을 통해 시장에 개입한다. 각종 부동산세(취·등록세, 재산세, 종합부동산세, 양도세), 서민들의 대출 한도(LTV, DTI, DSR), 보조금 및 행정 지원 등이 있다. 간접 개입의 한 형태로 정부가 아파트 투기 수요를 차단하기 위해 아파트 매수 수요에 거래세를 부과하면 수요와 공급은 어떻게 변할까? 자원 배분의 왜곡은 어떻게 나타날까?

[그림 7-4]에서 아파트 한 단위를 매수할 때 거래세가 부과되면 공급곡선은 변동이 없으나 수요자는 거래세가 없을 때보다 거래세 분만큼 아파트 가격을 더 지급해야 하므로 수요가 감소하여 수요곡선은 D에서 D_1로 하락한다. 아파트 매수 가격은 S와 D_1이 만나는 P_2에서 아파트를 구입해야 한다. 거래세가 부과되면 아파트 수요는 Q에서 Q_1로 감소하고 가격은 P_0에서 P_1로 증가한다. 따라서 거래세가 부과되면 수요자는 더 적은 양을 더 비싼 가격에 아파트를 매수해야 하므로 자원 배분에 왜곡이 발생하고, 수요자나 공급자에게 돌아갈 경제적 후생 △AEB만큼 감소하고 시장실패를 초래한다.

규제로는 양적 규제 및 질적 규제를 들 수 있다. 양적 규제는 특정한 재화의 수량 생산을 제한할 뿐만 아니라, 용도지역, 용도지구제 등을 들 수 있고, 질적 규제는 부동산의 품질이 일정한 수준에 미치지 못하면 생산을 규제하는 것이다.

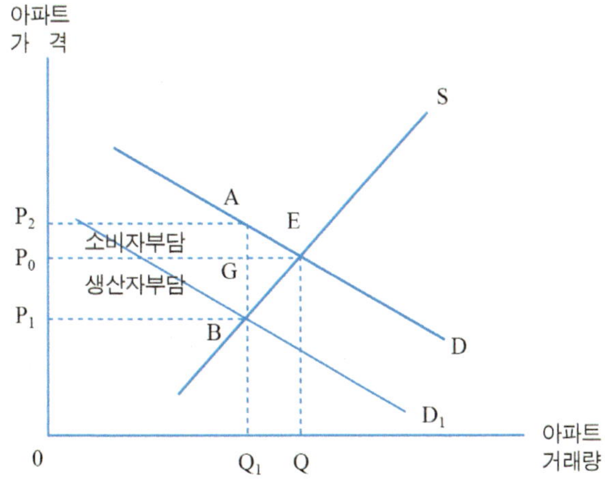

[그림 7-4] 아파트 수요에 조세 부과 효과

2.2 정부실패

정부실패(government failure)란 시장실패를 교정하고 개선하기 위해 정부의 시장 개입이 오히려 소득과 자원 배분을 저해하고 경제 활동에 부정적인 영향을 미치는 상황을 말한다. 정부의 시장 개입 주된 이유는 시장의 효율성과 형평성을 개선하여 사회적 목표를 달성하고자 함에 있다. 그러나 정부가 시장기구에 개입하더라도 효율성과 형평성을 동시에 개선하는 데는 현실적 한계가 있다. 시장을 규제하는 정부 관료들은 시장의 모든 형평과 사정을 다 안다고 하는 과신이 커서 규제의 한계편익이 한계비용보다 크다고 생각하기 때문에 정부의 실패가 일어난다.

정부의 실패가 발생하는 이유는 규제자의 불완전한 지식, 규제 수단의 부적절성, 규제자의 편견이나 아집, 시장의 형평과 부조화된 정책 선택, 정책의 길고 가변적인 시차(long and variable time lag), 정책의 시간비일관성(time inconsistency), 급격한 시장환경 변화를 추정할 수 없는 정보 빈약, 특정한 기업에 특혜를 주는 정부의 부정한 개입, 정부의 예산 할당이 비효율적으로 이루어지면, 효과적인 공공 서비스 제공이 어려워지고 사회적 이익을 달성하기 어려워 시장실패가 일어난다. 밀튼 프리드만(Milton Friedman, 1912~2006)은 "좋은 정부보다 나쁜 시장이 낫다"라고 말해 정부개입의 위험성을 경고하였다. 이러한 이유로 정부실패가 일어날 수 있어 정부의 시장 개입과 정책수행은 신중한 고려가 필요하다.

시장경제가 가격기구를 통해 자원 배분과 소득분배를 개선하기 위해 정부가 재량(discretion)권을 가지고 적극 개입을 해야 한다고 주장하는 케인스학파(Keynesian Economics)가 있는가 하면, 반면에 준칙(rules)을 가지고 정부의 개입을 최소화하는 것이 정부실패를 줄일 수 있다고 주장하는 고전학파(Classical Economics)가 있다.

읽고 생각할 거리

공공재·시장실패에 대한 오해가 과잉규제 불러…정부 개입의 대부분은 정치적 의도에서 비롯

등대와 꿀벌. 전혀 관련이 없는 듯한 이 둘의 공통점은 무엇일까. 경제학에서 '시장의 실패'를 상징하는 소재로 많이 인용된다는 점이 공통적이다. 정부가 왜 시장에 개입해야 하고, 시장을 대신해야 하는지를 주장할 때 등대와 꿀벌이 강력한 설득의 도구로 활용되기도 한다.

시장경제는 애덤 스미스에 의하면 '보이지 않는 손'에 의해 자원이 적재적소에 효율적으로 배분되는 시스템이다. 보이지 않는 손은 시장가격을 의미한다. 가격에는 우리 모두가 의사결정을 하는 데 필요한 정보가 집약돼 있다. 가격이 생각보다 비싸면 사려는 사람은 줄고 만들어 팔려는 사람은 늘어난다. 가격이 생각보다 싸면 수요량은 늘고 공급량은 준다.

정부를 포함한 누군가의 강제와 지시, 인위적 조정 없이도 가격의 신호에 따라 수요량과 공급량, 생산과 소비가 조화를 이루며 자원 배분이 최적화되는 게 시장경제다. 어떤 면에서 시장경제는 노자의 무위자연(無爲自然) 원리에 따라 움직이는 세계로 볼 수도 있다. 그런데 현실에서는 시장의 자원 배분 기능이 제대로 작동하지 않는 경우가 있을 수 있다. 이를 시장실패라 한다. 정부규제를 논할 때면 어김없이 등장하는 개념이다.

문제는 불완전과 비효율을 분간하지 않고 시장실패 개념을 오남용하면서 정부규제를 촉구하거나 선호하는 경향이 아주 크다는 것이다. 시장실패가 있다면 다른 쪽에는 정부실패가 있다. 하지만 후자는 고려하지 않은 채 '시장실패=정부규제'를 당연시하는 사고가 입법부 행정부 심지어 학계에서도 횡행하고 있다. 시장실패 개념의 오남용이 계속되면 정부는 갈수록 팽창하고 시장은 위축된다. 오남용의 발단은 시장실패에 대한 오해에서 시작된다. 시장실패는 겉보기와 달리 이해하기 쉽지 않은 개념이다. 경제학적으로는 어떤 산업에서 공공재, 무임승차, 외부효과, 도덕적 해이 등의 특성이 존재할 때 시장실패의 개연성이 있다고 본다. 이 중 공공재는 소비에서의 비(非)배제성과 비경합성을 특징으로 하는 재화 또는 서비스를 의미한다. 전문용어를 설명한다면서 또 다른 전문용어를 들이대니, 여간해서는 공공재와 시장실패 개념을 이해하기 쉽지 않다.

부정확한 이해는 오해로 이어진다. 가장 흔한 경우가 공공재를 정부가 생산 소비 공급하는 것으로 잘못 인식하는 경우다. 예를 들면 어느 단체에서 중·고교생에게 올바른 경제교육을 시켜야 한다면서 경제교육서를 발간했다. 그런데 여기에서조차 공공재를 '정부가 사용하기 위해 생산한 재화와 서비스'로 설명하고 있다. 어느 정치학 사전에서는 공공재를 '정부의 재정으로 공급된 재화나 서비스'로 풀이하고 있다. 둘 다 비슷한 내용이고, 명백한 오류다. 정부지출 중에 공공재와 관련이 있는 것은 국방, 치안과 같은 일부분에 국한될 뿐이다. 그 밖의 예산은 대부분 경쟁적인 시장에서 지출되며 시장실패나 공공재와는 무관하다.

정부가 생산, 공급하는 것들을 모두 공공재로 보는 것은 정부의 모든 시장개입을 시장실패 문제의 시정을 위한 행위로 인식하는 것과 같다. 따라서 공공재, 시장실패에 대한 인식 오류는 시장경제에는 치명적인 독소가 된다. 현존하는 규제도 그 내용을 뜯어보면 시장실패와는 무관하게 어떤 사건이나 정치적 계기에서 비롯된 게 대부분이다. 예를 들어 단말기유통구조개선법, 중소기업 적합업종 지정 제도는 사업자 간 경쟁을 제한하는 규제 내용을 담고 있다. 경쟁을 제한하고, 그 결과 소비자 복지를 침해하는 규제가 시장실패 시정 목적에서 나왔다고 믿는 이는 없을 것이다.

시장실패에 대한 환상이 널리 확산되는 이면에는 등대, 꿀벌의 우화도 큰 역할을 하고 있다. 등대 이야기는 이렇다. 등대의 불빛은 주변 선박이 야간에도 안전하게 항해하는 데 아주 긴요하다. 그런데 등대 불빛은 주변의 모든 배가 이용할 수 있고 어느 배가 이용했다 해서 다른 배가 이용하는 불빛의 양이 줄지도 않으며, 또 넓은 바다에서 그 불빛을 이용하지 못하게 할 수도 없다. 등대는 소비의 비경합성과 비배제성이 결합된, 말 그대로 공공재인 것이다. 상황이 이러니 배 주인이 받는 혜택에 상응하는 비용을 지급하기보다는 가급적이면 공짜로 이용(무임승차)하려 한다. 이런 문제 때문에 시장에 맡겨두면 등대가 건설·운영될 수 없고, 정부가 세금으로 등대를 세우고 운영해야 한다는 것이 등대 우화의 줄거리다. 등대 우화는 폴 새뮤얼슨의 1970년대 경제학원론에 소개되면서 유명해졌다. 재정학에서는 등대 우화에 빗대 시장실패와 공공재를 설명하는 게 정석이 됐을 정도다. 중략,

시장은 흔히 생각하는 것보다 훨씬 똑똑하고 정교하게 작동한다. 그러니 널리 알려진 우화라고 여기에 빗대 시장실패를 함부로 논할 일이 아니다.

불완전함을 없애야한다는 '니르바나 성향의 함정'…정부규제 범람 초래

정책을 제언하거나 입안하는 과정에서 사람들은 불완전과 비효율을 구분하지 않는 경향이 있다. 세상이 불완전하다는 사실 이 자체만으로 정부규제를 통해 무언가를 해야 한다고 목적의식을 갖는 것이다. 이 때문에 정부실패 가능성이 높은 규제정책이 범람하는데, 해럴드 뎀세츠 교수는 이를 '니르바나 성향의 함정'으로 표현했다. 니르바나는 불교의 열반(涅槃)을 의미한다. 유토피아와 마찬가지로 살아서는 갈 수 없고, 이 땅에 구현할 수도 없는 이상향이다. 니르바나 성향이란 어떤 이상적인 기준이나 규범을 절대적 기준점으로 삼아 현실의 불완전성을 탓하는 한편, 정부가 개입해서 이를 개선해야 한다며 규제를 촉구하는 성향을 일컫는다. 경제 현실 또는 시장기능이 불완전하다는 이유로 정부가 규제를 해야 한다면 세상에 규제에서 자유로운 것은 하나도 없을 것이다. 과잉규제, 정부실패의 가능성을 줄이려면 먼저 완전성, 니르바나에 대한 강박증부터 떨쳐내야 한다.

출처 : 황인학(한국경제연구원 선임연구위원), 한국경제신문>경제칼럼(A20), 2015.5.30., 지면상 필자 일부 재구성.

주요용어 및 개념

- 시장실패
- 규모의 비경제
- 외부비경제
- 사회적 한계비용곡선
- 사회적 편익
- 비경합성
- 정보의 비대칭
- 역선택
- 암시장
- 정책의 시간비일관성
- 준칙
- 규모의 경제
- 외부경제
- 사적 한계비용곡선
- 사적 편익
- 공공재
- 비배제성
- 도덕적 해이
- 공정거래법
- 길고 가변적인 시차
- 재량

연습문제

1 시장실패와 정부실패의 개념을 각각 설명하시오?

2 시장실패의 원인을 설명하시오?

3 시장실패의 원인으로 옳지 않은 것은?

① 외부효과
② 정보의 대칭성
③ 공공재의 공급
④ 불완전경쟁시장
⑤ 시장의 자율적 조절기능 상실

4 정부의 시장 개입 방식을 설명하시오?

5 외부 효과의 개념을 설명하시오?

6 외부불경제와 관련된 것을 님비(NIMBY)현상이라 하고, 외부경제와 관련된 것을 핌피(PIMFY)현상이라고 하는데 님비와 핌피의 개념을 각각 설명하시오?

7 공공재가 왜 시장실패를 가져오는지 설명하시오

8 외부효과에 관한 설명으로 옳지 않은 것은?

① 외부효과란 거래 당사자가 시장메카니즘을 통하지 않고 발생하는 효과이다.
② 정(+)의 외효과는 핌피(PIMFY)현상을 초래할 수 있다.
③ 공장이 설립된 인근지역에는 해당 공장에서 배출되는 매연 등으로 인해 부(-)의 외부효과가 발생할 수 있다.
④ 부(-)의 외부효과를 완화하기 위한 수단으로 배출권 거래제도 등이 있다.
⑤ 정(+)의 외부효과를 장려하기 위한 수단으로 세금제도 등이 있다.

9 공공재와 시장실패에 대한 설명으로 옳지 않은 것은?

① 공공재는 소비의 비배재성은 있지만 소비의 비경합성은 없다
② 공공재의 공급을 사적시장에 맡기면 사회에서 필요한 양만큼 적게 생산되거나 생산이 불가능해진다.
③ 소비의 비경합성은 먼저 소비를 하기 위해 경쟁하지 않는다.
④ 공공재는 외부효과를 유발한다.
⑤ 공공재는 일반적으로 정부가 세금이나 공공의 기금으로 공급하는 경우가 많다.

10 공공주택 특별법상 공공임대주택에 해당하지 않는 것은?

① 국민임대주택　　② 분양전환 공공임대주택
③ 공공지원 민간임대주택　　④ 영구임대주택
⑤ 기존 주택등 매입임대주택

11 A지역 임대아파트의 시장수요함수가 $Q_d = 200 - \frac{1}{2}P$이고, 시장공급함수가 $Q_s = 40 + \frac{1}{3}P$이다. 정부가 임대료를 시장균형 임대료에서 72만원 낮추었을 경우 A지역 임대아파트의 초과수요량은?(Q_d: 수요량, Q_s: 공급량, P: 임대료, 단위는 천호 및 만원이고, 다른 조건은 불변임)

① 30천호　　② 40천호
③ 50천호　　④ 60천호
⑤ 70천호

12 분양가상한제로 인해 발생할 수 있는 문제점과 그 보완책을 연결한 것으로 옳지 않은 것은?

① 신규주택 공급량 감소 - 공공의 저렴한 택지 공급
② 분양주택의 질 저하 – 분양가상한제의 기본 건축비 현실화
③ 신규주택 공급량 감소 – 신규주택지원에 대한 금융지원
④ 분양프리미엄 유발 – 분양주택의 전매제한 완화
⑤ 분양주택 배분 문제 – 주택청약제도를 통한 분양

13 우리나라에서 현재(2020.3.7.) 시행하지 않는 부동산 정책을 모두 고른 것은?

ㄱ 종합토지세	ㄴ 공한지세	ㄷ 토지거래허가세	ㄹ 택지소유상한제
ㅁ 분양가상한제	ㅂ 개발이익환수제	ㅅ 실거래가신고제	ㅇ 부동산실명제

① ㄱ, ㄴ, ㄹ ② ㄱ, ㅁ, ㅂ
③ ㄱ, ㅂ, ㅅ ④ ㄴ, ㄷ, ㅁ
⑤ ㄹ, ㅅ, ㅇ

14 정부실패의 원인으로 옳지 않은 것은?

① 이익집단의 개입 ② 정책당국의 제한된 정보
③ 정책당국의 인지시차 존재 ④ 민간부문의 통제 불가능성
⑤ 정책 실행시차의 부재

정답

1. 시장실패는 시장이 자원을 효율적으로 배분하지 못하는 상태를 시장실패라 한다. 정부실패는 시장실패를 바로 잡으려고 정부의 시장 개입이 개입전 보다 더 못한 결과를 만들어내는 현상을 정부실패라 한다.
2. 공공재, 외부효과, 규모의경제, 불완전경쟁, 위험과 불확실성, 정보의 비대칭
3. ②
4. 직접개입 방식 : 임대료 규제, 분양가상한제, 토지은행제도, 토지 수요, 토지선매, 공공택지 개발, 공공임대주택 건설 등
   간접개입 방식 : 개발부담금, 조세, 재건축부담금, 임대료 보조, 정보지원, 주택 시장에 대한 정부의 대출규제 (LTV, DTI, DSR)
5. 외부효과 혹은 외부성이란 거래 당사자가 아닌 제3자에게 의도하지 않은 혜택이나 손해를 주면서도 이에 대한 대가를 받지도, 지불하지도 않는 상태를 말한다.
6. 님비현상은 Not In My Back Yard(내집 뒷마당에는 안 된다)의 약어로 부(-)의 외부 효과가 발생하는 시설이 인근에 들어올 때 나타는 지역이기주의를 말한다.
   핌피현상은 Please In My Front Yard(제발 내 앞당에 놓아 주세요)의 약어로 정(+) 외부 효과가 발생하는 시설이 내집 인근에 들어올 때 나타나는 지역이기주의를 말한다.
7. 공공재는 소비의 비경합성과 비배재성의 특성, 개인들이 생산비를 부담하지 않고 이를 최대한 이용하려고 하는데 이를 무임승차자의 문제, 사회적 최적 수준보다 과소생산 되거나 또는 생산이 불가능하기 때문이다.
8. ⑤
   정의 외부효과를 장려하기 위한 수단으로는 보조금 지급 등이 있다.
9. ①
   공공재는 비경합성을 가지고 있다.
10. ③
   공공지원 민간임대주택은 공공주택 특별법령상의 공공임대주택이 아니라 공공의 지원 받아 건설하는 민간임대주택이다.

정답 11. ④

1. 균형 임대료를 산정한다. 200-1/2P=40+1/3P, 1200-3P=240+2P=192만원
2. 정부의 규제 임대료 : 192-72=120만원
3. 규제 임대료 수준에서의 초과수요량 : 140천호(수요량)-80천호(공급량)=60천호

규제임대료 120만원 일 때 수요량 : 200-(1/2)*120=140천호

공급량 : 40+(1/3)*120=80천호

12. ④

분양프리미엄 유발 - 분양주택의 전매제한 강화

13. ①

14. ⑤

PART 3
부동산 거시경제학

CHAPTER 8

부동산 가격과 주요 거시경제지표

제1절 가격의 의의

1.1 가격의 정의

가격(price)은 재화와 서비스 제공에 대한 대가로서 받게 되는 반대급부이다. 가격은 상품이나 서비스 1단위와 교환되는 화폐량을 의미한다. 가격은 일반적으로 통화 형태로 표현되며, 소비자나 기업이 상품이나 서비스를 얻기 위해 지불해야 하는 금액을 의미한다. 가격은 수요와 공급에 의해 결정되는데 이를 균형가격이라 한다. 시점에 균형가격은 하나이며, 이것이 일물일가의 근거가 된다. 가격은 객관적, 구체적인 실제 지불된 금액이다. 이러한 가격은 시장에서 공급과 수요, 생산비용, 경쟁 상황 등 다양한 요인에 의해 결정된다.

1.2 가치의 정의

가치(value)는 장래 기대되는 편익을 현재가치로 환원한 값이다. 가치는 다양한 맥락에서 사용되며, 여러 관점에서 가치를 정의할 수 있다.

$$\text{가격} = \text{가치} \pm \text{오차} \tag{8-1}$$

식(8-1)에서 오차 값이 0일 때 가격과 가치는 일치하나 오차 값이 제로(0)가 아닌 이상 가격과 가치는 같을 수 없다. 여기서 오차는 주관적, 추상적 개념으로 상품이나 서비스에 대해 사람의 신념, 경험, 우선순위, 경제, 문화 등 다원적 개념이다. 가격이 지불된 과거 금액인데 비해 가치는 현재 값으로 오차에 해당하는 주관적 요인에 의해 변할 수 있다.

1.3 가격과 가치의 구분

가격(price)과 가치(value)는 개념상 다음 표와 같이 뚜렷이 구분된다. 가격의 본질은 가치이므로 어떤 재화의 가치가 크면 그 재화의 가격도 높아진다. 수요와 공급의 변화에 따라 가격은 가치로부터 단기적으로 이탈되는 현상을 나타낼 수 있으나 장기적으로는 가치와 가격은 일치된다. 이는 단기적으로 사람의 주관적 정보의 차이 때문에 가치와 가격이 괴리 될 수 있으나 장기적으로 주관적 정보가 시장에 반영된다는 의미이다.

[표 8-1] 가격과 가치의 구분

가격(Price)	가치(Value)
• 실제 지불된 화폐량 • 객관적, 구체적인 개념 • 과거 값 • 시점에 하나의 가격 개념(일물일가)	• 장래기대 편익의 현재가치 • 주관적, 추상적 개념 • 현재 값 • 다원적 개념(일물다가)

1.4 가격의 기능

경제학에서 가격은 자원의 효율적인 사용과 경제 주체 간의 효과적인 거래를 상호 유도하는 데 중요한 역할을 한다.

첫째, 가격은 생산과 소비의 신호 역할을 한다. 시장경제에서 생산자는 가격이 오르면 많이 생산하려고 하고, 가격이 내리면 적게 생산하려고 하는 생산의 기준이 되며, 소비자는 가격이 비싸면 적게 소비하려고 하고 반대로 가격이 저렴하면 많이 소비하려고 하는 소비의 기준이 된다. 따라서 가격은 자원 할당을 효율적으로 분배하는 기능을 한다.

둘째, 가격은 경쟁시장에서 경제 효율성을 촉진한다. 가격 메커니즘이 자유로운 경쟁과 소비자의 선택을 통해 기업을 자극하여 비용을 최소화하고 생산성을 높이도록 유도한다.

셋째, 가격은 자금 흐름 및 소득분배 기능을 한다. 가격은 자금을 제품과 서비스 생산에 유도하고, 생산자와 소비자 간의 소득분배를 결정하는데 기여한다. 높은 가격은 생산자에게 높은 수익을 제공하고, 소비자는 가격이 낮을수록 더 많은 구매력을 얻게 된다.

넷째, 가격은 시장에서의 유연성과 조정을 통해 외부 충격에 대응하고 시장 균형을 조절한다. 가격 메커니즘은 공급과 수요의 변화에 따라 자동으로 조정되어 시장의 안정성을 유지한다.

제2절 부동산 가격의 의의

2.1 부동산 가격의 개념

부동산 가격은 수요와 공급으로 교환하는 과정에서 상호 합의하에 지급되는 화폐량이다. 이에 비해 부동산 가치는 부동산으로부터 미래 기대되는 편익의 현재 가치의 환원 값이다. 부동산 가격과 부동산 가치의 차이점은 부동산 가격은 과거의 거래에서 실재 지불된 금액이며, 부동산 가치는 부동산으로부터 미래 기대되는 편익을 현재 시점에서 현재가치로 환원한 값으로 개념상 뚜렷이 구분된다. 부동산 가격은 일물일가의 원칙이 적용될 수 있으나 부동산 가치는 일물일가의 원칙이 적용될 수 없다. 부동산 가격은 부동산 가치에 오차의 합으로 나타낸다. 즉 가격=가치±오차이다. 여기서 오차가 제로(0)일 때 부동산 가격과 부동산 가치는 같아진다. 그런데 부동산 가치는 주관적 개념이기에 개인의 주관적 경험, 선호 등에 따라 다르기 때문에 현실적으로 부동산 가격과 가치는 동일할 수 없다.

부동산은 일반 재화와 달리 내구재로서 부동산 가격의 본질은 가치이므로 부동산 가치가 크면 부동산 가격도 높아지고, 부동산 가치가 낮아지면 부동산 가격도 낮아진다. 부동산 가격은 부동산 가치가 화폐로 매개된 값으로 화폐가치가 상승하면 부동산 가격은 낮아진다. 부동산 가격도 일반 재화의 가격처럼 수요와 공급에 의해 가격이 결정되고 가격이 일단 결정되고 나면 그 가격은 수요와 공급에 영향을 미쳐 수급을 조절하게 되는데 이를 가격의 이중성이라 한다. 이것이 수요 공급의 원칙이 된다.

2.2 부동산 가격의 특징

부동산 가격은 다음과 같은 다섯 가지 특징이 있다.

첫째, 교화의 대가인 가격(price)과 사용의 대가인 임료(rent)로 나타낸다.

둘째, 소유권 및 기타 권리이익의 대가로 나타낸다. 이를테면 1개의 부동산에 2개 이상의 권리가 형성되어 있으면 그 권리에 대한 대가는 개별로 형성된다.

셋째, 부동산 가격은 장기적인 배려하에 형성되며 변화의 과정이 수반된다.

넷째, 부동산 가격은 지역적으로 형성된다

다섯째, 부동산 가격은 일반적, 지역적, 개별적 요인에 의해 형성된다.

2.3 부동산 가격의 유형

부동산 가격은 크게 세 가지 유형으로 분류된다.

(1) 가격 결정 방법에 의한 분류

가격 결정 방법에 의해 부동산 가격은 공시지가, 기준시가, 감정평가, 분양가, 시세가 등이 있다. 공시지가는 1989년 7월부터 국토교통부장관이 조사·평가하여 단위 면적당(m^2) 가격을 산정하여 매년 1월 1일부터 적용하는 기준가격이다. 개별공시지가는 양도소득세, 상속세, 종합토지세, 취득세, 등록세 등 국세와 개발부담금, 농지전용부담금 등 지방세를 산정하는 기초 자료로 활용된다. 기준시가는 국세청이 부동산 투기가 우려되는 지역을 지정하여 지역 안에서 토지나 건물, 골프회원권 매매, 상속 또는 증여할 때 세금 부과의 기준이 되는 가격이다.

감정평가는 감정평가사가 부동산이나 동산의 경제적 가격을 산정하는 가격이다. 분양가는 신규부동산을 분양할 때 수분양자에게 제시하는 공급가격이다. 시세가는 실거래가로서 시장에서 실제 거래가 이루어지는 가격이다.

(2) 활용 형태에 따른 분류

활용 형태에 따른 부동산 가격은 매매가, 임대가 등이 있다. 매매가는 부동산 매매 시 매도자와 매수자 간의 합의에 의해 체결된 가격이다. 임대가는 부동산의 임대차 계약에 의해 성립된 가격이다.

(3) 가치평가에 의한 분류

가치평가에 의한 부동산 가격은 시장가격과 내재가치가 있다. 가치평가는 투자자나 기업이 자산이나 투자 대상의 실제 가치를 측정하고 평가하는 과정을 의미한다. 시장가격은 시장에서 자산이 거래되는 가격을 말하며 내재가치는 자산의 실질적이고 본질적인 가치를 말한다.

투자자들은 종종 부동산 자신의 내재가치와 시상가격 간의 차이를 찾아내어 언더밸류(undervalue) 혹은 오버밸류(overvalue) 상태를 파악하여 투자를 결정한다. 시장가격이 내재가치보다 낮게 형성되어 있으면 매수를 하고 시장가격이 내재가치보다 높게 형성되어 있으면 매도한다. 이런 투자기법을 가치투자 전략이라 한다.

1) 시장가격(market price)

시장가격은 부동산, 주식, 채권 또는 다른 자산이 시장에서 거래되는 현재의 가격을 나타낸다. 이는 부동산시장이나 금융시장에서 매매로 결정된다. 이렇게 형성되는 시장가격은 내재가치와 다를 수 있다. 부동산, 주식, 채권의 가격은 투자자들의 기대, 감정 등 다양한 외부적인 영향을 받기 때문이다.

2) 내재가치(intrinsic value)

내재가치는 투자 대상 자산의 실질적이고 본질적인 가치(기본적인 가치)를 나타낸다. 내재가치는 자산이나 기업의 장기적인 잠재력, 현금흐름, 성장 가능성 등을 고려하여 산정된다.

■ 부동산의 내재가치를 도출해 보자.

부동산의 내재가치를 도출하기 위해서는 다음 몇 가지 전제조건이 필요하다. 논의를 단순화하기 위해서 부동산에서 발생 되는 임대료는 시간의 흐름에 따라 변하지 않는다. 임대사업을 하는데 제세공과금 등 비용은 없다고 한다. 즉 주택으로부터 발생 되는 임대료가 임대소득 전액이 되고, 토지는 재산세를 제외한 소득이고 상업용 부동산은 순영업소득(NOI)이 임대소득이 된다. 환원이율인 부동산 투자 수익률은 역시 시간의 흐름에 따라 변하지 않고 일정하다고 가정한다.

어떤 부동산의 내재가치를 V_t, 임대소득 R은 매기 말에 발생 되며, 1기 말에 얻어지는 임대소득은 R_1, 2기 말에 얻어지는 임대소득은 R_2, 이처럼 동일한 임대소득이 무한히 계속 발생 되고, 환원이율이 i라고 한다면, 내재가치를 산출하는 식은 (8-2)와 같이 나타낼 수 있다.

$$V_t = \frac{R_1}{(1+i)} + \frac{R_2}{(1+i)(1+i)} + \frac{R_3}{(1+i)(1+i)(1+i)} + \cdots \tag{8-2}$$

식(8-2)에서 V_t는 내재가치이고, 매기당 받게 되는 임대료 $R_1 = R_2 = R_3 = R$일 때 식(8-2)를 다시 정리하면 식(8-3)과 같다.

$$V_t = \frac{R}{(1+i)} + \frac{R}{(1+i)^2} + \frac{R}{(1+i)^3} + \cdots \tag{8-3}$$

식(8-3)은 초항이 $\frac{R}{(1+i)}$이고, 공비가 $\frac{1}{(1+i)}$인 등비급수의 수열이다. 이 수열을 무한등비급수공식[1)]에 대입하여 정리하면 식(8-4)와 같이 된다.

$$V_t = \lim_{n \to 0} \frac{R}{(1+i)} \times \frac{1 - \frac{1}{(1+i)^n}}{1 - \frac{1}{(1+i)}} = \frac{R}{(1+i)} \times \frac{1}{1 - \frac{1}{(1+i)}} = \frac{R}{i} \tag{8-4}$$

식(8-4)에서 $|i| < 1$일 때, $\lim_{n \to \infty} i^n = 0$이 되기 때문에 $\frac{1}{(1+i)^n}$이 제로(0)가 되어 식(8-4)를 도출할 수 있다.

식(8-4)의 의미는 어떤 부동산으로부터 임대소득이 R이고 환원이율이 i라고 한다면, 그 부동산의 내재가치는 임대소득을 환원이율로 나눈 것과 같다는 것이다. 이것이 부동산 감정평가 3방식 중의 하나인 수익환원법의 이론적 근거가 된다. 예를 들어 상업용 부동산으로 발생 되는 임대료가 m^2 당 연간 1억 원이 발생하고, 환원이율이 10%라면 상업용 부동산의 기본적 가치는 10억 원이 된다는 것이다. 여기서 환원이율은 투자자의 요구수익률과 같고, 요구수익률이 올라가면 부동산의 가치는 하락하고, 반대로 내려가면 부동산의 가치는 올라간다.

---

1) 등비수열공식 도출과정을 소개하면, 초항이 a, 공비가 r, 항의 개수가 n인 수열이 있다고 하자. 이 경우 수열의 S는 다음과 같다. $s = a + ar + ar^2 + ar^3 + \cdots ar^{n-1}$ ----①. 식① s의 양변에 r을 곱하면 $rs = a + ar + ar^2 + ar^3 + \cdots ar^n$----②와 같이 된다. 이제 식①에서 ②를 차감하여 정리하면, $s - rs = (1-r)s = a - ar^n \Rightarrow s = \frac{a(1-r^n)}{1-r}$이 된다. 그런데 $|r| < 1$이고, $\lim_{n \to \infty} r^n = 0$이 되므로 $s = \lim_{n \to \infty} s_n = \lim_{n \to \infty} \frac{a(1-r^n)}{1-r} = \frac{a}{1-r}$이 된다. 무한등비급수의 수렴과 발산은 r의 값에 따라 4가지 경우가 있다. 등비급수 공식은 부동산학의 현재가치 등을 산출하는데 아주 중요한 공시이므로 미적분학의 무한급수 부분에 대해 철저한 학습이 필요하다.

식(8-4)를 도출하면서 부동산으로부터 무한히 임대료가 발생한다는 것과 투자자들이 부동산을 무한히 소유한다는 것을 가정하였다. 이것이 비현실적인 가정이 아닌가? 그러나 이 가정을 완화하더라도 식(8-4)는 성립한다(김경환·손재영. 2011, pp. 214-215).

2.4 시장가격과 내재가치 균형

시장가격은 시징에서 매도자와 매수자의 합의로 결정되는 가격이다. 부동산 시장가격은 때때로 내재가치를 제대로 반영하지 못해서 시장가격과 내재가치는 단기적으로 괴리가 생길 수 있다. 이런 괴리는 투자가들이 부동산 가치에 대한 기대, 감정, 비이성적 과열, 경제, 문화 등 부동산 가격의 다양한 특성에 기인한다.

투자가들은 부동산의 시장가격(P)이 내재가치(V)보다 낮게 형성되어 있으면(P<V) 부동산에 투자할 것이고, 반대로 시장가격이 내재가치보다 높으면(P>V) 보유한 부동산을 처분하여 편익을 얻게 된다. 투자가들은 아무런 위험(risk)을 부담하지 않고 자산의 시장가격과 내재가치 차이를 이용해 이득을 보는 거래를 재정거래(arbitrage, 또는 차익거래)라 한다. 투자자들은 종종 부동산 자산의 내재가치와 시장가격 간의 차이를 찾아내어 언더밸류(undervalue) 혹은 오버밸류(overvalue) 상태를 파악하여 투자 결정한다. 이와 같은 투자기법을 가치투자기법이라고 한다. 투자자들은 자산의 가치투자기법을 이용해 시장가격과 내재가치 간의 차익거래를 반복하게 되면 장기적으로 시장가격과 차익거래는 균형$\left(P = \frac{R}{i}\right)$을 이루어 더 이상 재정거래는 일어나지 않게 된다.

여기서 주목해야 할 것은 첫째 투자자들은 부동산 자산의 내재가치를 투자 시점에 정확히 산출할 수 있고 알고 있다는 것이고, 둘째 자산 처분 시점도 정확히 안다는 가정이 필요하다. 그런데 현실적으로 부동산 자산의 내재가치를 정확히 산출하는 데는 여러 고려할 상항이 많고 장기적이라는 기간의 개념도 다소 애매한 점이 있다. 부동산 시장이 불균형시장 임에도 불구하고 할당적 효율적 시장[2]이면 시장가격과 내재가치는 일치한다는 것이다.

---

2) 할당 효율적 시장은 그 누구도 기회비용보다 싼 값으로 정보를 획득할 수 없는 시장을 말한다.

만약 시장가격이 내재가치보다 큰 상태의 괴리가 확대되면서 상당히 오랫동안 지속되는 상태를 부동산 버블(bubble)이라 한다. 부동산 버블의 문제는 후술하기로 한다.

제3절 부동산 가격과 거시경제지표와의 관계

부동산 가격과 거시경제지표 간의 상관관계는 복잡하고 다양하며 상호영향을 미친다. 부동산시장의 움직임은 거시경제지표에 영향을 미치며, 거시경제지표는 부동산시장에 직·간접적으로 영향을 주어 부동산 가격을 끊임없이 변화시키는 요소가 된다. 부동산 가격이, 소득, 소비, 저축, 물가, GDP, 국제수지, 수출 등에 미치는 영향을 살펴보자.

3.1 부동산 가격이 소득에 미치는 영향

부동산 가격의 상승은 가계의 소득에 영향을 미친다. 부동산 가격의 상승은 가계의 부(wealth)를 증대시켜 소득과 소비에 영향을 준다. [표8-2]에서 볼 수 있는 바와 같이 우리나라 가계는 다른 선진국에 비해 2021년 말 기준 비금융자산의 비중이 65% 수준으로 매우 높은 편이다. 비금융자산의 70% 이상이 주택을 비롯한 실물자산으로 구성되어 있다. 부동산은 우리나라 사람들에게 주요 자산 중 하나로 자산 증식 수단으로 작용하고 있다. 지난 몇 년간 주택가격은 가파르게 상승하여 가계부가 급속히 늘어났다.

[표 8-2] 주요국 가계자산의 비금융자산 비교(2021) (단위:%)

	한국	미국	일본	영국	호주
비금융자산[3]	64.4	28.5	37	46.2	61.2
금융자산	35.6	71.5	63	53.8	38.8

주) 1. 비금융자산은 대부분 토지 및 주택 등 부동산 자산임
2. 일본은 2020년 기준임
출처: 금융투자협회, 2022년 주요국 가계 금융자산 비교

3) 비금융자산비중=(고정자산+토지자산)÷(고정자산+토지자산+금융자산)

[표 8-3] 우리나라 가계의 자산구성 추이 (단위:%)

	2016	2017	2018	2019	2020	2021	2022(p)
비금융자산	63.4	63.1	64.4	64.4	63.6	64.4	64.6
금융자산	36.6	36.9	35.6	35.6	36.4	35.6	35.4

출처: 한국은행 경제통계시스템. P:잠정치

최근 우리나라 주택가격과 토지가격은 빠르게 증가하여 가계부를 증대시키는 요인으로 작용하였다. [그림 8-1]에서 주택 및 토지가격이 지속적으로 상승하는 추이를 보인다. 주택매매가격은 문재인 정부 기간에 매우 가파르게 상승한 것을 볼 수 있다. 이런 가파른 주택매매가격 추세는 2021년 말 기준으로 토지가격 상승 추이를 앞지른 모습을 보인다. 순자산 상위 가구일수록 부는 빠르게 증대하여 부의효과(wealth effect)를 통해 가계 소비, 저축 등 경제활동에 크게 영향을 미친다.

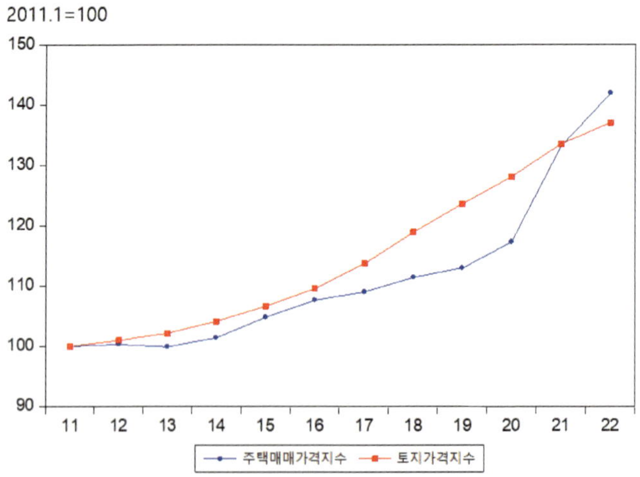

출처 : 한국부동산원, KB국민은행.

[그림 8-1] 주택 및 토지가격 지수 추이

부동산을 자산 증식 주된 수단으로 활용하는 우리나라 가계 특성상 부동산 보유 비중이 증가하면 가계 재무구조도 변한다. [그림 8-2]에서 볼 수 있는 바와 같이 부동산을 취득하는 데 부채 의존도가 대단히 높게 나타났다. 가계의 순자산 비중이 높은 가계는 부동산 가격 상승이 부의 증대로 나타날 수 있지만, 부채 의존도가 높은 가계는 부동산 가격 상승이 소득 증가로 이어질 수 없다. 순자산 상위 가구일수록 부가 빠르게 늘어났다. 이는 소득보다는 부동산 가격의 가파른 상승이 가계부를 증대시키는 데 중요 요인으로 작용하였다. 부의 양극화 경로는 부채를 이용해 부동산을 취득하고 부동산 가격 상승으로 부의 증가도 가져오지만 동시에 금리의 상승은 채무 부담이 높은 젊은 층과 소득수준이 높은 계층 간과 세대 간의 양극화도 초래한다.

[그림 8-2]에서 보면 소득, 자산, 부채가 꾸준히 증가해온 것으로 보인다. 소득 증가는 2011～2022년 1.5배, 자산 증가는 2011～2022년 1.9배, 부채 증가는 2011～2022년 1.7배를 보였다. 가계소득보다 부동산 가격 상승이 가계소득을 0.4배 더 높게 소득 격차를 늘리는 데 기여한 것으로 보인다. 한편 부채가 소득 증가 배율을 앞질러 자산 증대가 가계의 높은 부채에 의존함을 알 수 있다. 부동산 가격의 가파른 상승은 상위 가구의 부를 더 크게 늘림으로써 부채 의존도가 높은 젊은 층 가계와 부의 격차를 확대하는 요인으로 작용하였다.

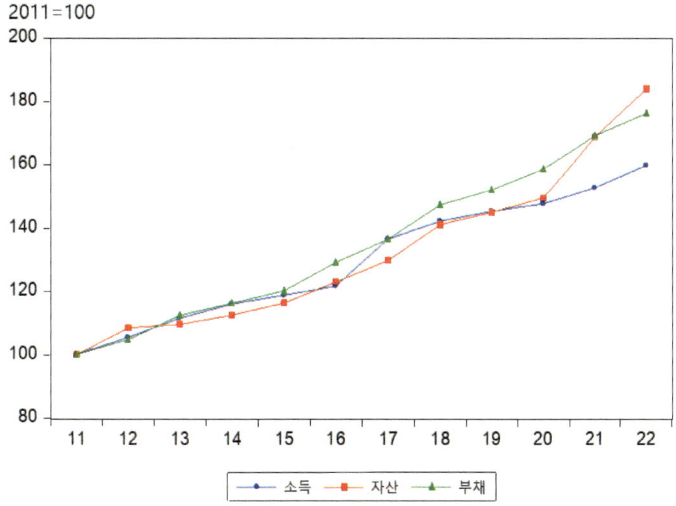

출처 : 한국은행 경제통계시스템, 통계청 국가통계포탈

[그림 8-2] 가계 자산, 소득, 부채 추이

[그림 8-3]에서 볼 수 있는 바와 같이 가계소득 순자산배율이 2011년 6.1배에서 2022년 7.1배로 미미한 증가를 보인 것은 같은 기간 자산 증가에 비해 부채가 급속히 증가하였

음을 의미한다. 따라서 우리나라 가계가 부동산을 자산 증식의 수단으로 활용하는 특성을 고려하여 주거 안정과 부의 분배적 측면에서 세심한 정책 배려가 필요하다.

가계 자산의 변화가 부의 불평등에 영향을 미친다는 학술적 연구가 있다. 미국의 쿤(Kuhn et al, 2020)은 가계 자산구성(portfolio composition) 및 레버리지가 부의 분포에 따라 상이한 모습을 나타내며, 이로 인해 자산가격 변동이 부의 불평등도 변화에 주요인으로 작용하고 있음을 강조하였다. 미국, 프랑스, 스페인 등 주요국의 경우 순자산 그룹별 가계 자산구성이 우리나라와 크게 다른 모습을 나타내는데, 순자산 상위 가구일수록 주식 등 금융자산 비중이 높은 반면 중하위 가구에서는 부동산자산 비중이 높은 특성을 보인다. 이에 따라 이들 국가에서는 부동산 가격 상승이 부의 불평등도를 완화하는 요인으로 작용하는 데 반해 주식가격 상승은 주로 순자산 상위 가구의 부를 증가시키는 요인으로 작용한다.

출처 : 한국은행 경제통계시스템, 통계청 국가통계포탈

[그림 8-3] 소득대비순자산배율

[그림 8-4]은 2021년 우리나라 각 자산의 가계 간 분배 정도를 부의 분포를 보여 주는 로렌츠곡선(Lorenz curve)[4]이다. 그림에서 가로축은 순자산을 오름차순으로 정렬

4) 로렌츠곡선은 가구의 누적비율과 소득의 누적 점유율을 짝지은 선이다. 소득의 완전균등 분배를 나타내는 대각선 점선 OO'에서 우측 아래로 멀어질수록 소득분배가 불공평함을 나타낸다. 그러나 로렌츠곡선만으로는 소득분배 상태나 국제간의 비교를 할 수 없다. 그래서 지니계수라는 소득 불평 수준을

한 가구의 누적 비중, 세로축은 동 가구들이 보유한 각 자산의 누적 비중을 나타낸다 (정화영, 2022).

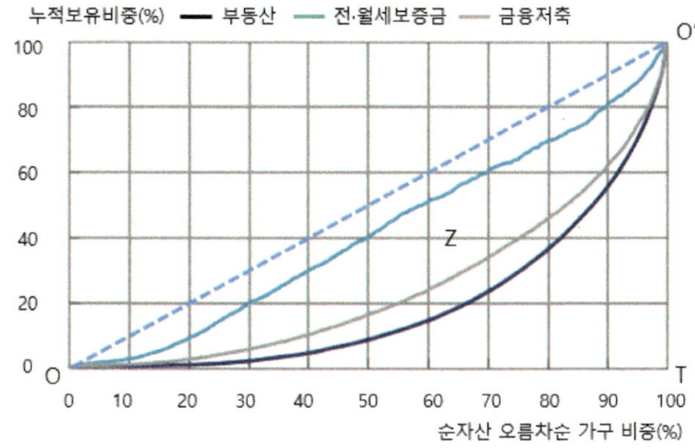

출처 : 통계청 가계금융복지조사

[그림 8-4] 자산별 로렌츠 곡선

경제학에서 로렌츠곡선이란 소득 불평등 정도를 나타내는 대표적인 척도이다. [그림 8-4]에서 가계의 누적자산 분포가 OT 점선에 접근할수록 분배가 평등하고 멀어질수록 분배가 불평등함을 나타낸다. 그림에서 부동산 곡선이 전·월세보증금, 금융저축에 비교하여 가장 멀리 떨어진 것으로 보여 부동산이 매우 불균등하게 분포되어 가계부의 불평등도 격차를 높이는 것으로 보여진다. 순자산 하위 60% 가구가 전체 부동산 자산의 14.4%를 소유하는 데 반해 상위 40% 가구가 소유한 비중은 85.6%에 달하는 것으로 나타나 부동산 자산이 아주 불평등하게 분포되어 있음을 알 수 있다. 이는 부동산 가격 상승이 부의 양극화를 심화시킨다는 의미이다.

3.2 부동산 가격이 소비에 미치는 영향

부동산 가격의 변동은 소비에 직·간접적으로 영향을 미칠 뿐만 아니라, 경제 성장, 물가, 저축 등에도 영향을 미친다. 부동산 가격은 자산효과(또는 부의효과, 이하에서는

나타내는 지표를 만들어서 소득분배의 상대적인 측정을 하고 있다. 지니계수= Z면적(점선과 각 곡선)/△OTO'면적이다. 지니계수 값이 0에 가까울수록 평등하고 1에 가까울수록 불평등함을 나타낸다.

혼용하여 사용한다)와 차입제약(borrowing constraint)을 통해 소비에 영향을 미친다. 자산효과(wealth effect)는 보유 자산의 가격이 미래에 상승할 것으로 예상되면 소비를 늘리는 것이 생애 효용을 극대화하는 것이다. 앞 절에서 설명한 것처럼 가계 자산의 70% 이상이 주택과 같은 실물 자산이고 금융자산의 비중은 미국, 영국 등 유럽 국가들에 비해 낮다. 예를 들어 주택가격이 상승하면 가계의 실질적인 부(wealth)의 증가로 대출 제약을 완화 시켜 소비가 증가하는 부의 효과가 나타나기 때문이다. 그러나 주택을 소유하지 못한 전월세 가구는 오히려 미래 임차 비용 부담으로 작용하여 소비 활동을 위축시킬 수 있다. 자산효과는 주택을 비롯한 부동산 소유자와 비소유자 간 부동산 가격 변동의 방향에 따라 비대칭적(asymmetric)으로 나타난다. 주택 및 전월세 가격 변동이 가계 소비에 미치는 경로는 [그림 8-5]와 같다. 주택을 보유한 가구는 주택가격 상승으로 부 및 담보가치 증대 효과로 자본이득과 유동성 확대로 소비를 늘린다. 반면 주택을 미보유한 임차 가구는 전월세 가격 상승으로 주거비 부담이 증가하고, 소비를 늘리기 위해 차입을 확대하여 이자 비용 증대로 소비가 감소하게 된다.

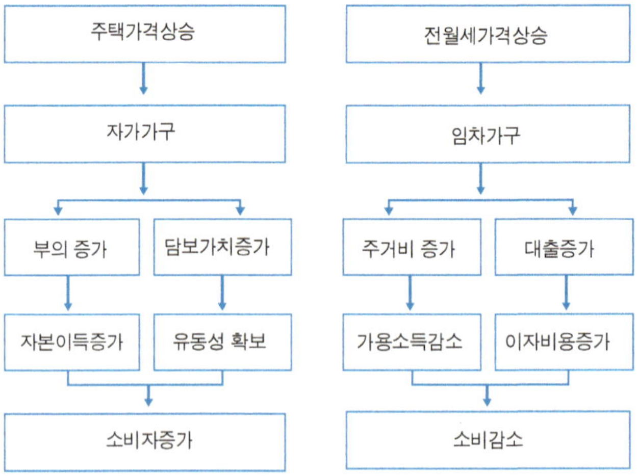

[그림 8-5] 주택가격의 변동이 소비에 미치는 경로

부동산 가격과 소비의 흐름을 살펴보면 2003년부터 2022년까지 주택매매가격, 주택전세가격, 토지가격의 흐름을 [그림 8-6]에서 볼 수 있고, 민간소비 및 GDP의 흐름을 [그림 8-7]에서 볼 수 있다. 주택매매가격은 2005년 초부터 2007년까지 가파른 상승세를 보이다가 2008년 글로벌 금융위기로 부진한 모습을 보였다. 이후 2010년 회복을 보인 후 2018년 초반까지 등락을 반복하면서 안정세를 보이다 2018년 중반 이후 급격한 가파른 상승세를 보인 후 2022년부터 하락하는 모습을 보였다. 전세가격은 큰 흐름에서 대체적으로 주택매매가격의 흐름과 비슷한 추이를 보이나 2011년에 급격한 가파른 상세를 보인 후 2019년까지 지속적 하락하는 양상을 보였다. 이후 2020년 초부터 가파른 상승을 보인 후 하락세를 보였다.

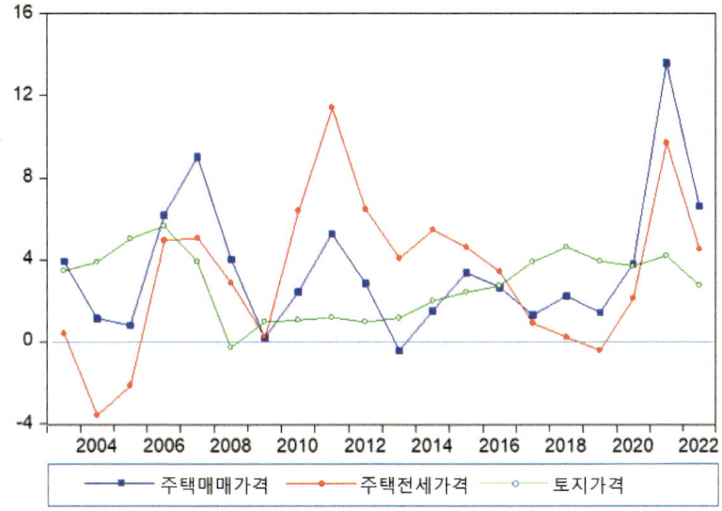

주 : 전년동월비 출처 : KB국민은행

[그림 8-6] 주택매매 및 전세가격, 토지가격 상승률 추이

민간 소비는 [그림 8-7]에서 볼 수 있는 바와 같이 2007년까지 안정세를 이어가다 2008년 글로벌 금융위기로 부진한 모습을 보인 후 2010년에 완만한 상승세를 보인 후 2016년까지 지속적인 하락세를 보였다. 특히 2017년부터 2018년까지는 마이너스 소비 패턴을 보인 후 회복하여 2019년에는 급격한 상승세를 보인 후 COVID-19가 발생한 2020년에 GDP와 함께 마이너스 소비 양상을 보였다. 소비는 최근 2022년부터 회복세를 보였다.

지난 20년 동안 우리나라의 부동산시장과 소비의 흐름은 거시적인 관점에 비슷한 흐름을 보이는 것으로 확인할 수 있다. 주택매매 및 전세가격이 2019년에 비교적 안정세를 보였으나 민간 소비가 2019년에 가파르게 상승한 것을 제외한다면 부동산 가격이 소비에 영향을 미치는 것으로 나타났다.

부동산 가격의 변화는 가계 소비에 영향을 미치는데 가구의 주거 형태와 긴밀한 관계가 있다. 통계청 2023년 주택소유 통계 발표에 따르면 우리나라 가구의 주택 소유 비율은 2022년 말 일반가구 총 2,177만 가구 중 1,223만 가구가 주택을 소유하여 가구 주택 소유율은 56.2%이다. 이를 연령대별로 별로 보면 50세 이상 가구는 66.2% 가 주택을 소유하고 있으며, 30세 미만 가구는 11.2%, 40세 미만 가구는 37.7%, 60세 이상 가구는 67.5%가 주택을 소유하고 있는 것으로 나타났다.

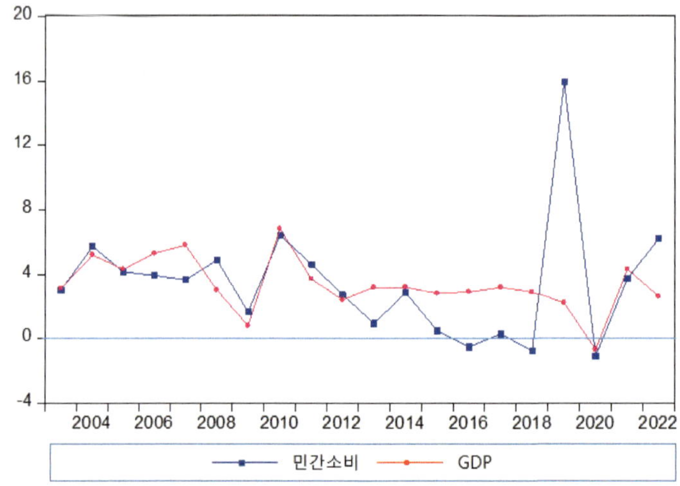

주 : 전년동월비 출처 : 한국은행 경제통계시스템, 통계청 국가통계포탈

[그림 8-7] 민간 소비와 GDP 상승률 추이

주거형태 중 자가주택 보유 비율은 1990년 49.9%에서 소폭 증가하여 2020년 이후 50%대 중반을 유지하고 있으며, 전세는 1990년 20%대 후반에서 2010년에 21.7%를 보인 후 2022년말 325만 7천 가구로 15%를 기록하고 있다. 2010년 후반부터 전세 비중은 점차 낮아지고 월세 비중이 높아지는 추세이다.

[표 8-4] 세계 주요국의 자가주택 소유율

	한국	미국	일본	호주	홍콩	루마니아	독일
주택소유율(%)	56.2	66.0	61.2	66.0	51.5	95.0	46.7
년도	2022.12	2023.09	2018.12	2020.12	2022.12	2022.12	2022.12

출처 : Trading Economics, https://ko.tradingeconomics.com

세계 주요국의 자가주택 소유율은 미국 66%, 일본 61.2%, 호주 66% 수준이고, 루마니아가 95%로 가장 높았고, 독일이 46.7%로 가장 낮은 것으로 [표8-4]에서 볼 수 있다.

자가주택 소유율이 높은 국가일수록 주택 가격의 급격한 변동은 자산효과로 소비에 긍정적인 영향을 미칠 것이고 반대로 자가주택 소유율이 낮은 국가는 주거 비용 부담이 증가하여 소비에 부정적인 영향을 미칠 것이다. 주택과 같은 부동산 자산의 가격상승은 민간소비 증가로 이어져 실물경제를 활성화 시키고 가계소득을 증대시킬 뿐만 아니라 저축을 늘리기도 한다. 반면 서브프라임 모기지 사태나 코로나 팬데믹 위기는 자산 디플레이션을 초래하여 소비 위축, 가계파산, 금융기관 부실화 등 심각한 경제 문제로 이어지기도 한다. 이러한 부동산 가격 변화는 자산효과를 통해 소비에 지대한 영향을 미칠 수 있다는 가설에 엄밀한 증거들 찾으려는 국내외 연구가 수행되고 있다. 자산효과의 정의와 계량분석의 이론모형을 간략히 소개한다.

(1) 자산효과(wealth effect)의 정의

경제학에서 소비의 자산효과란 자산가치의 변화에 따라 가계의 일반적인 소비, 대출 및 투자 패턴이 변화하는 현상을 의미한다. 사람들의 소비는 불규칙한 소득에 의존하기보다 그들이 보유하고 있는 자산가치 변화를 예측하여 소비하는 행태를 보인다. 즉 불규칙한 소득의 흐름 대신 보유하고 있는 자산을 담보로 차입을 늘려 전 생애에 걸쳐 소비를 안정적으로 하려는 경향이 있는데 이를 가리켜 소비평활화(intertemporal consumption smoothing)라 한다. 보유하고 있는 자산의 가치가 상승하게 되면 보유 자산을 담보로 유동성을 늘려 소비와 투자 여력을 확대하려고 하고 반대로 자산가치가 하락하게 되면 소비와 투자를 축소하려는 것을 자산효과라 한다. 이러한 자산효과는 부동산 가격이 상승할 때 차입제약이 완화되어 소비 평활화가 더 크고 부동산 가격이 하락할 때 차입제약으로 소비 평활화가 더 어려워질 수 있다는 논쟁은 종종 연구의 대상이 되고 있다. 주택가격 변동에 따른 소비의 비대칭 파급효과의 존재 유무를 분석하는 것은 연구자의 중요한 주제 중의 하나가 될 수 있다. 최근에 이러한 자산효과가 점차 약화 되고 있다는 주장도 제기되고 있다(Guren et al.,2021; 김기호, 2019; 송태정, 2007). 이처럼 자산효과는 경제 주체의 경제활동에 영향을 미치며 경제정책과도 관련이 있다.

자산효과는 케인지언(J.M. Keynes, 1946) 경제학의 하나로 소비와 저축 간의 관계를 이해하려는 시도에서 출발하였디. 게이스는 소비가 현재 소득뿐만 아니라 예상되는 미래 소득과 자산 상태에도 영향을 받는다고 주장하였다. 부의 변동이 소비에 미치는 영향을 강조하였다. 소비는 현재 소득수준뿐만 아니라 항상소득과 생애 수명 동안 변하는 소득수준, 보유한 자산의 가치 변화에 영향을 받는다는 것이다. 이를 소비함수로 나타내면 식(8-5)과 같다.

$$C = f(Y^p, W) \tag{8-5}$$

(단, C: 소비, Y^p : 항상소득, W: 주식, 주택 등 모든 자산)

식(8-5)을 기본 모형으로 소득뿐만 아니라 주식, 채권, 주택, 자산효과를 실증적으로 분석할 수 있는 아주 중요한 함의를 준다.

(2) 자산효과(Wealth Effect)분석 모형

자산가치의 변동이 부의 효과를 통해 실물경기와 물가에 영향을 미치는 이론적 배경을 소개한다. 자산효과를 분석할 수 있는 이론적 배경이 되는 모형은 이항용(2004)의 모형을 원용하면 다음과 같다.

어떤 시점에서 개별 소비자의 예산제약(period-by-period budget constraint)은 다음과 같이 간단히 나타낼 수 있다.

$$W_{t+1} = (1 + R_{W,t+1})(W_t - C_t).. \tag{8-6}$$

식(8-6)에서 C_t는 t기의 소비를, W_t는 t기초에 소비자가 보유하고 있는 부(wealth)를 나타낸다. 이때 부는 소비자가 보유하고 있는 실물 및 금융자산(asset wealth, A_t)만 아니라 소비자의 인적자본(human wealth, H_t)까지도 포함하는 개념이다. $R_{W,t+1}$은 t기에 부를 투자하여 $t+1$기에 얻을 수 있는 수익률이다. 식(8-6)의 양변을 W_t로 나누면 식(8-7)을 구할 수 있다.

$$\frac{W_{t+1}}{W_t} = (1 + R_{W,t+1})\left(\frac{C_t}{W_t}\right) \tag{8-7}$$

캠별과 맨큐(Campbell and Mankiw, 1989), 캠별(Campbell, 1993), 레타우와 루드빙슨

(Lettau and Ludvigson, 2000) 등은 식(8-7)을 로그 선형화(log linearization)하여「소비-부의 비율」(consumption-wealth ratio)을 미래의 소비 증가율 및 부의 기대수익으로 표현한 방식으로 식(8-7)의 양변에 로그를 취한 후 균제상태(steady state)를 중심으로 선형화하면 식(8-8)을 얻을 수 있다.

$$\triangle w_{t+1} = k + r_{w,t+1} + (1 - 1/\rho)(c_t - w_t) \qquad (8\text{-}8)$$

식(8-8)에서 소문자로 표시된 변수는 로그 변환된 값을 의미하며 $k = \log\rho + (1-1/\rho)(\overline{c-w})$ 및 $\rho = 1 - exp(\overline{c-w})$이다.[5] 이제 식(8-8)을 미래에 대하여 풀어서 정리하면 소비자의 로그 선형화된 기간 간 예산제약(intertemporal budget constraint)을 나타내는 식 (8-9)가 도출된다.

$$c_t - w_t = \frac{\rho}{1-\rho}k + E_t\sum_{i=1}^{\infty}\rho^i\,(r_{w,t+i} - \triangle c_{t+i}) \qquad (8\text{-}9)$$

식 (8-9)가 의미하는 바는 현재 시점에서의「소비-부의 비율」은 미래의 부의 수익률과 소비증가율에 의해 결정된다는 것이다. 즉, 소비자가 미래의 수익률이 높을 것으로 예상하거나 또는 미래의 소비 증가율이 낮을 것을 예상하는 경우 현재의「소비-부의 비율」이 높게 나타난다. 한편 소비자의 로그 변환된 부 w는 인적자본 h와 실물 및 금융자산 a의 가중평균(식 (8-10))으로, 수익률 r_w은 인적자본에 대한 수익률 r_h와 실물 및 금융자산에 대한 수익률 r_a의 가중평균(식 (8-11))으로 나타낼 수 있다. 이때 $\beta = (\overline{H/W})$ 및 $1-\beta = (\overline{A/W})$이다.

$$w_t = \beta h_t + (1-\beta)a_t, \qquad (8\text{-}10)$$

$$r_{w,t} = \beta r_{h,t} + (1-\beta)r_{a,t}. \qquad (8\text{-}11)$$

식(8-10)과 (8-11)을 이용하여 식(8-9)을 다시 정리하면 식(8-12)이가 된다.

5) $\overline{c-w}$는 $c-u$의 균제상태에서이 값을 의미한다.

$$c_t = \beta h_t + (1-\beta)a_t + \frac{\rho}{1-\rho}k + E_t \sum_{i=1}^{\infty} \rho^i \left(\beta r_{h,t+i} + (1-\beta) r_{a,t+i} - \triangle c_{t+i}\right) \tag{8-12}$$

그런데 소비자의 인적자본은 직접 관찰할 수 있는 변수가 아니므로 실증분석을 위해서는 인적자본을 관찰 가능한 변수로 나타낼 필요가 있다.[6] 노동소득 Y_t를 인적자본 H_t에 대한 수익이라고 하면 $Y_t = R_{h,t}H_t$이 되고 이로부터 로그선형화를 통하여 다음과 같은 결과를 얻을 수 있다.[7]

$$h_t = \rho_y k_y + y_t - \rho_y r_{h,t+1} = \rho_y k_y + y_t - z_t \tag{8-13}$$

식(8-13)을 이용하여 식(8-12)을 다시 정리하면 다음과 같다.

$$\begin{aligned} & c_t - \beta y_t + (1-\beta)a_t \\ &= \frac{\rho}{1-\rho}k + E_t \sum_{i=1}^{\infty} \rho^i \left(\beta r_{h,t+i} + (1-\beta) r_{a,t+i} - \triangle c_{t+i}\right) + \beta z_t \end{aligned} \tag{8-14}$$

식(8-14)는 소비, 소득 및 부의 세 변수 간의 관계를 나타내는 실증분석 모형의 이론적 토대를 제공한다. 소비를 소득, 주택 등 부동산, 주식, 채권 등 금융자산에 대하여 벡터자기회귀(VAR) 모형, 벡터오차수정모형(VECM), DOLS 모형 등으로 구성하여 회귀식을 추정하면 각각 소득, 주택 등 부동산 자산, 주식 등 금융자산에 대한 소비의 탄력성을 구할 수 있다. 이런 분석 모형을 이용하여 추정한 추정계수가 소득과 자산(주택, 주식 등 모든 자산)에 대한 장기탄력성 값이다.

주택 등 부동산 자산가치 변동이 소비에 미치는 부의 효과의 크기와 방향은 시점, 자료, 분석모형, 국가에 따라 실증분석의 결과가 조금씩 차이가 있는 것으로 보고 되고 있다. 대체적으로 부동산 자산의 가격 변동은 소비에 영향을 주어 실물경기를 확대시

6) Lettau and Ludvigson(2000)은 인적자본 시계열의 비정상적인 부분(nonstationary component)은 노동소득으로 표현될 수 있다고 가정하였다.

7) 단, $\rho_y = (1+\exp(\overline{y-h}))/\exp(\overline{ay-h})$ 및 $k_y = \log(1+\exp(\overline{y-h})) - \rho_y(\overline{y-h})$이다.

키고 이는 물가를 상승시키는 것으로 나타나고 있다. 특히 우리나라는 주택의 자산 증식의 수단으로 이용하려는 경향이 강하여 젊은 세대의 내 집 마련 기회와 소득재분배 차원에서 면밀한 정책적 배려가 필요하다.

3.3 부동산 가격이 저축에 미치는 영향

주택 자산이 저축에도 영향을 미친다. 주택가격이 상승하면 주택 소유자의 자산가치가 증가한다. 이는 주택 소유자가 더 많은 자산을 보유하게 되어 금융적 안정성을 높일 수 있다. 따라서 주택 소유자들은 자신의 자산가치를 느끼고 저축을 더욱 적극적으로 할 수 있다. 즉 주택과 부동산을 담보로 대출을 늘려서 투자하거나 저축을 증가시킨다. 주택가격의 변동은 주택 소유자들의 자산가치, 대출 가능성, 소비 심리 및 금융시장에 영향을 주어 저축에도 영향을 줄 수 있다. 그러나 부동산 가격이 상승할 때 저축이 증가할지 아니면 소비가 증가할지는 그 당시 경제, 사회, 문화적 환경과 심리에 따라 다를 수 있기에 단정적으로 저축이 증가한다고 일의적으로 말할 수 없다. 특히 소득이 낮은 계층은 저축보다 소비 심리가 더 커서 사회 전체적으로 저축이 증가하는지는 실증적으로 규명이 필요하다. 임미화·정의철(2011)은 주택가격의 상승은 저축보다 소비를 늘리고 주택가격이 하락할 때는 저축률이 증가한다는 연구를 제시하였다. 주택가격의 상승이 저축을 늘릴 수 있는지에 대한 연구가 충분하지 않아 추가적인 연구가 필요하다.

3.4 부동산 가격이 물가와 인플레이션에 미치는 영향

(1) 부동산 가격이 물가에 미치는 영향

물가란 모든 재화 가격의 종합적 움직임을 나타내는 추상적 개념이다. 이런 물가의 동향을 지표로 나타낸 것이 물가지수이다. 경제학에서 물가지수는 소비자물가지수(consumer price index), 생산자물가지수(producer price index), GDP디플레이터(GDP deflator)가 있다. 그런데 부동산 가격 변동이 부의 효과를 통해 소비와 물가에도 영향을 미친다고 알려져 있다.

주택과 같은 부동산 가격의 변동이 소득과 소비에 영향을 미친다는 연구 결과는 다수 존재하지만 물가에 영향을 준다는 연구는 그다지 많지 않다. 주택과 같은 자산 가격의 변동이 소비나 물가에 미치는 영향은 주택가격의 변동 방향이나 가계 채무, 경기 상황에 따라 다르다. 자산 가격이 상승할 때보다 하락할 때 소비나 물가에 더 크게 영향을 미친다. 우리나라는 주택을 구입할 때 비교적 큰 부채를 이용한다. 따라서 주택가격이 하락하면 차입 여력이 감소할 뿐만 아니라 원리금 상환 압박으로 소비가 크게 위축되어 소비가 감소하면서 물가하락을 가중시킨다. 이러한 패턴은 경기상승 시 보다 경기하강 시 더욱 뚜렷하게 나타나는 것으로 알려져 있다. 자산 가격의 변동이 물가에 미치는 영향은 가계채무, 경기 등의 요인에 따라 비대칭적(asymmetric)으로 물가에 영향을 미치는 것으로 알려진다.

가계 자산 중에서 주택 자산이 70% 이상을 점유하고 있는 점을 고려하여 주택가격 변동이 물가에 미치는 경로는 [그림 8-8]과 같이 나타낼 수 있다. 주택가격이 상승할 때 가계 채무가 없고 경기가 호황일 경우 부의 증가 효과를 통해 소비 여력이 확대되고 이것이 생산과 고용 확대로 이어져 총수요가 증가하여 물가는 상승한다. 주택가격이 하락할 때 가계 채무가 있고 경기가 불황일 경우 금융비용 부담 증가 효과를 통해 소비 여력이 위축되고 이것이 생산과 고용축소로 이어져 총수요가 감소하여 물가는 하락한다.

주택가격이 물가에 미치는 영향은 주택가격이 상승할 때보다 하락할 때 물가에 미치는 영향력이 더 큰 것으로 알려져 있다. 이는 주택가격이 하락하면 기존 주택을 담보로 대출을 받은 차주의 원리금 상환 부담이 증가하고, 신규대출도 더 어려워지기 때문이다. 또한 LTV 및 DTI, DSR도 더 강화되어 신용 접근성이 까다로워지기 때문이다.

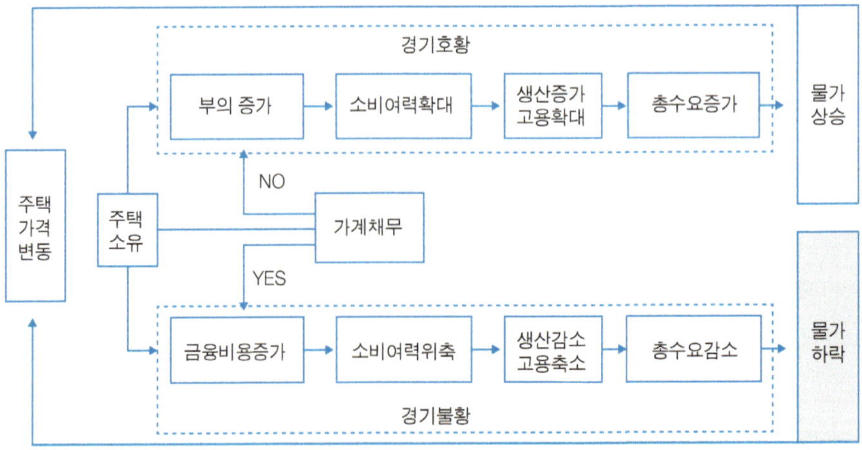

[그림 8-8] 주택가격의 변동이 물가에 미치는 경로

주택가격의 변동과 소비자물가 움직임의 1986년 1월부터 2023년 12월까지 추이를 살펴보면 약간의 차이는 있으나 장기 시계열적으로 우상향의 궤적을 [그림 8-9]에서 볼 수 있다. 소비자물가 흐름은 완만한 상승을 보이나 주택가격은 1997년 IMF 외환위기로 심한 부침을 보였으나 이후 완만한 상승을 이어가다 문재인 정부 기간 동안 2018년부터 2022년까지 급격히 상승한 것을 볼 수 있다. 이와 같은 흐름으로 비추어 볼 때 주택가격의 변동은 소비자물가와 유사한 궤적을 보이나 IMF 외환위기나 글로벌 COVID-19와 같은 팬데믹 사건과는 특이성을 동시에 보였다.

주택가격은 물가와 밀접한 관련이 있으며 물가에 미치는 영향은 여러 가지 요인에 의해 결정된다. 물가가 상승하면 주택가격도 함께 상승할 수 있다. 이는 주택 건설에 필요한 재료 및 노동비용의 증가, 그리고 인플레이션으로 인한 투자수요 증가 등으로 설명될 수 있다. 또한 정부의 부동산 관련 정책은 주택가격에 영향을 미친다. 예를 들어, 세제 혜택, 주택 구매를 지원하는 프로그램, 도시개발 계획 등은 주택가격에 영향을 줄 수 있다. 이러한 요인들은 주택가격이 일방적으로 물가에 영향을 미치는 것이 아니라 거시경제 요인들이 주택가격에 상호영향을 미치며 물가와 주택가격은 시스템적으로 영향을 미치게 된다.

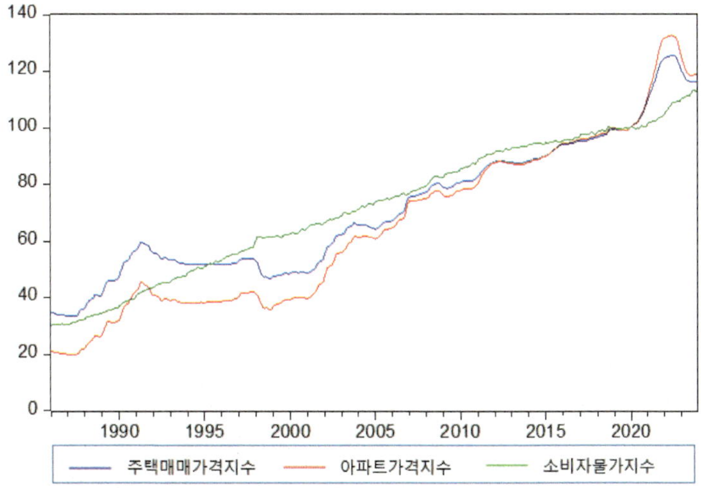

출처 : 한국은행 경제통계시스템, KB 국민은행,

[그림 8-9] 주택가격지수와 소비자물가지수 추이

(2) 주택가격이 인플레이션(Inflation)에 미치는 영향

최근 2020년 1월부터 시작된 COVID-19에 따른 경기 침체를 극복하고자 양적완화(통화공급증가)와 우크라이나 전쟁에 기인한 글로벌 공급망 교란 요인으로 세계 각국은 높은 인플레이션 위험에 직면하고 있다. 인플레이션은 부(wealth)의 불균등과 실질 구매력 감소로 경기를 위축시킬 수 있어 물가안정이 매우 중요한 국가적인 정책과제가 되고 있다. 또한 인플레이션의 장기화는 고정수익 증권으로부터 수익률의 손실을 초래할 수 있지만, 주택이나 금 등의 실물자산은 수익률을 제고할 수 있다. 그래서 장기적으로 주택과 같은 실물자산을 보유하는 경우 투자가들은 불확실한 미래에 인플레이션 위험으로부터 자산수익률을 보전할 수 있는 실물 투자에 관심을 가지는 것이 일반적이다. 인플레이션으로 인하여 위험을 회피하고자 안전한 자산에 투자하는 행위를 인플레이션 헷지(inflation hedge)라 한다.

주택가격의 변동성이 장단기적으로 인플레이션에 대해 좋은 헷지 수단이 될 수 있는지 실증적 연구가 수행돼왔다. 왜냐하면 소득재분배 정책과 효율적인 투자 포토폴리오(portfolio) 전략을 수립하는 데 중요한 정보가 되기 때문이다. 현재까지 주택, 주식, 채권 등 금융자산 수익률을 중심으로 인플레이션 헷지 여부에 관해 국내외에서 많은 연구가 수행되었다.

파마와 슈워츠(Fama and Schwert, 1977), 네웰(Newell, 1996), 피아제시와 슈나이더(Piazzesi and Schneider, 2008), 아몬헤마난외(Amonhaemanon et al., 2013), 카츠외(Katz et al., 2016), 팡과 리유(Fang and Liu, 2022), 박정윤(1990), 최희갑·임병준(2009), 최차순(2012), 김상배(2015), 등을 들 수 있다. 분석 방법에 따라 나라별 다소 차이가 있을 수 있으나 주택이 인플레이션에 헷지 수단이 될 수 있는 것으로 알려져 있다.

엡과 린(Yeap and Lean, 2017)은 ARDL 모형을 이용해 말레이시아 주택의 장·단기에 비대칭적 인플레이션 헷지 효과를 분석한 결과 단기에는 헷지 유의성이 낮았지만, 장기에는 유의성이 높다는 것을 제시하였다. 뉴웬(Nguyen, 2022)은 Deep learning Method와 EGARCH 모형을 이용해 미국과 일본의 주택에 투자하는 것이 장기적으로 인플레이션 헷지 능력을 가질 수 있는지 분석하였다. 분석에 의하면 미국과 일본의 주택은 장·단기 기대 및 기대하지 못한 인플레이이션에 헷지 효과가 존재함을 제시하였다. 그런데 일본의 주택은 나쁜 뉴스에 더 민감한 반응을 보이나 미국의 주택은 좋은 뉴스에 더 민감한 반응을 보인다는 비대칭적 반응을 제시한다.

최차순(2023)은 EGARCH 모형과 DOLS 모형을 이용해 장·단기 주택과 금의 인플레이션 헷지 효과에 대해 실증분석 하였다. 분석에 의하면 단기에 주택의 인플레이션 헷지 효과는 기대 인플레이션에서만 헷지 효과가 존재하는 것으로 나타났으나, 기대하지 못한 인플레이션에 대해서는 헷지 효과는 확인할 수 없었으며, 금에 대한 인플레이션 헷지 효과는 존재하지 않는 것으로 나타났다. 주택과 금의 가격 변동성은 뉴스 충격에 대한 양(+) 비대칭 효과를 모두 가지는 것으로 나타났다. 이상의 국내외 연구를 종합하면 주택가격의 변동은 인플레이션에 정(+)의 영향을 미치고, 인플레이션은 장기적으로 주택가격에 영향을 미친다.

3.5 부동산 가격이 국제수지에 미치는 영향

(1) 부동산 가격이 국제수지에 미치는 이론적 배경

우리 경제에서 부동산, 주식 등 자산의 비중이 커지면서 자산 가격의 변동이 국제수지에 다양한 경로를 통하여 영향을 미친다. 특히 개방경제를 지향하는 우리나라 가계의 자산 중에서 부동산 비중이 70% 수준을 상회하는 가운데 부동산 가격의 상승은 경상수지에 적지 않은 부담으로 작용한다. 부동산 자산의 가격상승은 국제수지에 [그림 8-10]과 같이 세 가지 경로로 영향을 미친다.

첫째, 부동산 가격 상승의 부의효과(wealth effect)로 소비가 증가하여 국제수지 악화를 초래한다. 부의 효과로 내수 상품뿐만 아니라 수입 상품에 대한 수요가 늘어나 경상수지에 부정적 영향을 미치게 된다.

둘째, 소비가 늘어나면서 기업이 생산을 증가시키기 위해 설비 투자를 유발하여 국제수지 악화를 가져온다. 우리나라는 수출주도 산업구조로 소비와 수출이 늘어나면 매출이 증가하여 기업의 재무적 가치보다 주식의 시장가치가 증가하게 된다. 기업의 시장가치가 높아지면 상대적으로 기업의 재무적 가치가 줄어들어 토빈의 Q효과는 높아진다. 토빈의 Q효과[8]가 높아진다는 의미는 기업이 자산을 효과적으로 활용하여 미래

8) 토빈의 Q효과(Tobin's Q Effect)는 경제학자 제임스 토빈(James Tobin)이 개발한 개념으로, 기업의 투자 결정과 주가의 관계를 설명하는 데 사용되는 지표이다. 토비의 Q는 기업의 시장가치를 재무적 가치로 나눈 것이다(Q = 기업의 시장가치/재무적가치). 여기서 기업의 시장가치란 기업의 제품 판매가 늘어나면 주식시장에서 기업의 시가총액 등을 통해 나타나는 기업의 시장 평가액을 의미하고, 재무적

에 추가적인 이익을 창출할 것으로 기대되기 때문에 기업은 자본을 투자하여 생산설비 수입을 확대한다. 따라서 국제수지 악화를 초래하게 된다.

셋째, 부동산 가격상승으로 물가가 오르게 되면 인플레이션을 진정시키고자 통화 당국이 이자율을 올려서 실질 실효환율이 상승(원화 가치상승)하게 된다. 원화 가치가 상승하고 외화 가치가 내려가면 수입재 수요가 증가하여 경상수지 적자를 초래할 수 있다. 이를 환율 효과라 한다.

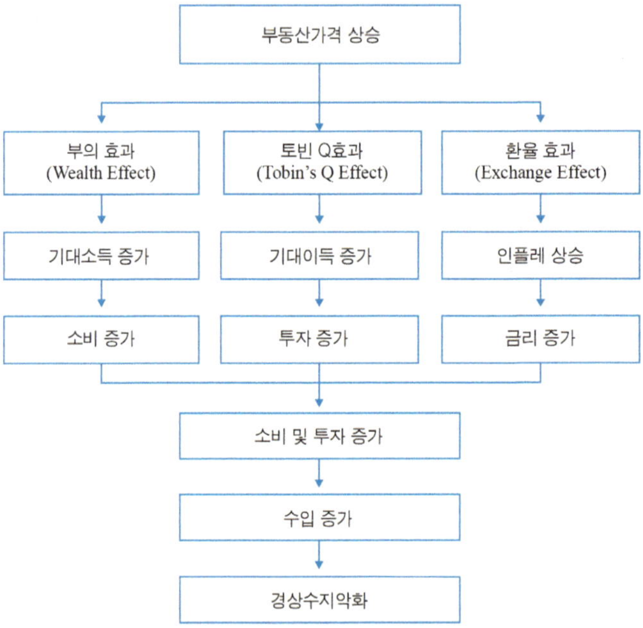

[그림 8-10] 부동산 가격의 경상수지 파급경로

(2) 자산 가격이 경상수지에 미치는 실증적 연구 사례

앞 절에서는 주택과 같은 자산 가격이 변동하는 경우 경상수지에 영향을 미치는 경로를 살펴보았다. 주가에 비해 주택 자산의 가격 변동은 경상수지에 부정적인 상관관계가 분명히 나타나는 것을 볼 수 있었다. 주택이나 주가와 같은 자산 가격의 변동이

가치는 기업의 자산가치 등을 고려하여 측정한 내재가치를 의미한다. 토비의 Q가 1보다 크면, 기업의 시장가치가 그에 상응하는 자사 가치보다 높다는 것을 의미한다. 이 경우는 기업의 투자가 증가한다. 토비의 Q가 1보다 작으면, 기업의 시장가치가 그에 상응하는 자사 가치보다 작아서 투자가 감소한다. 따라서 토빈의 Q효과는 기업의 투자 여부를 판단하는 중요한 지표 중의 하나이다.

경상수지에 미치는 영향에 관한 국내외 연구를 살펴보자.

우선 해외 연구 사례들을 살펴보자. 글로벌 무역 불균형의 당사자인 미국이 경상수지 적자가 어디에서부터 발생하였는지를 프라취슈어, 쥬베널, 사르노(Fratzscher, Juvenal and Sarno, 2007)가 베이지안 구조 VAR 모형(Bayesian Structural Vector Autoregressive Model)을 사용하여 추정하였다. 이들은 1974년부터 2005년까지의 주가와 주택가격, 경상수지 분기별 자료를 이용하여 분석한 결과, 경상수지 변동에 자산 가격의 변동이 32% 정도를 설명하고 환율 변동은 7% 정도를 설명할 수 있다고 보고하였다. 경상수지 변동에 주가가 20%, 주택가격이 12% 정도 영향을 미친다는 것을 제시하였다. 한편, 프라취슈어와 스트라우버(Fratzscher and Straub, 2009)는 G7 국가를 대상으로 주가의 상승이 경상수지에 미치는 파급효과를 [표8-5]같이 제시하였다.

[표 8-5] 주가 10% 상승 시 GDP 대비 무역수지의 충격반응 크기

	미국	영국	독일	프랑스	이태리	캐나다	일본
1분기 후	-0.36	1.28	-0.09	-0.17	**-0.70**	-0.17	0.28
8분기 후	-0.66	0.28	**-0.58**	**-0.58**	-0.43	-0.04	0.21
16분기 후	**-0.91**	**-0.61**	-0.06	-0.06	0.32	**-0.61**	**-0.25**

출처 : Fratzscher & Straub(2009)

미국의 경우 주가가 10% 상승하게 되면 16분기 후까지 서서히 GDP 대비 무역수지가 악화되는 것으로 보였고, 이태리를 제외하고 영국, 독일, 캐나다, 일본은 8분기부터 16분기 사이에 부정적 무역수지 변화가 크게 일어나고 있는 것을 볼 수 있다. 이는 자산 가격 충격이 경상수지에 영향을 미칠 경우, 민간 소비에 대한 부의 효과가 일정 부분 작동하고 있음을 시사하는 것이라 할 수 있다(이원기·최재림, 2010).

한편 우리나라의 사례를 살펴보면, 이원기·최재림(2010)의 연구 결과에 따르면 주가와 주택가격의 충격이 경상수지에 부정적인 영향을 주는 것으로 분석하였다. 이들은 주식 가격의 충격이 12분기까지 0.01~0.02, 주택가격의 충격이 8분기까지 0.01~0.06, 환율 충격이 0.01~0.08 정도로 경상수지에 부정적인 영향을 미친다고 분석하였다. 이는 우리나라의 경우 프라취슈어와 스타우버(Fratzscher and Straub, 2009)의 연구와 달리 상대적으로 자산의 충격이 경상수지에 미치는 영향이 작다는 것을 의미한다. 이와 같은 분석은 글로벌 무역 국가를 지향하는 우리나라도 자산 가격상승이 무역수지에 부

정적인 영향을 미칠 수 있으며 점차 확대될 것으로 추정된다.

3.6 부동산 가격 변동이 금융기관 수익성에 미치는 영향[9]

(1) 부동산시장과 금융시장 관계

우리나라는 대외 개방 경제체제를 추구하면서 금융시장 개방화도 함께 추구해 왔지만 1997년 IMF 외환위기를 겪기 전까지 부동산시장은 폐쇄 시장을 유지해 왔다. 외환위기 전까지는 산업화와 도시화에 힘입어 부동산시장도 건실한 성장을 지속해 왔지만 예기치 못한 외환위기로 부동산 가격이 폭락하면서 침체기를 맞기도 했고, 부동산시장이 조기 개방화되면서 부동산시장의 변동성은 더 확대되었다.

외환위기 전까지 예금은행의 대출금 대부분은 기업 중심 대출이 실행되었으나 외환위기 이후 가계 위주의 담보대출이 급증하는 형태를 보여왔다. [그림 8-11]에서 볼 수 있는 바와 같이 일반은행의 주택담보대출 비중이 1990년에 40.6%이었으나 2017년에

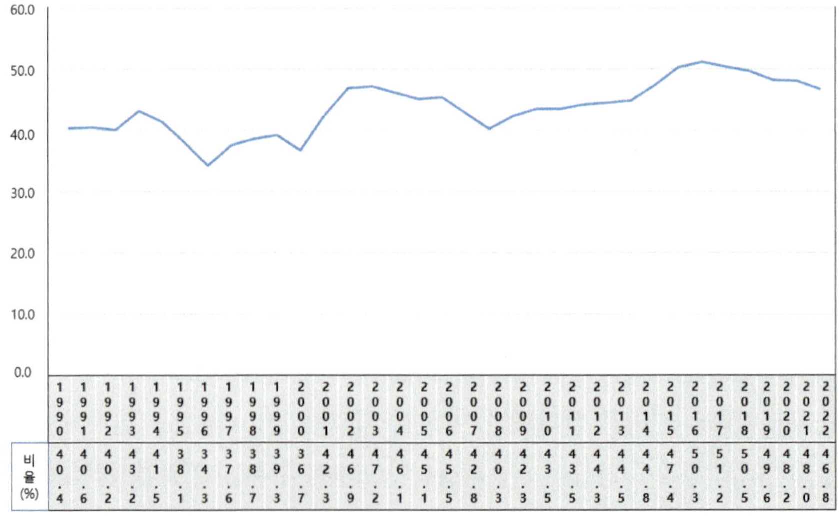

	1990	1991	1992	1993	1994	1995	1996	1997	1998	1999	2000	2001	2002	2003	2004	2005	2006
비율(%)	40.4	40.6	40.2	43.2	41.5	38.1	34.3	37.6	38.7	39.3	36.7	42.3	46.9	47.2	46.1	45.1	45.5

	2007	2008	2009	2010	2011	2012	2013	2014	2015	2016	2017	2018	2019	2020	2021	2022
비율(%)	42.8	40.3	42.3	43.5	43.5	44.3	44.5	44.8	47.4	50.3	51.2	50.5	49.6	48.2	48.0	46.8

주) 1. 비율=주택담보대출/가계대출
출처 : 한국은행 경제통계시스템, KB 국민은행

[그림 8-11] 부동산담보대출 비율 추이

9) 고성수, 「국내 부동산 가격변동이 은행권에 미치는 영향분석」, 연구보고서를 참조하였음, 2011.

는 51.2%로 은행 대출의 절반 이상이 주택담보대출로 외국[10]에 비해 상당히 높다. 이는 외환위기로 기업중심 대출로 은행이 혹독한 시련을 경험한 후 기업 위주에서 가계 위주 대출 방향으로 선회했기 때문이다.

금융시장이 주택 시장과 융합하면서 빠르게 성장하고 있다. 부동산시장과 금융시장은 상호 시스템적으로 작동을 하면서 상관관계가 높아져 실물경제와 금융경제의 불균형으로 금융위기를 초래하기도 한다. 미국에서 발생한 2008년 서브프라임 모기자 사태로 국내 부동산 가격이 폭락하자 금융기관의 건전성에 대한 우려가 제기되기도 했다. 2000년 이후로 급격히 증가한 프로젝트 파이낸싱(project financing; PF)[11] 대출이 최근 코로나 위기(COVID-19)와 세계 경기 위축으로 금융기관의 부실화 우려가 현실화하고 있다. 특히 증권사나 저축은행들이 지난 수년간 외형 성장에 치우쳐 경쟁적으로 PF 대출을 늘려 온 결과 2023년 6월 말 총133조 1000억 원의 대출이 이루어진 상황에서 내수 경기의 장기적인 침체로 금융기관의 부실화로 이어질 수 있다.

부동산시장의 경기 침체가 금융기관의 부실화로 바로 연결되는 것은 아니지만, 금융기관의 건전성에 영향을 미칠 수 있다. 부동산 가격 하락은 금융기관의 연체율 증가, 수익성 악화 등의 부실화로 연결되고 금융기관의 부실화는 국민경제 침체를 장기화할 수 있기 때문이다. 이는 부동산 가격 변동은 담보가치의 변화를 통해 은행 대출 규모, 연체율, 부도율, 수익성 경영성과에 영향을 미칠 가능성이 크다. 부동산 가격 상승으로 담보가치가 상승 시에는 경쟁적인 대출 증가로 은행의 수익성이 증가할 것이지만, 반면에 부동산 가격이 하락 시에는 대출자산 부실화 수익성 악화로 금융기관의 건전성을

10) 미국의 주택담보대출 비율은 41.0%(2000.11), 일본 30.2%(1999)이다. 이는 부동산 담보뿐만 아니라 예금 및 유가증권까지 포함된 수치로 순수 주택담보대출은 낮을 수 있다.(김동환, 「담보대출제도에 관한 연구」, 한국금융연구원보고서, 2003)

11) 프로젝트 파이낸싱(Project Financing: PF) 대출이란 담보대출의 일종으로 특정 프로젝트의 사업성 자체가 담보물이 되어 대출거래가 이루어지는 개념이다. 담보 대신에 프로젝트의 사업성 가치에 의해 대출이 이루어진다. 즉, 해당 프로젝트에서 발생할 미래의 현금 흐름이 담보가 된다. 사업 그 자체의 가치를 평가하여 대출이 실행되어 차주의 담보 대신에 사업 가치에만 의존하다 보니 사업 가치가 하락해도 담보를 추가로 요구할 수 없는 대출구조로 대출을 해주는 금융기관이 늘 을의 위치에 서게 된다. 비소구금융(non-Recourse financing)이란 채무자가 담보 부동산 외에 더 이상 책임을 지지 않는 금융방식을 말한다. 소구금융(Recourse financing)은 그 부족분을 다른 자산으로부터 책임을 지는 금융방식을 말한다. 한국의 PF는 PF의 본질적인 개념과는 사실상 아예 다른 개념이라고 봐야 한다. 왜냐하면, 한국의 PF는 외형만 PF의 형태를 하고 있고, 실제로는 '사업성 가치'가 아닌 스폰서의 추가적인 담보를 요구하는 형태이다.

저해할 가능성도 상대적으로 높아진다. 최근 금융기법의 발달로 부동산시장과 금융시장의 동조화(coupling)가 강화되면서 외부 충격의 전이(spillover)가 빠르게 진행되고 있다.

(2) 부동산 가격이 금융시장에 미치는 경로

부동산 가격의 변동이 금융기관에 미치는 경로를 직접적인 영향과 간접적인 영향으로 구분하여 살펴보자. 부동산시장과 금융시장의 동조화가 정보통신(ICT) 및 인공지능(AI) 기술에 힘입어 융합화가 한층 빠르게 진행되면서 부동산시장의 흐름이 금융시장에 즉각적으로 전달되어 금융시장의 변동성 관리에 관심이 주목된다.

부동산을 기초자산으로 한 다양한 부동산 파생상품이 개발되어 증권사나 금융권에서 거래가 될 뿐만 아니라 금융기관에 부동산을 담보로 제공하고 대출을 일으키고, PF를 통해 건설사들이 금융기관으로부터 자금을 융통하고 있어 직간접적인 대출은 금융기관의 중요한 자산의 하나로 취급되고 있다. 국제통화기금(IMF) 외환위기 이후 금융기관들이 기업 대출보다 가계대출을 계속적으로 확대하여 2023년 3분기 말 가계대출이 1,759조원으로 GDP대비 100.8% 수준을 보여 선진국에 비해 매우 높은 편이고, 동기간 주택담보 대출은 1,049조원[12] 넘어서면서 고금리와 경기 침체로 금융기관 부실화의 우려가 사회적 최대 관심사로 부각 되고 있다. 이런 상황 속에서 부동산 가격이 어떠한 경로로 금융시장에 미치는지 살펴본다.

1) 직접적 요인

가. 대출 여력 변동성에 영향

부동산 가격이 상승하게 되면 부동산의 담보가치가 증가하여 금융기관의 대출 여력이 증가한다. 대출 여력이 늘어나게 되면 자산건전성 및 수익성 등 경영성과가 개선될 수 있다. 반대로 부동산 가격이 하락하게 되면 담보가치가 하락하여 부실 여신의 대손충담금 추가 적립 압박이 높아지고 은행은 자기자본 비율(BIS)을 유지하기 위해 대출 여력이 위축된다. 이렇게 되면 금융기관은 자기자본 비율을 유지하기 위해 부실 여신 자산을 처분하거나 신규대출을 축소하게 된다. 따라서 부동산 가격의 하락은 금융기관

---

12) 한국은행 경제통계시스템 참조.

의 건전성을 지키기 위해 대출금 조기 회수와 신규 대출금을 줄이게 된다.

[그림 8-12]는 주택가격 변동과 은행 대출의 움직임을 보여준다. 주택가격은 1986년 아시안게임, 1988년 올림픽 게임 등 국제적인 행사로 내수 경기 확장세에 힘입어 급등세를 보이자 정부는 과열된 주택 시장을 진정시키기 위해서 정부는 1988년 8월에 종합 부동산 대책 발표로 부침을 보인 후 곧바로 크게 반등하였다. 그러나 주택 200만호 건설이 발표되자 1992년 초반에 하락세를 보인 후 1997년 외환위기 전까지 하향 안정세를 지속하다 1997년에 외환위기로 폭락을 보였다. 이후 부동산시장 회복 정책으로 2002년부터 급등세를 보인 후 등락을 반복하며 안정세를 이어갔다. 이후 문재인 정부의 투기수요억제 부동산 정책으로 주택가격은 2018년 중반기부터 2022년 말까지 급등세를 이어가다 2023년 상반기에 하락 안정세를 보이고 있다.

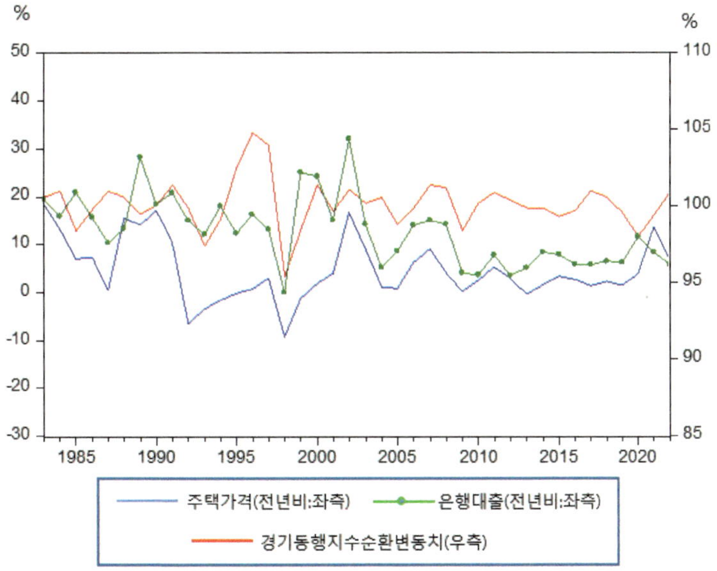

출처 : 한국은행 경제통계시스템, KB 국민은행

[그림 8-12] 주택가격과 은행 대출 및 경기변동 추이

은행 대출의 변동도 주택가격과 경기변동의 흐름과 동행하는 모습을 보인다. 이는 IMF 외환위기로 은행들이 기업 대출의 비중을 줄이고 안전한 주택담보 중심의 가계대출을 늘렸다는 것을 나타내는 것이다. 은행의 대출은 실물경기의 영향을 받기 때문이다. 실물경기가 개선되면 소득수준이 높아지고 경기에 대한 낙관적인 신호로 소비와

투자를 확대하려고 한다.

앞에서 살펴본 부동산시장의 경기가 좋아지면 과연 은행들이 대출을 늘리는가에 대한 상관성을 규명하려는 실증분석 연구가 국내외에서 진행되었다. 부동산 가격의 변동과 금융기관의 대출 여력의 상관성에 대해 굿하트(Goodhart, 1995)는 미국과 영국을 대상으로 부동산 가격과 은행 대출과는 긴밀한 관계가 있음을 보였고, 버냉키외(Bernanke et al. 1994), 기요타키와 모래(Kiyotaki and Moore, 1997)는 부동산 가격이 증가할 때 금융기관들이 더 많은 대출을 제공하고, 이로 인해 부동산 가격이 더욱 상승하는 “양방향적효과(bidirectional effect)”가 존재한다는 금융가속도원리(financial accelerator mechanism)를 제시하였다. 이러한 상황에서 부동산시장의 가격이 상승하면 주택 소유자들의 자산가치가 증가하고, 이로 인해 자산을 담보로 더 많은 대출을 금융기관들이 제공하게 된다. 이렇게 부동산시장의 가격 상승은 대출 증가로 이어지고, 대출 증가가 다시 부동산시장의 가격 상승을 유발하는 과정을 금융가속도원리라 부른다. 이러한 상호 작용은 일종의 긍정적 피드백 루프(feedback loop)를 형성하며, 부동산시장의 변동이 금융경제에 미치는 영향을 강화시킬 수 있다. 박형근·이상진(2006), 고성수(2011) 등은 부동산 가격 변동성과 은행대출 간에 긴밀한 연관성이 있음을 제시하였다. 이는 2008년 글로벌 금융위기를 온 세계가 경험하였듯이 부동산시장의 변동이 금융시스템과 경제 전반에 미치는 영향을 이해하는 데 중요한 통찰력을 제공한다.

나. 수익성에 영향

부동산 가격의 변동성은 금융기관의 자산건전성과 수익성에 직간접적으로 영향을 미친다. 이러한 영향은 은행 대출 신용심사가 관대해지고 부동산담보대출 비중이 높은 상황에서 수익의 상당한 부분이 예대마진에 치우쳐 있는 은행의 수익구조에서 크게 일어날 가능성이 높다. 부동산시장에서 가격이 상승하면 주택 소유자들의 자산가치가 증가하고, 이에 따라 부동산 담보 대출이 증가할 수 있다. 은행은 대출을 통해 이자 수익을 창출하므로 대출 증가는 은행의 이윤을 증가시킨다. 예를 들어 아파트 분양시장의 경기가 좋으면 분양이 조기에 완료되어 시행사는 대출금을 조기에 상환할 수 있어 은행의 위험성은 낮아지고 수익성이 개선된다. 그러나 부동산 가격이 하락하는 불황기가 되면 담보가치의 급락으로 대출자산이 부실화되어 손실이 발생할 수 있다. 실제 우리나라는 1997년 외환위기로 100년된 조흥은행이 그 이름도 찾을 수 없이 사라진 경험을

했다. 이런 위험은 관대한 대출 심사와 감독기관과 느슨한 금융시스템 메카니즘에서 더 크게 나타날 수 있다.

[그림 8-13]에서 보는 바와 같이 대체로 은행의 수익성은 주택가격의 흐름과 비슷한 방향을 보이면 변하였다. 은행 수익률 자료 구득의 한계로 2008년부터 2022년까지 주택가격 변동과 수익성 변동 추이를 보면, 2008년 글로벌 금융위기로 주택가격이 하락세를 보이자 수익성도 하락하는 방향을 보이다 회복하였고 이후 주택가격의 완만한 등락에 수익률도 대체로 비슷한 변동을 보인 후 문재인 정부 주택가격 상승률과 같은 방향으로 수익률도 변동하는 모습을 보였다.

이에 대해 데이비스 와 쥬(Davis and Zhu, 2005)은 부동산 가격 상승은 은행의 수익성 성과에 긍정적인 정(+)의 효과로 존재함을 제시하고 있다. 국내에서는 홍정효·고보현(2010), 옥영경·김정무·박연정(2019) 등이 시중은행과 지방은행의 재무재표 자료를 토대로 은행의 총대출액과 수익성에는 정(+)의 상관성이 존재함을 제시하였다.

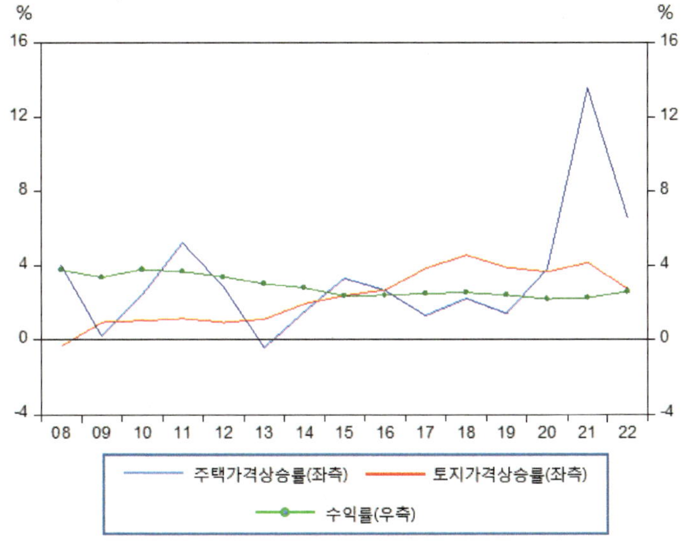

출처 : 한국은행 경제통계시스템, KB 국민은행

[그림 8-13] 주택가격과 은행 수익성 변동 추이

반대로 분양시장이 불경기가 되면 대출금 회수가 지연되고 연체와 부도율이 높아져 은행의 수익성은 악화된다. 대출 증가가 반드시 금융기관의 수익성이 증가한다고 말하기는 어렵다. 왜냐하면 일반적으로 부동산 경기가 양호하면 금융기관은 경쟁적으로 수익을 늘리는 데 치중하다 보면 대출 심사가 다소 느슨해져 부실채권이 대출과 함께 높아지게 되면, 부동산 경기가 조금만 나빠져도 은행의 수익성은 쉽게 악화되어 건전성이 위험해진다.

다. 신용위험에 영향

부동산 가격의 변동성이 커지면 차입자의 신용위험이 높아질 수 있다. 부동산 가격 하락으로 부동산의 담보가치 하락에 따른 차입자의 대출 상환 여력이 낮아지면서 신용위험이 증대될 수 있다. 금융기관은 부동산시장 변동성에 대비하고자 부동산 담보가치 비율(Loan to Value; LTV) 범위내 대출을 하고 엄격한 대출 심사를 거쳐 대출이 이루어 지지만 대출자와 차입자 간의 정보 비대칭성(asymmetric information)으로 부실 채권이 발생하기도 한다.

[그림 8-14]에서 보는 바와 같이 주택가격의 변동성과 연체율은 반대 방향으로 움직이는 것을 볼 수 있다. 1997년 IMF 외환위로 주택가격이 폭락하자 은행의 연체율이 급등하는 모습을 볼 수 있고 이후 주택가격 등락의 방향에 연체율 변동도 같은 방향으로 변동하였다.

주택가격의 변동과 은행의 건전성에 대한 연관성을 규명하고자 국내외에서 다양한 연구가 진행되었다. 박형근·이상진(2006)에 따르면 부동산 가격이 상승하여 은행의

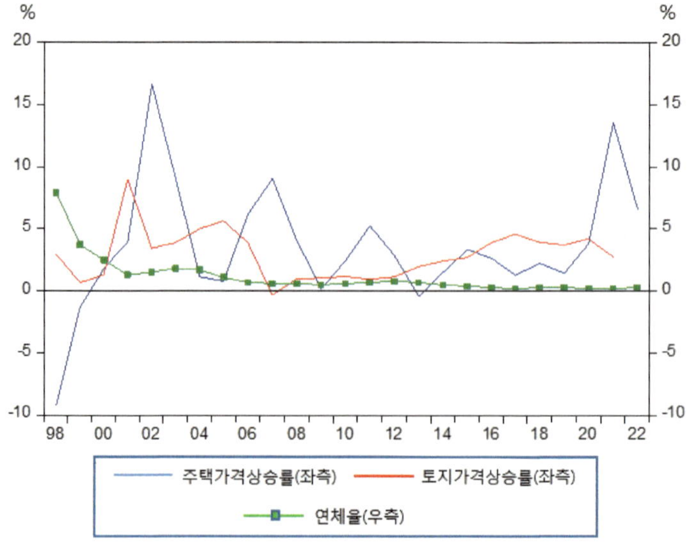

출처 : 한국은행 경제통계시스템, KB 국민은행

[그림 8-14] 주택가격과 은행 연체율 변동 추이

수익성이 개선되는 효과보다 부동산 가격이 하락하여 신용위험이 더 높아져 수익성이 악화되는 효과가 더 크게 나타날 수 있음을 보였다. 은행의 신용위험은 부동산 경기가 좋을 때보다 나쁠 때 비대칭적으로 더 크게 나타났다.

예를 들어 부동산 규제 완화와 COVID-19로 저금리 시장 기조하에 거액의 대출을 받아서 괜찮은 아파트를 비교적 저렴하게 구입하여 임차를 하였다. 그런데 코로나 팬데믹의 터널이 끝을 보이면서 금리가 치솟고 아파트 가격은 하락하고 대출 금융비용이 올라가면서 주택담보대출액과 전세보증금의 합친 금액이 실재 아파트 매매가격에 못 미치는 깡통 주택이 발생한다. 실제 이런 뉴스가 2023년 내내 각 방송사의 매인 뉴스로 오르내렸다. 이렇게 되면 주택을 보유한 사람도 커다란 문제이지만 은행의 신용위험은 눈덩이처럼 커져서 금융시스템 전체가 위기에 처할 수 있다. 게라취와 팽(Gerlach and Peng, 2005)은 홍콩의 27개 은행을 대상으로 부동산 가격 변동과 신용위험 간의 연관성을 분석한 결과 부실 대출자산을 많이 보유한 은행이 수익성 악화와 채무불이행의 가능성도 높아지는 부정적인 관계를 제시하였다.

이상에서 살펴본 은행 성과 지표와 주택가격 변동 간의 상관관계를 [표8-6]과같이 산출해 본 결과, 은행 수익률과 부동산 가격 상승률과는 양(+)의 상관관계를 보였고, 연체율과는 음(-)의 상관관계가 있는 것으로 나타났다. 이는 부동산가격 변동성과 은행의 건전성과 긴밀한 상관성이 있음을 시사하는 것이다.

[표 8-6] 부동산 가격 변동과 은행 경영성과 간 상관계수(2008~2022년)

	대출수익률	연체율	비고
주택매매가격 상승률	0.970	-0.315	
토지 가격상승률	0.993	-0.860	

2) 간접적 요인

부동산 경기의 확장기에는 은행의 대출이 대체적으로 증가하는 모습을 보이고 있다. 부동산 가격 상승은 경기가 좋아지는 신호로 받아들여지면서 가계의 소비와 기업의 투자심리가 확대되면서 은행 대출의 수요도 함께 증가되는 것으로 전 절에서 살펴보았다. 이는 은행 대출의 수요 증가는 실물경기와 밀접히 관련되어 있기 때문이다. 부동산 경기의 상승기에는 부동산담보대출 가치 증가로 사산건전성과 수익성이 전반적으로 향상되어 대출여력이 크게 늘어나 부의 효과와 토빈 Q효과로 소비와 투자가 크게 확대된다. 이는 실물경기에 선순환적으로 영향력이 확대되어 경제 성장에 크게 기여한다. 부동산 경기가 부진할 때는 반대로 소비와 투자가 위축되어 경기가 전반적으로 어려워진다. 이상의 논의를 종합하면 부동산 가격의 상승세는 차주의 담보가치 증가로 은행의 대출여력을 높여 은행의 수익성과 건전성이 향상되는 직접적인 효과도 있지만, 부의효과, 토빈의 Q효과로 소비와 투자가 함께 늘어나 실물경기 활성화로 이어지는 간접효과도 가지고 있다. 이런 직간접적인 효과에 대해 옥영경·김정무·박윤정(2019)은 부동산 가격 상승기보다 하강기에 비대칭적으로 더 크게 증폭될 수 있다고 주장한다. 그러므로 은행 산업의 지속가능한 안정적인 시스템을 유지하려면 은행과 감독 당국이 부동산시장의 동태를 면밀히 모니터링할 필요성이 있다.

3.7 부동산 가격 변동이 주식시장에 미치는 영향

(1) 부동산 가격과 주가의 추이

부동산시장의 변화는 주식시장에 영향을 미치는 것으로 알려져 있다. 우리나라는 1997년 IMF 외환위기로 실물경제뿐만 아니라 금융시장도 심하게 위축되는 것을 경험했고, 2008년 서브프라임 모기지(subprime mortgage) 사태는 글로벌 금융위기를 초래하여 대규모 은행과 금융기관의 파산과 붕괴를 초래했다. 이로 인해 신뢰와 신용도가 떨어지고 금융시스템 전반에 걸쳐 위험회피 심리가 확산하였다. 금융위기는 금융시장에서의 불안을 증폭시켰다. 주가는 급격하게 하락하고 금리는 상승하며 투자자들은 안전 자산을 찾으려고 했다. 글로벌 금융위기는 전 세계적인 영향을 미쳤다. 금융시장의 긴장과 경제 위축은 전 세계적으로 파급되었으며, 국제 무역 및 투자 흐름에도 크게 영향을 미쳤다.

부동산 가격의 변동성과 주가 변동성 간에는 상호 밀접한 관계로 영향을 주고 받으며 소비, 투자, 경제 성장 등 광범위하게 영향을 미친다. 2000년 말 미국의 IT산업 버블 붕괴로 경제성장률이 1%로 떨어지자 저금리 정책을 펼쳤다. 그 결과 자본이 부동산과 주식 등으로 대거 이동하여 집값은 치솟고, 주가도 크게 상승하고 물가도 대폭 상승했다. 주택 시장 진정과 경기 진정을 위해 금리를 인상하면서 이로 인해 서브프라임 모기지론을 비롯한 주택담보 대출자들의 이자 부담이 가중되었다. 금리가 계속 상승하자 대출자들은 높은 금융비용을 감당하지 못하고 파산하면서 서브프라임 모기지 사태가 발생하였다.

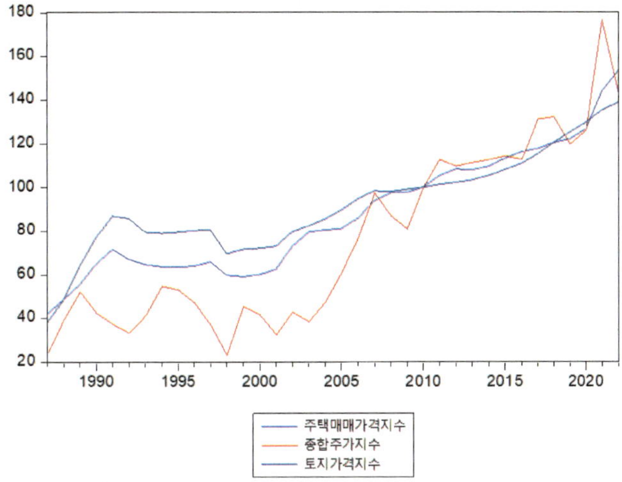

출처 : KB 국민은행, 한국증권거래소

[그림 8-15] 부동산 가격과 주가 간의 변동추이

[그림 8-15], [그림 8-16]는 1987년부터 2022년까지 부동산 가격과 주식가격 간의 움직임 추이를 보여준다. 지난 35년간 주택가격, 토지가격과 종합주가는 미세한 등락의

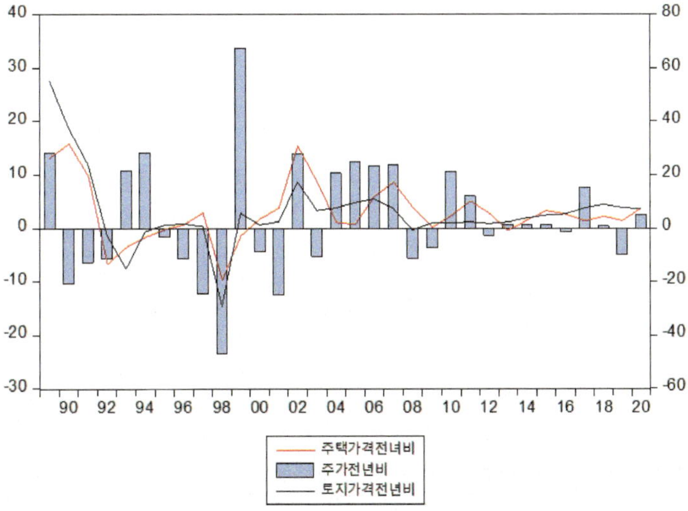

[그림 8-16] 부동산 가격과 주가의 전년비 추이

차이를 보였지만 장기적인 관계에서 부동산 가격과 주가는 같은 방향의 변화 패턴을 그림에서 볼 수 있다.

1997년 외환위기 때 부동산 가격과 주가의 동반 폭락, 2008년 부동산 가격과 주가의 동반 대 폭락을 보이며, 상관성이 상당히 높은 것을 알 수 있다. 또한, 2020년 초반에 코로나로 저금리 기조하에 주택가격과 주가가 함께 폭등하는 모습을 볼 수 있다.

한편, 주택가격이 주가에 미치는 경로를 [그림 8-17]에서 살펴보면, 주택가격 상승으로 신용평가효과(credit-price effect)를 통해 가계나 기업의 담보가치가 증가하면 소비와 투자가 증가되고 소비와 투자가 확대되면 기업은 생산량을 늘려 매출 증가와 수익이 증가하면서 그 기업의 시장가치가 상승하여 주가가 상승하게 된다. 부동산 경기가 침체할 때 부동산시장과 주식시장은 보통 함께 위축되는 경향이 있다. 이는 소비가 감소하고 기업이 투자를 줄이는 경기 침체기에 부동산 가격과 주식 가격이 하락할 수 있기 때문이다.

고 인플레이션은 부동산시장과 주식시장 모두에 부정적인 영향을 미칠 수 있다. 높은 인플레이션은 이자율을 상승시켜 부동산투자 비용을 높일 수 있다. 또한, 고 인플레이션은 기업의 수익성을 저하시키고 주식시장에 불확실성을 증가시킬 수 있다. 주가는 하락할 수 있다.

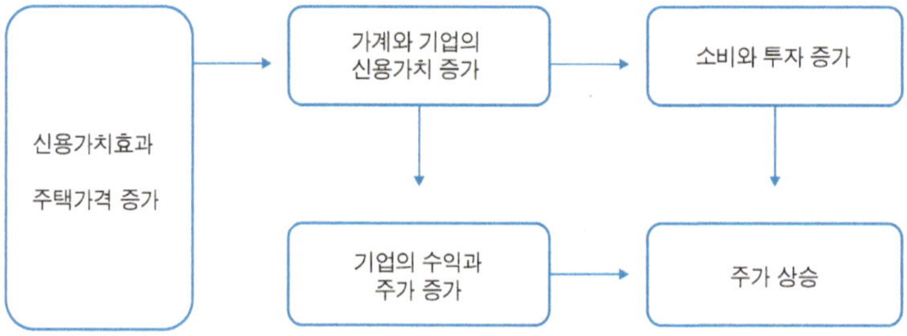

[그림 8-17] 주택가격이 주가에 미치는 경로

(2) 주택가격과 주가 간의 실증적 증거

부동산 가격과 주가는 같은 방향의 움직임을 보이자 부동산 가격과 주가와의 연관성에 대한 관계를 규명하고자 국내외에서 다양한 방법으로 심도 있는 연구가 수행되었다. 연구 결과는 부동산 가격과 주가는 정(+)의 방향으로 움직인다는 것과 다른 하나는 반대 방향으로 움직인다는 결과로 나타났다. 1987년부터 2022년까지 주택가격과 주가와의 상관계수는 0.953, 토지가격과 주가와는 0.904로 나타났다. 부동산 가격과 주가의 상관성이 매우 높다는 것을 의미한다.

[표 8-7] 부동산 가격과 주가 간 상관계수 (1987~2022년)

	주택매매가격지수	토지가격지수	비고
종합주가지수	0.953	0.904	

출처 : 한국증권거래소, 한국부동산원, KB 국민은행

심승훈·장봉기(2006), 최차순(2018)등은 주택가격과 주가는 정(+)의 방향으로 장기적 균형관계가 존재하는 것으로 나타났다. 부동산 가격의 상승은 부의효과(wealth effect)와 신용가치효과(credit price effect)를 통해 주가에 긍정적인 영향(positive relationship)을 미친다는 것이다. 여미향·이영수(2020)는 주택가격과 주가와의 상관성을 국면별로 분석하여 변동성이 높은 국면에서는 정(+)의 영향, 변동성이 낮은 국면에서는 음(-)의 상관성이 있다는 것이다. 이는 주택가격이 상승할 때보다 하락할 때 더 민감하게 영향을 미친다는 의미이다. 즉 주택가격과 주가와의 상관성이 비대칭적이다. 앞 절에서 살펴본 바와 같이 주택 경기가 호경기보다 불경기에 주가가 더 민감하게 반응한다는 것을 의미한다.

오큐뉴브, 윌슨과 주르브루에그(Okunev, Wilson and Zurbruegg, 2000), 송경섭·정문오·이상엽(2011)은 주택가격의 변동이 주가 음(-)의 영향을 주는 것으로 규명하였다. 이처럼 부동산 가격과 주가에 미치는 영향은 자료, 국가, 분석 방법에 따라 다를 수 있음을 보여주었다.

읽고 생각할 거리 **가계 보유자산 '부동산 편식' 부채가 부채 낳는 악순환 못벗어**

가계빚 눈덩이

한국 가계부채는 유동성이 낮고, 상환 능력도 상대적으로 취약하기 때문에 각별한 관리가 필요하다는 제언이 나왔다.

25일 매일경제가 크레디트스위스의 '글로벌 웰스데이터북 2022'를 분석한 결과 한국의 성인 1인당 자산 비중은 부동산을 비롯한 비금융 자산이 65.5%로 미국, 일본, 독일, 프랑스, 영국 등 선진국에 비해 훨씬 높았다.

미국은 비금융 자산이 27.8%에 그친 반면 금융 자산은 72.2%에 달했다. 일본도 금융 자산 비중이 61.6%로 비금융 자산보다 높은 비중을 차지한다. 프랑스는 주요 5개국 중 비금융 자산 비중이 가장 높은 축에 들지만 이마저도 59.9%에 그치며 60%를 넘는 한국에 비해서는 낮다.

한국경제인협회는 "한국 가계는 주요국에 비해 금융 자산보다 부동산 등 비금융 자산 비중이 높아 유동성이 취약하다"고 분석했다.

비금융 자산 비중이 높다는 것은 결국 자산에서 부동산이 차지하는 비중이 크다는 것을 뜻한다. 부동산은 한국에서 가장 안전한 재테크 수단으로 여겨졌고, 이에 부동산에 이른바 '몰빵'을 하는 경향이 두드러진다.

문재인 정부 때 부동산 가격을 잡겠다며 내놓은 20여 차례의 부동산대책이 주택 관련 대출을 키우면서 가계부채가 폭증했고, 이런 상황에서 더 낮아진 금융 자산 비중은 결국 위기 때 유동성 위기를 키울 수 있다는 점에서 위험하다는 것이 한경협 분석이다.

실제 부동산 경기가 좋았을 때 전세 세입자를 끼고 주택을 매매한 이른바 '갭 투자자'가 꽤 있었다. 이 사람이 주택담보대출을 변동금리에 최대치로 받았다고 가정해보면, 현재 고금리 상황에서 상환해야 할 액수가 크게 늘어났을 수밖에 없다. 만약 설상가상으로 전세 세입자가 구해지지 않으면 전세 보증금을 반환해줘야 하는데, 금융 자산 비중이 이렇게 낮다면 결국 집을 팔아서 보증금을 돌려줘야 한다. 그러나 부동산 경기가 전과 같지 않으면 부동산 등 자산은 유동성이 떨어지기 때문에 빚 부담 측면에서 '막다른 골목'에 몰릴 가능성이 커진다.

상환 능력 측면에서 또 하나 좋지 않은 지표는 하위 20%인 소득 1분위 가구 중 절반 이상이 적자 가구라는 점이다. 적자 가구란 처분가능소득이 소비지출보다 적은 가구를 의미하는데, 통계청 가계동향조사에 따르면 소득 1분위 적자 가구 비중은 52.7%에 달했다. 저소득 가구의 재무건전성이 극도로 취약하다는 이야기다.

지난 19일 금융통화위원회는 기준금리를 동결해 3.5%로 유지했는데, 한경협은 이에 대해 "바람직하다"는 의견을 냈다. 한경협 자체 추정 모델에 따르면 기준금리가 1%포인트 상승하면 가계의 이자 상환 부담은 연간 총 24조3000억원, 가구당으로는 176만원이 늘어나는 것으로 나타났다.

출처 : 박인혜·김희래 기자, 매일경제, 2023.10.25

주요용어 및 개념

- 가치
- 순영업소득
- 로렌츠곡선
- 인플레이션 헷지
- DOLS 모형
- 동조화
- 가격의 이중성
- VAR 모형
- 환율효과
- 동조화(coupling)
- 전이(spillover)
- Deep Learning Method
- 내재가치
- 자산구성
- 균제상태
- EGARCH 모형
- 정보 비대성
- 프로젝트 파이낸싱
- 부동산 가격
- 토빈Q효과
- 신용평가효과
- 신용평가효과
- 인플레이션 헷지

연습문제

1 부동산시장의 불완전성 발생 원인에 대해 설명하시오?

2 가격과 가치의 개념을 설명하시오?

3 부동산 가격의 이중에 대해 설명하시오?

4 부동산 가격의 특징에 대해 설명하시오?

5 부동산의 가격과 가치에 관한 설명으로 틀린 것은?

① 주어진 시점에서 대상부동산의 가치는 다양하다.
② 가치란 주관적인 판단이 반영된 것으로 각 개인에 따라 차이가 발생할 수 있다.
③ 가격은 특정 부동산에 대한 대가로서 매수인이 지불한 금액이다.
④ 가치는 효용에 중점을 주어 장래 기대되는 편익의 금전적 및 비금전적 것을 포함한다.
⑤ 가격은 대상부동산에 대한 현재의 값이지만, 가치는 장래 기대되는 편익을 예상한 미래의 값이다.

6 부동산가치의 발생 요인을 설명하시오?

7 부동산의 가치 발생 요인에 관한 설명으로 옳지 않은 것은?

① 효용은 인간의 필요나 욕구를 만족시켜 줄 수 있는 재화의 능력을 말한다.
② 가치 발생 요인은 효용, 유효수요, 상대적 희소성을 모두 가지고 있을 때 가격이 발생한다.
③ 가치 형성요인은 가치 발생 요인에 영향을 미친다.
④ 양도가능성(이전성) 부동산의 가치 발생 요인으로 포함하는 견해도 있다.
⑤ 효율성은 가치 발생 요인에 영향을 미친다.

8 다음 부동산 현상 및 부동산 활동을 설명하는 감정평가 이론상 부동산 가격 원칙을 순서대로 나열한 것은?

- 복도의 천정 높이를 과대 개량한 전원주택이 냉난방비 문제로 시장에서 선호도가 떨어진다.
- 판매시설 입점부지 선택을 위해 후보지역 분석을 통해 표준적 사용을 확인한다.

① 예측의 원칙, 수익배분의 원칙
② 적합의 원칙, 변동의 원칙
③ 균형의 원칙, 적합의 원칙
④ 균형의 원칙, 수익배분의 원칙
⑤ 적합의 원칙. 예측의 원칙

정답

1. 부동산입지의 차이, 시장정보 부족, 정보의 비대칭성, 부동산에 대한 정확한 분석 곤란, 부동산의 고정 입지, 시장진출입 부자유

2.

가격(Price)	가치(Value)
실제 지불된 금액	장래이익의 현재가치
객관적구체적인 개념	주관적추상적 개념
과거의 값	현재의 값
어떤 시점에 가격은 하나	여러개(다차원 개념)

3. 모든 재화의 가격은 그 재화의 수요·공급에 의해 결정되고 일단 가격이 결정되면 그 가격은 그 재화에 대한 수요·공급에 영향을 미쳐 수급을 조정한다. 이를 가격의 이중성이라 한다. 이는 수요·공급 원칙의 근거가 된다.

4. 1) 부동산 가격은 교환의 대가인 가격과 사용의 대가인 임대료 표시된다.
   2) 소유권 및 기타 권리이익의 대가
   3) 장기적인 배려하에 형성되며 변동의 과정에 있다.
   4) 지역적으로 형성, 개별적으로 형성된다.

5. ⑤
   가격은 대상부동산에 대한 과거의 값이며, 가치는 장래 기대되는 편익을 현재가치로 환원한 현재의 값이다.

6. 부동사가치의 발생 요인은 효용(utility), 상대적 희소성, 유효수요, 이전성을 들 수 있다.

7. ⑤
   효율성은 가치 발생 요인에 해당하지 않는다.

8. ③
   내부적 균형의 문제는 균형의 원칙. 외부적 균형의 문제는 적합의 원칙과 관련된다.

CHAPTER 9

부동산과 거시경제

제1절 총수요·총공급의 개념

거시경제지표들 가운데 가장 중요한 변수는 국내총생산(GDP)으로 대표되는 총생산이다. 한 나라의 총생산을 알면 그 나라의 민간소비(C), 총저축(S)·총투자(I), 정부지출(G), 순수출(X-M) 규모를 짐작할 수 있다. 총생산이 증가하면 고용이 증가하고 실업률이 감소한다. 경제성장은 실질 GDP가 증가하는 것이다. 실질 GDP는 일정한 기간에 생산된 모든 상품의 최종생산물에 당해 연도가 아닌 기준 연도 가격을 곱하여 합산하면 실질 GDP가 된다. 경기순환은 총생산의 변동성(volatility)을 말한다. 총생산의 상승은 경기상승(boom)이라고 하고 감소는 경기하락(bust)이라 한다.

한 나라의 총생산과 물가수준은 총수요와 총공급으로 결정된다. 총생산이 어떤 수준에서 결정되는가를 총수요·총공급의 이론으로 다룬다. 총수요·총공급의 이론은 한 나라의 물가와 실질총생산을 총수요곡선과 총공급곡선의 교차로 설명하는 이론이다. 이것은 개별 상품에 대한 수요와 공급으로 시장가격과 거래량이 결정되는 원리와 동일하다.

총수요는 수요되는 총생산 혹은 지출하고자 하는 총생산이다. 총생산을 구성하는 네 부분의 지출이 경제주체들에 의해 의도되고 계획된 것이면 총수요가 되는 것이다(안국신, 2022). 따라서 총수요는 민간소비수요(C), 국내투자수요(I), 정부소비수요(G), 순수출수요(X-M)로 구성된다. 여기서 수요가 반복적으로 사용되고 있으므로 수요를 생략하고 총수요는 식(9-1)과 같이 정의할 수 있다.

$$\text{총수요} = \text{민간소비}(C) + \text{투자}(I) + \text{정부소비}(G) + \text{순수출}(X\text{-}M) \qquad (9\text{-}1)$$

총수요곡선(aggregate demand curve)은 각각의 물가수준에서 수요되는 실질총생산을 보여주는 곡선이다. 총수요곡선은 개별 상품의 시장수요곡선처럼 우하향한다. 수요되는 실질 총생산을 간단히 줄여서 총수요라 한다. 경제학에서는 민간소비지출과 민간소비수요가 같고, 정부소비지출과 정부소비수요가 같으며, 순수출이 순수출 수요와 같다고 본다.[1]

총공급곡선(aggregate supply curve)은 각각의 물가수준에서 공급되는 실질총생산을

1) 총수요·총공급의 이론에 대한 기초 개념에 대해서는 김대식·노영기·안국신·이종철, 「현대경제학원론 제7판 (2018)」을 참조하기 바란다.

보여주는 곡선이다. 즉 총공급곡선은 각 물가수준에서 기업들이 팔고자 하는 총생산을 보여준다. 총공급곡선은 개별 상품의 시장공급 곡선처럼 우상향한다. 공급되는 실질총생산을 간단히 줄여서 총공급이라 한다.

총수요곡선과 달리 총공급곡선의 모양에 대해서는 학자들 간에 다양한 견해가 상존한다. 총공급곡선에 대한 시각 차이는 현존하는 다양한 경제문제와 경제 현상을 진단하고 처방하는 경제 안정화 정책 접근 방식에 현실적으로 큰 차이가 있다. 총수요의 증가는 총생산과 물가를 상승시키고, 총공급의 증가는 총생산을 증가시키고 물가를 하락시킨다. 총수요의 감소는 총생산과 물가를 하락시키고, 총공급의 감소는 물가는 상승시키고 총생산은 하락시킨다. 총수요곡선과 총공급곡선의 변동으로 한 나라의 총생산과 물가수준이 변동한다. 총수요곡선과 총공급곡선을 이동시키는 다양한 요인에 의해 경기변동이 일어난다.

제2절 부동산과 총수요

2.1 총생산물과 물가 결정

전 절에서 총수요 개념을 주제로 살펴봤다. 현실 경제에서 바닷물결처럼 물가수준과 총생산은 늘 변한다. 물가수준과 총생산이 변한다는 것은 총수요곡선과 총공급곡선이 오른쪽이나 왼쪽으로 이동하여 균형점이 변할 때 나타난다. 이는 개별 상품의 수요곡선과 공급곡선의 이동으로 새로운 균형점에서 가격과 거래량이 결정되는 수요공급의 원리와 같다.

가로축에 총생산을 표시하고 세로축에 물가를 나타내는 총수요곡선과 총공급곡선을 그림으로 나타내면 [그림 9-1]과 같다. 총수요곡선 AD_0와 총공급곡선 AS_0가 만나는 균형점 E_0에서 한나라의 총생산 Y_0와 물가 P_0가 결정된다.

총공급곡선은 변하지 않은 상태에서 총수요곡선이 AD_0에서 AD_1으로 이동한다고 하면 총생산과 물가는 어떻게 변할까? 최초의 균형점 E_0는 더 이상 균형점이 아니다. P_0 물가수준에서 E_0A 만큼 초과수요가 발생하기 때문이다. 초과수요는 물가를 상승시키고 이에 따라 총공급은 증가한다. 이제 새로운 균형점은 E_0에서 E_1으로 이동한다. 새

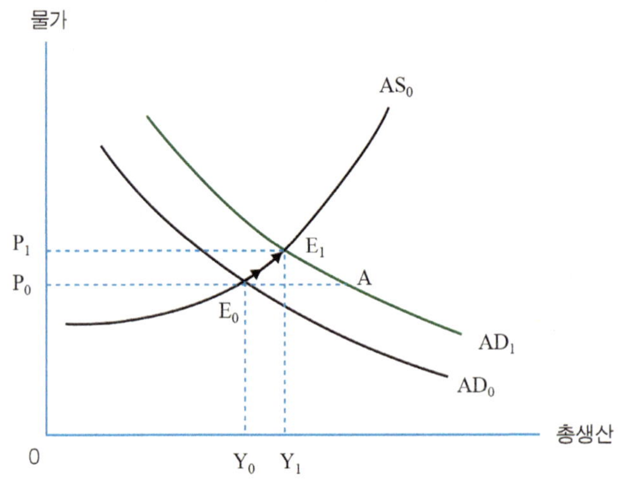

[그림 9-1] 총수요곡선의 이동

로운 균형점 E_1에서는 총생산이 Y_0에서 Y_1으로 증가하고 물가는 P_0에서 P_1으로 증가하고 고용도 증가한다.

경제학의 아버지 애덤 스미스는 저축이 미덕이라 하였지만 케인스는 소비가 미덕이라 하였다. 부유한 자들이 소비를 많이 하면 총수요가 증가하여 생산이 늘고 고용도 늘어난다. 그러면 총수요를 이동시키는 요인들은 어떤 것이 있을까? 총수요를 구성하는 요소는 식(9-1)과 같이 네 가지 구성요소가 있지만 이 네 가지에 영향을 주는 요인은 다양하며 매우 많다. 이 네 가지 요소에 주택 및 토지, 상업용 부동산의 자산 가격 변동성이 총수요에 어떻게 영향을 미칠까? 우리나라 가계 자산 중 주택이 차지하는 비중이 2023년 통계청 자료에 따르면 70% 수준을 상회하고, 2019년 OECD 국가의 평균은 50% 수준이다. 따라서 여기서는 토지 및 상업용 부동산을 제외하고 주택이라는 부동산 자산의 가격 변동이 소비, 투자 등에 어떻게 영향을 주어 총수요 이동을 초래하는지 살펴보기로 한다. 경제학에서 총수요를 이동시키는 요인은 매우 다양하며 여러 요인이 있다. 여기서는 총수요를 이동시키는 요인으로 주택가격 변동과 연계하여 5가지 경우를 살펴보기로 한다.

2.2 총수요곡선의 이동

(1) 소비수요

총수요곡선을 이동시키는 요인은 식(9-1)를 구성하고 있는 소비수요, 투자수요, 정부지출, 순수출이 증가하면 총수요곡선을 우측으로 이동시키고, 감소하면 총수요곡선을 좌측으로 이동시킨다. 총수요를 구성하는 요소 중 가장 큰 비중은 민간소비이다. 민간소비는 실질가처분소득의 함수이다. 케인스의 소비함수에 따르면 소득과 소비는 정(+)의 관계에 있다. 소비는 소득의 함수로 소득을 무엇으로 볼 것인가에 대한 소비함수 논쟁은 아직도 끝나지 않은 논쟁이다. 케인스의 소비함수는 소비가 항상소득의 함수라 주장하는 프리드만(Friedman, 1957)의 항상소득가설(permanent income hypothesis)과 소비가 생애주기에 따라 변화하고 경제활동도 영향을 받는다는 안도와 모딜리아니(Ando and Modigliani, 1963)의 생애주기가설(life-cycle hypothesis)로까지 소비함수로 확장하였다.

소비는 소득뿐만 아니라 자산가치 변화를 예측하여 소비가 이루어진다는 것을 8장에서 살펴보았다. 생애주기-항상소득가설(life cycle - permanent income hypothesis)에 따르면, 가계 즉 개인은 전 생애에 걸쳐 자신의 소득과 부(wealth)를 효율적으로 배분하여 생애 전체의 효용을 극대화하는 수준에서 소비를 결정한다. 그러므로 개인은 매기간 당시의 소득뿐만 아니라 자신의 생애에 걸쳐 얻을 것으로 기대되는 평균적 소득인 항상소득(permanent income)에 따라 소비수준을 결정하는데 소득이 평균 소득보다 낮은 해는 차입을 통해 소비를 늘리고 평균 소득보다 높은 해는 저축을 통해 전 생애에 걸쳐 소비 평활화(consumption smoothing)하여 효용을 극대화한다는 것이다.

소득이 일정하더라도 주택가격이 상승하면 가계의 부(wealth)가 증대되어 소비를 증가시키는 효과를 부의 효과(wealth effect)라 한다. 또한 주택가격이 상승하면 담보가치가 상승하여 대출 여력이 증대되어 차입이 늘어나 소비수준이 증대된다. 소비수준은 국민 전체에서 주택의 소유 비율과 주택가격 상승 여부에 따라 달라질 수 있다. 주택의 소유 비율이 높고 지속적인 가격 추이를 보인다면 주택가격 상승은 부의 효과로 소비를 진작시킬 것이다(Muellbauer, 2007). 그러나 임차 비율이 높고 가격 상승률이 완만한 추세라면 부의효과는 상쇄되거나 반감될 수도 있다(Buiter, 2008). 이는 주택가격이 증가할 때 소비가 증가하는 한계소비성향(Marginal Propensity to Consume, MPC)이 적어도 0보다 클 때 부의 효과로 총수요를 증가시켜 총수요곡선이 우측으로 이동하여 총생산과 물가를 상승시키게 된다.

대부분의 실증연구에서 주택가격의 상승은 대체로 정(+)의 자산효과를 가지는 것으로 제시되었지만, 자산효과 추정치는 나라, 시기, 연령층, 방법론, 사용된 데이터에 따라 차이가 있다. 관련 연구가 활발한 미국의 경우 주택가격이 1달러 상승할 때 주택가격이 소비에 미치는 효과(탄력성)가 대체로 0.05 내외 수준으로 추정되며, 우리나라의 경우에는 가구패널자료를 이용한 추정한 추정치는 0.02~0.1 시계열 자료를 이용한 추정치는 0.1~0.2 정도로 보고하였다.[2]

이승윤·최영우(2018)는 2013~2017년까지 가구 패널 자료를 이용하여 세대별 주택자산 보유 유무별로 주택가격 변동이 소비에 미치는 영향을 분석하였다. 먼저 전체 가구를 대상으로 부의 효과를 추정한 결과 전체 가구는 0.02, 청년층은 -0.002, 중장년층은 0.034, 고령층은 0.021 정도를 [그림 9-2] 과같이 보고하였다.

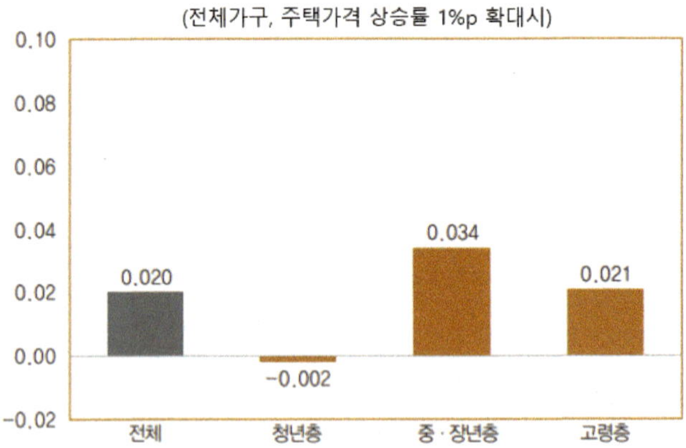

주) 1. 주택은 아파트 가구 기준

[그림 9-2] 주택가격 상승이 소비에 미치는 영향

2) 미국 가구패널자료를 이용한 연구는 Skinner(1989), Levin(1998), Lehnert(2004) 등이 대표적이며, Campbell and Cocco(2007)는 영국의 가구패널자료를 이용하여 추정하였다. Ludwig and Sloek(2002)는 OECD 16개국 자료를 대상으로 패널분석을 실시하였으며, Case, Quigley, Shiller(2005)는 14개국을 대상으로 자산효과를 분석하였다. 우리나라의 가구패널자료를 이용한 선행연구로는 강민규·최막중·김준형(2009), 김경아(2010), 윤정득·이현정(2014) 등이 있다. 김경환(2003), 이항용(2004), 심성훈(2006), 최요철·김은영(2007) 등은 우리나라의 총량 시계열자료를 이용하여 자산효과를 분석하였다.

그리고 주택을 보유한 가구와 무주택가구를 구분하여 부의 효과를 추정한 결과, 주택을 보유한 가구의 주택가격 상승이 소비에 미치는 영향은 0.040로 정(+)의 자산효과로 [그림 9-3]와 같이 나타났다.

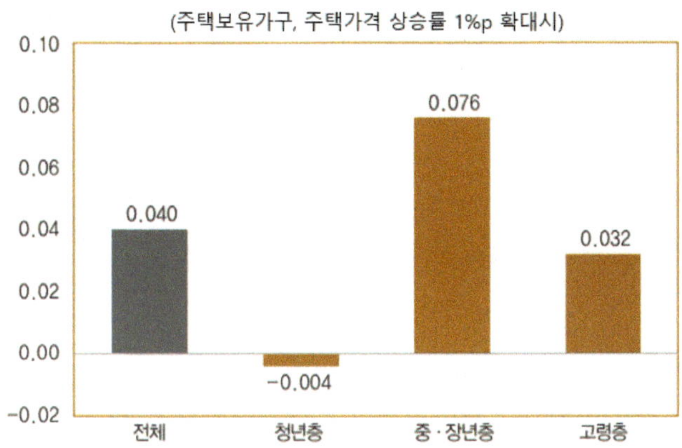

[그림 9-3] 주택가격 상승이 소비에 미치는 영향

무주택가구의 주택가격 상승이 소비에 미치는 영향은 -0.246로 음(-)의 자산효과로 [그림 9-4]와 같이 나타났다. 이는 주택가격 상승이 주택을 보유한 가구보다 무주택가구의 소비에 미치는 영향이 더 크게 부의효과에 영향을 미친다는 의미이다.

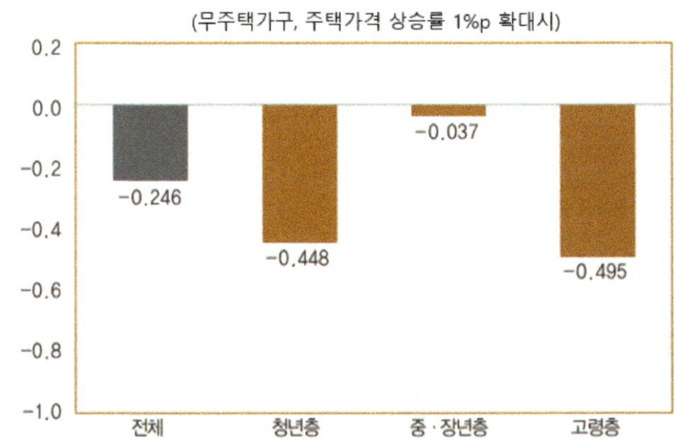

[그림 9-4] 주택가격 상승이 소비에 미치는 영향

한편, 부의효과는 주택 및 토지 등 실물 자산뿐만 아니라 주식, 채권 등 금융자산의 가격상승으로 나타날 수 있다. 케이스·퀴글리·실러(Case, Quigley, and Shiller, 2005), 김경환(2003), 최요철·김은영(2007) 등은 주식의 자산효과보다 주택의 자산효과가 더 크다는 추정 결과를 제시하였다. 이러한 자산효과는 가격이 상승할 때 크게 나타나고 하락할 때 작게 나타나 비대칭적으로 발생한다는 것이다.

다른 조건이 일정한 상태에서 주택가격이 상승하게 되면 부의효과를 통해 소비가 증가하여 총수요곡선이 오른쪽으로 이동하여 총생산이 증가하고 물가도 상승하게 된다. 반대로 주택가격이 하락하게 되면 음(-)의 부의효과로 총수요곡선이 좌측으로 이동하여 총생산과 물가는 감소하게 된다.

(2) 투자수요

부동산이 투자에 미치는 영향에 대해서는 실질투자효과(real investment effect)를 통해서는 정(+)의 효과를, 구축효과(crowding-out effect)를 통해서 음(-)의 효과로 설명할 수 있다. 투자는 기업가들이 미래를 낙관적으로 전망하여 동물적 감각(animal spirit)으로 수익률 증가가 예상되면 투자를 확대하여 총수요곡선이 오른쪽으로 이동한다. 수익률 증가는 실질이자율과 대출금, 자금조달의 용이성 등의 비용에 의해 결정된다. 부동산 가격이 상승하면 담보가치가 높아져 대출 여력이 확대되어 투자가 확대될 수 있다. 부동산 가격의 변동이 투자에 미치는 영향을 다음과 같이 몇 가지 카테고리로 설명할 수 있다.

첫째, 가계나 기업이 보유한 자산가치 변동에 직접적인 영향을 준다. 부동산 투자자는 자산의 부동산 자산가치가 상승하면 부(wealth)의 증가와 같은 긍정적인 영향을 느낄 수 있다. 이는 소비와 투자 활동을 증가시키는 힘으로 작용한다.

둘째, 부동산 가격의 등락은 투자 신호로 작용한다. 부동산 가격의 상승은 종종 경제 활동의 투자 신호로 사용된다. 예를 들어 부동산 가격이 상승하면 경제 회복의 신호로 인식하여 투자 활동이 증가하고 반면, 부동산 가격이 하락하면 경제 불황의 신호로 인식하여 투자 활동이 위축된다.

셋째, 부동산 가격의 변동은 금융 거래에 영향을 주어 투자에 영향을 미친다. 예를 들어 주택가격이 상승하면 부동산을 담보로 대출 여력을 확대시킬 수 있다. 이는 주택 투자에 긍정적인 영향을 줄 수 있다. 그러나 반대로 부동산 가격 하락은 대출 여력을 위축시켜 투자 활동을 제약할 수 있다.

넷째, 부동산 가격의 변동은 소비 및 투자 심리에 영향을 줄 수 있다. 특히 우리나라와 같이 민간 자산의 70% 이상이 주택과 같은 부동산으로 구성된 경우 부동산 가격이 상승하면 투자자들은 이에 대한 긍정적인 심리로 작용하여 소비와 투자를 확대 결정을 하게 된다.

부동산 가격의 변동이 투자에 어떤 경로를 통해 어느 정도 영향을 주는지에 대한 국내외 실증적 분석 연구는 미미한 편이다.

부동산 가격이 투자에 미치는 영향에 대해 차경수·김윤기(2020)의 연구를 토대로 살펴보고자 한다. 이들은 주택가격이 투자에 미치는 영향에 대해 2단계 분석 과정을 통해 투자에 영향을 미친다는 것이다. 1단계는 구조적 벡터자기회귀모형(Structural Vector Autoregressive Regression Model: SVAR Model)을 이용해 금리 및 소득수준의 변동을 가져오는 거시경제 충격으로 평창적 통화정책충격, 수요충격 및 공급충격이 주택가격에 미치는 효과를 분석한 후, 2단계는 가상실험(Counterfactual Experiment)을 통해 실물경제에 미치는 거시경제 충격의 효과가 주택 시장에 의해 증폭되는지 여부를 분석함으로 금융가속기(financial accelerator) 원리 작동 여부로 주택가격이 투자에 미치는 효과를 분석하였다.

평창적 통화정책충격은 금리 수준을 하락시키고, 본원통화, 물가 및 산출량의 증가율을 증가시킨다. 따라서 평창적 통화정책충격은 통계적으로 유의하여 주택가격을 상승시킨다. 수요충격은 금리, 물가 및 산출량의 증가율을 증가시키나 본원통화 증가율에는 큰 영향을 미치지 못한다는 것이다. 그러나 주택가격은 수요충격의 상승과 하락에 반응하나 시간이 지날수록 하락 압력이 우세하다는 것이다. 공급충격은 주택가격을 상승시키는 행태를 보였다. 이상의 결과를 기본으로 가상실험을 통해 주택 시장을 경유한 금융가속기 원리의 작동 여부를 수행한 결과 우리나라 주택 시장에서도 실물경제에 미치는 거시경제 충격 효과가 증폭되고 있어 금융가속기 원리가 작동한다는 것이다. 이는 주택가격 상승이 가계 및 기업의 순자산 가치를 높여 외부자금조달 프리미엄을 낮추어 대출 여력을 확대시켜서 기업투자 및 민간 소비 확대 사이클로 이어진다는 의미이다.

부동산을 보유한 기업이 부동산 가격이 상승할 때 기업의 투자 활동은 어떻게 일어날까? 한마디로 쉽게 말할 수 없다. 부동산 가격이 상승할 때 부동산을 보유한 기업은 부동산 자체에 투자를 증대할 것인가 아니면 생산 시설에 투자를 확대할 것인지 선택의 기로에 서게 된다. 한 방향은 담보가치 증대에 따른 늘어난 유동성을 기업의 생산 시설투자를 증대시켜 고용 확대 및 생산 증가로 이어지는 기업의 실질투자효과(real investment effect) 이고, 다른 방향은 담보가치 증대에 따른 대출금으로 생산 시설투자보다는 부동산 자체 투자에 집중하여 기업의 장기적인 성장 잠재력을 저해하는 구축효과(crowding-out effect)로 나타난다. 부동산 가격상승이 구축효과보다 실질투자효과가 더 큰 경우에는 기업의 생산 시설이 증대되어 경제성장으로 나타난다. 반대로 부동산 가격상승이 실질투자효과보다 구축효과가 더 큰 경우에는 기업의 투자가 위축되어 생산이 감소하여 경제후퇴로 나타나게 된다. 따라서 기업의 부동산 가격 증가가 실질적인 투자 활동으로 이어지는지는 여부는 실질투자효과와 구축효과의 총잉여로 판단된다. 즉 총잉여가 0보다 큰 경우 부동산 가격의 상승은 투자를 확대시켜 총수요곡선을 우측으로 이동시켜 총생산과 물가가 증가한다. 반대의 경우는 총수요곡선을 좌측으로 이동시켜 총생산과 물가가 감소한다. 부동산 가격 증가로 기업의 투자 효과는 [표9-1]와 같이 다음 세 가지 경우로 나타난다.

[표 9-1] 부동산 가격 증가에 따른 담보효과

	부동산 담보효과	잉여	투자	비고
a	실질투자효과 - 구축효과	= 총잉여 〉0	투자 +	
b	실질투자효과 - 구축효과	= 총잉여 = 0	투자 0	
c	실질투자효과 - 구축효과	= 총잉여 〈 0	투자 -	

(3) 정부지출

부동산이 정부지출에 직접적인 영향을 주어 총수요곡선을 이동시킨다는 관계를 설명하기는 쉽지 않다. 정부지출이 총수요에서 중요한 한 요소이지만 정부가 사무용품을 사고 양곡을 사들이는 데 정부가 보유한 부동산을 처분하거나 담보를 제공하여 재정을 마련하는 것이 아닌 국민이 납부하는 조세로 재정수입을 충당하여 지출하기 때문이다. 그렇다면 부동산과 정부지출과는 무관할까? 그렇지 않다. 부동산과 정부지출 사이에는 직접적으로 관련이 없지만 부동산은 정부의 재정, 금융정책과 밀접한 관련이 있다. 부동산의 취득, 보유, 거래 과정에 정부의 조세, 금융정책, 통화정책을 통해 부동산에 지대한 영향을 미친다. 정부의 부동산시장 활성화 정책, 확장적 통화 재정정책은 민간

부문의 부동산 활동을 확대하여 정부의 재정수입 확대로 이어진다. 이로써 정부는 복지, 사회 인프라, 교육 등 지출을 늘려서 총수요곡선을 오른쪽으로 이동시켜서 총생산과 물가를 증가시킨다. 반대로 정부의 긴축적 통화재정정책, 부동산시장 강화 정책은 부동산 활동을 위축시켜 재정수입 약화를 초래하여 정부의 복지, SOC 사업, 교육 등의 지출을 줄이게 되어 총수요곡선을 왼쪽으로 이동시켜서 총생산과 물가를 하락시킨다.

따라서 부동산이 직접적으로는 정부지출에 영향을 미친다고 볼 수 없지만 간접적으로 영향을 미친다.

(4) 순수출

부동산 가격의 상승은 순수출에 부정적인 영향을 미친다. 순수출에 부정적인 영향은 부의효과(wealth effect), 토빈 Q효과(Tobin's effect), 환율효과(exchange effect) 경로를 통해 영향을 미친다. 주택가격이 상승하면 부의효과를 통해 국내 상품뿐만 아니라 수입품의 수요도 급증하여 순수출에 부정적 영향을 미친다. 기업은 부의효과로 소비가 늘어나면 생산 시설을 확충하기 위해 해외에서 설비를 들여오고 원자재 수입을 증대시키는 등 토빈 Q효과를 통해 투자를 확대하면서 순수출에 부정적 영향을 미친다. 부동산 가격상승으로 상품의 소비수요가 늘어나면 물가가 오르고 인플레이션 현상이 발생한다. 인플레이션을 진정시키기 위한 정부의 긴축통화정책은 실질 금리를 끌어 올리고 환율은 하락하게 되어 환율효과를 통해 순수출에 부정적 영향을 미친다. 이와 같은 부동산 가격과 경상수지와의 관계를 살펴보려고 1983년부터 2022년까지 우리나라 주택가격과 경상수지의 시계열 상관관계를 분석하였다.

부동산 자산의 가격상승으로 소비 및 투자를 매개로 한 자산 가격과 경상수지와의 부정적 관계를 [그림 9-5], [그림 9-6]에 볼 수 있다. [그림 9-5]는 1983년부터 2022년까지 지난 40년 기간 동안 주택매매가격 변동률과 내수 변동률을 연관성을 보여준다. 주택매매가격 및 내수 는 전년비 자료이고, GDP는 명목 GDP이다. [그림 9-5]에서 볼 수 있듯이 1988년과 1990년대 초반을 제외하고는 주택가격이 상승할 때 내수도 비슷하게 증가하는 추이를 함께 보여 왔다. 주택가격의 추이를 살펴보면, 1986년 아시안게임과 1988년 올림픽 게임을 유치하면서 1983년부터 1987년까지 주택가격은 크게 상승하기 시작하였다. 양대 국제적인 스포츠 행사를 치르면서 주택에 대한 수요가 높아지면서 주택가격이 급능하자 정부는 주택 시장을 안정시키기 위해 세제 강화, 토지공개념 도

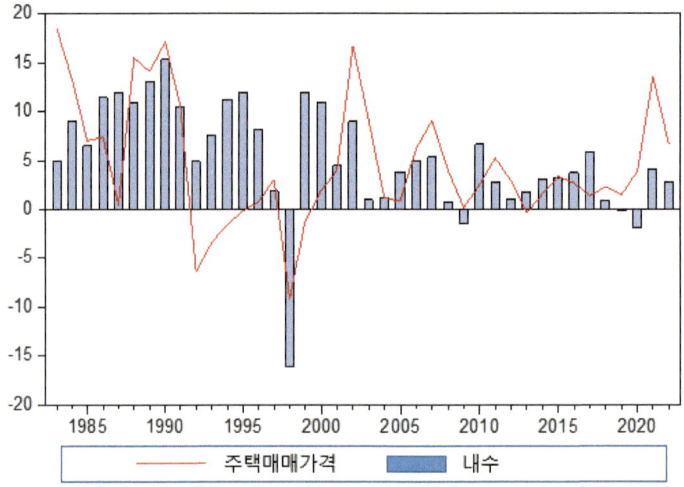

주) 1. 내수는 실질 가계 소비와 총고정자본형성 합
출처 : 한국은행 경제통계시스템, KB 국민은행,

[그림 9-5] 주택가격과 내수

입 등을 주요 내용으로 하는 부동산종합대책을 1988년 발표하면서 주택 시장은 일시적 조정기를 보였다가 1991년 초반까지 다시 급등세를 보인 후 1992년부터 1997년 IMF 외환위기 전까지 주택 공급 200만호 건설로 내림세로 돌아섰으며 이후 안정세를 이어갔다. 1997년 IMF 외환위기로 경기가 위축되고 거래 수요가 급감하면서 1998년에 폭락하였다. 주택가격은 1999년 이후 건설경기 부양책으로 다시 상승하기 시작해 2002년 상반기 급등을 보인 후 안정세로 돌아선 후 2017년 하반기까지 가벼운 등락을 보이다 문재인 정부의 투기적 수요억제에 초점을 맞춘 반시장적 부동산 정책으로 다시 급등을 보인 후 2022년 후반부터 하락 추이를 이어가고 있다.

한편, 내수를 살펴보면, 1993년부터 1997년 외환위기 전까지 경기상승의 낙관적인 전망으로 큰 폭의 상승세를 이어오다 1997년 외환위기로 심한 부침을 보였다. 이후 2020년 초까지 횡보를 보인 후 2020년 초에 우한 코로나(COVID-19)로 또 한 번의 부침을 보인 후 안정세로 돌아섰다. 부동산시장과 내수의 비슷한 궤적은 IMF 외환위기 이후 더 강화된 것으로 보인다. IMF 외환위기로 부동산 자산 가격이 폭락할 때 내수도 급격히 줄어들었다. 외환위기 이후 2000년부터 2018년까지는 주택가격의 완만한 등락에 따라 내수도 비슷한 횡보를 보였다.

[그림 9-6]는 1983년부터 2022년까지 지난 40년 기간 동안 내수와 경상수지와의 관

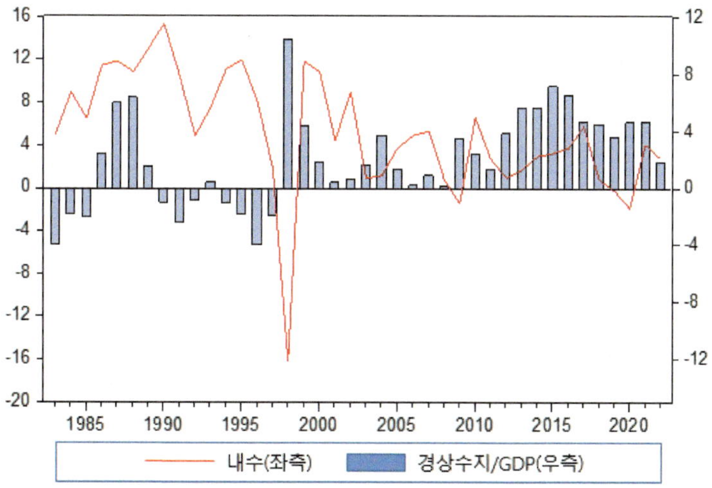

주) 1. GDP는 명목 GDP
출처 : 한국은행 경제통계시스템

[그림 9-6] 내수와 경상수지

계를 보여준다. 1986년 아시안게임, 1988년 올림픽 기간까지 약 3년기간 동안에 내수 증가에 따른 수출 호조로 경상수지가 흑자를 보였으나, 그 외 1983에서 1997년 IMF 외환위기 전까지 내수 증대에 힘입어 경상수지 악화를 보였다. 2000년대 이후 내수 성장률 부진에 따라 경상수지 흑자 폭이 점차 축소되다가 2014년부터 2018년까지 내수가 약세임에도 불구하고 경상수지 흑자 폭이 확대되었다. 전반적으로 일부 기간을 제외하고 내수가 증가하면 경상수지 적자 폭이 늘어나는 양상을 보였다. 이는 개방경제를 추구하는 우리나라 경제 구조상 해외의존도가 높기 때문이다. 이런 관계는 상관관계 분석을 통해서도 확인할 수 있다.

[그림 9-7]은 주택가격과 내수, 내수와 경상수지, 주택가격과 경상수지 상관관계를 각각 보여준다. 분석 기간은 1983년부터 2022년까지 40년 기간이다. 주택가격 상승률과 내수 성장률은 전년비 자료이다. 첫 번째 그림은 주택가격 상승률과 내수 성장률과의 상관계수는 0.42로 상당히 높다. 이는 우리나라 가계 자산에서 부동산의 비중이 높아 정(+)의 부의효과로 작용함을 의미한다. 즉, 가계소득의 증가율은 횡보를 보이나 주택과 같은 부동산 자산의 가격은 소득보다 빠르게 증가하여 소비를 견인한다고 판단된다. 두 번째 그림은 내수 성장률과 경상수지 간의 상관관계는 −0.46로 부(-)의 상관성이 매우 높다. 이는 내수가 증가하면 경상수지가 상당한 정도로 적자 폭이 확대된다는 의

미이다. 세 번째 그림은 주택가격상승률과 경상수지 간의 상관계수가 -0.32로 역시 높은 편이다. 이는 주택가격이 상승하면 경상수지 적자 폭이 늘어난다는 의미이다. 이는 가계 자산 중에서 주택과 같은 자산 가격이 상승하면 부의효과와 토빈의 Q 효과 등으로 소비 및 투자가 증가하여 무역수지 적자 폭이 확대될 수 있다는 것을 실증적으로 확인할 수 있는 것이다.

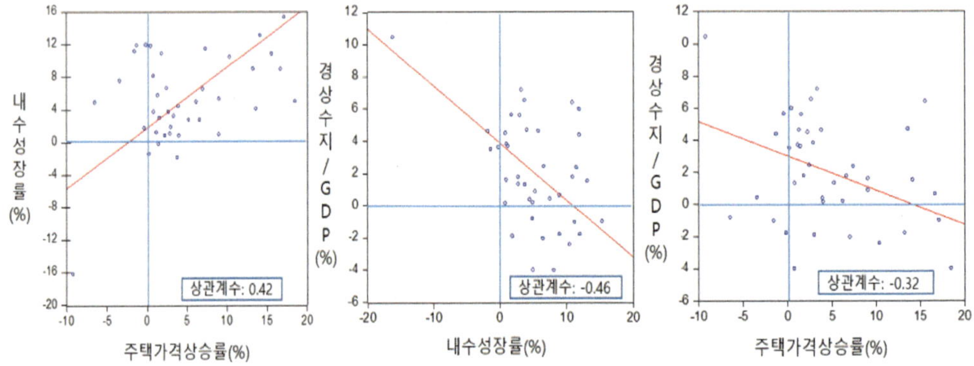

주) 1. 분석기간 : 1983-2022(년간자료)

[그림 9-7] 주택가격과 경상수지 상관관계

한편, [그림 9-8]은 주가와 경상수지와의 상관관계를 보여준다. [그림 9-8]은 [그림 9-7]과 비교를 하기 위해 나타냈다. 주택 및 주가와의 내수 상관관계는 주가가 0.50이고, 주택이 0.42로 주가의 상관계수가 조금 높으나, 내수와 경상수지와의 상관관계는 -

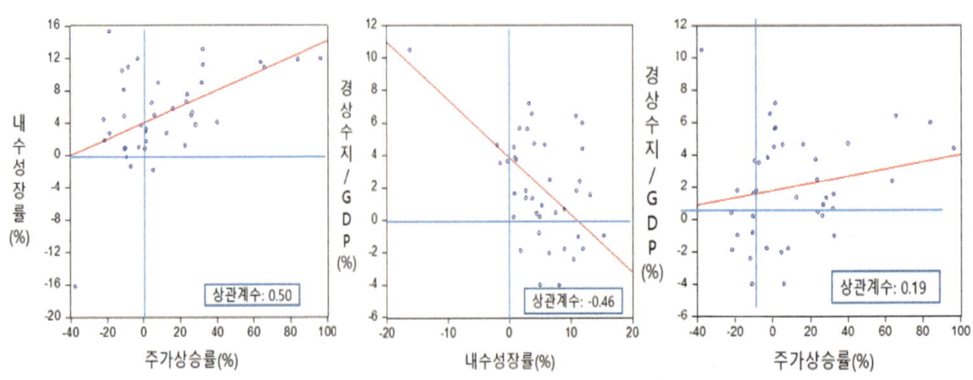

주) 1. 분석기간 : 1983-2022(년간자료)

[그림 9-8] 주가와 경상수지 관계

0.46이고 부(-) 상관관계로 동일하게 나타났다. 이는 주가나 주택가격이 상승하면 부의 효과가 비슷하여 내수를 확대시킬 수 있다는 의미이다. 특이한 것은 주택가격과 경상수지는 음(-)의 상관관계 계수가 −0.32인대 비하여 주가와 경상수지는 양(+)의 상관관계 계수가 0.19로 주택가격의 증가는 경상수지 적자 폭을 확대시키나 주가의 증가는 경상수지 적자 폭을 완화 시키는 것으로 보인다. 이는 주택가격은 상당히 긴 시간 가격이 지속되나, 주가는 가격 변동 폭이 심해서 주가보다는 주택가격의 동태적 움직임에 따라 소비가 이루어지고 있음을 알 수 있다. 이상의 분석을 통해 주택가격 상승 → 내수 증가 → 경상수지 적자와의 경로는 유의적으로 나타났다. 반면, 주가 상승 → 내수 증가 → 경상수지 흑자와의 경로는 유의하지 않게 나타났다. 부동산 가격상승이 순수출에 미치는 영향은 부(-)의효과로 작용한다. 부동산 가격상승은 부의효과, 토비 Q효과, 환율효과를 통해 총수요곡선을 좌측으로 이동시켜 총생산과 물가를 하락시키게 된다.

이제까지는 부동산 가격이 상승할 시 소비(C), 투자(I), 저축(S), 정부(G), 순수출(X-M)에 미치는 연관성을 살펴보았다. 즉 부동산 가격상승은 소비, 투자의 증가로 총수요곡선을 우측으로 이동시키지만, 동시에 수입을 증가시켜 순수출이 감소하여 총수요곡선을 좌측으로 이동시키게 되지만, 총수요에 소비와 투자가 50% 이상을 점유하여 전체적으로는 부동산 가격상승과 총수요의 관계는 정(+)의 관계에 있다. 그러나 부동산 가격이 하락하면 부의효과(wealth effect)와 토빈 Q 효과(Tobin Q effect)를 통해 소비와 투자가 감소하고 담보가치 하락으로 금융기관의 건전성이 저하되어 경기에 부정적인 영향을 미칠 수 있다.

제3절 부동산과 총공급

3.1 총생산물과 물가 결정

전 절에서 총수요 개념과 총수요곡선을 이동시키는 요인들을 주제로 공부했다. 본절에서 총공급개념을 소개한 후총수요곡선은 변하지 않는데 총공급곡선이 오른쪽으로 이동하면 어떻게 될까를 설명한다. 총공급이란 일정한 기간 동안에 기업 전체가 팔고자 하는 총생산을 총공급이라 한다.

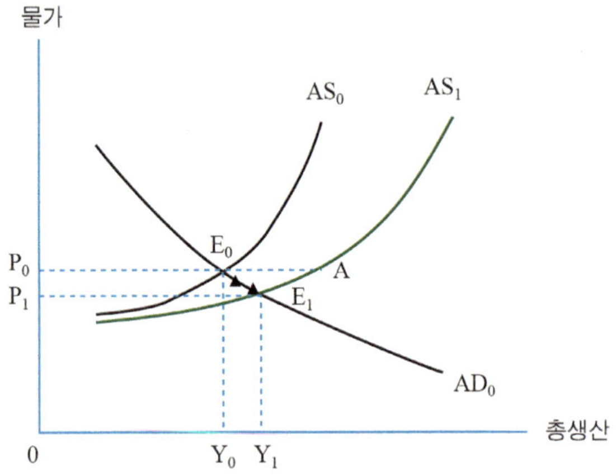

[그림 9-9] 총공급곡선의 이동

총공급곡선(aggregate supply curve)은 각각의 물가수준에 대응한 한 나라 기업 전체가 팔고자 하는 실질총생산을 보여주는 곡선이다. 총공급곡선은 노동시장과 총생산함수로부터 도출된다. 그런데 노동시장을 어떤 시각에서 분석하느냐에 따라 여러 형태의 총공급곡선을 상정할 수 있다. 기본적으로 총공급곡선을 어떠한 관점에서 바라보느냐에 따라 경제 안정화 정책에 대한 처방이 거시경제학자[3]들 간에 다른 결론을 도출하게 된다. 이 논쟁은 지금도 계속 진행되고 있다.

가로축에 총생산을 표시하고 세로축에 물가를 나타내는 총수요곡선과 총공급곡선을 그림으로 나타내면 [그림 9-9]과 같다. 총수요곡선 AD_0와 총공급곡선 AS_0가 만나는 균형점 E_0에서 한나라의 총생산 Y_0와 물가 P_0가 결정된다.

총수요곡선은 변하지 않은 상태에서 총공급곡선이 AS_0에서 AS_1으로 이동한다고 하면 총생산과 물가는 어떻게 변할까? 최초의 균형점 E_0는 더 이상 균형점이 아니다. P_0 물가수준에서 E_0A 만큼 초과공급이 발생하기 때문이다. 초과공급은 물가를 하락시킨다. 이제 새로운 균형점은 E_0에서 E_1으로 이동한다. 새로운 균형점 E_1에서는 총생산이 Y_0에서 Y_1으로 증가하고 물가는 P_0에서 P_1으로 하락한다. 장기적으로 총생산 증가는 물가를 하락시켜 고용을 감소시킬 수 있다. 경제학에서 총공급을 이동시키는 요인은

3) 고전학파는 공급곡선이 완전고용 국민소득 수준에서 수직선을 상정하고 케인즈학파는 완전고용 국민소득 수준에 이를 때까지 수평선을 상정한다. 더 자세한 내용은 김대식·노영기·안국신·이종철, 「현대경제학원론」 제7판(2018), 참조.

여러 가지가 있다. 여기서는 총공급을 이동시키는 요인으로 부동산 가격 변동과 연계하여 3가지 경우를 살펴보기로 한다.

3.2 부동산과 총공급곡선의 이동

(1) 부동산이 생산요소의 부존량에 미치는 영향

생산의 3요소는 토지, 노동, 자본이다. 한나라에서 생산요소가 풍부하면 생산원가가 감소하여 생산을 저렴하게 많이 할 수 있어 기업의 경쟁력이 높아진다. 토지라는 부존자원이 많으면 기업은 공장과 사옥 등을 비교적 저렴한 비용으로 마련할 수 있고 생산시설을 확충하는 것도 쉬어진다. 다른 조건이 같을 때 경제에 존재하는 토지의 양이 많을수록 더 저렴한 비용으로 생산을 많이 할 수 있다. 생산 3요소의 하나인 토지의 양이 풍부하면 기업의 신 투자가 증가하고 각 물가수준에서 총생산이 증가하여 총공급곡선은 우측으로 이동한다. 총생산의 증가는 고용 확대와 경제를 성장시킨다.

반면 토지의 양이 빈곤하면 신규 투자를 확대하는 데 장애 요인으로 작용하고 생산원가 상승 압박으로 각 물가수준에서 총생산이 감소하여 총공급곡선이 좌측으로 이동한다.

(2) 부동산이 생산원가에 미치는 영향

임대료나 임금, 원자재, 에너지 가격 등이 오르면 한계비용곡선이 위로 이동하여 이윤을 극대로 하는 기업의 생산량은 감소한다. 토지는 생산의 3요소 중 하나로 토지가격이 상승하면 기업의 생산원가인 임대료 비용이 상승하여 공장을 확대하거나 물류 창고, 사옥 등을 마련하기가 어려워진다. 이는 기업의 원가를 인상하여 제품가격을 상승시켜 소비를 감소시켜 총공급곡선을 좌측으로 이동하여 총생산은 감소한다. 토지를 많이 확보한 기업은 저렴하게 생산할 수 있지만 그렇지 못한 기업은 신규 투자 부담으로 시장 진입이 어려워져 독과점이 발생할 수도 있다. 이는 자원배분의 왜곡을 발생시킨다.

주택가격의 상승은 노동자들의 주거비 부담을 끌어올려 주거비 보전을 위해 생산성 향상 없는 임금 인상은 생산원가를 증가시킨다. 생산원가 상승은 물가를 상승시키고 소비를 위축시켜 총공급곡선을 좌측으로 이동시킨다. 또한 주택가격의 상승은 지역 간 노동사들의 이동을 제한시켜 주거비 부담을 증가시켜 생산원가에 영향을 미친다. 특정한 지역에는 양질의 주택이 많이 공급되어 주택가격 및 임대료 가격이 저렴한 데 비해 일터가 있는 기업체 주변에 주택 공급이 부진하면 노동력의 이동이 자유롭지 못하여 값싼 노동력을 확보하기가 쉽지 않게 된다. 노동력의 풍부 속에 지역 간 빈곤 현상이 발생하고 실업률이 증가할 수 있다. 이는 노동력이 풍부한 지역은 노동의 초과공급 현상이 나타나고 노동력이 빈곤한 지역은 노동의 초과수요가 발생하여 노동시장의 효율성을 저해한다.

주택가격의 상승은 곧 생산원가 상승으로 연결되어 총공급곡선을 좌측으로 이동시켜 총생산은 감소하고 물가를 상승시켜 기업의 경쟁력은 약화하게 된다. 또한 주택가격의 상승은 노동자들의 근로의욕에도 영향을 미친다. 노동자들이 부담할 수 있는 이상의 주택가격 상승은 근로의욕을 좌절시켜 생산성 약화의 요인이 될 수 있다. 토지나 주택가격의 상승은 기업의 원가 상승 요인과 노동자들의 근로의욕 저하로 총공급곡선을 좌측으로 이동시켜 총생산을 감소시키고 물가를 상승시킨다. 반면에 토지나 주택가격이 하락하면 생산원가가 저렴하여 투자를 늘리고 신규고용을 늘려 총공급곡선이 우측으로 이동하는 것이다.

(3) 부동산이 기대치에 미치는 영향

토지는 생산 3요소의 하나이고 주택은 인간이 살아가는데 의식주의 하나이다. 토지와 주택을 인간의 생존과 기업활동에 지대한 영향을 미치는 중요한 자원이다. 앞으로 부동산 가격이 오를 것이라는 낙관적인 예상이 사회구성원 간에 팽배하면 사람들은 부동산 가격이 오르기 전에 부동산을 미리 사려는 가수요가 증가하여 부동산 가격은 상승하게 된다. 이는 부동산 가격이 저렴할 때 부동산을 너도나도 구입하려 하기 때문에 사람들의 집단 심리 욕구가 기대치로 작용하여 부동산이 기대치에 영향을 미친다.

부동산 가격상승의 기대치는 기업의 생산원가 상승으로 작용하여 총공급곡선을 좌측으로 이동시켜 총생산을 감소시키고 물가를 증가시키는 요인으로 작용한다. 부동산 가격이 오르는 인플레이션이 예상되면 총공급곡선이 좌측으로 이동하는 것이다. 반면에 앞으로 물가가 떨어질 것이라고 예상되면 총공급곡선은 우측으로 이동한다.

제4절 부동산과 경제 안정화 정책

토지 및 주택 등의 부동산이 경제 안정화 정책에 어떻게 영향을 미칠까? 여기에 대한 답은 총수요 식(9-1)에서 실마리를 찾을 수 있다. 총수요를 구성하는 요소는 소비, 투자 외에 정부지출 등이 있다. 정부지출이 증가하면 총수요곡선이 우측으로 이동하여 총생산이 증가하고 물가가 오른다. 반대로 정부지출이 감소하면 총수요곡선이 좌측으로 이동하여 총생산이 감소하고 물가가 하락한다. 여기서 정부는 경제가 불황이면 정부지출을 확대하고 호황이면 정부지출을 긴축하는 정책을 펼친다.

경기가 침체된 상태에서 경기를 부양하기 위해서는 어느 정도 물가 상승을 감내하고서라도 재정 지출을 늘려서 경기를 회복시킬 수 있다. 경기가 과열된 상태에서는 재정 지출을 줄여 경기를 진정시킬 수 있다. 경기순환의 진폭을 줄이고 경제를 안정화 시키는 정책을 경제 안정화 정책(안정화 정책으로 약칭) 혹은 경제 안정정책(economic stabilization policy)이라고 한다.

안정화 정책은 경기순환의 진폭을 완화시키는 단기적인 정책으로서 성장정책과 차이가 있다. 성장정책(growth policy)은 기술 진보, 생산성 향상, 인력 기술 향상 등 총공급곡선을 우측으로 이동시키는 장기 경제정책이다. 성장정책은 장기에 걸쳐 그 효과가 나타나지만 안정화 정책은 단기[4]에 경기진폭을 조정하여 그 효과가 나타났다. 안정화 정책을 경기대책 혹은 총수요관리정책이라 한다. 안정화 정책은 정부지출을 직접적으로 확대 지출하기도 하지만 주택 및 토지 등의 부동산 세수 증감을 통해서 간접적인 정부지출을 확대하거나 축소하여 경기순환의 진폭을 완화하는 데 아주 유용한 정책 수단이다.

안정화 정책은 재정정책과 통화정책으로 구분한다. 재정정책은 정부지출이나 세금의 조정을 통해 경제를 안정화시키는 정책이다. 통화정책은 이자율이나 통화량 조정을 통해 경제를 안정화 시키는 정책이다. 부동산은 재정정책과 밀접한 관련이 있지만 절대적이 아닌 여러 선택지 중 하나이다. 왜냐하면 주택이나 토지 등의 부동산이 가계 자산의 70% 수준을 상회하고 있기 때문이다.

4) 경제학에 단기는 3-5년 이내를 말하고 이 기간을 초과하는 기간을 장기라 한다. 우리나라의 경기순환 주기는 대체적으로 3-5년 정도로 보고 있다.

4.1 부동산과 재정정책

총수요의 중요한 구성항목 중 하나가 정부지출이다. 앞에서 살펴본 바와 같이 정부지출이 변하면 총수요가 변한다. 정부지출 재원은 세금이다. 세금은 총수요의 구성항목에는 포함되지 않지만, 정부지출 재원의 핵심 요소로서 간접적으로 정부지출에 영향을 미친다. 세금은 가계와 기업으로부터 거둬들이는 재정수입의 원천으로 재정수입을 기반으로 정부지출이 이루어진다. 가계나 기업으로부터 거두어들이는 세금의 상당수는 부동산 관련 세금이다. 2020년 기준 총조세는 538조원, 부동산세[5] 90조원으로 부동산세는 총조세의 16.7%로 소득세 31%의 약 절반에 해당한다.

예를 들면, 경기 부진으로 가계나 기업으로부터 거둬들이는 소득세나 법인세 징수가 부족하여 재정 지출 재원이 부족할 경우 가계나 기업이 보유하고 있는 부동산 세율을 낮추면 종전보다 적은 세금을 내게 되어 가계나 기업의 처분가능 소득이 증가하여 민간의 소비와 가계의 투자가 증가하여 총수요가 증가하여 총수요곡선이 우측으로 이동한다. 이렇게 되면 총생산과 물가가 증가하여 정부지출 확대 효과와 같은 효과를 기대할 수 있다.

정부지출 증가, 세율 인하, 세금 감면, 세목 삭제 등을 확대 재정정책 혹은 확장적 재정정책이라 한다. 확대 재정정책은 경기가 침체한 경우 경기를 부양하는 정책이다. 정부지출 감소, 세율 인상, 세금 감면 축소, 신규 세목 제정 등은 긴축 재정정책이라 한다. 긴축 재정정책은 경기가 과열되었을 경우 경기를 진정시키는 정책이다. 시장경제를 추구하는 국가는 재정정책의 수단으로 부동산 관련 세율이나 감면 등을 조정하여 경기순환의 변동을 최소화하려고 한다.

4.2 부동산과 통화정책

통화량이나 이자율을 변동시켜 총수요를 조절하고 경제를 안정화시키려는 정책이 통화정책이다. 통화정책은 확대 통화정책과 긴축 통화정책이 있다. 확대 통화정책은 침체된 경기를 회복시키고자 통화공급을 확대하거나 이자율을 낮추는 정책이다. 반면 긴축 통화정책은 과열된 경기를 진정시키고자 통화공급을 감소시키거나 이자율을 인

5) OECD 통계 기준 우리나라 부동산세는 재산세, 취등록세, 상속증여세, 양도세 등을 합친 것을 말한다.

상하는 정책이다.

부동산이 통화정책에 어떻게 영향을 미칠까? 앞에서 살펴본 바와 같이 통화(돈)도 총수요 구성항목에 포함되어 있지 않다. 더구나 부동산과 통화와는 거리가 더 멀어 보인다. 통화정책은 부동산 가격 변동성에 직접적인 영향을 미치지만, 부동산은 통화정책의 영향을 받아 간접적으로 총수요에 영향을 미친다. 돈이 총수요에 직접적인 영향을 미치는 것을 알려주는 것이 교환방정식(equation of exchange)이다. 돈이 총수요에 간접적으로 영향을 미치는 것은 이자율이다(안국신, 2022, p.428). 부동산이 통화정책을 통해 간접적으로 총수요에 어떻게 영향을 미치는지 살펴보기 위해서는 통화와 교환방정식의 이해가 우선이다.

(1) 통화와 교환방정식

오늘날 시장경제에서 재화와 용역은 화폐를 매개로 거래가 이루어진다. 한나라의 명목 국내총생산액(GDP)은 물가수준(P)에 실질총생산(Y)을 곱한 것과 같다.

명목국내총생산 = 물가수준(P) × 실질국내총생산(Y) (9-2)

명목국내총생산은 일정기간 동안에 국내에서 생산된 모든 최종생산물의 시장가치로서 최종생산물의 총거래액과 같다. 최종생산물의 총거래액은 모든 경제주체들이 지출한 것과 같다. 이를 수식으로 표현하면 식(9-3)과 같다.

명목국내총생산 = 통화량(M) × 화폐의 소득유통속도(V) (9-3)

여기서 화폐의 소득 유통 속도란 일정 기간 동안에 생산된 모든 최종생산물이 시장에서 거래되는 데에 화폐 1단위가 평균적으로 사용된 횟수(V=PY/M)를 의미한다. 식(9-2)과 식(9-3)은 명목국내총생산이 등식에 공통으로 사용되었기에 식(9-4)과 같이 나타낼 수 있는데 이 항등식을 교환방정식이라 한다(안국신, 2022, p.429).

물가수준(P) × 실질국내총생산(Y) = 통화량(M) × 화폐의 소득유통속도(V) (9-4)

식(9-4)에서 화폐의 소득 유통속도가 일정할 때 통화량의 증가는 명목국내총생산이 증가한다. 화폐의 소득 유통속도가 일정한가 아니면 일정하지 않은가의 이론적 논쟁은 경제학파마다 견해가 일치하지 않고 있다. 케인스를 따르는 학자들은 화폐의 소득 유통 속도는 일정하지 않고 이자율에 영향을 받아 이자율이 올라가면 화폐의 소득 유통 속도는 빨라지고 이자율이 내려가면 화폐의 소득 유통 속도는 느려진다고 주장하지만, 그 폭은 크지 않다는 것이다. 따라서 통화량이 증가하면 화폐의 소득 유통 속도는 크게 변하지 않으므로 총지출액(MV)이 증가하게 된다. 이상의 논의를 종합하면 통화량의 증가는 식(9-4)에서 명목총생산(PY)이 증가한다. 이는 통화량이 증가하면 사람들의 구매력이 상승하여 실질총생산에에 대한 수요가 증가하여 총생산이 증가한다.

부동산과 통화량의 관계를 살펴보자. 통화량의 증가는 이자율을 하락시키고 구매력을 증가시킨다. 구매력의 상승은 주택이나 토지와 같은 실물자산의 수요를 증가시켜 부동산 가격을 상승시킨다. 부동산 가격의 상승은 앞에서 살펴본 바와 같이 소비와 투자를 확대시켜 총수요를 증가시킨다. 총수요의 증가는 총수요곡선을 우측으로 이동시켜 총생산과 물가를 증가시킨다. 또한 이자율의 하락은 민간소비와 투자수요가 늘어나 총수요가 증가한다. 따라서 통화공급을 증가시키면 이자율 하락을 통해 부동산 투자수요를 증가시키고 이는 부동산 가격을 상승시켜 총수요를 증가시킨다. 총수요의 증가는 총수요곡선을 우측으로 이동시켜 총생산과 물가를 증가시킨다. 결국 통화량의 증가는 이자율 하락과 소비와 투자수요를 증가시켜 총수요를 증가시키고, 투자수요의 증가는 부동산 가격을 상승시킨다. 부동산 가격의 상승은 총수요를 증가시키므로 통화량 증가로 총수요를 증가시키는 것과 같은 간접효과를 나타낸다.

부동산이 재정정책에 미치는 효과가 큰지, 아니면 통화정책에 미치는 효과가 큰지에 대한 비교, 부동산 가격이 상승할 때와 하락할 때 미치는 영향이 같은지 아니면 다른지 등은 실증분석의 중요한 주제이다.

제5절 재정정책 및 통화정책과 이자율 및 부동산

5.1 재정정책 및 이자율과 부동산

총수요곡선을 이동시키는 정책으로 확대재정정책 및 확대통화정책을 통해서 앞에서 살펴보았다. 그렇다면 확대재정정책과 확대통화정책을 통한 총수요곡선 이동 효과는 같은가? 결론부터 말하면 같지 않다. 그 이유는 재정정책과 통화정책이 이자율에 미치는 효과가 다르기 때문이다. 재정정책은 이자율을 인상하게 하지만 통화정책은 이자율을 인하하게 한다. 이제 재정정책 및 이자율과 부동산의 관계를 차례대로 살펴보자.

정부가 재정정책이나 통화정책을 시행할 때 재원 조달에 현실적 제약이 있다. 재정정책은 국민이 납부한 조세가 재정 지출의 재원이 되고, 통화정책은 통화당국의 화폐 발행이 재원이 된다. 정부의 재정 지출은 예산제약식에 의해 제약을 받는다. 해외 부문이 없는 예산제약식은 식(9-5)과 같이 나타낼 수 있다.

정부지출(G) - 세금(T) = 통화공급증가($\triangle M$) + 국채발행증가($\triangle B$) (9-5)

(단, M은 통화량, B는 국채 잔고, △는 증분)

식(9-5)의 좌변에서 거둔 세금보다 정부지출이 많아서 재정적자가 발생하면 그 차액만큼의 국채를 발행하여 재원을 조달해야 한다. 반대로 거둔 세금보다 정부지출이 적어서 재정흑자가 발생하면 국채를 상환하거나 통화 발행을 줄이게 된다는 것을 예산제약식에서 확인할 수 있다. 확대 재정정책은 정부지출(G)을 늘리거나 세금(T)을 감소시켜 재정적자(G-T)를 종전보다 증가시키게 된다. 순수한 의미의 확대 재정정책은 통화량을 증가시키지 않고 재정적자를 증가시키는 것이다. 식(9-5)을 다시 정리하면 식(9-6)과 같다.

정부지출(G) - 세금(T) = 국채발행증가($\triangle B$) (9-6)

재정적자가 발생한다는 것은 식(9-6)에서 정부지출이 거둔 세금보다 지출이 많다는 것을 의미하기에 증가한 지출의 재원을 조달하기 위해서는 국채 발행을 증가시켜야 항등식이 성립한다. 국채를 발행하여 정부지출 재원을 조달하게 되면 민간 부문으로 부터 돈이 흡수되기 때문에 화폐를 발행할 필요성이 없다. 국채도 주식처럼 채권시장에서 매매하여 차익을 얻거나 이자수익을 기대할 수 있는 금융 투자상품 중의 하나이다. 채권은 주식처럼 높은 위험이 적은 비교적 안전한 투자상품으로 주식이나 아파트처럼 좋은 투자 수단이다. 국채 발행이 많아 국채 공급이 증가하면 국채 가격은 하락하고 공급이 감소하면 채권 가격은 증가한다. 국채 수량과 가격과의 관계는 [그림 9-10]과 같이 나타낼 수 있다.

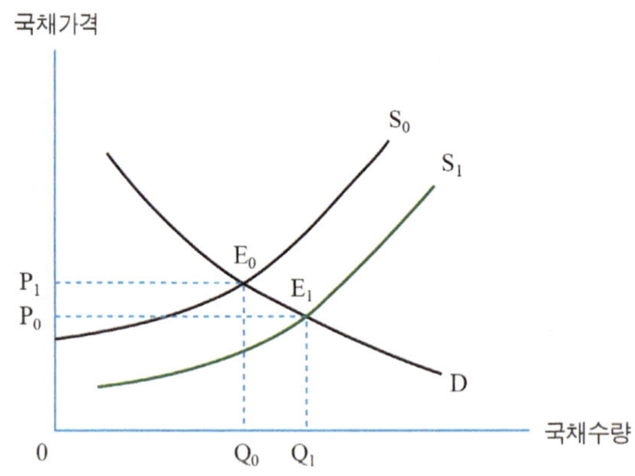

[그림 9-10] 확대재정정책과 국채시장

가로축에 국채 수량 Q, 세로축에 국채 가격 P로 하는 국채 시장수요곡선 D, 국채 시장 공급곡선 S_0이 만나는 균형점 E_0에서 균형이 형성된다고 하자. 균형점 E_0에서 균형 국채 수량은 Q_0이고, 국채 가격은 P_0이다. 이제 정부가 정부지출의 재원을 조달하기 위해 국채를 S_0에서 S_1로 증가시키면 새로운 균형점은 E_1이 되고, 균형 수량은 Q_0에서 Q_1로 증가하고, 균형 가격은 P_0에서 P_1로 하락한다. 국채 가격이 하락한다는 의미는 채권 수익률인 이자가 상승한다는 의미이다. 따라서 국채 가격과 이자율은 역의 관계에 있다.

예를 들면, 만기가 1년인 채권 1단위 발행가격이 1,000원이고, 만기 상환 이자율이 10%인 채권을 900원에 매입하였다고 하면, 이 투자가가 채권을 만기까지 보유할 때 채권 투자 수익률은 만기 상환 이자수익 100원과 발행가보다 싸게 사들인 가격 100원을 합한 200원으로 세금을 고려하지 않는 수익률은 20%가 된다(20%=(200/1000)× 100).

국채를 발행하여 재정을 조달하게 되면 이자율 상승을 초래하여 민간 소비와 투자활동을 위축시키는 구축효과 혹은 잠식효과(crowding-out effect)가 발생한다. 이는 재정정책의 의도와 다르게 확대 재정정책을 펼치면 이자율이 상승하여 민간 소비와 투자가 위축시키는 상반된 결과를 초래하게 된다. 그렇다면 식(9-6)에서 부동산과 연계하여 민간 소비와 투자를 위축시키지 않고 경기를 활성화할 수 있는 확대 재정정책 방법은 없는가?

국채 발행을 통한 재원 조달은 민간 소비와 투자를 위축시키는 효과가 있는 것을 고려한다면 국채 발행 대신 정부지출 규모에 해당하는 부동산 관련 세율과 감면조정을 통한 확대 재정정책[6]은 구축효과 없이 경기를 진작시킬 수 있다. 시장경제를 중시하는 고전학파의 작은 정부 논리를 따른다면 확대 재정정책으로 직접적인 정부지출보다 부동산관련 세율을 감면시키는 수단이 경기를 더 활성화할 수 있을 것으로 기대한다.

5.2 통화정책 및 이자율과 부동산

통화정책은 재정정책과 같이 이자율을 올려 민간부문의 소비와 투자를 위축시키는 자가당착적인 요인을 포함하고 있지 않다. 식(9-5)과 결부시켜 통화정책을 나타내면 정부지출(G)이나 세금(T)을 변동시키지 않고 국채의 잔고 변동을 통해 통화량을 변동시키는 식(9-7)과 같이 나타낼 수 있다.

$$\text{상수} = \text{통화공급증가}(\Delta M) + \text{국채발행증가}(\Delta B) \qquad (9\text{-}7)$$

식(9-7)에서 통화공급이 증가하면 그만큼 국채 잔고가 감소해야 좌변의 상수와 일치한다. 이는 통화당국이 공개시장(open market)에서 국채를 매입하는 것만큼 통화량은

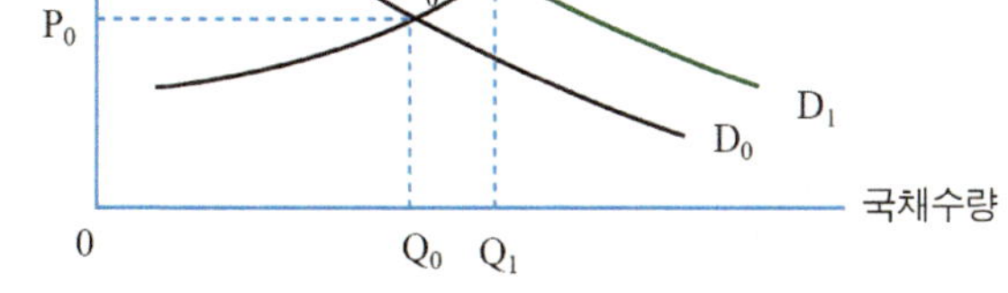

[그림 9-11] 확대통화정책과 국채시장

6) 확대 재정정책을 수행하기 위한 재원 조달 수단으로 채권을 발행하는 방법과 부동산 관련 세율 및 감면조정을 통한 재원 조달 방법 중, 어느 것이 더 효율적인 방법인가는 실증분석 연구 주제이다. 이는 침체된 경기를 부양하기 위해 정부가 직접 재원을 조달하여 지출할 것인가 아니면 민간으로부터 거두어들이는 세수를 줄여주어 처분 가능 소득을 증가시켜 민간 스스로 소비와 투자를 활성화하게 할 것인가의 문제이다. 두 방법의 재정정책 효과 측정은 재원 조달 비용, 가변적인 시차, 동태적 일관성 등을 고려한 엄밀한 분석이 수행되어야 할 것이다.

증가하고 국채 잔고가 감소하게 된다는 의미이다. 이는 [그림 9-11]에서 국채 매입 수요 증가는 국채수요곡선을 D_0에서 D_1로 우측으로 이동시켜 국채 가격을 상승시키고 이자율을 하락시킨다.

통화정책은 이자율을 하락시켜 민간 소비와 투자수요를 위축시키지 아니하고 경기를 부양할 수 있다. 이자율 하락으로 대출 여력이 확대되어 주택과 같은 부동산 수요가 증가하여 부동산 가격을 상승시킨다. 부동산 가격 상승은 부의 효과(wealth effect)와 토빈 Q 효과 및 환율효과(exchange effect)를 통해 총수요를 증가시키고 총수요곡선이 우측으로 이동하여 총생산과 물가를 상승시키어 간접적으로 확대 통화정책의 효과를 유발한다.

읽고 생각할 거리

현 부총리 "주택 시장 부진 길어지면 거시경제에 부담"

현오석 부총리 겸 기획재정부 장관은 1일 "주택 시장의 부진이 깊어지고 길어지면 거시경제 전반에 부담으로 작용할 수 있다"고 우려했다.

현 부총리는 이날 서울 여의도 수출입은행에서 주재한 제2차 경제장관간담회에서 '서민 주거안정을 위한 주택 시장 정상화 종합대책'을 마련하게 된 배경을 전하며 이같이 밝혔다.

그는 "수도권을 중심으로 주택가격이 하락하고 거래가 위축돼 민생경제의 어려움이 커지고 있다"며 "매매수요가 임차수요로 전환돼 전세가격을 올리고 하우스푸어들의 채무상환 부담도 늘어나고 있다"고 설명했다.

그러면서 "주택 시장 부진이 심화·장기화할 경우 민간소비와 건설투자의 회복을 지연시키고 금융 건전성에도 부정적인 영향을 미친다"고 지적했다. 이에 따라 정부는 보금자리주택 등 공급물량을 조절하고, 생애최초 주택구입자 등 실수요자의 주택구입을 지원하고 취득세·양도세 등 거래비용을 줄여 매매수요를 보완하기로 했다. 또 전월세 가격의 상승으로 어려움을 겪는 하우스푸어나 렌트푸어를 위한 지원 방안도 마련하기로 했다.

출처 : 대한민국 정책브리핑(www.korea.kr), 2013.4.2., 필자 일부 재구성

주요용어 및 개념

- 총생산
- 경기상승
- 총수요곡선
- 부의효과
- 토빈 Q효과
- 상관계수
- 총공급
- 통화정책
- 잠식효과
- 항상소득가설
- 성장정책
- 변동성
- 경기하락
- 총공급곡선
- 구축효과
- 환율효과
- 총수요
- 경제안정정책
- 재정정책
- 국채
- 생애주기가설

연습문제

1 총수요곡선의 개념을 설명하시오?

2 총공급곡선의 개념을 설명하시오?

3 총수요곡선과 총공급곡선이 만나는 점에서 무엇이 결정되는지 설명하시오?

4 총수요곡선을 우측으로 이동하는 요인을 설명하시오?

5 안정화 정책에 대해 설명하시오?

6 부의효과(자산효과), 토비 Q 효과, 환율효과에 대해 각각 설명하시오?

정답

1. 총수요곡선은 각각의 물가수준에서 한 나라의 실질 총생산에 대한 의도된 총지출, 실질 총수요를 보여주는 곡선이다.
2. 총공급곡선은 각각의 물가수준에서 공급되는 실질 총생산, 실질 총공급을 보여주는 곡선이다.
3. 균형물가, 균형(실질)총생산(GDP)이 결정된다.
4. 1)과소비가 번지는 경우
   2)기업의 투자 의욕이 고취되는 경우
   3)수출이 수입에 비해 증가되는 경우
   4)장래에 발생할 것으로 사람들이 인플레이션을 기대하는 경우
   5)정부가 확대재정정책이나 통화정책을 쓸 경우
5. 안정화 정책이란 물가 안정, 고용 안정, 국제수지 균형 등 경제 안정을 위해 정부가 단기에 적극적으로 구사하는 정책을 말한다.
6. 1) 부의효과란 소비자들의 소비 팬턴이 보유하고 있는 자산가치의 변동에 따라 소비가 변화하는 현상을 말한다. 경제학에서 부의 증가는 소비, 투자, 경제성장에 도움을 준다.
   2) 토비Q효과는 기업의 투자 결정에 영향을 미치는 요인 중 하나로, 기업이 재투자를 결정할 때 기업가치와 자본 재투자 비율 간의 관계를 설명하는 지표이다.
   3) 환율효과는 국제 거래나 경제활동에 따라 환율의 변동이 경제활동에 미치는 영향을 말한다.

CHAPTER 10

부동산산업과 거시경제

제1절 부동산산업의 개념

제2절 부동산산업의 현황

제3절 부동산산업의 국제적 비교

제4절 부동산산업의 경제적 파급효과

제5절 부동산산업의 미래

제6절 주택 투자와 거시경제

제1절 부동산산업의 개념

1.1 부동산산업의 정의

부동산산업(real estate business)의 정의는 학자와 나라마다 달라서 한마디로 정의하기가 쉽지 않지만, 부동산이라는 재화를 생산, 유통, 소비, 관리 등 관련 서비스를 제공하는 일련의 산업이라고 할 수 있다. 김영진(1979)은 부동산산업을 부동산거래업(부동산서비스업, 부동산임대업, 기타)과 부동산공급업(주거용 부동산공급업, 개발업, 기타)으로 분류하고 있으며, 링과 다소(Ring and Dasso, 1985)는 부동산산업을 부동산금융 및 투자업, 부동산개발업, 부동산중개업, 부동산서비스업으로 분류하고 있다. 국제표준산업분류(ISIC)[1]는 각종 부동산의 대여 및 운영, 판매를 포함한 부동산의 개발 및 분양, 부동산 중개업자 및 계약에 의하거나 수수료를 받는 부동산 임대, 판매, 관리 및 부동산감정평가에 종사하는 경영자를 총칭하나 여기서 호텔업, 여관업, 기타 하숙업은 포함되지 않는다고 정의하고 있다. 우리나라는 1992년 1월 1일부터 시행되고 있는 통계청 고시에서 부동산산업은 부동산 임대 및 공급업과 부동산 관련 서비스업으로 규정하고 있다.[2] 이처럼 나라와 학자마다 부동산산업에 대한 정의가 다르지만, 부동산이라는 재화를 생산, 유통, 소비하는데 관련된 부동산 활동 서비스를 제공하는 일련의 산업이라고 정의할 수 있다.

부동산이란 땅, 건물, 자연 자원 및 자본과 결합 된 유무형의 권리 등 모든 재산을 의미한다. 부동산산업은 부동산의 개발, 건설, 매매, 임대, 관리, 중개, 평가, 신탁, 부동산금융, 증권, 부동산 정보기술(PropTech), 서비스 등과 같은 다양한 부동산 활동을 포함하고 있다. 부동산산업은 경제적으로 중요한 역할을 하며 건설, 금융, 전기 및 전자, ICT(정보통신) 산업 등과 긴밀하게 연관되어 있다.

향후 부동산산업은 AI(인공지능) 및 ICT, 3D 기술, AR 및 VR(가상현실 및 증강현

---

1) ISIC(1968), Statistical Paper Series, No. 4, Rev. 2, Department of Economic and Social Affairs, Statistical Office of the United Nations, New York, P.37.

2) 우리나라 표준산업분류는 부동산임대 및 공급업(부동산임대업:주거용 및 비주거용 건물임대업, 기타 부동산임대업, 부동산개발 및 공급업: 주거용 및 비주거용 건물 개발 및 공급업, 기타 부동산개발 및 공급업) 과 부동산 관련 서비스업(부동산관리업: 주거용 및 비주거용 관리업, 부동산 중개 및 감정평가업: 부동산 자문 및 중개업, 부동산 감정평가업, 기타 관련 서비스업: 부동산금융업, 부동산 분양대행업, 부동산투자분석, 경·공매업 등)으로 분류하고 있다. (이창석(2011), 「부동산학개론」, 형설출판사, p.319, 참조)

실) 등과 융합으로 종합서비스를 추구하게 될 것이다. 부동산산업에 대기업과 글로벌 부동산 컨설턴트가 진출함에 따라 융복합 서비스 제공으로 고부가가치를 창출할 수 있는 성장동력 산업으로 주목받고 있다. 미래의 부동산산업 영역은 첨단기술과 융복합으로 점점 더 세분되어 갈 것이다.

1.2 부동산산업의 분류

부동산산업은 유엔(UN) 통계처에서 제시한 산업연관표와 국제표준산업분류체계를 기준으로 분류한다. 우리나라의 부동산산업 분류는 한국은행은 산업연관표를 기준으로 하고, 통계청은 표준산업분류체계를 기준으로 구분하고 있다.

(1) 한국은행의 부동산산업 분류

우리나라의 산업연관표는 1960년도 한국은행에서 최초로 작성한 이래 최근의 2015년 실측표에 이르기까지 14회의 실측표를 작성하여 공표하고 있다. 유엔(UN) 통계처는 국민경제체계(System of National Accounts : SNA) 기준을 작성하여 각국에서 사용할 것을 권고하고 있다.[3] SNA는 각국의 경제를 종합적으로 파악하고자 산업연관표, 국민소득통계, 자금순환표, 국제수지표, 국민대차대조표를 작성할 수 있는 편제를 제시하고 있다. 한국은행은 2015년 UN의 SNA 제4차 개정을 반영하여 산업연관표 상 부동산업을 주거서비스, 비주거용 건물임대업, 부동산개발 및 공급업, 부동산 관련 서비스업의 기본부문으로 분류하고 있으며, [표 10-1과] 같다.

[표 10-1] 산업연과표 상 부동산산업(2015~)

대분류 (32부문)	중분류 (78부문)	소분류 (174부문)		기본부문 (278)	
L 부동산업	68 부동산업	681	주거용 건물임대업	6810	주거용 건물임대업
		682	기타 부동산 임대 및 개발, 공급업	6821	기타 부동산 임대업
				6822	부동산개발 및 공급업
		683	부동산 관련 서비스업	6830	부동산 관련 서비스업

자료 : 한국은행 경제통계시스템(2023), 2015년 기준년 산업분류표.

(2) 통계청의 한국표준산업분류 상 부동산산업 분류

UN 통계처는 국제표준산업분류(International Standard Indutrial Classification: ISIC) 기준을 작성하여 산업을 분류하도록 권고하고 있다.[4] 우리나라 통계청은 1965년 9월부터 UN 통계처의 ISIC를 기준으로 한국표준산업분류 KSIC를 제정하여 운영하고 있다. 통계청은 UN 통계처의 ISIC 제4차 개정을 반영하여 2017년에 개정한 제10차 KSIC 상 부동산업 및 임대업을 [표 10-2]와 같이 분류하고 있다. 부동산 임대 및 공급업은 부동산 임대업과 부동산 개발 및 공급업, 부동산 관련 서비스업은 부동산 관리

[표 10-2] 한국표준산업분류(10차)의 부동산산업(2017~)

대분류 (21개)	중분류 (77개)	소분류 (232개)	세분류 (495개)	세세분류 (1,196개)
L 부동산업 및 임대업	68 부동산업	681 부동산 임대 및 공급업	6811 부동산 임대업	6811 주거용 건물임대업
				68112 비주거용 건물임대업
				68119 기타 부동산 임대업
			6812 부동산 개발 및 공급업	68121 주거용 건물 개발 및 공급업
				69122 비주거용 건물 개발 및 공급업
				68129 기타 부동산개발 및 공급업
		682 부동산 관련 서비스업	6821 부동산 관리업	68211 주거용 부동산 관리업
				68212 비주거용 부동산 관리업
			6822 부동산 중개 및 평가업	68221 부동산 자문 및 중개업
				68222 부동산 감정평가업

자료: 통계청(2020), 표준산업분류표. http://unstats.un.org.

3) UN Statistics Division(2023.12). ISIC Revision 4. http://unstats.un.org.

4) UN Statistics Division(2023.12). ISIC Revision 4. http://unstats.un.org.

업과 부동산 중개 및 평가업으로 각각 세분류하고 있다. 부동산업은 주거용 건물임대업, 주거용 건물 개발 및 공급업, 주거용 부동산 관리업, 부동산 감정평가업 등 10개 세세분류로 나누고 있다. 통계청의 부동산 산업의 분류는 한국은행의 기본 틀을 유지하고 있으며, 한국은행의 주거용 건물임대업은 임대업뿐만 아니라 자가 소유 귀속임대료를 포함한다는 측면에서 차이가 있다.

(3) 통계청의 부동산서비스산업 특수분류체계

부동산산업의 고도화 및 융합화를 통해 글로벌 부동산시장에서 우리나라 부동산산업의 경쟁력 제고를 위해 정부는 2017년 부동산서비스법을 제정하였다. 이 법에서 부동산산업 실태조사를 실시하고(법 제11조), 전문인력 육성(법 제12조) 및 관련 연구개발 실시(법 제14조)를 규정하는 부동산산업 진흥을 위한 법체계가 마련되었다. 동 법 제11조 규정에 따라 국토교통부 위탁을 받아 한국부동산원은 2018년부터 부동산서비스산업 실태조사를 수행해오고 있다. 통계청은 지난 6년간의 실태조사 결과를 바탕으로 2023년 10월 10일(통계청 고시 제2023-534호) 부동산서비스산업 실태조사를 국가통계로 승인하였다. 이 고시에 의거 부동산 금융서비스업(REITs), 부동산 정보제공 서비스업으로서 프롭테크업이 통계에 포함하게 되었으며, [표 10-3]과 같다.[5]

[표 10-3] 통계청 부동산서비스산업 특수분류체계(2023)

대분류(3개)	중분류(8개)	소분류(16개)	한국표준산업분류 KSIC 연계
부동산 개발업	부동산 개발업	주거용 부동산 개발업	주거용 건물 및 공급업
		비주거용 부동산 개발업	비주거용 건물 개발 및 공급업
		기타 부동산 개발업	기타 부동산개발 및 공급업
부동산 임대 및 관리업	부동산 임대업	주거용 부동산 임대업	주거용 건물임대업
		비주거용 부동산 임대업	비주거용 건물임대업
		기타 부동산 임대업	기타 부동산 임대업
	부동산 관리업	주거용 부동산시설 관리업	주거용 부동산 관리업
		비주거용 부동산시설관리업	비주거용 부동산 관리업

5) 정희남·손태락·이현석 외 57인(2024), 프롭테크와 부동산산업, 부연사, pp.44-46.

<table>
<tr><th>대분류(3개)</th><th>중분류(8개)</th><th>소분류(16개)</th><th>한국표준산업분류 KSIC 연계</th></tr>
<tr><td rowspan="16">부동산 관련 서비스 업</td><td>부동산 자문 서비스업</td><td>부동산 자문서비스업</td><td>부동산 투자자문업</td></tr>
<tr><td>부동산 공인중개 서비스업</td><td>부동산 공인중개 서비스업</td><td>부동산 중개 및 대리업</td></tr>
<tr><td>부동산 감정평가 서비스업</td><td>부동산 감정평가 서비스업</td><td>부동산 감정평가업</td></tr>
<tr><td rowspan="6">부동산 금융 서비스업</td><td rowspan="3">부동산 투자업(리츠)</td><td>부동산 임대 및 공급업</td></tr>
<tr><td>투자 자문업 및 투자 일임업</td></tr>
<tr><td>기타 금융 투자업</td></tr>
<tr><td rowspan="3">부동산 투자자산관리업(AMC)</td><td>부동산 임대 및 공급업</td></tr>
<tr><td>신탁업 및 집합투자업</td></tr>
<tr><td>그 외 기타 분류 안된 금융업</td></tr>
<tr><td rowspan="7">부동산 정보제공 서비스업 (프롭테크)</td><td rowspan="3">부동산 거래 및 공유플랫폼 운영업</td><td>시스템 소프트웨어 개발 및 공급업</td></tr>
<tr><td>응용 소프트웨어 개발 및 공급업</td></tr>
<tr><td>그 외 기타 분류 안된 사업지원 서비스</td></tr>
<tr><td rowspan="3">부동산 데이터제공 서비스업</td><td>컴퓨터 프로그래밍 서비스업</td></tr>
<tr><td>포털 및 기타 인터넷 정보매개 서비스업</td></tr>
<tr><td>데이터베이스 및 온라인 정보 제공업</td></tr>
<tr><td>기타 부동산정보 서비스업</td><td>그 외 기타 정보 서비스업</td></tr>
</table>

출처 : 정희남 • 손태락 • 이현석 외 57인(2024), 상게서, p.45.

제2절 부동산산업의 현황

2.1 부동산산업의 현황

우리나라 2021년 말 통계청 발표에 따르면 부동산산업 종사자 수는 70만 2,920명으로 전 산업 종사자의 3,9%이다. 이는 금융업 종사자 수 3.9%와 비슷하지만, 건설업 8.1%에 비해서는 절반 수준이다. 부동산산업 종사자의 65.2%가 부동산 관련 서비스업에 종사하고 34.2%가 부동산임대 및 공급업에 종사하는 것으로 [표 10-4]에서 볼 수 있다. 부동산산업 부분별 종사자 수를 살펴보면, 부동산 관리업이 39.0%로 가장 높고, 부동산개발 공급업이 14.7%로 가장 낮다.

[표 10-4] 2021년 부동산산업 종사자 수

	2021				
	종사자수 (명)	부동산업 대비 비율 (%)	전산업 대비		
			부동산업 비율(%)	건설업 비율(%)	금융업 비율(%)
부동산업 합계	702,920	100	3.9	8.1	3.9
부동산 임대 및 공급업	244,759	34.8	1.3		
부동산 임대업	141,672	20.2	0.8		
부동산 개발 및 공급업	103,087	14.7	0.6		
부동산 관련 서비스업	458,161	65.2	2.5		
부동산 관리업	273,798	39.0	1.5		
부동산 중개, 자문 및 감정평가업	184,363	26.2	1.0		
전산업 종사자 수	18,182,282	2,587	100	1,474,513	708,571

자료 : 통계청 국가통계포탈.

부동산산업 매출액은 2017년도 128조 6,645억 원, 2019년 131조 4,927억 원, 2021년 227조 5,888억 원으로 2017년 대비 1.8배 성장을 하였다. 부동산산업의 매출액은 2017년에 GDP에 7.0%에서 2019년에 6.8%로 약간 하락하다가 2021년에 10.8% 상승을 보였다. 이는 부동산산업이 경제성장에 기여하고 있음을 의미한다.

부분별 매출액 성장은 2017년 기준으로 부동산개발 및 공급업이 78조 5,917억 원에서 2021년 144조 884억 원으로 1.8배 증가하여 부동산산업을 견인하였다. 반면, 부동산 관리업은 2017년 24조 5,570억 원에서 2021년 26조 461억 원으로 1.1배 증가하는데 거쳤다. 부동산산업 매출액의 GDP 기여도는 2017년 기준으로 7.0%, 2019년 6.8%, 2021년 10.8%로 꾸준한 상승을 보여 경제성장에 크게 기여하고 있음을 [표 10-5]에서 볼 수 있다.

한편 부동산산업 업체 수는 2017년 기준 73,894개에서 매년 증가하여 2021년 90,076개로 5년 동안 22% 증가한 것을 [그림 10-1]에서 볼 수 있다. 이는 같은 기간 건설업 7% 증가보다 3배 더 증가하였고, 금융업보다 사업체 수는 2배를 상회 한다.

[표 10-5] 부동산산업 매출액 현황

	2017		2019		2021	
	매출액 (억원)	GDP 기여도(%)	매출액 (억원)	GDP 기여도(%)	매출액 (억원_)	GDP 기여도(%)
합계 부동산업	1,286,645 (100)	7.0	1,314,927 (100)	6.8	2,275,888 (100)	10.8
부동산임대 및 공급업	925,307 (71.9)	5.0	935,663 (71.2)	4.8	1,808,848 (79.5)	8.6
부동산임대업	139,390 (10.8)	0.8	173,463 (13.5)	0.9	367,964 (16.2)	1.7
부동산 개발 및 공급업	785,917 (61.1)	4.3	762,200 (59.2)	3.9	1,440,884 (63.3)	6.8
부동산관련 서비스업	361,338 (28.1)	2.0	379,264 (28.8)	2.0	467,040 (20.5)	2.2
부동산 관리업	245,570 (19.1)	1.3	264,721 (20.6)	1.4	260,461 (11.4)	1.2
부동산 중개, 자문 및 감정평가업	115,768 (9.0)	0.6	114,543 (8.9)	0.6	206,579 (9.1)	1.0
GDP	18,356,982		19,411,079		21,036,120	

자료 : 통계청 국가통계포탈, 한국은행 경제통계시스템.

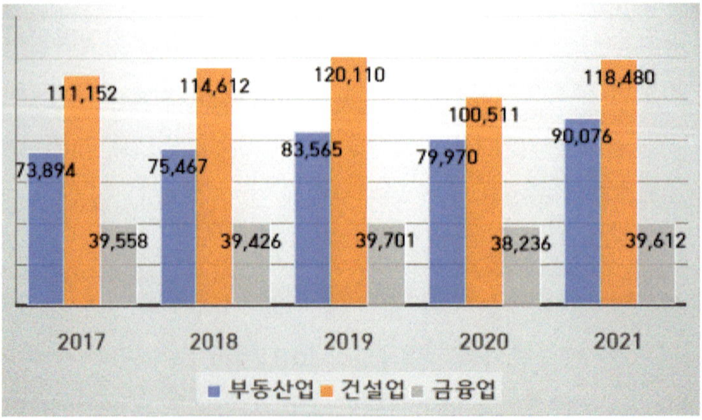

자료 : 통계청 국가통계포탈.

[그림 10-1] 부동산산업 업체 수 추이

제3절 부동산산업의 국제적 비교

3.1 한국 미국 일본의 부동산산업 비교

한국, 미국, 일본의 부동산산업 산출액이 GDP에 차지하는 점유비(부동산업 산출액/GDP)[6]를 산출한 시계열은 [표 10-6]와 같다. 국제투입산출DB(World Input Output Database)에 따르면 한국의 부동산산업의 산출액 비율은 2000년 기준 10.3%에서 2014년 8.5%

[표 10-6] 한국 미국 일본의 GDP 대비 부동산 산업 매출액 추이

년도	한국			미국			일본		
	부동산업	건설업	금융업	부동산업	건설업	금융업	부동산업	건설업	금융업
2000	10.3	14.1	9.0	14.7	8.9	14.1	12.0	14.6	8.0
2001	10.1	14.2	9.5	15.2	9.0	13.8	12.3	14.0	8.3
2002	9.9	14.1	10.7	15.7	8.9	13.5	12.6	13.6	8.7
2003	9.9	15.5	10.0	16.0	9.0	13.6	12.7	13.1	8.7
2004	9.6	15.4	9.0	16.5	9.4	13.7	12.6	13.1	8.4
2005	9.5	14.9	9.1	17.2	9.8	13.9	12.6	13.0	8.7
2006	9.5	14.7	9.6	16.9	9.7	14.0	12.6	13.1	8.9
2007	9.2	14.8	10.2	16.4	9.2	14.2	12.6	13.0	8.9
2008	9.3	15.4	10.6	15.9	8.6	13.4	13.0	12.9	8.2
2009	9.0	15.1	11.6	16.0	7.5	12.8	14.0	12.3	8.0
2010	8.5	13.8	9.9	15.7	6.7	12.6	13.7	11.7	7.7
2011	8.5	13.2	10.3	15.6	6.5	12.2	13.9	11.9	7.4
2012	8.6	12.8	10.1	15.6	6.6	12.1	13.9	12.2	7.5
2013	8.6	12.9	9.4	15.5	6.7	12.3	13.8	13.3	7.4
2014	8.5	12.8	9.4	15.8	6.8	12.4	13.5	13.0	7.2

주) 1. 2024년 2월 현재 WIOD는 2014년까지 데이터를 발표하고 있다.
자료 : World Input Output Database.

6) 부동산, 건설, 금융 산출액 자료는 World Input Output Database로부터 구득했고, GDP는 한국은행으로부터 입수했다. WIOD는 EU 집행위원회의 주관하에 세계 40개국 국가의 산업연관표, 무역데이터, 국제수지통계 등을 이용해서 각 국가의 산출액을 추정하여 발표하고 있다. 경상가격을 기준으로 산출하기 때문에 산업의 순수한 산출 효과와 물가상승으로 인한 산출 효과가 혼재될 수 있는 단점도 있지

로 계속 감소하는 추세를 보였고, 같은 기간 미국은 평균 16% 수준으로 유지하고 있으며, 일본은 2000년 12.0%에서 2014년 13.0%로 완만한 상승세를 보였다. 한국 부동산 산업의 산출액이 GDP에서 차지하는 비율이 미국보다는 절반 수준이고, 일본보다 5% 정도 낮은 수준이다. 한국이 미국과 일본에 비교하여 가장 낮게 나타났다.

한국의 부동산산업 산출액의 GDP 점유비는 건설업이나 금융업보다 낮은 수준을 보였으나, 미국과 일본은 부동산 산출액 점유비가 건설업이나 금융업보다 높게 나타난 것을 [그림 10-2]에서 볼 수 있다.

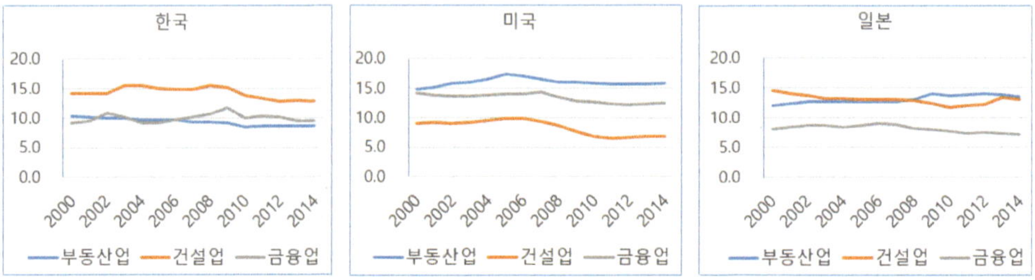

주) 1.2000 - 2014 기간.

[그림 10-2] 한국 미국 일본의 GDP 대비 부동산업 매출액 그래프

3.2 부동산산업 산출액의 국제 비교

2014년 한국과 선진 주요 국가들의 부동산산업 산출액이 GDP에서 차지하는 비중을 국제투입산출DB(World Input Output Database)로부터 [표 10-7]과 같이 산출하여 나타냈다. 호주의 GDP 대비 산출액 비율은 16.1%, 미국 15.8%, 이탈리아 14.2%, 프랑스 14.1%, 영국 13.5%, 일본 13.5%, 독일 13.0%, 한국 8.5% 순으로 한국이 최하위를 보였다. 특히 한국은 호주나 미국에 비해 절반 수준을 보여 선진국의 부동산산업을 벤치마킹할 필요성이 있다.

미국, 이탈리아, 프랑스, 일본, 독일은 GDP 대비 부동산산업의 산출액 비중이 건설업이나 금융업 비중보다 크게 나타났고, 한국은 건설업이나 금융업과 비교해서 부동산산업 산출액 비중이 상대적으로 가장 낮게 나타났다. 건설업 산출액 비중은 호주

만, 국가 간의 상대적 비교를 할 수 있다는 장점도 있다.

26.5%, 영국 13.5%, 일본 13.0%, 한국과 프랑스가 12.8% 순이고 미국이 6.8%로 최하위를 보였다. 금융업 산출액 비중은 영국 14.8%, 호주 13.7%, 미국 12.4%, 프랑스 9.8%, 한국 9.4% 순이고 일본이 가장 낮게 나타났다.

[표 10-7] 한국과 선진 주요 국가 간의 부동산산업 비교

국가	순위	부동산업	건설업	금융업
호주	1	16.1	26.5	13.7
미국	2	15.8	6.8	12.4
이탈리아	3	14.2	12.5	8.8
프랑스	4	14.1	12.8	9.8
영국	5	13.5	13.5	14.8
일본	6	13.5	13.0	7.2
독일	7	13.0	9.4	8.7
한국	8	8.5	12.8	9.4

자료 : World Input Output Database.

한편 한국과 선진 주요 국가 간의 GDP 대비 부동산산업의 산출액 비중의 시계열 추이를 [그림 10-3]에서 살펴보면, 한국은 2000년 기준 10.3%에서 2014년 8.5%로 감소

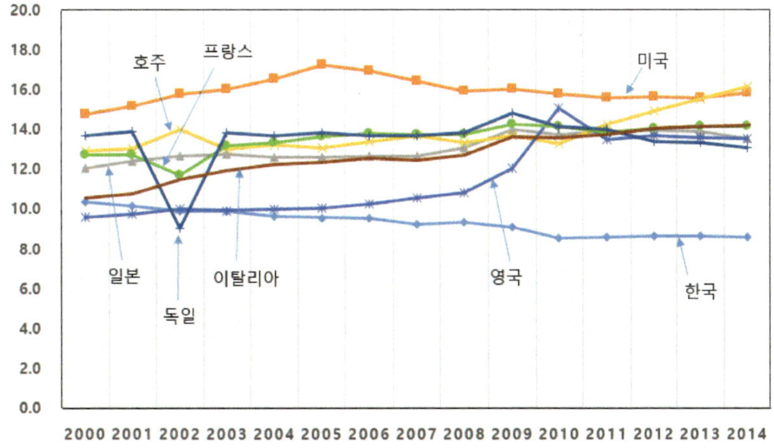

자료 : World Input Output Database.

[그림 10-3] 부동산산업 산출액의 국제 비교

하는 추세를 보였을 뿐만 아니라 선진 주요 국가들과 비교하여 최하위를 보였다. 미국은 2000년 기준 14.7%에서 2014년 15.8%로 대체 적으로 증가하는 추세를 보였을 뿐만 아니라 선진 주요 국가들과 비교하여 최상위를 보였다. 선진 주요 국가들은 GDP 대비 부동산산업 산출액 비중이 2000년 기준 증가하는 추세를 보였으나 한국만이 하향하는 추세를 보였다.

3.3 세계기업과 부동산산업

글로벌 500대 기업의 국가별 기업체 수는 [표 10-8]과 같다. 미국 136개, 중국 135, 일본 41, 독일 30, 프랑스 24, 한국 18, 영국 15개 순으로 나타났다(2022, Forbes Global 500). 미국은 글로벌 500대 기업 수가 1990년대 167개에서 2022년 136개로 감소하였다. 일본은 같은 기간 111개에서 41개로 감소하였다. 이런 추세는 독일, 프랑스, 영국도 비슷한 궤적을 보였다. 다만 중국은 1990년에 1개에서 2022년 135개로 괄목할 만한 성장을 보였다. 한국도 1990년에 11개에서 2022년 18개로 지속적인 성장을 이어가고 있다. 삼성전자는 2022년 말 세계 22위를 랭킹 하여 한국에서 가장 우위에 있는 기업으로 기록되었고, 현대자동차가 85위, SK가 92위를 랭킹 하여 100대 기업에 기록을 세웠다.

[표 10-8] 국가별 글로벌 500 기업체 수 (단위 : 개)

국가	1990	2020	2021	2022
미국	167	122	124	136
중국	1	143	145	135
일본	111	53	47	41
독일	32	27	28	30
프랑스	29	26	25	24
한국	11	15	16	18
영국	43	22	18	15

자료 : FORTUNE KOREA, 2023년 포춘 글로벌 500대 기업, 2024.2.7.

한편 부동산 관련 글로벌 기업체가 2010년까지는 세계 2000 대 기업체 수에 포함되지 않았으나, 2015년에는 미국 25, 중국 15, 홍콩 13, 영국 7, 일본 5, 기타 13개 등 78개로 급성장을 보였다. 2022년 말에는 미국 26, 중국, 16, 홍콩 13, 기타 16개 등 71개로 감소하였다. 이와 같은 감소는 2020년 초반에 시작된 COVID-19로 인한 글로벌 팬데믹으로 경기 불황에 기인한 것으로 추정된다.

글로벌 부동산기업 랭킹 1위는 캐나다의 브룩필드 자산관리회사(Brookfield Asset Management Inc. Class A)로 나타났고, 2위는 중국 부동산기업체로 나타났다. 미국 4개, 중국 8개, 홍콩 4개, 일본 2개이다. 놀라운 사실은 중국과 홍콩 부동산기업체가 12

[표 10-9] 국가별 글로벌 2000 부동산산업체 수

Country	Company	Global 2000Rank	Market Value (billions $)
Canada	Brookfield Asset Management Inc. Class A	83	80.94
China	Poly Developments & Holdings Group Co., Ltd. Class A	190	32.81
China	China Vanke Co., Ltd Class B	198	27.92
Hong Kong	China Resources Land Limited	217	32.45
China	Longfor Group Holdings Ltd.	243	30.05
China	Country Garden Holdings Co. Ltd.	255	15.65
U.S.A.	American Tower Corporation	390	119.49
Hong Kong	Sun Hung Kai Properties Limited	392	34.81
China	China Merchants Shekou Industrial Zone Holdings Co., Ltd. Class A	395	19.42
China	Greenland Holdings Group Corporation Ltd Class A	415	9.35
China	China Evergrande Group	463	2.78
Japan	Mitsui Fudosan Co., Ltd.	493	20.04
U.S.A.	Prologis, Inc.	524	126.34
Hong Kong	CK Asset Holdings Limited	528	25.13
U.S.A.	CBRE Group, Inc. Class A	537	27.96
Hong Kong	Shimao Property Holdings Limite	637	2.14
U.S.A.	Crown Castle International Corp.	639	84.07
Japan	Mitsubishi Estate Company, Limited	648	19.04
China	Seazen Group Ltd.	694	2.86

주) 1위에서 19위까지 정리
자료 : Forbes Global 2000, https://www.forbes.com.

개로 60% 수준을 상회하는 것으로 나타나 글로벌 부동산시장을 중국이 견인하고 있음을 [표 10-9]에서 알 수 있다.

제4절 부동산산업의 경제적 파급효과

부동산산업의 경제적 파급효과를 분석하는 방법은 다양한 방법이 있다. 주로 사용되는 방법에는 입지 분석(location analysis), 부동산 시장분석(real estate market analysis), 계량경제분석(econometric analysis), 부동산개발의 경제적 영향 평가(economic impact assessment of real estate development), 재무분석(financial analysis), 산업연관분석(input-output analysis) 방법 등이 있다. 이하에서는 산업연관분석 방법을 설명한다.

4.1 부동산 산업연관표의 기본구조

산업연관분석은 일정 기간(보통 1년) 동안 생산활동을 통하여 이루어지는 산업 간의 상호관계를 수량적으로 파악하는 분석 방법이다. 산업연관분석은 국민경제 전체와 부분을 유기적으로 결합하고 있어 거시적 분석이 미치지 못하는 구체적인 경제구조를 분석하는 데 유리하다.[7] 부동산산업의 경제적 영향력을 분석하기 위해서는 부동산산업 부문의 총산출 변동에 초점을 맞추어 부동산산업 부문을 외생적 취급(exogenous specification)하여 분석해야 한다. 이런 외생화의 방법을 사용하게 되면 총수요가 아닌 특정 부문의 산출물이 각 산업부문의 생산활동에 미치는 직·간접적인 파급효과를 분석할 수 있다.

그러므로 본 연구에서는 한국은행의 2019년 실측표 기준 중분류인 83부문에서 부동산산업을 따로 분류하고 나머지는 대분류를 기준으로 하여 부동산산업이 국민경제에 얼마만큼 기여하는 지를 분석하기 위해 [표 10-10]처럼 산업연관표를 33부문으로 재작성하였다. 그 결과 부동산산업의 산업연관표는 33개 부문으로 정의될 수 있다.

7) 강광화(2000), 「산업연관분석론」, 연암사, pp.12-14.

4.2 부동산 산업연관분석의 이론적 모형[8)]

국내의 부동산산업이 국민경제에 미치는 파급효과를 분석하기 위해 비경쟁수입형 표에서 도출되는 국산거래표의 산업연관표를 이용한다. 즉, 부동산산업의 활동이 국민 경제 내에서 여타 산업에 미치는 파급효과를 계측하기 위해서는 분석 대상 산업부문이 내생 부문으로 취급되고 있어 이들 관련 부문을 외생부문으로 다루는 [표 10-10] 같은 형식의 별도의 산업연관표를 만든다. 이때 수급균형은 $X_{ij} = a_{ij}X_j$ 이므로 균형식은

$$a_{11}X_1 + a_{1j}X_j + a_{1m}X_m + a_{1R}X_R + Y_1 = X_1$$
$$a_{i1}X_1 + a_{ij}X_j + a_{im}X_m + a_{iR}X_R + Y_i = X_i$$
$$a_{n1}X_1 + a_{nj}X_j + a_{nm}X_m + a_{nR}X_R + Y_n = X_n \quad (10\text{-}1)$$

이를 행렬식으로 표시하면

[표 10-10] 부동산 산업연관표 작성을 위한 산업분류[9)]

번호	산업	산업세분류
1	농림수산품	벼, 채소, 낙농, 임산물 등 25개
2	광산품	무연탄, 원유, 철광석 등 9개
3	음식료품	도축육, 제분, 우유, 정미 등 26개
4	섬유 및 가죽제품	모사, 모직물, 모피, 가죽 등 19개
5	목재 및 종이, 인쇄	제제목, 펄프, 인쇄용지, 종이용기 등 15개
6	석탄 및 석유제품	연탄, 나프타, 휘발유 등 12개
7	화학제품	지방족기초유분, 합성수지 등 28개
8	비금속광물제품	유리 및 유리제품, 시멘트 등 16개
9	1차 금속제품	선철, 철근, 금은괴, 동괴 등 14개
10	금속가공제품	건물용금속제품, 공구류 등 11개
11	컴퓨터, 전자 및 광학기기	개별소자, 집적회로 TV, 영상기기 등 22개
12	전기장비	빌전기 및 전동기, 변압기 등 13개
13	기계 및 장비	내연기관 및 터빈, 밸브, 사무용기기 등 21개

8) 한국은행(2004), 「산업연관분석해설」, 한국은행, pp.85-184.

9) 2019년 실측표(2024.2) 기준 대분류 33, 중분류 83, 세분류 165, 기본분류 381개로 분류함.

번호	산업	산업세분류
14	운송장비	승용차, 승합차 등 14개
15	기타 제조업 제품	목재가구, 금속가구, 악기, 문구용품 등 10개
16	제조임가공 및 산업용 장비수리	제조임가공서비 등 2개
17	전력, 가스 및 증기	수력, 화력, 원자력 등 7개
18	수도, 폐기물처리 및 재활용서비스	수도, 하수, 폐수 및 분뇨처리(국공립) 등 6개
19	건설	주거용 건물, 비주거용 건물, 건축보수 등 15개
20	도소매 및 상품중개서비스	도소매 및 상품중개서비스 1개
21	운송서비스	철도운송서비스, 도로운송서비스 등 14개
22	음식점 및 숙박서비스	일반음식점, 주점, 숙박 등 5개
23	정보통신 및 방송 서비스	유선통신서비스, 신문 및 출판 등 13개
24	금융 및 보험 서비스	중앙은행 및 예금취급기관, 생명보험 등 7개
26	전문, 과학 및 기술 서비스	연구개발(국공립), 연구개발(비영리) 등 11개
27	사업지원서비스	장비, 용품 및 지식재산권 임대 등 4개
28	공공행정, 국방 및 사회보장	중앙정부, 지방정부 등 3개
29	교육서비스	교육서비스(국공립), 교육서비스(비영리) 등 3개
30	보건 및 사회복지 서비스	의료 및 보건(국공립) 등 5개
31	예술, 스포츠 및 여가 관련 서비스	문화서비스(국공립) 등 6개
32	기타 서비스	산업 및 전문가 단체 등 8개
33	기타	기타 1개
25	부동산서비스	주거서비스, 비주거용 건물 임대, 부동산 개발 및 공급, 부동산 관련 서비스 4개

$$\underset{A}{\begin{bmatrix} a_{11} & a_{1j} & a_{1m} \\ a_{i1} & a_{ij} & a_{im} \\ a_{n1} & a_{nj} & a_{nm} \end{bmatrix}} \underset{X}{\begin{bmatrix} X_1 \\ X_i \\ X_n \end{bmatrix}} + \underset{A_R X_R}{\begin{bmatrix} a_{1R} \\ a_{iR} \\ a_{nR} \end{bmatrix} X_R} + \underset{Y}{\begin{bmatrix} Y_1 \\ Y_i \\ Y_n \end{bmatrix}} = \underset{X,}{\begin{bmatrix} X_1 \\ X_i \\ X_n \end{bmatrix}}$$

$$AX + A_R X_R + Y = X \tag{10-2}$$

식(10-2)을 X에 대해 정리하면 식(10-3)을 얻을 수 있다.

$$X = (I - A)^{-1}(A_R X_R + Y) \tag{10-3}$$

단, $(I-A)^{-1}$: 부동산 산업부문이 제거된 국산투입계수의 역행렬

A_R : 투입계수행렬 A에서 부동산 산업부문 제외한 열벡터

식(10-3)에서 부동산산업을 제외한 다른 부문의 최종수요(Y)가 영(0)이라면, 식(10-3)은 식(10-4)와 같이 도출된다.

$$X = (I-A)^{-1}A_R X_R \tag{10-4}$$

식(10-4)에서 $(I-A)^{-1}$형의 생산유발계수를 얻을 수 있다.

[표 10-11] 부동산 산업부문을 외생화한 산업연관표

		내생부문			외생부문		수입	총산출
		1	j	m	부동산산업	최종수요		
국산	1	X_{11}	X_{1j}	X_{1m}	X_{1R}	Y_1		X_1
	i	X_{i1}	X_{ij}	X_{im}	X_{iR}	Y_i		X_i
	n	X_{n1}	X_{nj}	X_{nm}	X_{nR}	Y_n		X_n
수입	1	X_{11}^k	X_{1j}^k	X_{1m}^k	$X_{1_R}^k$	Y_1^k	K_1	
	i	X_{i1}^k	X_{ij}^k	X_{im}^k	$X_{i_R}^k$	Y_i^k	K_i	
	n	X_{n1}^k	X_{nj}^m	X_{nm}^k	$X_{n_R}^k$	Y_n^k	K_n	
부동산산업		X_{R1}	X_{Rj}	X_{Rm}	X_{RR}	Y_R		X_R
부가가치		V_1	V_j	V_m	V_R			
총투입		X_1	X_j	X_m	X_R			

(1) 생산유발계수

생산유발계수는 어느 한 산업에 대한 최종수요가 1단위 증가할 때 국내 전체산업에서 직·간접적으로 유발되는 산출액의 크기로 보통 $(I-A)^{-1}$형의 생산유발계수형렬이 사용된다. 즉 부동산산업에서의 생산이 1단위 증가하였을 때 부동산산업을 제외한

타 산업에서 얼마만큼 생산액이 증가하는가를 나타내기 위해서는 위 식(10-4)를 다시 정리하면 다음 식 (10-5)가 유도된다.

$$\triangle X = (I-A)^{-1}(A_R \triangle X_R) \tag{10-5}$$

여기서, $\triangle X$는 분석 대상인 부동산 산업부문(R)을 제외한 다른 부문의 산출량 변화분을 의미하며, $(I-A)^{-1}$는 투입계수행렬에서 부동산 산업부문(R)을 외생화 처리하여 구한 생산유발계수를 나타낸다. A_R는 투입계수 행렬 A의 R부문을 나타내는 열벡터에서 R부문 원소를 제외한 열벡터이며, $\triangle X_R$는 부동산 부문(R)의 산출액(투입액)을 나타낸다.

식(10-5)는 부동산 산업부문을 중심으로 한 생산유발효과를 나타내는 식으로 부동산 산업부문의 산출로 인한 경제 내 다른 산업부문의 직·간접적인 파급효과를 나타내는 것이다. 따라서 부동산 산업부문의 투자는 부동산산업 자체의 산출효과 뿐만 아니라 산업 내 연관효과를 통하여 전체산업의 생산 유발을 촉진 시키게 된다.

(2) 부가가치유발계수

부가가치유발계수는 부동산산업에서 생산이 1단위 증가하였을 때, 부동산산업을 제외한 타 산업에서 얼마만큼의 부가가치가 증가하는가를 의미한다. 부동산산업의 산출액 증가가 타 산업부문에 미치는 부가가치유발효과를 산출하기 위해서는 $(I-A)^{-1}$형 생산유발계수를 이용하여 계측할 수 있다. 즉, 부가가치벡터를 $\triangle V$, 부가가치계수행렬을 $\widehat{A_v}$라 하면 $\triangle V = \widehat{A_v} \triangle X$의 관계가 성립한다. 이 식에 식(10-5)을 대입하면 다음 식(10-6)이 유도된다.

$$\triangle V = \widehat{A_v}(I-A)^{-1}(A_R \triangle X_R) \tag{10-6}$$

$\triangle V$는 분석 대상인 부동산 부문(R)을 제외한 타 부문의 부가가치 변화분을 의미하며, $\widehat{A_v}$는 부가가치계수의 대각행렬에서 부동산산업의 행과 열을 제외하고 남은 행렬을 의미한다. 식(10-6)에서 $\widehat{A_v}(I-A)^{-1}$을 부가가치유발계수 행렬이라 한다.

(3) 소득 유발계수

소득 유발계수는 부동산산업에서 생산이 1단위 증가하였을 때, 부동산산업을 제외한 타 산업에서 얼마만큼의 소득이 증가하는가를 의미한다. 소득 유발계수는 부가가치 유발계수와 동일한 방법으로 구할 수 있다. 소득 유발계수는 피용자보수를 총투입액으로 나눈 소득계수를 대각행렬로 하여 생산유발계수를 곱하면 구할 수 있다. 즉 소득벡터를 $\triangle I$, 소득계수행렬을 $\widehat{A}_I$라 하면 $\triangle I = \widehat{A}_I \triangle X$의 관계가 성립한다. 이 식에 식(10-5)을 대입하여 정리하면 다음 식(10-7)을 얻을 수 있다.

$$\triangle I = \widehat{A}_I(I - A)^{-1}(A_R \triangle X_R) \tag{10-7}$$

$\triangle I$는 분석 대상인 부동산 산업부문(R)을 제외한 타 부문의 소득 변화분을 의미하며, $\widehat{A}_I$는 소득계수의 대각행렬에서 부동산산업의 행과 열을 제외하고 남은 행렬을 의미한다. 식(10-7)에서 $\widehat{A}_I(I - A)^{-1}$을 소득 유발계수 행렬이라 한다.

(4) 취업 및 고용유발계수

취업 및 고용유발계수는 부동산산업에서 생산이 1단위 증가하였을 때, 부동산산업을 제외한 타 산업에서 얼마만큼의 취업 및 고용이 증가하는가를 의미한다. 산업별 노동량은 자영업주 및 무급가족종사자와 피용자로 분류되며, 이 둘을 합하여 취업자 수가 결정된다. 따라서 산업별 취업자 수와 피용자수를 산업별 총생산액으로 각각 나눈 계수를 취업자 계수와 고용계수를 구하고 각 계수를 대각행렬로 만든 뒤 이에 생산유발계수를 곱하면 구할 수 있다. 즉 취업 및 고용 벡터를 $\triangle W$, $\triangle E$, 취업 및 고용계수 행렬을 $\widehat{A_W}$, $\widehat{A_E}$라 하면 $\triangle W = \widehat{A_W} \triangle X$, $\triangle E = \widehat{A_E} \triangle X$의 관계가 성립한다. 이 식에 식(10-5)을 대입하여 정리하면 다음의 식 (10-8), (10-9)를 각각 얻을 수 있다.

$$\triangle W = \widehat{A_W}(I - A)^{-1}(A_R \triangle X_R) \tag{10-8}$$

$$\triangle E = \widehat{A_E}(I - A)^{-1}(A_R \triangle X_R) \tag{10-9}$$

$\triangle W$, $\triangle E$는 분석 대상인 부동산 산업부문(R)을 제외한 타 부문의 취업 및 고용변화분을 의미하며, $\widehat{A_W}$와 $\widehat{A_E}$는 각각 취업 및 고용계수의 대각행렬에서 부동산산업의

행과 열을 제외한 행렬을 의미하며 식(10-8)과 (10-9)에서 $\widehat{A_W}(I-A)^{-1}$을 취업유발계수 행렬이라 하며, $\widehat{A_E}(I-A)^{-1}$을 고용유발계수 행렬이라 한다.

(5) 물가 파급계수

앞에서 구한 생산유발계수, 부가가치계수 등은 산업연관표를 행(行)으로 보는 수급균형식을 이용한 물량적인 파급효과를 구하는 계수이다. 그런데 산업연관표를 열(列)로 본 각 산업부문의 투입구성은 곧 각 산업부문의 생산활동에 대한 비용구조를 나타내므로 이를 이용하면 가격 파급효과의 크기를 나타내는 물가 파급계수를 구할 수 있다. 생산물 단위가격은 생산물 한 단위당 비용과 이윤의 합계가 되므로 산업연관표에서 보면 다른 산업으로부터의 중간재 투입과 부가가치로 구성된다. 생산물 단위당 중간생산물 투입액은 그 산업부문의 물량적 투입계수에 투입되는 상품의 가격을 곱하여 표시하고 부가가치액은 부가가치계수에 부가가치의 단위당 가격을 곱하여 표시할 수 있으므로 식(10-1)과 같이 가격에 관한 균형방정식을 세워 가격 P에 대하여 풀면 식(10-10)같이 다부문 간의 가격 파급효과를 나타내는 역행렬을 구할 수 있게 된다.

$$P = (I-A')^{-1}(\widehat{A_v}P^v + A_R'P_R) \tag{10-10}$$

단, $(I-A')^{-1}$: 부동산 산업부문이 제거된 국산투입계수 역행렬의 전치행렬

$\widehat{A_v}$: 부가가치계수의 대각행렬

P^v : 부가가치계수의 단위가격 벡터

A_R' : 부동산 산업부문의 국산투입계수의 전치행렬

P_R : 부동산 산업부문의 단위가격 벡터

식(10-10)에서 부가가치(A_v)가 영(0)이라면 다음 (10-11) 식을 도출할 수 있다.

$$P = (I-A')^{-1}A_R'P_R \tag{10-11}$$

식 (10-11)은 부동산 산업부문의 단위가격을 독립변수로 하여 그것이 산업 부문별 생산물가격에 파급되는 효과를 계측할 수 있는 산업 연관의 가격모형이다. 식(10-11)

을 가격변동률 모형으로 바꾸면 다음 식(10-12)을 얻을 수 있다.

$$\triangle P = (I - A^{'})^{-1} A_R^{'} \triangle P_R \tag{10-12}$$

여기서 $\triangle P$는 부동산 산업부문(R)이 제외된 가격변동률 벡터이며, $\triangle P_R$는 R부문의 가격변동률을 의미한다. $(I - A^{'})^{-1}$ 이 물가 파급계수이다. 결국 부동산 산업부문에 1단위 가격변동률이 발생하면 국내 타산업부문에 미치는 직·간접적 물가 파급효과를 계측할 수 있다.

(6) 영향력계수와 감응도계수

영향력계수(BE_j)는 어떤 산업의 생산물에 대한 최종수요가 한 단위 발생할 때 전산업의 생산에 미치는 영향 즉 후방연쇄효과가 어느 정도인가를 전 산업 평균 생산유발계수에 대한 산업별 생산유발계수의 비율로 j번째 산업에 대해 다음 식(10-13)으로 정의된다.

$$BE_j = \frac{\frac{1}{n}\sum_{i=1}^{n}\alpha_{ij}}{\frac{1}{n^2}\sum_{i=1}^{n}\sum_{j=1}^{m}} = \frac{n\sum_{i=1}^{n}\alpha_{ij}}{\sum_{i=1}^{n}\sum_{j=1}^{m}} \tag{10-13}$$

단, α_{ij}는 레온티에프 역행렬의 원소

따라서 영향력 계수가 1보다 큰 산업은 그 산업에 대한 최종수요가 경제 전체에 미치는 영향이 다른 산업에 비해 상대적으로 크다는 것을 의미하고, 영향력 계수가 1보다 작은 산업은 그 재화에 대한 최종수요가 경제 전반에 미치는 영향력이 다른 산업에 비해 상대적으로 작다는 것을 의미한다.

감응도계수(SD_i) 모든 산업부문의 생산물에 대한 최종수요가 각각 1단위씩 발생할 때 부동산 산업이 받는 영향 즉 전방연쇄효과가 어느 정도 인가를 그 산업의 생산유발계수의 행 합계를 전 산업 평균의 비율로 i번째 산업에 대해 다음 식(10-14)과 같이 정의된다.

$$SD_i = \frac{\frac{1}{n}\sum_{i=1}^{n}\alpha_{ij}}{\frac{1}{n^2}\sum_{i=1}^{n}\sum_{j=1}^{m}} = \frac{n\sum_{i=1}^{n}\alpha_{ij}}{\sum_{i=1}^{n}\sum_{j=1}^{m}} \tag{8-14}$$

따라서 감응도계수가 1보다 큰 산업은 경제 여건에 상대적으로 민감하게 반응하는 산업인 반면, 1보다 작은 산업은 경제 여건에 상대적으로 둔감하게 반응하는 산업을 의미한다.

4.3 부동산산업의 경제적 파급효과

산업연관분석을 이용한 응용 범위는 매우 광범위하다. 국민경제와 지역경제의 구조분석, 경제계획의 책정, 대규모 지역개발계획이나 공공투자 등에 대한 시뮬레이션, 환경 문제 등에 이르기까지 이용되고 있다. 이하에서는 앞에서 살펴본 이론적 모형에 의해 2019년 실측표 기준 산업연관표를 이용하여 생산유발효과, 부가가치유발효과, 수입유발효과, 고용유발효과, 물가 파급효과, 전후방 효과 순으로 우리 경제에 미치는 파급효과를 소개한다.

(1) 수요 유도모형을 통한 부동산산업의 경제에 미치는 파급효과

1) 생산유발효과

생산유발효과란 부동산산업에서 생산이 1원만큼 증가하였을 경우, 부동산산업을 제외한 다른 산업부문에서 증가하는 생산액을 말한다. 한국은행이 2022년 발표한 2015년 실측표 기준 2019년도 산업연관표를 사용하여 부동산산업이 타 산업에 미치는 생산유발효과는 1.3784원으로 나타났다. 이는 부동산산업에서 1원의 생산 증가는 다른 산업 전체에 0.3784원의 생산을 유발시킨다는 것을 알 수 있다. 다른 산업 중에서 금융 및 보험서비스 0.1037원, 사업지원서비스 0.0559원, 건설 0.0402원 순으로 크게 나타났다. 부동산산업의 1원 증가로 인한 총생산유발효과는 1.3784원이다.

2) 부가가치 유발효과

부가가치 유발효과는 부동산산업에서 1원의 생산이 증가하였을 경우, 부동산산업을 제외한 여타 산업의 부가가치가 얼마나 증가하는가를 측정한다. 부동산산업에서 1원의 생산 증가는 여타 산업에서 0.1998원의 부가가치를 유발시키는 것으로 나타났다. 타 산업 중 금융 및 보험서비스 0.0761원, 사업지원서비스 0.0378, 건설 0.0177원 순으로 크게 나타났다. 한편 부동산 산업의 총투입에서 부가가치가 차지하는 비중은 0.41104원이어서 총부가가치 유발효과는 0.6109원으로 나타났다.

3) 수입 유발효과

수입 유발효과는 부동산산업에서 1원의 생산이 증가하였을 경우, 부동산 산업을 제외한 타 산업의 수입유발이 얼마나 일어나는지를 측정한다. 부동산산업에서 1원의 생산 증가는 여타 산업에서 0.0003원의 수입을 유발시키는 것으로 나타났다. 그리고 부동산산업의 1원 증가로 인한 총 수입 유발효과는 0.0054원이다.

4) 고용유발효과

고용유발효과는 부동산산업에서 1원의 생산이 증가하였을 경우, 부동산산업을 제외한 여타 산업의 고용유발효과가 얼마나 증가하는가를 측정한다. 부동산산업에서 10억 원만큼 생산액이 증가하였을 때, 타 산업에 미치는 고용유발효과는 4,982명으로 나타났다. 여기에다 부동산산업 자체에서 10억 원 생산 증가로 인한 고용자 수는 4,344명으로 나타나 국민경제 전체적으로 고용유발효과는 9,326이다.

(2) 공급 유도모형을 통한 부동산산업의 경제에 미치는 파급효과

1) 물가 파급효과

물가 파급효과는 부동산산업의 산출물 가격변동이 부동산산업을 제외한 여타 산업의 생산물가격에 미치는 영향을 측정한다. 부동산 산업에서 10% 가격이 상승하면 타 산업 전체에 0.2389% 가격이 변동하는 것으로 나타났다. 이는 부동산산업의 산출물 가격이 10% 상승하면 국민경제 전체적으로 0.2389% 물가 상승효과가 나타난다는 것을 의미한다. 생산자 물가 0.0071%, 소비자물가 0.0101% 상승률 효과가 있는 것으로 나타났다.

2) 전후방 효과

산업 간 연쇄효과는 전방 연쇄효과와 후방 연쇄효과가 있다. 감응도계수 값을 산출하여 전방 연쇄효과를 분석하고, 영향력계수 값을 산출하여 후방 연쇄효과를 분석한다. 전방 연쇄효과는 부동산산업의 생산물이 타 산업의 생산을 위한 중간재로 사용되는 것으로 감응도 계수로 측정한다. 모든 산업부문의 생산물에 대한 수요가 한 단위씩 발생할 때, 중간재로 사용되는 부동산산업 부문의 산출물도 증가하는데, 중간재로서 부동산산업이 받는 영향의 정도를 감응도계수라 한다. 감응도계수의 평균은 1이므로 1보다 작으면 평균보다 낮고, 1보다 크면 평균보다 높다. 부동산산업의 감응도계수는 0.5944로 나타나 평균보다 낮다. 이는 부동산산업이 경기변동에 덜 민감하며, 중간 수요재 성격보다 최종 수요적 특성을 갖는다는 것이다.

후방 연쇄효과는 부동산산업의 생산물을 최종재로 간주하고 타 산업부문의 산출물을 부동산산업에서 물건을 생산하는데 필요한 원료나 중간재로 보고 영향력 계수로 측정한다. 영향력계수의 평균은 1이므로 1보다 작으면 평균보다 낮고, 1보다 크면 평균보다 높다. 부동산 산업의 영향력 계수는 1.3779으로 감응도계수와 달리 1보다 크다. 영향력계수가 1보다 크다는 것은 부동산산업의 투자지출이 다른 산업부문에 미치는 경제적 파급효과가 상대적으로 크다는 것을 의미한다.

전후방 연쇄효과는 크기에 따라 4가지로 분류할 수 있다. 첫째는 전후방 효과가 모두 높은 산업은 중간수요적 제조업형, 둘째는 전방 연쇄효과 높고 후방 연쇄효과가 낮은 산업은 중간 수요적 원시산업형, 셋째는 후방 연쇄효과 높고 전방 연쇄효과가 낮은 산업을 최종수요적 제조업형, 넷째는 전후방 연쇄효과가 모두 낮은 산업은 최종수요적 원시산업형으로 나눈다.

중간수요적 제조업형은 철강산업을 들 수 있다. 철강산업이 성장하면 철강을 원료로 하는 자동차, 기계 산업 등에 전방 연쇄효과를 주고, 또한 철강의 원료를 생산하는 채광산업의 성장을 견인하는 후방 연쇄효과가 나타난다. 최종수요적 제조업형은 자동차 산업, 자동차산업의 매출이 증가하면 앞에서 살펴본 철강산업과 채광산업을 견인할 수 있다. 주택 건설산업도 최종수요적 제조업형으로 볼 수 있다. 주택매출이 증가하면 골재, 철강산업 등을 견인할 수 있다. 부동산 산업은 후방 연쇄효과가 높고 전방 연쇄효과가 낮은 최종수요적 제조업형 이라고 할 수 있다.

제5절 부동산산업의 미래

5.1 4차 산업혁명

4차 산업혁명은 2016년 클라우스 슈밥이 세계경제포럼(World Economic Forum: WEF)에서 주창하였다. 4차 산업혁명은 디지털, 물리학, 생물학적, 정보통신기술(ICT)의 융복합으로 이루어지는 21세기 산업혁명이다. 4차 산업혁명은 인공지능(AI), 빅데이터 분석, 로봇공학, 사물인터넷(IoT), 무인 운송(자율주행 자동차, 무인 항공기), 3D 프린트, 나노기술, 에너지 저장기술 등은 상호 간의 연계성을 가지고 모든 산업부문의 성장과 발전을 증폭시킨다.

4차 산업혁명은 물리적, 생물학적, 디지털 기술을 빅 데이트 기반으로 통합시켜 생산, 소비, 유통, 서비스 등 모든 산업 분야에 상호 간 혁신을 가속화 한다. 물리적인 세계와 디지털 세계의 융합은 O2O(online to offline)를 통해 수행되고, 생물학적 세계에서는 인체 정보를 디지털 기술과 접목하는 스마트 워치나 밴드를 이용하여 고차원적 헬스케어를 구현한다. 부동산산업의 미래도 4차 산업혁명에 따른 이전의 변화 모습과는 근본적 궤를 달리하는 가치사슬 생태계 방향으로 변모가 전망된다.

5.2 부동산산업 분야의 전망

부동산산업의 미래는 인공지능(AI), 빅데이터, 가상현실(VR), 증강현실(AR)과 같은 디지털 기술을 활용한 혁신이 가속화될 것으로 예상된다. 이러한 기술은 부동산 거래 및 관리 과정을 더욱 효율적으로 만들어 줄 것으로 예상된다. 현재 한국의 부동산산업 종사자 수의 60%가 부동산 관련 서비스 부문에 종사하고 있으나 부동산개발 및 공급업에 비해 영세성, 경쟁력 약화, 소비자 신뢰성 저하 등에서 문제를 가지고 있다. 이와 같은 상황에서 인공지능(AI), 빅데이터(Big Data), 커넥티드홈(Connected Home), 드론(Drone), 가상현실(VR), 증강현실(AR)과 같은 디지털 기술의 발달은 부동산산업 분야를 고도화시키며 스마트한 가치사슬 플렛폼을 구축해 경쟁력 강화에 큰 영향을 미칠 것이다.

지속 가능한 건설 및 운영은 부동산산업 분야에서 중요한 주제로 부각 되고 있다. 건물의 에너지 효율성, 친환경적인 건물 설계와 운영, 유연한 공간 디자인 등은 근무 및 유연한 업무방식을 촉진한다. 사무 공간 및 주거 공간의 디자인에 대한 요구가 변화하고 있다. 코로나(COVID-19) 팬데믹 환경 경험은 유연한 작업 환경을 제공하는 다목적 공간 개발을 촉진하게 될 것이다. 도시재생 및 혁신적인 도시 계획을 위해 주거, 상업 및 문화 시설을 조화롭게 통합하고, 도시의 지속 가능성과 생활 편의성을 높이는 설계와 운영이 더욱 진화할 것으로 예상된다. 부동산 데이터의 수집 및 분석을 통해 시장 동향을 예측하고 투자 의사 결정을 지원하는 인공지능 및 빅데이터 기술의 활용이 증가할 것이다. 이를 통해 부동산 투자 및 개발자는 더 나은 의사 결정을 내릴 수 있을 것으로 기대된다. 거래의 투명성 증가와 시장의 효율성 도모를 위해 부동산 플랫폼과 온라인 거래 플랫폼은 중개인과 소비자 간의 직접적인 연결을 촉진하여 전통적인 중개 모델을 변화시킬 것으로 예상된다. 부동산서비스 범위의 확대는 부동산에 디지털 기술의 결합체인 프롭테크(PropTech) 산업이 급속도로 성장할 것으로 전망된다.

프롭테크란 부동산과 기술이 결합한 용어로 부동산산업의 생태계에 인공지능(AI), 빅데이터(Big Data), 가상증강현실(AR·VR), AI GPT, 사물인터넷(IoT), 정보통신(ICT)을 접목한 개념으로 [그림 10-4]와 같다.

[그림 10-4] 프롭테크

4차 산업혁명시대 부동산산업의 생태계는 부동산, 금융, 기술이 각각 독립적 영역에서 부동산과 금융의 결합인 리츠(REITs), 금융과 기술의 결합인 핀테크(FinTech), 부동산과 기술의 결합체인 프롭테크(PropTech) 산업으로 빠르게 재편되면서 톱니바퀴 원리(Gear Principle)로 자전(rotation)과 공전(revolution)을 가속화하면서 신성장산업을 주도할 것이다. 세부 분야별 부동산업 생태계를 살펴보자.

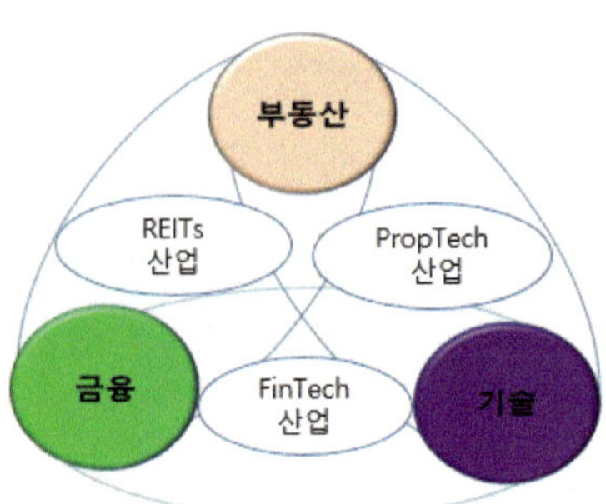

[그림 10-5] 부동산 산업의 생태계

(1) 부동산 임대업 전망

부동산 임대 업계도 디지털 기술의 적용이 가속화 할 것이다. 가상현실(VR)이나 증강현실(AR)과 같은 기술은 부동산 임대 업체가 잠재적인 고객에게 부동산을 더 생생하게 경험시킬 수 있도록 도와줄 것이다. 또한, 온라인 플랫폼을 통한 임대업자와 임차인 간의 O2O 거래의 증가로 임대 모델이 더 유연해질 것으로 예상된다.

부동산 업체는 빅데이터와 데이터 분석을 활용하여 부동산 운영을 더욱 효율적으로 관리할 것으로 예상된다. 예를 들어, 임대료 책정이나 시설 유지 보수 일정의 최적화에 데이터 분석을 적극적으로 활용할 것이다. 따라서 일자리와 직업의 유연성이 높아질 것으로 예상된다.

친환경 건물 및 에너지 효율적인 건물에 대한 수요가 증가할 것으로 예상되며, 이에 따라 부동산 임대 업체들도 친환경적인 옵션을 더욱 확대할 것으로 전망되며, 거주자의 생활 편의성을 높일 것으로 예상된다. 예를 들면, 부동산 마케팅 플랫폼인 직방, 공실, 사랑방, 피터팬의 좋은방 구하기, 도란도란 우리집이나 다방 같은 미국의 최대 중개법인인 질로우닷컴(Zillow.com)은 매물 주인의 인적 물적 정보, 임차인의 인적, 소득 및 주택 선호 취향 등 모든 정보를 등록 관리하며, 거래 은행, 감정평가, 법률 및 세무 서비스에 이르기까지 O2O 거래를 활성화 시키고자 혁신적인 기술과 비즈니스 모델의 도입을 통해 부동산 임대 업체들은 변화하는 환경에 더 적극적으로 대응할 것으로 전망된다.

(2) 부동산개발 및 공급업 전망

부동산개발은 친환경 원부자재를 사용하여 에너지 효율성을 고려한 건물을 설계할 것으로 예상된다. 또한, 도시재생 프로젝트나 녹색 공간 확대 등의 지속 가능한 도시계획에 적극적으로 참여할 것이다. 부동산 개발자들은 건물에 사물인터넷(IoT) 기술이나 인공지능(AI)을 활용한 스마트한 건물을 건설하여 거주자의 편의성을 높이고 에너지 효율성을 향상시킨 건물을 지속적으로 개발할 것이다.

빅데이터 및 인공지능 기술을 활용하여 정교한 수요 예측 및 소비자 선호와 감성이 녹여진 기획, 설계, 시공, 보증, 건설 프로세스의 최적화된 부동산개발이 전망된다. 가상현실(VR)이나 증강현실(AR)과 같은 기술이 부동산개발 프로세스에 적용되어 건축물의 디자인 및 시뮬레이션, 마케팅 활동 등이 더 혁신적으로 이루어질 것이다.

(3) 부동산 관리업 전망

부동산 관리업체들은 스마트 건물 기술과 IoT(사물인터넷) 기술을 활용하여 건물의 운영 및 유지 보수를 더욱 효율적으로 관리할 것으로 예상된다. 센서 및 자동화 기술을 통해 건물 내부의 환경을 실시간으로 모니터링하고 최적화할 수 있으며, 이는 에너지 효율성을 향상시키고 건물 유지 보수 비용을 절감하게 될 것이다. 고객 서비스를 혁신하여 고객 만족도를 높일 것으로 예상된다. 온라인 플랫폼을 통한 편리한 서비스 제공, 고객과의 실시간 커뮤니케이션 강화 등이 예상되며, 이를 통해 고객의 요구를 더욱 신속하게 충족시킬 것으로 전망된다. 혁신적인 기술과 지속 가능한 전략의 도입을 통해 부동산 관리업체들은 더욱 효율적으로 운영되며 고객들에게 더 나은 서비스를 제공할 수 있을 것으로 기대된다.

(4) 부동산 중개업 전망

부동산 중개업체들은 디지털 플랫폼을 활용하여 거래 프로세스를 디지털화하고 투명성을 높일 것으로 예상된다. 온라인 중개 플랫폼을 통해 부동산 매물 검색, 거래 정보 제공, 온라인 상담 및 계약 등의 서비스를 제공할 것이다. 빅데이터와 인공지능 기술을 활용하여 고객의 욕구를 분석하여 맞춤형 서비스를 제공할 것으로 예상된다.

블록체인(blockchain) 기술을 활용하여 부동산 거래의 투명성을 높이고, 온라인 계약을 통해 거래의 안전성과 신뢰성을 높이고 거래 과정을 간소화할 수 있을 것으로 예상된다. 직방, 다방과 같은 부동산 중개 서비스업 분야에 첨단기술이 결합하여 스마트화 대형화될 것이다. 디지털화와 혁신적인 기술의 도입을 통해 부동산 중개업의 매출액은 늘어나며 더욱 효율적으로 운영되고, 고객들에게 더 나은 서비스를 제공할 수 있을 것으로 전망된다.

(5) 부동산 투자자문업 전망

부동산 투자자문업체들은 빅데이터 및 인공지능 기술을 활용하여 시장 동향, 투자 성과, 리스크(risk), 등에 대한 데이터 기반의 의사 결정을 통해 투자자들에게 최적의 투자 전략을 제시할 수 있을 것이다. 부동산 투자에 최적의 포트폴리오를 제공하여 자산을 효율적으로 관리할 수 있도록 도와줄 것으로 기대된다. 이를 통해 포트폴리오 분산, 리벨런싱(rebalancing), 자산 배분 등의 전략을 통해 수익을 극대화할 수 있을 것이다.

무엇보다 고객 맞춤형 투자 목표와 성향에 맞는 투자 전략을 제시할 것으로 예상된다.

고객의 투자 성과를 실시간으로 모니터링하고 리스크관리를 제공하여 고객들의 만족도를 높일 수 있을 것으로 전망된다. 데이터 기반의 의사 결정, 스마트 포트폴리오 관리, 개인화된 서비스 제공 등을 통해 부동산 투자자들이 효율적으로 자산을 관리하고 수익을 극대화할 수 있을 것으로 전망된다.

(6) 부동산 감정평가업 전망

부동산 감정평가업체들은 빅데이터 및 인공지능 기술을 활용하여 감정평가 프로세스를 최적화할 것이고, 대규모 데이터를 분석하여 시장 동향을 예측하고 부동산 가치를 정확하게 평가할 수 있을 것이다. 무엇보다 데이터 기반의 평가, 신기술의 활용, 지속 가능성 평가 등을 통해 부동산 감정평가의 정확성과 신뢰성이 높아질 것으로 기대된다.

5.3 부동산산업 가치사슬(Value Chain Segment)

21세기 부동산기업이 지속 가능한 고부가가치를 창출하기 위해서는 업무처리를 디지털화 프로세스로 전환, 유연한 업무공간 확보, 혁신적인 건설 방법, 사물인터넷(Iot), 새로운 자금조달 모색, 부동산서비스 멀티 플랫폼화, 가상현실(VR) 및 증강현실(AR), 3D 매핑 분야를 부동산산업의 세부 분야까지 가치사슬로 연결시켜야 한다. 무엇보다

지리정보 분석	데이터기반 가격책정 및 평가 도구	배관	스마트빌딩
3D 프린팅	드론	예측 유지보수	스마트시티 및 인프라
부동산 중개 매칭	에너지 효율성	부동산 정보 플랫폼	공급망 관리
공기오염 분석	소방시설	자산 포트폴리오 관리도구	기술 지원 브로커
BIM 및 디지털트윈	공기조화기술(HVAC)	부동산 투자 플랫폼	기술 계획
빌딩 자동화	3D 실내 매핑(Indoor Mapping)	리사이클링 솔루션	임차인 서비스
빌딩 디자인	모빌리티	원격 모니터링	가상 뷰잉(Viewing)
협업 소프트웨어	신소재	임대 및 판매 플랫폼	거래 관리
공동생활 공간	탈현장시공	로보틱스 및 자동화	스마트 워터그리드
공동업무 공간	온라인 대출	보안	기타

자료 : 삼정KPMG, Real Estate Innovations Overview, 2022.8.

[그림 10-6] 부동산 산업의 혁신 카테고리

부동산기업이 보유한 핵심역량을 아래 [그림 10-6]와 같이 40개 카테고리별로 고도화 시켜 스마트한 가치사슬로 연결한 플랫폼을 구축하여 경쟁력을 강화할 필요성이 있다.

제6절 주택 투자와 거시경제

6.1 주택 투자 추이

주택과 토지 및 비주거용 부동산은 통계청 발표에 따르면 가계 자산에서 70% 수준을 상회 할 정도로 가계에서 중요한 자산이며 국민경제에 미치는 영향이 대단히 크다. 부동산은 다른 생산 부문의 중간재이며 최종재이다. 특히 주택 투자는 생산, 소비, 고용유발효과가 크기 때문에 경기변동에 중요한 영향을 미친다. 주택 및 토지 등 부동산 가격의 변동은 소비, 저축, 투자, 물가 등에 영향을 미치고 거시경제 변수들 부동산 가격에 상호 영향을 미친다.

우리나라 주택매매가격은 1990년 중반까지 지난 20년 기간 동안 지속적인 상승을 보였다가 1997년 외환위기로 폭락을 보인 후 2002년부터 2007년까지 상승을 이어가 2008년 미국의 서브프라임 모기지 위기(subprime mortgage crisis)로 부침을 보였다. 이후 회복세로 돌아서 상승세를 이어오다 2023년 초반에 하락세를 보이고 있다. 이와 같은 주택가격의 변동성 추이는 주택 투자에 큰 영향을 미친다. 주택가격이 상승세를 이어가며 수익률과 분양 흡수율이 높으면 주택 투자는 증가한다.

세계 여러 나라의 입장에 따라 정도의 차이가 있을 수 있으나 각국의 투자율 평균치는 글로벌경제닷컴(GlobalEconomy.com)에 따르면, GDP 대비 20-25% 수준이다. 중국은 1960-2022까지 투자율이 36.46%, 일본은 1970-2022까지 30.31%, 홍콩은 1960-2022까지 25.33%, 영국은 1970-2022까지 20.22%, 미국은 1970-2021까지 21.98%, 우리나라는 1960-2022까지 30.32%를 기록하였다. 투자율 추이는 선진국보다 개발도상국이 더 증가하는 추세를 보였다(The World Bank, 2024.2).

우리나라의 1960년 1분기부터 2023년 3분기까지 평균 총투자율의 평균치는 GDP 대비 30.32%로 세계 평균치보다 높은 기록을 보였다. 1960년대 초반 15%로 시작하여 1991년에 42.36% 정점을 보인 후 2023년 3분기까지 30% 초반대 투자율을 기록하고 있는 것을 [그림 10-7]에서 볼 수 있다. 우리나라가 세계 10대 경제 대국을 이룩할 수 있었던 요인은 여러 가지로 이야기할 수 있으나 세계 평균치보다 높은 투자율이 가장 중요한 요인이었다.

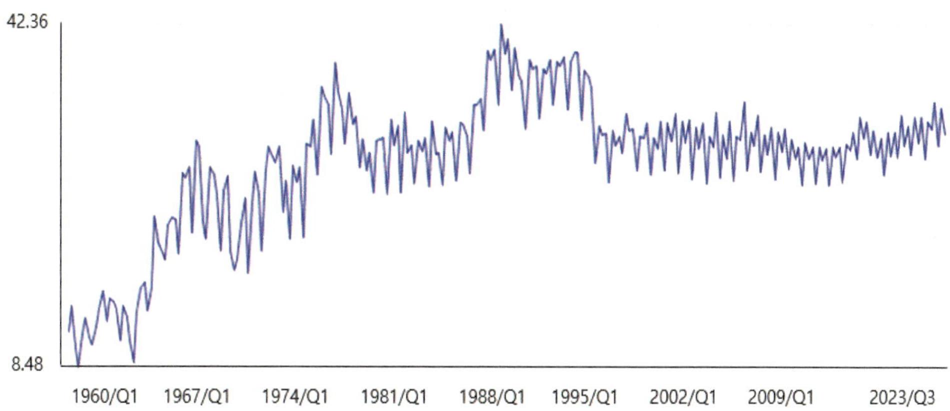

주) 1960/Q1 – 2023/Q3
자료 : GlobalEconomic.com

[그림 10-7] 우리나라 총투자율 추이

1983년부터 2023년까지 지난 40년 기간 동안 주택 투자[10] 추이는 [그림 10-8]과 같다. 우리나라 주택 투자의 경우, 1980년대 후반까지 GDP 대비 주택 투자율은 평균 7% 수준을 보였으나, 1989년 주택 200만 호 건설에 힘입어 1990년에는 18.4%로 최고점에 도달한 후 1997년 IMF 외환위기 전까지 평균 11% 수준을 유지하여 오다가 1998년에 4.8% 최저 기록을 보였다. 이후 회복하여 2000년부터 2019년까지 평균 9% 수준에 머물다가 이후 하락세를 이어오다 2023년에는 5.6%까지 하락하였다.

10) 주택 투자=(주택 투자액/GDP)*100이다. 주택 투자액은 연도별 주택허가면적(주거용)에 연도별 건축비를 곱해서 구하였다. 건축비는 2023년 m2당 건축비(토지비 제외)에 산업별 생산/출하/재고 지수(주건용 건축지수를 적용해야 하나, 한국건설기술연구원에서 생성하는 주거용 건축지수가 2000년 1월부터 존재하여 산업별 생산지수를 적용함)를 곱해서 산출하였다.

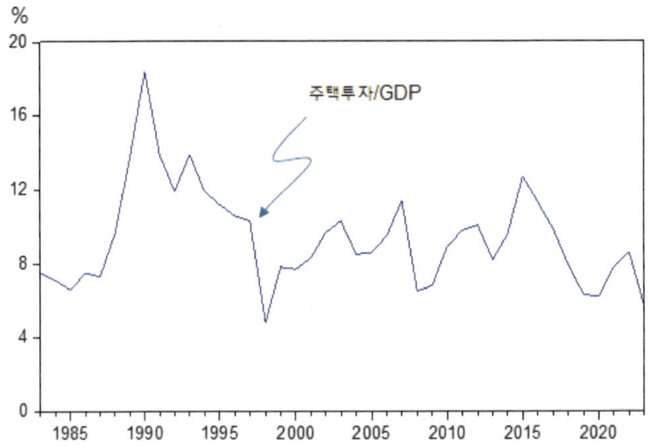

자료 : 통계청 국가통계포탈, 한국은행 경제통계시스템.

[그림 10-8] 우리나라 주택 투자 추이

6.2 주택 투자와 경기변동

부동산시장의 경기변동(economic cycle)은 경제 및 금융 요인 등 다양한 요인으로 발생한다. 무엇보다 주택이나 상업용 건물을 건설하는데 길고 가변적인 수급의 불일치도 중요한 요인으로 작용한다. 사회 물리적인 요인뿐만 아니라 주택 가격이 언제나 상승할 것이라는 대중의 심리적 요인도 중요하게 작용한다. 로버트 실러(Robert J. Shiller)는 비이성적 과열(irrational exuberance)[11]은 투기적 버블의 심리적 기초를 이룬다고 하였다. 특정 지역에 주택 가격이 지속해서 상승하고 누군가 큰 수익을 올렸다는 뉴스가 사람들 사이에 널리 퍼져나가면 투자가들은 맹목적인 믿음으로 열광을 느끼며 투자에 끌려든다는 것이다. 투자가들이 주택의 실제 가치에 의문을 품기보다 다른 이의 성공에 대한 부러움과 도박성을 띤 흥분을 느끼며 비합리적인 행동을 유발하여 경기변동이 발생한다는 것이다. 시장이 사람의 심리에 영향을 주고 사람의 지나친 낙관적 견해, 비정상적인 행동이 주택 가격 상승을 견인하며 시장은 지속 불가능한 수준까지 폭등하면서 호황과 불황의 변동성을 증폭시켜 경기변동이 발생하게 된다.

주택 투자는 일반적으로 경기와 밀접한 연관성을 가지고 있다. 경기가 호황일 때는 수요가 늘어나고, 주택 가격이 상승하는 경향이 있다. 그러나 경기 침체 기간에는 수요

11) Shiller, Robert J.(2000), 「Irrational Exuberance」, Princeton University Press.

가 감소하고 가격 하락 위험이 있다. 따라서 주택 투자의 변동성은 종종 경기 전망을 예측하는 데 중요한 지표 중의 하나이다. 주택 시장에서 투자가들이 주택 투자를 늘리거나 줄이는 것은 경기에 대한 신념에 따라 행동하기 때문이다. 주택 투자 흐름의 사이클은 부동산시장에서 경기변동을 예측하고 이해할 수 있는 중요한 통찰력을 제공한다.

오지윤·정규철(2017)은 주택 건설이 신규 주택 공급이라는 측면에서 주택 경기와 밀접한 연관성이 있으며, 국내총생산 중 지출 측면의 요소로서 경기파급력과 관련이 깊다는 것이다. [그림 10-9]은 주택 건설의 경제성장률에 대한 기여도와 기여율 추이를 보여주고 있다. 최근 10년 동안(2006-2017) 연평균 경제성장률에 대한 주택 건설의 기여도는 0.0% p이나, 동 기간 중 주택 건설의 증가율이 1.0% 수준에 그쳤기 때문이다. 그러나 글로벌 금융위기 이후 2017년 상반기 중 주택 건설이 전년 동기 대지 18.1% 증가하면서 GDP 성장률에 33.4%의 기여율을 보이면서 경제성장을 주도하는 것으로 분석하였다.

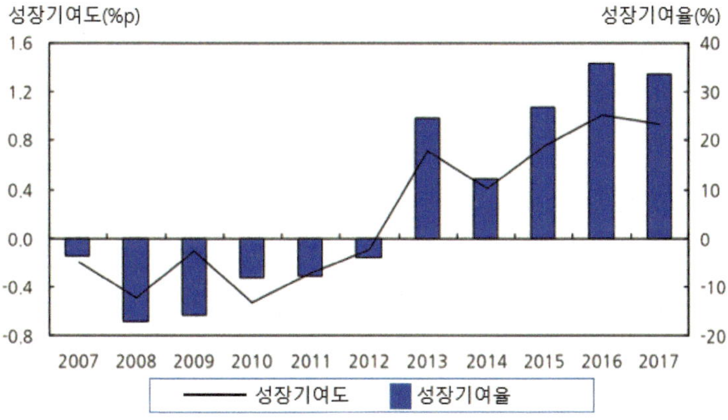

주) 1. 성장기여도=주택 투자액/GDP 성장기여율=성장기여도/경제성장률
2. 기간: 2007-2017년

자료 : 오지윤·정규철, 「경기변동과 투자의 상호작용: 주택 건설을 중심으로」, KDI 연구보고서 2017-12를 인용함. 한국은행, 경제통계시템.

[그림 10-9] 주택 건설의 경제성장 기여도와 성장기여율 추이

주택 경기와 경기변동의 상호작용을 연구한 김영일(2012)은 Leamer(2007)의 방법론을 적용하여 한국의 주택 건설(주택 투자)은 GDP와 순행하였으나 1998년 외환위기 이후에는 순행성이 크게 약화된 것으로 보고하였다. 김순용(2023)은 2003년 10월부터 2023년 2월까지 아파트매매가격지수, 가계대출, 금리 등의 자료를 이용하여 2-국면 마

코프 AR모형으로 주택 가격 변동과 경기변동의 연계성 분석에 따르면 확장 국면에서는 가격상승률이 크게 나타난 반면 수축 국면에서는 매우 낮게 나타났음을 제시하였다. 이는 주택 경기와 경기변동과 밀접한 연관성이 있음을 의미하는 것이다.

한편, OECD(2019.5) 보고서에 따르면 주택 투자와 가격의 변동은 경기변동과 밀접한 연계성이 있다는 것이다. 주택 투자의 증대는 가계의 순자산 증대와 대출 여력 확대로 이어지고 주택 가격의 증가는 부의효과 등을 통해 소비와 투자 확대를 가속화 시킨다. 한편, 금융기관의 수지가 개선되고 신용시장 경로 등을 통해 실물경기에 충격이 확대되는 경향을 보인다는 것이다. 주택 투자와 가격의 충격을 완충할 수 있는 주택 시장의 다이나믹스는 경기를 자극할 수 있으나 급격한 주택 투자와 가격의 변동은 경기변동의 원천이 될 수 있음을 [그림 10-10]을 통해 확인할 수 있다. 1971년 초반부터 급격한 주택 가격 상승은 GDP 상승을 견인하였고 1973년 오일쇼크로 주택 가격이 폭락하자 GDP가 하락세를 보였다. 이후 1986년부터 주택 가격이 상승세를 이어가자 GDP도 상승하는 추세를 보이다가 2008년 글로벌 금융위기로 주택 가격이 폭락하면서 GDP가 급격히 하락하는 추세를 그림에서 볼 수 있다.

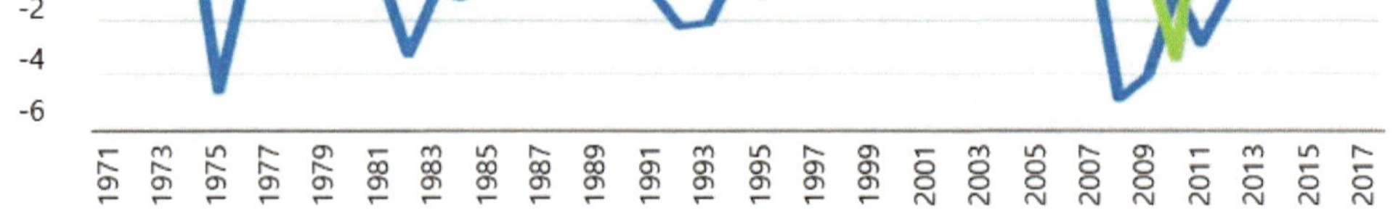

주) OECD 회원국의 연도별 실질 퍼센티지 변화, OECD 평균.
자료: OECD Economics Department Working Papers No.1555, 2019.6.19.

[그림 10-10] 주택 가격과 경기변동 간의 밀접한 연관성

주택 가격 상승은 수요를 진작시켜 신규 주택 건설 증대로 이어지고 이는 가계 보유자산의 주택 담보가치(collateral value) 확대를 가져오고, 가계의 순자산(net worth)이 증가하여 민간 소비와 투자 확대를 가속화시켜 호황기를 초래하게 된다. 반대로 주택

가격 하락과 이에 따른 담보가치 하락 및 부실 가계대출의 증가는 금융기관의 연체와 부도율 상승으로 연결되어 자산건전성을 악화시키고, 가계 자산과 주택 투자에 부정적 영향을 미치며 불황기로 이어진다. 주택 투자의 침체는 거시경제에 악영향과 함께 국가 재정 건전성을 악화시키는 등 심각한 경제적 불황을 갖고 있다는 것을 [그림 10-11]에서 확인할 수 있다.

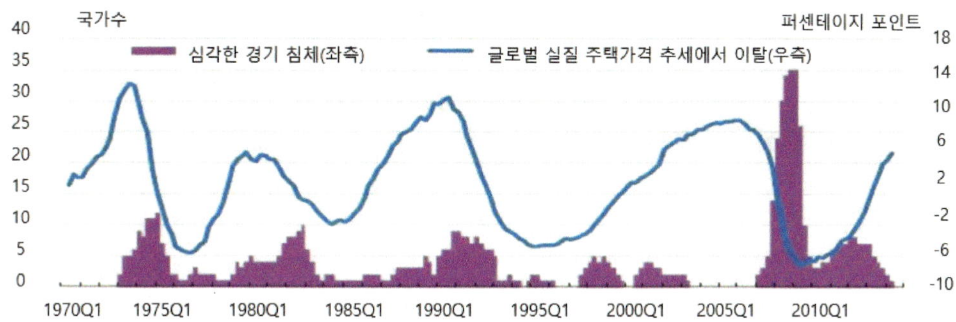

자료: OECD Economics Department Working Papers No.1555, 2019.6.19.

[그림 10-11] 주택 가격 주기와 경기 불황기의 연계성

OECD 회원국들의 심각한 경기 침체는 주택 가격의 상승 추세선에서 급격히 선회할 때 심각한 경기 침체로 이어지는 것을 그림에서 볼 수 있다. 특히 1973년 후반기, 1991년 중반기, 2008년 글로벌 금융위기 국면에서 뚜렷한 경향을 보인다. 이는 주택 투자와 경기변동 간에 밀접한 연관성이 있음을 의미한다.

주택 경기와 경기변동의 상호작용은 글로벌 금융위기 이후 국내외에서 다양하게 연구되고 있다. 글로벌 금융위기는 주택 시장의 버블 붕괴로 촉발된 불황이라는 견해가 지배적이다. 이런 실증적 근거를 [그림 10-11]에서 확인할 수 있다. 리머(Leamer, 2007)는 GDP에 주택 투자가 차지하는 비중이 아주 크다는 것을 주장한다. 1947년 이후 2006년까지 미국에서 10번의 경기불황이 발생하였는데, 이 중 8번의 불황이 주택 투자(residential investment)의 급격한 하락에서 촉발되었다는 것이다. GDP에 선행하여 주택 투자가 이루어지면서 GDP 성장을 견인하다가, 경기하강 국면에 들어가기 직전에 먼저 주택 투자는 하강하고, 경기상승 국면에서는 먼저 주택 투자가 회복되는 경향을 보인다는 것을 제시하였다. 1947년 이후 미국의 GDP 연평균 성장률은 3.47%였고, 이 중 수택 투자가 GDP 성장에 4.6% 기여하는 것으로 나타났다. 그러나 킨드랜드, 루퍼

트, 슈텍(Kidland, Rupert, and Šustek, 2016)은 호주, 벨기에, 캐나다, 프랑스, 영국, 미국을 대상으로 경기변동과 주택 건설 간의 연관성을 분석한 결과, 미국과 캐나다는 주택 건설이 GDP에 선행하나 호주, 벨기에, 프랑스, 영국은 주택 건설이 GDP에 선행한다는 점을 제시하지 못하고 있다.

읽고 생각할 거리 4차 산업혁명과 미래사회 '직업의 선택' 이야기

오늘은 4차 산업혁명의 마지막으로 미래의 직업에 관한 이야기를 하고자 한다. 2012년 세계적인 필름 제조업체인 '코닥'은 부도 당시 근로자 수가 14만5000명이었는데, 같은 해에 페이스북에 인수된 소셜네트워킹서비스 기업인 '인스타그램'은 직원 수는 13명이었다. 그런데 그 기업은 자그마치 한화로 1조가 넘는 돈에 인수되었고 지금도 세계적인 많은 사람이 애용하는 SNS 어플리케이션으로 사용되고 있다.

옥스퍼드대학의 '칼 베네딕트 프레이(Carl Benedikt Frey)'교수는 '고용의 미래'라는 논문에서 4차 산업사회의 직업에 대한 논문을 발표하였다. 그 논문에는 앞으로 20년 내에 현존하는 직업 중 47%가 사라질 직업으로 예측하였는데, 인간의 고유 영역으로 여기는 분석력, 개발력을 요구하는 직업의 일자리도 위협한다고 보았다. 옥스퍼드가 연구한 702개의 직업군 중에서 4차 산업혁명으로 인해 사라질 가능성이 큰 직업군으로는, 일반인들을 대상으로 하는 상담직군, 저널리스트, 운전기사, 요리사, 약사, 변호사, 펀드매니저, 스포츠 심판 등등 모두 정해진 일이나 정량화 할 수 있는 직업군을 발표하였다. 4차 산업혁명의 사회에선 사람들이 하는 것보다 기계나 인공지능이 더 정교하고 오류가 없는 데이터를 생산한다는 것이다.

미국 월스트리트의 '워렌'같은 인공지능은 미국연방준비은행(FRB)이 금리를 올릴 경우 전문 애널리스트 보다 더 빠르게 분석 결과와 유망 종목까지 제시를 해 준다. LA타임즈가 운영하는 '퀘이크봇'은 지진 발생 1분 만에 완벽한 문장으로 기사를 완성했고, 8분 만에 온라인에 기사를 업로드하여 가장 먼저 속보를 내보냈다. 심지어 일본에선 '장인'의 영역까지 진출하였는데 스시 체인점인 '구라스시'는 로봇이 한 시간에 초밥을 3000개를 만들어 불경기에도 가격을 낮추는 전략으로 큰 인기를 얻었다. 그렇다면 20년 후엔 어떤 직업이 남아 있을까? 인공지능과 로봇이 사람들의 역할을 대신하더라도 그동안의 산업혁명이 일어났을 때처럼 사라진 일자리보다 새로운 일자리가 더 생겨 사람들이 새로 생긴 일자리로의 전환이 생긴다면 문제가 없을 테니 말이다.

우리는 인공지능으로 대체되거나 사라지지 않을 직업을 갖기 위해 무엇을 하여야 할까? 세계적인 미래 경제학자 '타일러 코웬(Tyler Cowen)'은 인공지능과 로봇은 '모든' 사람을 대체할 것이 아니라 '어떤' 사람을 대체할 것이며, 4차 산업의 기계혁명에 적응하는 사람은 더 많은 소득을 올릴 것이라고 말한다. 그는 미래엔 '평균의 시대는 끝났다.(AVERAGE IS OVER)'고 주장하며 기계 지능과 결합하여 가치를 높일 수 있는 일을 찾는 것이 미래를 준비하는 가장 확실한 방법이라고 조언한다. 앞으로 이 사회를 책임질 청년들과 대학생들은 4차 산업혁명의 미래사회를 준비하고 대비해야 할 것이다.

출처 : 금진호(한국연금개발원 연구위원/목원대 겸임교수), 충남일보, 2019.10.9. 지면상 필자 일부 재구성

주요용어 및 개념

- 부동산산업
- 인공지능
- 가상현실
- 산업연관표
- 경제적 파급효과
- 산업연관분석
- 국산투입계수
- 소득유발계수
- 취업유발계수
- 부가가치계수
- 감응도계수
- 전방연세효
- 서브프라임 모기지 위기
- OECD
- 정보통신
- 3D기술
- 증강현실
- 프롭테크업
- 입지 분석
- 생산유발계수
- 부가가치유발계수
- 대각행렬
- 고용유발계수
- 영향력계수
- 후방연쇄효과
- 가치사슬
- 비이성적 과열
- 한국표준산업분류

연습문제

1 한국표준산업 분류상 부동산업에 대해 설명하시오?

2 한국표준산업분류(KSIC)에 따른 부동산업의 세분류 항목으로 옳지 않은 것은?

① 부동산 임대업 ② 부동산 관리업
③ 프롭프트업 ④ 부동산 개발 및 공급업
⑤ 부동산 중개, 자문 및 감정평가업

3 4차 산업혁명의 개념을 설명하시오?

4 프롭프트 산업의 개념을 설명하시오?

5 부동산산업의 국민경제에 미치는 효과를 분석하는 기법 중의 하나인 산업연관분석이 무엇인지 설명하시오?

정답

1. 부동산업은 1)부동산 임대 및 공급업 2)부동산관련 서비스업으로 크게 분류할 수 있다.
   부동산 임대 및 공급업 : 부동산 임대, 부동산개발 및 공급업
   부동산관련 서비스업 : 부동산 관리업, 부동산 중개 및 감정평가업으로 분류할 수 있다.
2. ③
3. 4차 산업혁명은 디지털 기술과 인공지능, 사물인터넷 등의 혁신적인 기술이 기업과 산업 전반에 혁명적인 변화를 가져오는 시대적 흐름을 가리킨다. 이는 생산과 생활 방식, 사회 구조, 경제시스템 등을 근본적으로 변화를 시킨다. 이러한 변화로 인해 기존 산업 구조는 크게 변형되고, 새로운 산업 분야와 일자리가 생성되고 있다. 부동산업도 4차 산업혁명의 영향을 받아 기술이 융합된 방향으로 발전하게 된다. 빅데이터, 인공지능, 로봇공학, 사물인터넷 등의 기술이 부동산업의 새로운 가치를 창출하게 된다.
4. 프롭프트 산업은 기존의 실물중심 부동산에 디지털 기술이 융복합되어 새로운 부동산산업의 새로운 분양를 말한다.
5. 산업연관분석은 일정 기간(보통 1년) 동안 생산활동을 통하여 이루어지는 산업 간의 상호계를 수량적으로 파악하는 분석 방법이다.

CHAPTER 11

부동산 조세와 경제적 효과

제1절 조세 개괄

1.1 부동산 조세 개념

조세는 국민으로 반대급부 없이 징수하는 화폐 또는 재화이다. 조세는 정부가 국민으로부터 일정한 기준에 따라 부과하여 수입하는 세금을 말한다. 조세는 일반적으로 정부의 예산을 지원하고 공공서비스를 제공하기 위해 사용된다. 조세는 국가의 재정 건전성과 사회복지 제공에 중요한 역할을 한다. 따라서 공정한 세제 정책과 효율적인

[표 11-1] 부동산 세제

<table>
<tr><th>세목</th><th>구분</th><th>지방세</th><th>국세</th><th>과세특성</th><th>관세분류</th></tr>
<tr><td rowspan="5">취득세</td><td>명칭</td><td>취득세
등록세
면허세</td><td>상속세
증여세
인지세</td><td rowspan="6">저량
(stock)</td><td rowspan="6">자산
과세</td></tr>
<tr><td>납세의무자</td><td>소유자</td><td>소유자</td></tr>
<tr><td>대상</td><td>토지, 건물, 유동자산</td><td>토지, 건물, 유동자산</td></tr>
<tr><td>과표</td><td>공시가격</td><td>공시가격</td></tr>
<tr><td>세율</td><td>1~3%</td><td>3.5~4%</td></tr>
<tr><td rowspan="6">보유세</td><td rowspan="2">명칭</td><td>건축물 재산세
토지분재산세
도시계획세
공동시설세</td><td rowspan="2">종합부동산세</td></tr>
<tr><td>임대소득세</td><td rowspan="10">유량
(flow)</td><td rowspan="10">소득
과세</td></tr>
<tr><td>납세의무자</td><td>소유자</td><td>소유자</td></tr>
<tr><td>대상</td><td>토지, 건물,</td><td>토지, 건물</td></tr>
<tr><td>과표</td><td>공시가격×과표적용률</td><td>공시가격×과표적용률</td></tr>
<tr><td>세율</td><td>0.1~2%(재산세)</td><td>0.5~6%(종부세)</td></tr>
<tr><td rowspan="5">양도세</td><td>명칭</td><td rowspan="5"></td><td>양도세</td></tr>
<tr><td>납세의무자</td><td>소유자</td></tr>
<tr><td>대상</td><td>토지, 건물 등</td></tr>
<tr><td>과표</td><td>양도차익</td></tr>
<tr><td>세율</td><td>6-45%</td></tr>
</table>

주) 1. 양도세를 우리나라는 부동산 관련세로 국세로 분류하지만, OECD 통계에서 소득세로 주식 등과 같이 취급

재원 운용이 중요한 정책 과제이다. 공공서비스를 제공하는 데 필요한 세금 수입은 주로 소득, 소비, 생산, 재산, 자산 등 다양한 경제행위에 부과될 수 있다. 현대 국가에서 조세는 소득이 발생하는 모든 경제행위에 세금이 부과되는 데 이를 세원이라 한다.

세원의 대상이 사람이거나 법인이면 소득세와 법인세라 하고, 자본이면 자본이득세라 하며, 물건이면 물품세라 하고, 가격이 종가세라 한다. 부동산 조세는 물품세의 일종으로 부동산 취득, 보유, 거래 단계별로 부동산 가치에 대한 일정한 비율의 세금 징수를 부동산 조세라 한다. 이러한 부동산에 대한 조세 부과는 나라마다 차이가 있으나 대체로 취득, 보유, 양도 단계별로 징수되며 세금의 귀속에 따라 국세와 지방세로 구분하며 [표 11-1]과같이 분류한다.

1.2 조세의 기능

부동산 조세는 정부가 부동산 소유자들로부터 부동산 가치에 대한 일정 비율의 세금을 징수하는 것을 말합니다. 이러한 조세는 일반재정지출과 경제정책 등의 재원으로 여러 가지 기능을 수행한다. 일반재정지출은 국가나 지방정부의 일반 경상경비나 특수활동비와 복지재정을 충당하는 데 사용되고, 경제정책의 재원은 사회간접자본(SOC) 개발이나 경제성장을 구현하기 위해 지출되는 비용의 재원이다.

(1) 재정수입

부동산 조세는 중앙 정부와 지방정부의 주요 재정 수입원 중 하나로 사용된다. 수입은 지방정부나 중앙 정부가 운영하는 다양한 공공서비스 제공, 사회복지 프로그램, 국방 및 안보, 일반 경상경비 지출, 인프라 개발, 경제 발전을 촉진하는 데 필요한 기반을 제공하는 데 재원으로 사용된다. 공공서비스 재원은 교육, 건강, 도로, 항만, 공항, 철도, 경찰 및 소방 서비스 제공 등에 사용된다. 사회복지 프로그램 재원은 인간다운 삶을 위해 개인과 가정의 식량 및 주거지원, 고용 프로그램 지원 등에 사용된다. 국방 및 안보 제공의 재원은 군인, 경찰, 경비 부대 등의 인건비 국가와 사회질서를 유지하는 데 사용되는 비용이다. 경제 발전 재원은 정부가 경제 발전을 촉진하는 데 필요한 기반을 제공하는 데 사용된다. 이는 중소기업 지원, 연구 및 개발 자금 지원, 산업 인센티브 등이 포함된다. 재정수입은 정부가 다양한 사회 및 경제적 우선순위에 대응하고 국가의 발전과 안정성을 지원하는 데 사용된다.

(2) 소득 재분배

부동산 조세는 사회적으로 부의 분배를 조절하고 불평등을 완화하는 역할을 한다. 주로 고소득자에게는 높은 세율을 부과하고 저소득층에게는 낮은 세율을 적용하여 재산과 소득의 공정한 분배를 이루어 형평성을 제고한다. 사회적 갈등과 형평성을 제고하고자 고소득자에게는 높은 세율을 부과하고 저소득자에게는 낮은 세율을 부과하여 계층 간의 갈등과 위화감을 최소화하는 차등 조세 부과를 시행한다. 고가의 부동산을 소유한 고소득층으로부터 추가로 세금을 징수하여 저소득층이나 사회적으로 취약한 이들에게 의료 서비스, 식량 지원, 주거지원 등을 제공하여 빈부 계층 간의 사회적 형평성을 제고한다. 조세의 소득 재분배 기능은 부의 불평등을 완화하고 사회적으로 공정한 분배를 이루기 위해서이다. 하지만 이러한 세율 구조와 정책은 정치적 논쟁의 대상이 되기도 하며, 경제적 효과와 사회적 효과 사이의 균형을 유지하는 것이 중요하다.

(3) 주택 및 상업용 부동산 공급

부동산 조세는 저소득층의 주택을 공급하고 택지나 상업용 토지를 제공하는 데 다양한 기능을 한다. 저소득층 가구들에게 주택 구매나 임대에 대한 보조금을 제공하거나 저렴한 주택을 건설하고 관리하는 주거 보조 프로그램의 재원이 된다. 저소득층을 위한 주택 개발 및 재생 프로젝트의 재원으로 사용된다. 정부는 이러한 프로젝트에 자금을 지원하여 저소득층을 위한 새로운 주택 단지를 건설하거나 기존의 주택을 재개발한 후 보다 합리적인 가격대로 주거 공간을 제공하는 비용으로 사용한다. 또한 저소득층의 주거 확장 및 환경을 개선하여 사회적으로 공정한 주거 접근성을 확보하고 경제적 불평등을 완화하는 기능을 한다.

(4) 경제성장과 경기 안정화

부동산 조세는 정부가 공공서비스를 제공하거나 인프라를 개선하는 데 필요한 자금을 확보하여 경제성장과 발전을 지원하는 다양한 프로그램과 프로젝트를 추진하는 기능을 수행한다. 사회간접자본을 형성하거나 첨단기술 개발은 장시간에 걸쳐 대규모 재정이 소요되어 민간과 기업이 부담하기에는 한계가 있다. 무한경쟁 시대에 경제성장을 촉진하고 지속 가능한 경제 발전을 이루어 가기 위해서는 기술과 인력개발, 교육, 훈련 재원이 필요하다. 경기순환의 진폭이 불규칙하고 불안정할 때 부동산 조세정책을 통해 경기 흐름을 제어하거나 조절할 수 있는 기능을 수행한다. 과도한 부동산 가격 상승이나 과열된 부동산 시장은 경기의 침체를 초래할 수 있다. 이때 고율의 부동산 조세정책이나 규제정책을 통해 부동산 시장을 안정화시킨다. 반대로 경기 침체 시 부동산 가격 하락으로 인한 부동산 조세수입 감소가 예상될 때, 정부는 부동산 조세율을 조정하거나 규제를 완화하여 경기를 진작시킨다. 이처럼 부동산 조세정책은 부동산 시장과 경제에 영향을 미침으로써 경기 조절 기능을 수행하여 경기 안정화에 기여한다.

(5) 부동산 투기 억제

부동산 경기가 과열되었을 때 단기 차익을 누리는 투기꾼들이 부동산 시장에 참여하여 부동산 거래를 문란케 하는 경우가 있다. 이때 정부는 부동산 시장의 건전한 육성과 안정을 도모하기 위해 특별관리 지역 지정, 유휴토지에 대한 재산세 부과, 세율조정, 특별세 부과, 재산 가치 평가, 규제 강화 등 기능을 수행하여 부동산 투기를 억제하는 기능을 수행한다. 부동산 조세는 부동산 투기를 억제하고 부동산 시장의 건전성을 유지하는 데 도움이 될 수 있다. 그러나 효과적인 부동산 조세정책은 시장경제 질서와 균형을 유지하고 경제의 다른 측면과의 조화를 이루어야 투기를 억제할 수 있다.

제2절 부동산 조세 현황

부동산 관련 조세는 보유하고 있는 주택이나 토지에 1962년 재산세를 처음으로 부과하였다. 이후 1988년에 토지초과이득세를 국세로 하고 토지과다보유세와 재산세를 지방세로 부과 징수하였다. 1989년에 종합토지세를 도입하고 주택에 대한 재산세를 지방세로 징수하였다. 1994년에 토지초과이득세를 폐지하고 2005년에는 종합토지세를 폐지하고 종합부동산세를 신설하여 시행하여 오다가 2008년 이명박 정부에서 위헌 결정을 받아 중지되었다. 문재인 정부에서 2018년 들어 주택 가격 급등으로 사회적 문제가 되자 2018년 9월 13일 부동산 종합대책을 발표하면서 종합부동산세를 재도입하여 시행하고 있다. 종합부동산세는 주택이나 토지 합산 가격의 초과분에 대해 재산세 외에 더 추가하여 징수하는 일종의 부유세 성격을 가지고 있어 논란과 찬반이 있다.

2.1 부동산 조세 현황

부동산 조세는 부동산 시장의 거래 활동과 안정성에 따라 총조세와 GDP 성장에 직간접적으로 영향을 미친다. 부동산 시장의 거래 규모, 부동산 시장과 관련된 서비스 및 산업의 활동에 따라 다양할 수 있다. [표 11-2]는 우리나라 부동산 관련 세제를 총조세와 GDP 대비 비교한 것이다. 총조세 대비 재산세 비율은 2000년 기준 12.4%에서 2021년 15.1%로 2.7% 증가하였고, 소득세는 1.9% 증가하여 소득세보다 재산세가 총조세에 더 기여하고 있다는 것을 확인할 수 있다. GDP 대비 재산세 비율은 2000년 기준 2.6%에서 2021년 4.5%로 1.9% 증가하였고, 소득세는 3.9% 증가하여 재산세보다 소득세가 GDP 성장에 더 이바지한 것으로 나타났다. 부동산 조세는 안정적인 경제성장을 촉진하고 소비와 투자를 진작시키는 중요한 재원이 될 수 있다.

[11-2] 부동산 조세 추이 (단위 : %)

년도	재산세/총조세	재산세/총조세	거래세등/총조세	소득세/총조세	재산세/GDP	보유세/GDP	거래세세/GDP	소득세/GDP
2000	12.4	2.5	9.9	2.6	2.6	0.5	2.1	6.0
2005	11.9	2.4	9.5	2.6	2.6	0.5	2.1	6.3
2010	11.3	3.1	8.2	2.5	2.5	0.7	1.8	6.3
2015	12.4	3.2	9.2	2.9	2.9	0.8	2.2	7.2
2016	11.6	3.0	8.5	2.9	2.9	0.8	2.1	7.7
2017	11.7	3.1	8.6	3.0	3.0	0.8	2.2	8.1
2018	11.6	3.1	8.5	3.1	3.1	0.8	2.3	9.1
2019	11.4	3.4	8.0	3.1	3.1	0.9	2.2	9.0
2020	14.2	3.7	10.5	3.9	3.9	1.0	2.9	8.6
2021	15.1	4.0	11.1	4.5	4.5	1.2	3.3	9.9
평균	12.5	3.3	9.2	3.2	3.2	0.8	2.4	8.2

주) 1. 재산세는 양도세를 제외한 부동산 관련 모든 조세를 포함한 조세이다.
2. 양도세는 자본이득세로 OECD 통계에서 소득세로 취급하여 재산세에서 제외하였다.
3. 거래세 등은 거래세, 상속 및 증여세를 합산한 조세이다.

자료 : OECD, Revenue Statistics in Asia nad the Pacific 2023.

2.2 OECD 국가들의 부동산 조세 국제 비교

[표 11-3]은 OECD 주요 국가들의 2020년 기준 부동산 조세가 GDP에서 차지하는 비중을 구한 것이다. 부동산 관련 조세가 GDP에서 차지하는 비중이 높은 나라는 한국, 미국, 영국, 프랑스, 캐나다 순으로 한국이 1위를 차지하고 있다. 이는 2018년 2위에서 2020년 1위로 순위가 한 단계 상승하였다. OECD 국가들의 평균 2.4%에 비해 한국의 부동산 조세 비중은 5.2%로 무려 2.2 배가 높다. 한국 내에서는 거래세 비중이 2.4% 보유세 1%보다 더 높은 것으로 나타났으나, 미국, 일본, 영국, 프랑스, 캐나다 등은 거래세보다 보유세 비중이 월등히 더 높게 나타났다. 총조세가 GDP에 차지하는 비중은 덴마크가 47.7%로 가장 높고, 프랑스, 벨기에, 이탈리아, 오스트리아, 핀란드 등 유럽 선진 국가들의 조세 부담이 대단히 높게 나타났다.

[표 11-3] OECD 주요국의 GDP 대비 부동산 조세 비중 (단위 : %)

구분	부동산세	양도세	재산세	보유세	부유세	상속 증여세	거래세	기타	총조세
영국	4.3	0.5	3.8	2.9	0.0	0.2	0.6	0.0	32.9
미국	4.4	1.2	3.1	2.9	0.0	0.1	0.1	0.1	25.7
한국	5.2	1.2	3.9	1.0	0.0	0.5	2.4	0.0	27.7
프랑스	4.0	0.0	4.0	2.4	0.1	0.6	0.9	0.0	45.7
캐나다	4.0	0.0	4.0	3.2	0.0	0.0	0.4	0.4	34.5
벨기에	3.4	0.0	3.4	1.3	0.2	0.6	1.1	0.1	42.4
호주	2.8	0.0	2.8	1.7	0.0	0.0	1.2	0.0	28.3
일본	2.7	0.0	2.7	2.0	0.0	0.4	0.2	0.0	32.8
이탈리아	2.4	0.0	2.4	1.3	0.0	0.0	1.0	0.1	42.6
뉴질랜드	1.9	0.0	1.9	1.9	0.0	0.0	0.0	0.0	35.3
덴마크	2.0	0.0	2.0	1.4	0.0	0.3	0.3	0.0	47.7
아이랜드	1.2	0.3	1.0	0.3	0.0	0.1	0.5	0.0	19.7
핀란드	1.5	0.0	1.5	0.8	0.0	0.3	0.3	0.0	41.8
포루투갈	1.4	0.0	1.4	0.8	0.0	0.0	0.6	0.0	35.2
폴랜드	1.3	0.0	1.3	1.1	0.0	0.0	0.2	0.0	35.7
노르웨이	1.3	0.0	1.3	0.4	0.6	0.0	0.3	0.0	38.7
독일	1.2	0.0	1.2	0.4	0.0	0.3	0.5	0.0	37.9
오스트리아	0.6	0.0	0.6	0.2	0.0	0.0	0.3	0.0	42.2
멕시코	0.3	0.0	0.3	0.2	0.0	0.0	0.1	0.0	17.2
평균	2.4	0.4	1.9	1.5	0.0	0.1	0.3	0.0	27.1

주) 1. 부동산세는 부동산 관련 징수하는 모든 조세
2. 양도세는 부동산 외에 주식에 대한 양도세도 포함함(OECD 통계에서는 양도세를 자본이득세로 소득세로 분류)
3. 재산세는 양도세를 제외한 부동산 관련 모든 조세
4. 보유세가 지방세인 토지 건물들의 재산세
5. 거래세는 취·등록세

자료 : OECD, *Revenue Statistics*, 2020.

[표 11-4]은 총조세 대비 부동산 관련 조세 비중을 구한 것이다. 부동산 조세가 총조세에서 차지하는 비중은 한국이 18.6%로 1위였고, 미국, 영국, 캐나다, 호주 순으로 높게 나타났다. 이는 문재인 정부 시절 부동산 과표 현실화 부동산 정책에 힘입어 부동산 과표와 세율을 인상시킨 것과 무관하지 않다. 총조세의 18.6%가 부동산 자산 관련 세수로 OECD 주요 국가들의 평균 8.7%보다 2.1배나 높은 수치이다. 이는 한국이 세수의 19% 정도를 부동산 관련 자산에서 조세를 징수하여 단일 세목으로서 가장 높은 세금을 징수하는 것이다. 총세수에서 부동산 관련 조세를 가장 적게 징수하는 나라는 오스트리아 1.4%로 한국이 오스트리아보다 14배 정도 세금을 더 많이 징수함을 알 수 있다.

[표 11-4] OECD 주요국의 총조세 대비 부동산 조세 비중 (단위 : %)

구분	부동산세	양도세	재산세	보유세	부유세	상속 증여세	거래세	기타
영국	13.2	1.6	11.5	8.8	0.0	0.8	1.9	0.0
미국	16.9	4.7	12.2	11.2	0.0	0.5	0.3	0.2
한국	18.6	4.4	14.2	3.7	0.0	1.9	8.6	0.0
프랑스	8.7	0.0	8.7	5.2	0.2	1.4	1.9	0.0
캐나다	11.7	0.0	11.7	9.4	0.1	0.0	1.0	1.2
벨기에	8.0	0.0	8.0	3.1	0.5	1.5	2.5	0.3
호주	10.1	0.0	10.1	5.8	0.0	0.0	4.2	0.0
일본	8.1	0.0	8.1	6.0	0.0	1.3	0.7	0.0
이탈리아	5.7	0.0	5.7	3.0	0.1	0.1	2.4	0.2
뉴질랜드	5.5	0.0	5.5	5.4	0.0	0.0	0.1	0.0
덴마크	4.1	0.0	4.1	2.9	0.0	0.6	0.7	0.0
아이랜드	6.3	1.3	5.0	1.6	0.0	0.7	2.7	0.0
핀란드	3.6	0.0	3.6	2.0	0.0	0.8	0.8	0.0
포루투갈	4.1	0.0	4.1	2.3	0.0	0.0	1.8	0.0
폴랜드	3.6	0.0	3.6	3.2	0.0	0.0	0.4	0.0
노르웨이	3.4	0.0	3.4	1.1	1.5	0.0	0.8	0.0
독일	3.3	0.0	3.3	1.1	0.1	0.7	1.4	0.0
오스트리아	1.4	0.0	1.4	0.5	0.0	0.0	0.8	0.0
멕시코	1.9	0.0	1.9	1.3	0.0	0.0	0.6	0.0
평균	8.7	1.5	7.2	5.4	0.1	0.4	1.2	0.1

주) 1. 양도세는 부동산 외에 주식에 대한 양도세도 포함함
자료 : OECD, Revenue Statistics, 2020.

[그림 11-1]은 [표 11-3]의 OECD 주요 국가들의 부동산 조세를 막대그래프로 비교하여 나타낸 것이다. 한국이 다른 OECD 국가들보다 부동산 관련 조세 징수가 가장 높은 편임을 한눈에 알 수 있다.

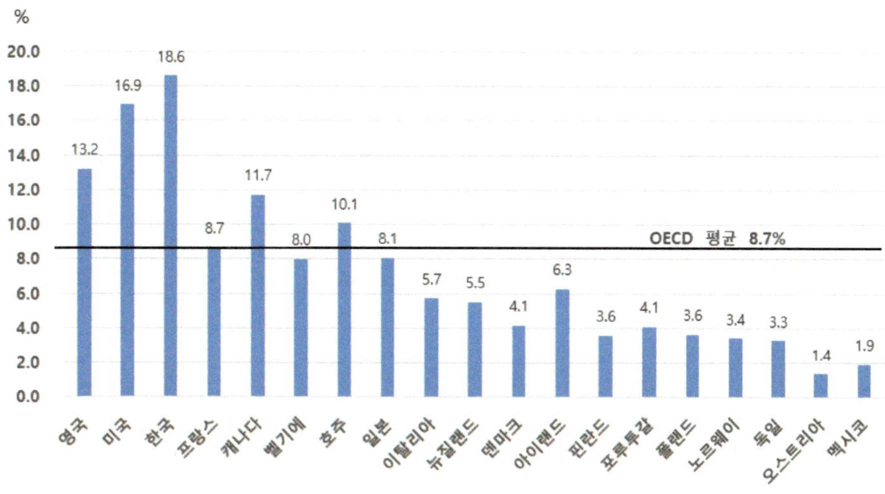

[그림 11-1] OECD 주요국의 부동산 조세 비중

자료 : OECD, Revenue Statistics, 2020.

[그림 11-2]는 OECD 주요 국가들의 부동산 조세의 세목별 과세 구성 비율을 표시한 것이다. 한국은 부동산 조세 징수액 중 부동산 거래세 비중이 8.6%로 가장 높고, 양도세 비중이 4.4%, 보유세 비중이 3.7% 순으로 높게 나타났다. 미국은 보유세가 11.2%로 가장 높고, 양도세 비중이 4.7% 순으로 높게 나타났다. 부동산 조세 징수액 중 우리나

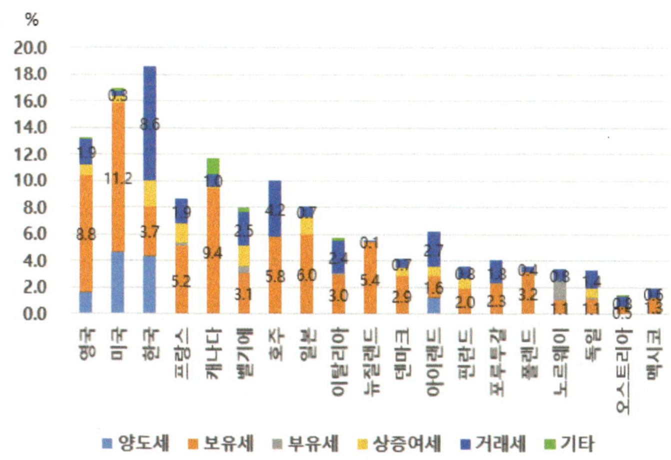

주) 1. 양도세는 부동산 외에 주식에 대한 양도세도 포함

자료 : OECD, Revenue Statistics, 2020.

[그림 11-2] OECD 주요국의 총조세 대비 부동산 과세의 구성 비율

라는 거래세 비중이 가장 높은 데 비해 미국은 보유세 비중이 가장 높게 나타나 대조적이다. 미국은 자가 보유를 권장하고 있어 자가 주택에 세금을 많이 징수하고 우리나라는 활발한 부동산 거래에 중점을 두어 부동산 조세를 징수하고 있음을 알 수 있다. 부동산 보유세 징수는 미국, 캐나다, 영국, 호주, 뉴질랜드 순으로 높게 나타났다. 각국의 부동산 조세 징수의 우선순위는 거래세보다 보유세에 중점을 두고 있음을 알 수 있다.

미국을 비롯한 많은 국가들이 자가점유 주택(owner occupied housing) 정책을 우선순위로 추진하고 있다. 반면 유럽 국가들은 공공주택이나 사회주택의 비중을 늘리고 있다. 자가 보유 가구들이 임차 가구와 비교하여 사회적 주민 참여나 교육 성취도, 재정 효율성 등의 효과가 높다는 연구 결과를 제시하고 있다. 그래서 각국들은 자가 점유 주택 비율을 높이기 위해 직간접적으로 다양한 세제지원 해주고 있다. [표 11-5]는 주

[표 11-5] 주요 국가들의 자가점유 주택에 대한 세제 혜택

구분	암묵적 임대료 과세	모기지 이자 공제	양도소득세	신규주택 부가가치세
한국	N	Y(40%	n/Y	N(비과세)
오스트리아	N	Y(50%)	n	Y
벨기에	Y	Y(50%)	n	N(비과세)
핀란드	N	Y(29%)	n	
프랑스	N	N	n	
독일	N	N	n	N(비과세)
그리스	N	Y(40%)	N	
아이랜드	N	Y(42%)	N	
이탈리아	Y	Y(45%)	n	N(10%)
룩셈부르크	Y	Y(38%)	n	Y
네들란드	Y	Y(52%)	N	Y
포루투갈	N	Y(40%)	n	N(비과세)
스페인	N	Y(45%)	n	N(7%)
미국	N	Y(35%)	n	주별 판매세
중립적 세제	Y	N	Y	Y

주) 1. 괄호 안의 수치는 소득세 최고 세율
2. N: 양도소득세 없음, n: 양도소득세 있으나 실질적으로 비과세
3. 자료: Wolswijk(2008), 김경환·손재영(2011), 「부동산 경제학」, p.302, 재인용.

요 국가들의 자가 점유 주택에 대한 세제 혜택을 나타낸 것이다. 벨기에, 이탈리아, 룩셈부르크, 네덜란드를 제외하고 자가 점유 주택에 대해 세금을 공제해 주고 있다. 이는 임대주택이나 사회적 주택이 많아지면 공공주택을 관리 유지하는데 재정지원이 늘어나 재정 효율성을 저하시킬 수 있기 때문이다.

암묵적 임대료 과세는 자가 점유 주택을 집 소유주가 거주하지 않고 임대하였을 경우 임대 수입에 해당하는 세금 납부를 말하는데 현재 우리나라도 자가 점유 주택에 대해서 임대료를 부과하지 않고 있다. 모기지 이자 공제는 국민주택 규모 이하의 주택 구입 원리금 상환액 공제로서 우리나라도 서민들의 임차 부담을 경감시키고자 40% 공제를 해주고 있다. 양도소득세는 1가구 1주택에 대해서는 원칙적으로 비과세이나 예외적으로 고가 주택을 보유했다가 처분 시는 양도세를 부과하고 있다. 중립적 세제는 암묵적 세제를 과세하고 주택대출 이자 상환액을 소득세 과세 대상에서 비공제하여 양도소득세와 신규주택에 부가가치세를 부과해야 함을 말한다. 이처럼 시장경제를 추구하는 대부분의 나라에서 주택대출 이자 부분에 공제를 허용함으로 주거주택(primary residence)에 대한 양도소득세에 대해서 과세하지 않거나 유예하는 제도를 도입하고 있다(김경환·손재영, 2011, pp.302-303).

미국은 2차 세계 대전 이후 퇴역군인들의 주거복지 프로그램으로 자가 점유 주택 지원을 강화해 왔다. 그러나 최근에는 미연방의 재정적자 문제를 완화하려는 각종 세제 지원 축소하는 조세개혁(Tax Reform) 논의가 활발히 논의되고 있다. 과거 조세개혁의 주안점은 경제성장 지원, 조세 형평성 제고, 친환경 및 외부불경제 완화, 세제 단순화를 통한 납세 협력비 절감 등이었으나 최근의 논의 방향은 미연방의 부족한 재정적자를 메꾸기 위한 세입증대(revenue-rising) 가 전면으로 부상하고 있다.

2013년 미국 관리예산실(Office of Management and Budget, OMB)에 따르면, 주택 소유자가 ①납부한 모기지이자 및 지방재산세액의 연방소득세에서 소득공제, ②주거주주택으로부터 발생한 양도차익에 대한 높은 수준의 비과세(exemption)를 통한 세제지원 액이 1,510억 달러에 달해 세법 항목 중 가장 큰 조세지출(tax expenditure) 항목이라고 밝히고 있다(노영훈, 2014, p.10). 여기서 조세지출이란 가계나 기업이 납부해야 할 세금을 감면해 주어 정부의 세수 손실을 말한다. 조세지출 항목 변화를 통한 조세정책의 변화가 주택 시장과 경제성장에 미치는 영향에 대한 주제는 뜨거운 연구의 대상이다. 이는 총수요 확대 정책을 통한 경제성장의 주체로 민간으로부터 세수를 확보하여 정부 주체가 될 것인가 아니면 조세지출 확대를 통한 민간이 주체가 될 것인가 선택의 문제이다. 재정적자 확대를 위해 조세지출을 증가시킬 것인가 아니면 재정적자 감축을 위해 조세지출을 감소시킬 것인가의 문제는 각국이 처한 조세 및 경제구조 등의 상황에 따라 그 효과가 다를 수 있어서 일률적으로 말할 수 없다.

2.3 주택 과세의 경제적 효과 분석 모형

주택을 소유할 것인지 임대할 것인지 의사결정 기준은 주택 소유 비용과 임차 비용에 의해 결정된다. 주택 소유 비용이 임차 비용보다 적으면 주택 소유가 증가하고 주택 소유 비용이임차비율 보다 높으면 임차 주택을 택하게 된다. 따라서 주택을 소유할 것인지 임대할 것인지의 의사결정은 주택 소유 비용과 임차 비용이 일치할 때까지 주택 소유 투자를 계속하게 된다. 주택을 소유함으로 발생하는 주택 소유 비용(user cost of housing)에는 대출 금리, 재산세, 수선유지비, 감가상각비 등이 있다. 주택에 대한 조세와 세제감면 효과는 사용자 비용을 통해 분석할 수 있다.

주택 구입 가격을 P, 주택담보대출 금리가 i, 감가상각률 d, 수선 유지비가 주택 가격의 m, 재산세율이 t, 주택 가격의 기대 상승률이 g이고, 임차 비용이 R, 양도소득세가 부과되지 않는다고 가정하면 주택 자산의 전통적인 사용자 비용은 주택 임차 비용과의 관계 식(11-1)과 같이 나타낼 수 있다.

$$R = iP + dP + mP + tP - gP = (i + d + m + t)P \tag{11-1}$$

여기서 대출이자 상환액과 재산세 납부액이 소득세 과표에서 공제된다면 소득세율이 T인 가구의 보유에 대한 세제 혜택은 식(11-2)이다.

$$T(iP + tP) = T(i + t)P \tag{11-2}$$

소득세가 누진세율 구조로 되어 있으므로 소득이 높을수록 한계세율이 높고 고가 주택을 구입할 가능성이 높고 혜택도 커진다. 즉 자가 보유에 대한 세제감면 혜택은 고소득층에게 상대적으로 더 크다. 세제감면이 있을 때 자가 점유 주택의 사용자 비용은 식(11-3)과 같이 적어진다.

$$(i+d+m+t-g)P-T(iP+tP)=[(1-T)(i+t)+d+m-g]P \qquad (11\text{-}3)$$

만일 양도소득세와 취득세 등 거래세가 부과되면 실질적으로 거래비용이 증가하고 식(11-3)에서 사용자 비용이 증가한다(김경환·손재영, 2011, p.304).

주택의 임대료가 R이면, 세제감면이 있을 때 사용자 비용은 식(11-4)과 같이 균형이 이루어질 때까지 주택 소유를 증가시키게 된다.

$$R=[(1-T)(i+t)+d+m-g]P \qquad (11\text{-}4)$$

즉, 주택 자본의 사용자 비용이 한계점에서 임대수익률$\left(\frac{R}{P}\right)$과 일치할 때까지 투자가 이루어진다고 볼 수 있다.

제3절 부동산 조세의 경제적 효과

부동산에 부과되는 대표적인 조세는 부동산을 취득할 때 부과되는 취득세, 보유 시 부과되는 재산세, 양도 시 부과되는 양도세가 있다. 앞 절에서 살펴본 바와 같이 우리나라는 거래세 비중이 가장 높고 그다음 양도세 취득세 순이나 미국이나 일본은 부동산 보유에 따른 재산세 비중이 가장 높고, 그다음 양도세 취득세 순이다. 아래에서는 부동산 조세정책 변화로 나타나는 경제적 효과에 대해 살펴보기로 한다.

3.1 부동산 거래세

부동산 거래세는 부동산 취득과 등록과 관련되어 부과되는 거래비용이다. 부동산은 일반 재화와 달리 소유권 취득을 공적인 장부에 기록함으로 소유권 이동이 이루어져 법적인 소유, 사용, 이익의 혜택을 얻는다. 거래세는 주택의 투기적 수요를 억제하고 공정한 시장경제하에서 효율적 자원배분 기능의 정책 수단으로 활용되었다. 반대로 부동산 시장의 침체기에는 주택거래 촉진을 위해 취득세율 상시감면과 한시감면이 되풀이되기도 하였다. 그런데 자유로운 거래를 제한하는 불공정한 거래세 규제는 자원배분의 기능을 저해할 수 있다. 부동산 거래세에는 취득세(acquisition tax)와 등록세(registration tax)가 있다.

부동산 거래세는 부동산 시장의 안정성을 조절하고 부동산 가격의 급격한 상승이나 하락을 조절하는 데 사용된다. 또한 부동산 거래로 인한 소득을 어느 정도 균등하게 분배할 수 있는 수단으로 기능을 한다. 이를 통해 부동산 거래로 얻은 이익에 대한 일정 수준의 공헌을 도출할 수 있다. 구조모형을 통해 거래세의 조세 효과를 추정한 결과 주택 시장에 대한 거시적 조절 정책으로 거래세가 양도소득세보다 그 효과가 작은 것으로 나타났다(이선화, 2015, p.82). 부동산 거래세 증가는 실질 주택 가격 상승률, 소득 대비 주택 가격비율(price to income ratio, PIR), 임대료 대비 주택 가격비율(price rent ratio, PRR)을 높인다는 연구 결과를 제시하였다(정영식·강은정·이진희·김경훈·김지혜, 2021, p.5). 이는 거래세 강화가 주택 매수를 약화시키기 보다 주택 매도를 억제하는 동결효과(lock-in effect)가 더 큰 것으로 추측된다. 따라서 거래세보다 보유세 강화가 소득 불평등을 개선하고 장기적으로 지속 가능한 성장을 위해서 바람직한 것으로 시사점을 제시하였다.

3.2 부동산 재산세

토지나 주택 보유에 따른 재산세(property tax)는 토지와 주택의 가치를 합한 부동산 가치에 대해 정기적으로 부과되는 세금이다. 재산세는 지방정부가 제공하는 공공서비스 및 인프라를 이용한 대가에 대한 징수하는 세액이다. 국가마다 차이는 있으나 지방세수의 중요한 원천 중의 하나이다. 보유세에는 국세인 종합부동산세(comprehensive real estate holding tax)와 임대소득세(rental income tax)가 있다. 재산세의 운용과 경제적 효과는 구견해(Old View), 신견해(New View), 응익세 견해(Benefit View)에 따라 다르다(이영성·이정전, 2007, pp.75-96).

(1) 구견해(Old View)

재산세가 주로 토지나 주택의 재산 가치에 기초하여 부과되어 전통적인 시각에서는 재산 소득에 대한 과세라고 여겨졌다. 따라서 부동산의 가치가 높을수록 재산세가 많이 부과된다는 것이다. 이렇게 되면 장기적으로 주택 공급을 감소시킬 수 있고, 주택 공급 감소는 장기적으로 주택 가격 상승으로 이어지게 된다. 주택 가격 상승은 재산세 부담을 상쇄할 때까지 주택 가격이 상승한다. 그래서 무주택자는 재산세로 주택 가격 상승분만큼 주거비용이 더 들어가게 된다. 결국 재산세 부과는 주택 가격 상승으로 이어져 무주택 서민들에게 전가하게 된다는 것이다. 이런 재산세의 왜곡을 바로잡기 위해서는 토지세로 전환하면 서민이 이득을 볼 수 있다고 네쯔(Netzer, 1966)는 주장하였다.

(2) 신견해(New View)

재산세의 새로운 견해는 한 지방정부에서 다른 지방정부보다 높은 세율의 재산세를 부과하게 되면 장기적으로 재산세율이 높은 지방정부의 주택 공급은 주택 공급이 감소하나 다른 지방정부의 주택 공급은 증가한다. 주택 공급이 증가하고 재산세율이 낮으면 사람들은 주택 소유에 따른 수익성이 높은 다른 지방정부로 사람과 자본이 움직인다는 것이다. 이런 이동은 부동산 소유자들의 수익성이 전체 지방정부에 동등해질 때 주택 시장은 균형에 도달하면 더 이상 이동이 발생하지 않게 된다.

재산세를 부과하는 지방정부에서는 부동산 소유자와 부동산 임차자가 재산세 부담을 공유한다. 재산세를 부과하지 않는 지방정부는 주택 공급 증가로 주택 가격이 하락한다. 재산세를 부과하지 않은 지역에서 부동산 소유자는 주택 가격 하락분만큼 손해를 보고, 임차인은 이득을 본다. 이와 같은 신견해는 재산세 부과가 역진적이라는 견해로 구견해보다 재산세의 효과를 더 정확하게 분석하는 것으로 공감대가 이루어지고 있다. 그러나 구견해나 신견해는 주택 공급의 감소라는 약점을 내포하고 있다. 전통적인 견해는 재산세를 부과하는 지방정부에서만 주택 공급이 감소한다는 것이고, 반면 신견해는 부동산 소유자의 수익성 하락으로 지방정부 전체적으로 주택 공급이 하락한다는 것이다. 미조스키와 조드로우(Miezowski and Zodrow, 1989)는 사람들은 주택 소유에 따른 수익성이 더 좋거나 자기 선호에 부합되는 서비스를 제공하는 지방정부를 찾아 돌아다니기 때문에 부동산 소유자들의 수익성이 전체 지방정부 체계에서 동등해질 때 주택 시장은 균형에 도달한다.

(3) 응익세 견해(Benefit View)

최근에는 전통적으로 재산세가 자본재에 대한 과세라는 점에 대해 근본적으로 이의를 제기하는 학자들이 늘어나고 있다. 재산세는 지방세로서 지방정부가 제공하는 공공서비스나 교육, 치안 등에 대한 대가라는 개념으로 인식된다. 응익세의 시각에서 보면 재산세는 지방정부가 제공하는 공공재에에 대한 한계비용의 역할과 지방정부가 일을 잘한 데 대한 성과급으로서의 성격을 갖는다. 이렇게 되면 공공재에 대한 논의가 달라진다. 공공재에서 무임승차가 가능한 현상은 공공재에 대한 가격 기능이 없기 때문이다. 그러나 재산세가 공공재에 대한 가격으로서의 역할을 한다면 공공재의 무임승차로서 경제적 왜곡은 사라질 수 있기 때문이다. 이러한 관점에서 지방정부가 부동산 가치 극대화를 통한 세수 극대화는 공공부문의 자원배분 효율화를 이룰 수 있다는 주장이 설득력을 얻고 있다. 즉 지방정부가 양질의 공공서비스 제공으로 새로운 이주자가 증가하고 주택의 수요 증가로 부동산 가격이 상승하게 된다. 부동산 가격 상승으로 재산세 세수가 증가하여 자원배분의 효율화가 이루어진다는 피셸(Fischel, 2001)의 주장이 설득력을 얻고 있다.

재산세가 자본화 된다는 것이다. 자본화는 주민의 세금 부담이 공공서비스의 질적 수준과 연결되어 부동산 가격에 반영되는 현상이다. 만약 주민들의 재산세 부담 증가분을 더한 값이 지방정부가 수준 높은 공공서비스를 제공하기 위해 추가적으로 지불하는 비용 증가분과 같다면 재산세가 공공서비스에 대한 한계비용(marginal cost)의 역할을 수행한다(Fischel, 2001; Wilson 1997; Hoyt, 1991). 공공재에는 가격을 매길 수 없어 무임승차 등의 문제가 발생 될 수 있는데, 재산세가 공공재 제공에 대한 한계비용이 된다면, 공공재에 따른 경제적 왜곡은 발생하지 않게 된다. 재산세 부담이 완벽하게 자본화된다면, 교통, 환경, 세부담, 공무원 친절도, 지방정부의 능력을 비롯한 많은 특성이 비교되어 그 차이가 화폐가치로 환산되어 부동산 가격에 반영될 가능성이 높다.

정영식·강은정·이진희·김경훈·김지혜(2021)는 OECD 국가를 대상으로 부동산 보유세 증가가 주택 가격에 미치는 영향을 동태패널모형으로 분석하였다. 이들에 따르면 부동산 보유세 증가는 주택 보유 비용을 높여 보유 주택의 매도를 유인하거나 주택 매수를 약화시켜 실질주택 가격 상승률, 소득 대비 주택 가격비율(PIR), 임대료 대비 주택 가격비율(PRR)을 낮춘다는 것을 제시하였다. 거래세 강화보다는 보유세 증가가 장기적으로 부동산 시장을 안정화시킬 수 있고 경제성장에 기여할 수 있음을 보였다. 이러한 분석 결과는 OECD의 보유세 강화 권고와도 궤를 같이하는 것으로 보인다. 보다 질 좋은 공공서비스 제공은 사람들의 행복 지수를 증가시킬 뿐만 아니라 토지와 주택 가격을 상승시키고, 이를 바탕으로 세금이 부과된다면 재산세가 효율적 자원배분의 기능을 할 수 있다는 것이다. 적정한 재산세 수준은 어느 정도이면 바람직할까를 살펴보자.

(4) 재산세 부담의 측정

부동산세인 재산세는 각 국가나 지역의 법령에 따라 부과되며, 부동산 소유자가 소유한 부동산의 가치에 따라 측정된다. 주택, 상업용 건물, 땅 등의 부동산에 대한 공정한 시장 가치를 기준으로 측정하는데 재산가액 대비 실효세율과 소득대비 부담률로 측정한다.

우선 재산가액 대비 실효세율(effective tax rate)은 식(11-5)과 같이 나타낼 수 있다.

$$\text{실효세율} = \frac{\text{재산세액}}{\text{재산가액}} = \left(\frac{\text{세액}}{\text{과표}}\right) \times \left(\frac{\text{과표}}{\text{재산가액}}\right) = \text{명목세율} \times \text{과표현실화율} \tag{11-5}$$

실효세율은 실제로 지불하는 세금이 총소득 대비 얼마 인지를 나타내는 지표이다. 이는 종종 순소득이나 조정된 소득에 대한 평균 세율보다 더 중요한 지표로서 식(11-6)과 같다.

$$\begin{aligned}\text{소득대비 재산세 부담률} &= \frac{\text{재산제액}}{\text{총소득}} = \left(\frac{\text{재산세액}}{\text{주택가격}}\right) \times \left(\frac{\text{주택가격}}{\text{총소득}}\right) \\ &= \text{실효세율} \times PIR\end{aligned} \tag{11-6}$$

(단, PIR(price-to-income ratio)

(5) 재산세가 부동산 가격에 미치는 효과

재산세는 부동산 소유자가 부동산을 보유하고 있을 때 매년 지불하는 세금이다. 이러한 세금은 부동산 가격. 투자, 지역 경제 등에 다양하게 영향을 미친다. 재산세가 부동산 가격에 미치는 효과는 자산가격 결정 이론을 통해 설명할 수 있다. 재산세가 인상되면 자본환원율(capital rate)이 상승하여 주택 가격이 하락한다. 부동산 가격은 어떤 부동산으로부터 발생 되는 임대료 R이 매기마다 동일하게 발생하고 환원이율이 i라고 한다면, 부동산의 가격(P)은 모든 기간에 걸쳐 발생 되는 임대료의 현재가치와 같다. 이를 식으로 나타내면 식(11-7)과 같다.

$$\begin{aligned}P &= \frac{R}{1+i} + \frac{R}{(1+i)^2} + \cdots\cdots \\ &= \frac{R}{i}\end{aligned} \tag{11-7}$$

이제 자산가격에 대해 t율의 재산세가 부과된다면 연간 순 임대료는 tP만큼 감소한다. 재산세를 감안한 부동산의 가격은 식(11-8)과 같이 정리할 수 있다(김경환·손재영, 2011, pp. 307-309).

$$P = \frac{(R-tP)}{1+i} + \frac{(R-tP)}{(1+i)^2} + \cdots\cdots \quad (11\text{-}8)$$
$$= \frac{R-tP}{i}$$
$$P = \frac{R}{i+t}$$

식(11-8)는 재산세가 부과되면 자본환원율 i가 i+t로 상승한다. 이는 재산세가 부과되면 부동산 가격이 하락함을 의미한다. 그런데 응익세의 관점에서 재산세 부과는 질 높은 공공서비스 제공과 교육으로 그 효과가 주택 가격에 반영될 수 있다. 그러면 주택 가격에 t율만큼 재산세가 부과되고 그로 인해 주택 가격의 b만큼 공공서비스에 대한 지출이 증가한다고 하자. 이 경우 순 임대료 수입은 재산세 t만큼 감소하나, 공공서비스 지출만큼 부동산 가격은 증가한다고 할 수 있다. 부동산의 가격은 식(11-9)과 같이 나타낼 수 있다.

$$P = \frac{R-tP+bP}{1+i} + \frac{R-tP+bP}{(1+i)^2} + \cdots\cdots \quad (11\text{-}9)$$
$$= \frac{R-tP+bP}{i}$$

따라서 식(11-9)을 다시 정리하면 식(11-10)과 같다.

$$P = \frac{R}{i+t-b} \quad (11\text{-}10)$$

식(11-10)은 재산세만큼 주택 가격이 하락하나 재산세가 공공서비스 질적 수준을 높여 공공서비스 제공만큼 주택 가격이 상승한다는 것을 나타낸다. 결국 재산세율 t와 공공서비스 제공에 따라 주택 가격 상승분 b와 같아지게 된다. 즉 t=b가 되어 재산세 부과가 부동산 가격에 영향을 주지 못하여 효율적 자원배분이 일어난다는 것이다.

3.3 부동산 양도세

부동산 양도세(capital gains tax)는 부동산 매각 시점의 가격에서 매입 시점의 가격을 차감한 양도차익에 대하여 과세하는 세금이다. 양도차익에 대한 자본이득세로서 우리나라에서는 부동산세의 일종으로 분류하지만, 미국을 비롯한 OECD 국가들은 자본이득세(capital gain tax)로서 소득세로 분류한다. 양도세는 사용자 비용을 높여 부동산 시장에서 거래량을 제한하고 신규 공급을 위축시킨다. 양도세 부과는 동결효과(lock-in effect)를 초래한다. 부동산을 매각하려는 시점에 양도세율 인상은 거래량이 일정하게 유지될 경우, 가격하락을 유도할 수 있지만, 조세회피를 위해서 매각 시점을 미루거나 포기하여 거래량이 감소하여 동결효과 발생으로 부동산 가격이 상승할 수 있다. 따라서 양도세 부과는 자원배분의 효율성을 왜곡시킬 수 있다. 우리나라 가계 자산 중에서 부동산이 차지하는 비중이 매우 높아 주택 가격 급상승은 자산격차 확대로 자산불평등에 대한 사회적 우려가 커지고 있다. 이런 사회적 우려를 해소하고자 보유세와 양도세 조정으로 부동산 가격 안정화와 자산불평등을 안정화시키려고 다양한 부동산 조세정책을 수행해 왔다. 최근 문재인 정부 5년 동안 주택 가격 급등을 진정시키려고 26회 부동산 정책을 단행하였으나 주택 시장을 안정화 시키지 못했다.

아래거, 브론, 로지(Aregger, Brown and Rossi, 2013)는 1985~2009년 기간 스위스 양도세 과세의 주택 가격에 미치는 영향을 분석하였다. 분석 결과 높은 양도소득세는 주택 가격 역동성을 악화시키며 주택 공급이 감소하는 동결효과(lock-in effect) 존재를 제시하였다. 황상현(2020)은 1970~2018년 기간의 패널자료를 이용해 양도세 부과가 부동산 가격 안정화 미치는 효과를 분석하였다. 추정 결과 부동산 양도세율 인상은 부동산 가격을 상승시키고 거래량을 감소시키는 동결 효과(lock-in effect)를 실증적으로 제시하였다. 구체적 추정 결과는 부동산 양도소득세율이 1% 증가하면 부동산 가격은 0.2% 증가하고, 변동성은 0.08% 감소함을 보였다.

부동산 가격 상승으로 부동산 가격 안정화를 달성하기 위해서는 양도소득세 강화보다는 보유세 강화가 더 효과적인 것을 다수의 연구는 제시하고 있다. 그러나 부동산시장 안정화를 위해서 시장구조, 조세체계, 세율, 소비심리, 사회문화 등의 사정을 종합적으로 살펴 시행하는 것이 필요하다.

제4절 부동산 조세 부과와 자원배분 왜곡

우리가 매일 소비하는 모든 재화에는 세금이 부과된다. 이를 소비세라 한다. 소비세 부과는 정부의 직접적인 재정 수입 조달과 소비 행위를 사회적으로 바람직한 방향으로 유도하기 위한 목적으로 시장 기구에 간접적으로 개입한다. 소비세가 부과되면 소비세 부과분만큼 재화의 가격이 비싸지나 판매자의 수입은 줄어든다. 그래서 소비세가 부과되면 수요와 공급이 감소하여 거래량이 감소하고 시장이 위축된다. 소비세 부과는 더 비싼 가격에 더 적은 양을 소비하게 되어 사회적 후생이 감소하여 자원배분의 왜곡을 가져온다. 이제 부동산 거래에 세금이 부과될 경우 사회적 후생이 어떻게 변하는지 수요·공급 이론으로 설명해 보자.

4.1 부동산 소비세 부과와 자원배분 왜곡

소비세는 종량세(ad valorem tax)와 종가세(specific tax) 두 종류가 있다. 종량세와 종가세는 세금을 부과하는 과세표준을 판매 수량을 기준으로 하여 일정한 세율로 부과하는 세금을 종량세라 하고, 판매 가격을 기준으로 하여 일정한 세율로 부과하는 세금을 종가세라 한다. 종량세가 주택 매수자에게 부과되는 경우 자원배분의 왜곡을 살펴보자.

아파트 1호가 매매될 때마다 호당소비세 10%를 부과하는 법안이 도입되었다 하자. 논의를 단순화하기 위해 아파트 호당 매매가격은 P_0이고, 소비세[1)]는 1,000원이 부과된

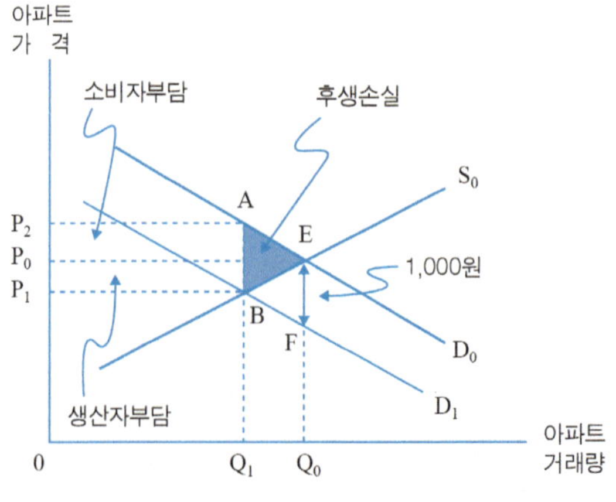

[그림 11-3] 소비세가 수요자에게 부과될 때의 효과

다. 이 경우 소비세 1,000원이 부과되면 매수자와 매도자에게 어떤 영향이 미칠까?

아파트에 소비세가 부과되기 전 아파트의 수요곡선은 D_0, 공급곡선은 S_0이다. 균형가격은 P_0, 균형 수량은 Q_0이다. 이 상태에서 정부가 아파를 구매하는 소비자에게 소비세 1,000원이 부과되면 수요곡선과 공급곡선은 어떻게 이동할까?

소비세는 아파트 수요자에게 영향을 미친다. 소비세 1,000원의 부과는 소비세가 부과되기 전 P_0보다 가격이 P_2로 상승($P_0 \rightarrow P_2$)하였기 때문에 아파트를 매수하려는 소비자들은 매수를 기다리거나 포기할 수 있어 수요는 감소하지만, 아파트를 매도하려는 생산자의 공급을 감소시키려는 유인의 기재가 없는 고로 현 공급을 유지하게 된다. [그림 11-3]에서 수요곡선은 D_0에서 D_1로 이동하여 새로운 균형점은 B점이 된다. 새로운 균형점 B점에서 균형가격은 P_0에서 P_1로 하락하고, 균형 수량은 Q_0에서 Q_1로 감소한다. 이때 소비자가 지불하는 가격은 P_0에서 P_2로 높아지고, 생산자인 공급자가 받는 아파트 매도 가격은 P_0에서 P_1로 하락한다.

아파트 호당 매매가격 P_0에 소비세 1,000원이 부과되면 소비자가 지불하는 가격은 P_2가 되고, 공급자인 생산자가 받는 가격은 P_1이 된다. 생산자인 공급자는 소비자가 지불하는 소비세 1,000을 받아 세금 □AP_2P_1B를 납부함으로 소비세가 부과되기 전보다 수요자인 소비자의 가격은 P_0에서 P_2로 상승하고, 공급자인 생산자의 가격은 P_0에서 P_1로 하락하게 되고. 소비세는 생산자와 소비자가 공동으로 부담하게 된다. 한 상품에 조세를 부과할 때 누군가의 조세 부담으로 돌아가는 것을 조세 귀착(tax incidence)이라 한다. 이로써 소비자는 더 적은 양을 더 비싼 가격에 매수해야 하고 공급자는 더 적은 양을 더 싼 가격에 매도함으로 사회적 후생 감소 효과(social welfare loss effect)가 △AEB만큼 발생하게 되어 자원배분의 왜곡이 나타난다.

이번에는 조세가 공급자인 생산자에게 부과되면 수요곡선과 공급곡선은 어떻게 이동할까? 결론부터 이야기하면 사회적 후생 감소 효과는 같게 나타난다.

소비세가 생산자인 공급자에게 부과하면 수요곡선은 변동이 없지만 공급곡선은 S_0에서 S_1로 [그림 11-4]와 같이 좌상향 이동한다. 소비세 부과 전의 균형가격은 P_0, 균형수량은 Q_0, 균형점은 E이다. 소비세 부과로 균형가격은 P_0에서 P_2로 증가하고, 균형 수

1) 소비세는 소비자에게만 부과되는 세금이라기보다 아파트 매매기 거래될 때 수요자와 공급자 모두에게 부과할 수 있는 조세 이름으로 이해하면 오해가 없다.

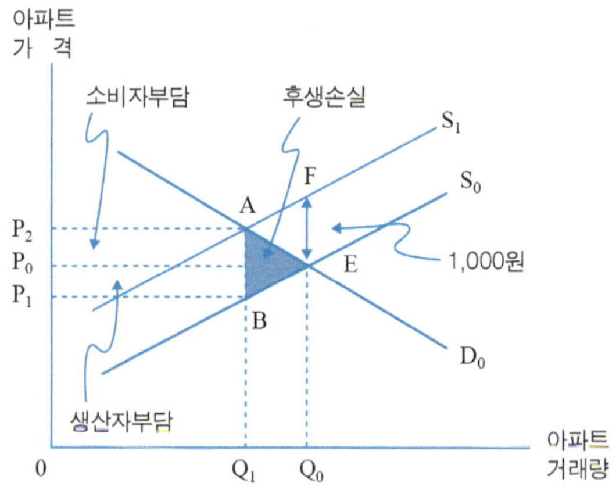

[그림 11-4] 소비세가 공급자에게 부과될 때의 효과

량은 Q_0에서 Q_1로 감소한다. 소비세가 공급자에게 부과되어 수요자의 아파트 매수 가격이 P_0에서 P_2로 증가하고, 공급자인 생산자가 받는 매도 가격은 P_0에서 P_1로 하락하게 되고 세금은 수요자와 공급자가 공동으로 부담하게 된다. D_0와 S_1이 만나는 새로운 균형점 A에서 소비자는 P_0에서 P_2 더 높은 가격을 지불하고, 생산자는 P_0에서 P_1 더 낮은 가격을 받게 되고, 소비는 Q_0에서 Q_1로 감소하게 된다. 세금은 소비자와 생산자가 공동으로 □AP_2P_1B를 납부하게 된다. 따라서 소비자는 더 적은 양을 더 비싼 가격에 매수해야 하고 공급자는 더 적은 양을 더 싼 가격에 매도함으로 사회적 후생 감소 효과(social welfare loss effect)가 △AEB만큼 발생하게 되어 자원배분의 왜곡이 나타난다. 이로써 재화 소비에 조세가 소비자에게 부과되던 판매자에게 부과되는 것과 상관없이 조세 귀착과 사회적 후생이 감소하는 자원배분의 왜곡이 발생한다는 것이다. 그러면 조세가 부과되면 소비자와 판매자 중 누가 더 많이 세금을 부담하는가? 조세의 귀착을 살펴보기로 하자.

4.2 가격탄력성과 조세의 귀착

어떤 재화에 소비세가 부과되면 조세는 소비자와 생산자가 공동으로 부담한다는 것을 앞 절에서 살펴봤다. 그렇다면 수요자와 공급자의 조세 부담 정도는 어떨까? 결론적으로 수요곡선과 공급곡선의 탄력성 정도에 따라 다르다. 아파트에 소비세가 수요자에게 부과되면 [그림 11-5]에서 수요곡선이 D에서 D_1로 하락하게 되고 새로운 균형점은

E점에서 B점으로 이동한다. 이 경우 수요곡선이 공급곡선에 비해 수요의 가격탄력성이 공급의 가격탄력성보다 더 커서 소비자의 조세 부담은 □AP_2P_0G이고, 생산자의 조세 부담은 □GP_0P_1B가 되어 생산자가 더 많이 부담한다. 이는 조세가 부과되면 소비자는 민감하게 반응하지만, 공급자는 상대적으로 덜 민감하게 반응한다는 것이다. 따라서 조세 귀착은 수요자에서 공급자에게로 이루어진다.

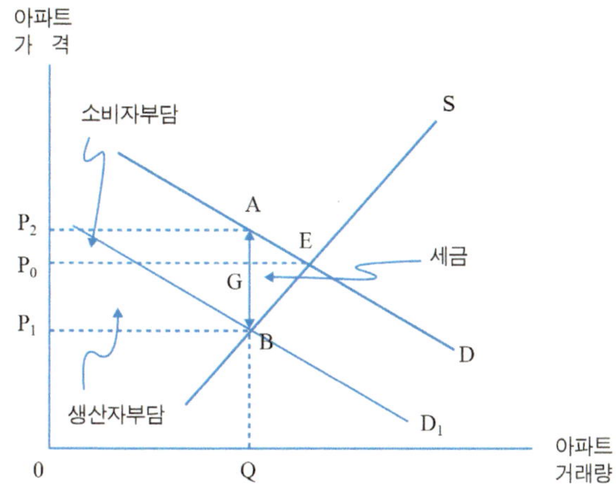

[그림 11-5] 탄력적 수요와 비탄력적 공급

아파트에 소비세가 공급자에게 부과되면 [그림 11-6]에서 공급곡선이 S에서 S_1로 하락하게 되고 새로운 균형점은 E점에서 A점으로 이동한다. 이 경우 공급곡선이 수요곡선에 비해 공급의 가격탄력성이 수요의 가격탄력성보다 더 커서 소비자의 조세 부담은 □AP_2P_0G이고, 생산자의 조세 부담은 □GP_0P_1B가 되어 소비자가 더 많이 부담한다. 이는 조세가 부과되면 생산자는 민감하게 반응하지만, 수요자는 상대적으로 덜 민감하게 반응한다는 것이다. 따라서 조세 귀착은 공급자에서 수요자에게로 이루어진다.

탄력성이 크다는 것은 외부 충격을 받을 때 다른 대안이 많아서 충격을 비켜 갈 수 있다는 것이다. 소비자의 탄력성이 작다는 것은 외부 충격에 소비자들이 선택할 수 있는 대안이 별로 없다는 것이고, 반대로 공급자의 탄력성이 작다는 것은 외부 충격에 공급자들이 선택할 수 있는 대안이 별로 없다는 것이다. 따라서 조세가 부과되면 비켜 갈 수 없는 탄력성이 작은 자들이 조세 부담을 더 많이 부담하게 된다.

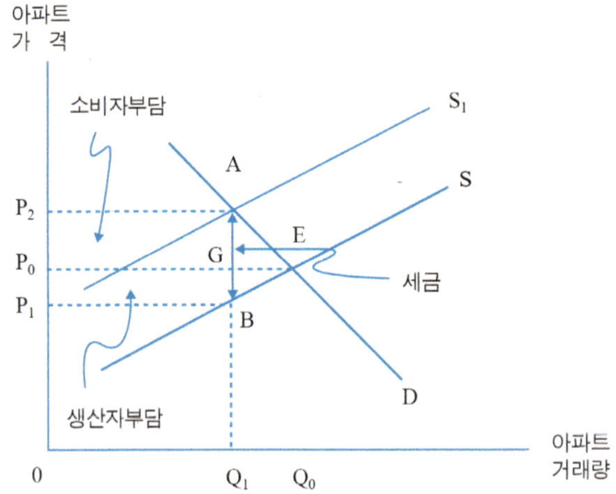

[그림 11-6] 탄력적 공급과 비탄력적 수요

4.3 토지세 부과와 조세 귀착

토지는 생산요소이다. 토지에 토지세가 부과되면 조세 귀착은 어떻게 될까? 토지세 부과의 전과는 토지공급 곡선의 탄력성과 관련이 있다. 고전학파 경제학자 리카도(David Ricardo, 1772-1823)는 토지는 자연적으로 주어지는 부존 생산요소로서 공급이 고정되어 있어 수직의 공급곡선을 주장하였다. 이 경우 지주는 임대료가 아무리 낮더라도 대여할 용의가 있어 이전수입[2]이 0이 되고 임대료는 전체가 경제지대[3]가 된다.

이러한 상황에서 조세의 부과는 토지소유자가 전적으로 부담하게 되어 조세의 전가가 일어나지 않아 자원배분의 왜곡이 발생하지 않는다는 것을 핸리 조지(Henry George, 1839-1897)가 주장하였다. 그래서 핸리는 일찍이 토지에만 과세하여 불로소득을 환수해서 정부 재정수입으로 해야 한다는 단일세운동(single-tax movement)을 전개하였다.

일반적으로 토지공급은 고정되어 있고 비탄력이라는 가정하에 [그림 11-7]와 같이 나타낼 수 있다. 토지공급이 고정되어 있다는 것은 임대료가 변하여도 용도변경, 개간, 간척 등에 의해 공급의 가변성을 인정하지 않는다는 것이다. 토지가격은 수요에 의해 결정된다.

---

2) 이전수입은 한 생산요소가 현재의 용도에서 다른 용도로 사용되지 못하도록 하기 위해 지불해야 하는 보수이다.

3) 경제지대는 이전수입을 초과하여 요소에게 지불되는 보수이다.

[그림 11-7]에서 토지공급 곡선은 S로서 수직선이고 토지 수요곡선은 D로서 우하향하는 곡선이다. 이때 균형 임대료는 S와 D가 만나는 E점에서 균형 임대료 R이 결정된다. 정부가 토지 단위당 일정 금액 t의 토지세를 부과하였다고 하자. 토지세 t가 부과된 임대료는 R+t가 되어 균형 임대료 R보다 t만큼 높아지게 된다. 이 경우 AB만큼의 토지 초과공급은 임대료 하락 요인으로 작용하여 원래 균형 임대료 R까지 같아지는 수준에서 하락은 멈추게 된다. 이렇게 되면 토지세 부과는 토지 공급자인 임대인이 100% 토지세를 부담하고 토지수요자는 세금 부담 없이 토지를 이용하는 것이다. 토지 임대인의 임대료 수입은 세금 부과 전 임대료 R(□0REL)에서 t만큼의 세금(□R-tREE$_1$) 납부 후 임대 수입은 R-t(□0R-tE$_1$L)가 된다. 세금 부과 전후의 토지 거래량 L은 변화가 없고 임차인들은 세금 부과 전과 같이 토지를 이용하여 세금 부과 전과 같은 효과를 얻고 있어 자원배분이 효율적으로 이루어진다는 것이다. 토지세 부과로 사회적 후생이 감소하지 아니할 뿐만 아니라 자원배분의 왜곡 없이 소득재분배 효과를 가져올 수 있다는 것이다. 이를 토지세의 사회적 중립성이라 한다.

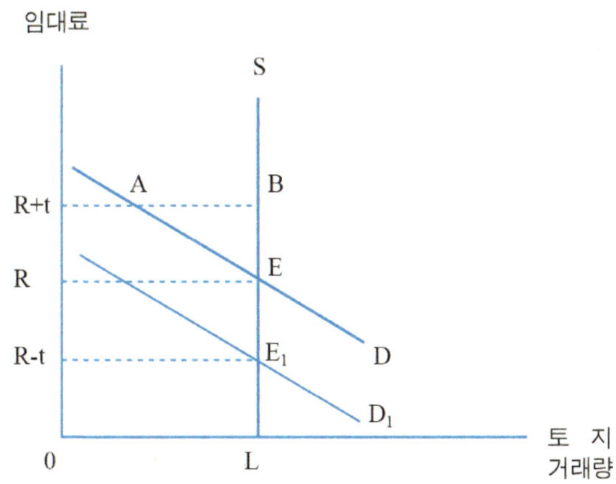

[그림 11-7] 토지공급이 고정일 때 토지세 효과

완벽한 토지세의 사회적 중립이 이루어지기 위해서는 [그림 11-8]과 같이 소비자 잉여 총액과 조세수입 총액, 세후 임대료 총액이 같을 때 후생효과는 중립이 성립한다. 그러나 핸리의 모형에는 한계가 있다.

핸리는 토지 용도의 가변성과 다양성을 인정하지 않고 토지의 공급이 고정되어 있다고 하는 섯은 현실을 인정하지 않는 논리 비약이다. 특정한 용도의 토지 수요가 증가하

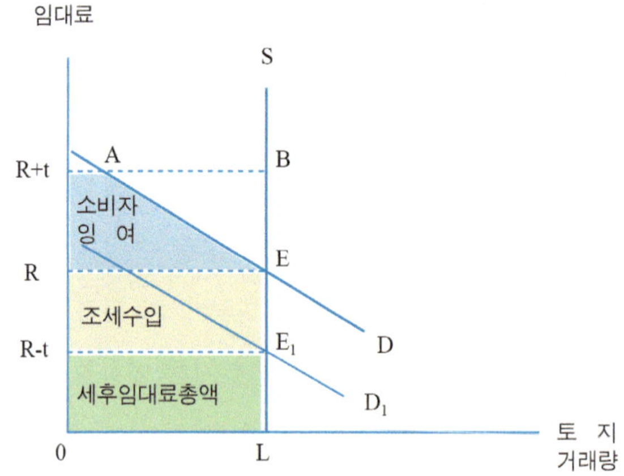

[그림 11-8] 토지공급이 고정일 때 토지세 후생효과

면 다른 용도의 토지가 전용되어 공급이 늘어날 수 있어 장기적으로 토지공급 곡선은 우상향하게 된다. 이는 토지 공급곡선이 완전 비탄력이 아닌 비탄력적인 공급곡선이 되어 조세 일부가 토지수요자에게 전가될 수 있음을 의미한다. 이런 측면에서 핸리의 논거는 현실에서 벗어난 비약된 주장이다. 그럼에도 불구하고 토지는 토지의 부증성, 부동성의 특성으로 말미암아 상대적으로 조세의 전가가 크게 일어날 수 없다는 특징을 가지고 있다.

4.4 종합부동산세 부과 효과

종합부동산세(이하 종부세)는 IMF 외환위기 이후 2002년부터 서울을 비롯한 전국적으로 아파트 가격이 급등하자 주택 시장 안정 도모와 조세 부담의 형평성 제고를 통한 국민경제의 건전한 발전에 이바지하기 위해 보유과세를 지방세인 재산세와 국세인 종합부동산세로 2원화하여 주택과다 보유자에게 과세를 강화하고자 2005년에 도입되었다.

종부세 처음 도입 시 정부의 보유세 개편 방향은 주택에 대해서는 토지와 건물을 통합하여 낮은 세율의 재산세를 부과하고, 전국의 소유 주택가액을 인별 합산하여 종합부동산세를 부과하고, 주거용 건물 부속 토지를 제외한 토지에 대해 1차로 낮은 세율로 재산세를 부과하고 2차로 인별 합산하여 높은 세율로 종부세를 부과하는 것이 주요 내용이다.

종부세 부과로 재정수입을 확보하여 지역 간 균형발전, 소득재분배로 형평성 제고, 부동산시장 안전화를 도모하고자 하였다. 종부세 부과는 종부세가 주택 가격에 자본화(capitalization)되어 주택 시장 변동성을 낮추어 시장을 안정화시켜 줄 것으로 기대하였다.

그러나 종부세가 이중과세로 지나치게 개인 사유재산권을 침해한다는 이유로 2008년 11월 헌법재판소로부터 위헌 및 불합치 결정을 받아 새로운 국면을 맞게 되었다. 이후 종부세는 사라지는 것처럼 보이다 문재인 정부에 들어와 주택 가격이 또다시 급등하자 종부세는 투기적 수요를 원천적으로 차단하겠다는 수단으로 사용되었다. 이후 윤석열 정부에서 주택 시장이 안정화되자 종부세 도입은 재논의되고 있다. 현 종합부동산세를 간략히 정리하면 다음과 같다.

- 과세기준일(매년 6월 1일) 현재 국내에 소재한 재산세 과세 대상인 주택 및 토지를 유형별로 구분하여 인별로 합산한 결과, 그 공시가격 합계액이 유형별로 공제금액을 초과하는 경우 그 초과분에 대하여 과세 된다.
  - 1차로 부동산 소재지 관할 시·군·구에서 관내 부동산을 과세유형별로 구분하여 재산세를 부과하고,
  - 2차로 각 유형별 공제액을 초과하는 부분에 대하여 주소지(본점 소재지) 관할 세무서에서 종합부동산세를 부과한다.

유형별 과세대상	공제금액
주택(주택부속토지 포함)	9억 원(1세대 1주택자 12억 원)
종합합산토지(나대지·잡종지 등)	5억 원
별도합산토지(상가·사무실 부속토지 등)	80억 원

주) 1. 21년 귀속분부터 법인 주택분 종합부동산세 기본공제 배제

- 일정한 요건을 갖춘 임대주택, 미분양주택 등과 주택건설사업자의 주택신축용 토지에 대하여는 9.16일부터 9.30일까지 합산배제신고 하는 경우 종합부동산세에서 과세 제외 된다. 납부는 매년 12월 1일부터 12월 15일까지이다.

이태리·송인호(2021) 연구 결과에 따르면 높은 종부세 부과는 주택 시장을 안정화시킬 수 있으나 국민경제에는 부(-)의 영향을 미친다고 하였다. 이러한 종부세가 당초 도입 취지대로 주택 시장 안정화와 국민경제에 기여 하는지에 대한 연구는 일치된 결론을 제시하지 못하고 있다.

읽고 생각할 거리

'역주행'에…부동산세 부담, OECD 5위→1위로

한국의 국내총생산(GDP) 대비 부동산세 비중이 2021년 기준 경제협력개발기구(OECD) 회원국 1위로 나타났다. 문재인 정부 시절 각종 부동산 관련 세금을 급히 올리면서 순위가 급상승했다. 같은 기간 부동산세 비중이 떨어진 OECD 국가와는 달리 역(逆)주행했다.

12일 유경준 국민의힘 의원실이 분석한 '부동산 관련 세금 국제비교' 보고서에 따르면 2021년 기준 한국의 GDP 대비 부동산세 비중(6.274%)이 OECD 38개국 중 압도적인 1위였다. 이어 영국(4.337%), 룩셈부르크(4.021%), 캐나다(3.962%), 미국(3.884%) 순이었다. OECD 평균(1.986%)의 세 배 수준이다. 부동산세엔 한국의 보유세 격인 자산세(taxes on property), 취득세 격인 자산거래세(transaction taxes), 양도세 격인 양도소득세(capital gain tax·개인 기준)가 모두 포함됐다.

문재인 정부가 출범한 2017년엔 GDP 대비 부동산세 비중이 5위였다. 2018~2019년 2위를 차지하더니 2020년부터 2년째 1위다. 해당 기간 보유세·취득세·양도세 가리지 않고 상승 폭이 1위였던 영향 때문이다. 유경준 의원은 "납세자의 세금 부담 증가 속도가 경제성장 속도를 훨씬 앞질렀다는 의미"라고 설명했다.

특히 부동산세에서 가장 큰 비중을 차지하는 자산세 비중(4.502%)은 2021년 처음으로 1위를 차지했다. 자산세는 2017년 8위→2018~2019년 6위→2020년 2위였다. 구체적으로 ▶자산거래세(2.596%) 1위 ▶상속·증여세(0.724%) 2위 ▶종합부동산세·주민세(재산분) 등 재산세(1.182%) 12위였다. 자산거래세 1위는 집값 상승으로 취득세가 늘어난 데다, 일명 '영끌족'의 패닉 바잉으로 전국 주택 거래량이 폭증한 영향이다.

대부분 OECD 국가가 자산세를 낮추는 동안 한국은 거꾸로 갔다. OECD 평균 자산세 비중은 2017년 1.833%에서 2021년 1.781%로 줄었다. 한국은 같은 기간 2.964%에서 4.502%로 올랐다. 유 의원은 "전 정부에서 상대적으로 순위가 낮은 재산세율만 단순 비교해 국제적으로 부동산 세율이 낮다고 주장했지만, 국민이 실질적으로 부담하는 주요 부동산 세금인 자산세 비중은 OECD 최고 수준"이라고 지적했다.

양도세 비중도 1.772%로 스웨덴(1.998%)에 이어 2위였다. 2017년 0.824%로 4위였는데 5년새 0.9%포인트가량 뛰었다. 한국은 소수 대주주를 제외하고는 주식 양도세를 물지 않기 때문에 양도세 대부분을 부동산이 차지한다.

정부의 잇따른 부동산 세제 헛발질이 부작용을 키웠다는 지적이 나온다. 전재범 강원대 부동산학과 교수는 "정부는 보유세 증세로 다주택자 압박→주택 매물 증가→집값 하락 시나리오를 기대했다. 하지만 취득세·양도세는 중과해 퇴로를 막았다"며 "결국 다주택자가 버티기에 들어가면서 집값 상승을 부추겼다"고 말했다.

이런 문제를 인식한 윤석열 정부가 2022년 출범하면서 잇따라 종합부동산세와 취득세·양도세 완화 대책을 내놨다. 이에 더해 최근엔 서울 강남 3구(강남·서초·송파구)와 용산구를 제외한 모든 규제 지역의 부동산 규제를 풀기로 했다.

권대중 명지대 부동산학과 교수는 "글로벌 스탠더드에 맞게 장기적으로 보유세는 늘리더라도 거래세는 낮춰야 한다"며 "특히 부동산 침체기엔 1주택자를 중심으로 부동산세 부담을 줄여줘야 한다"고 말했다. 유 의원은 "새 정부 들어 부동산 대책 기조가 바뀌었지만, 여전히 부동산세 부담이 과한 만큼 OECD 평균 수준으로 줄여야 한다"고 조언했다.

출처 : 김기환, 중앙일보, 2023.1.13., 지면상 필자 재구성

주요용어 및 개념

- 세원
- 국세
- 종합부동산세
- 경기 안정화
- 주택 가격비율
- 동결효과
- 자본이득세
- 지방세
- 소득재분배
- 재산세
- 임대료 대비 주택 가격비율
- 조세의 귀착

연습문제

1 조세의 귀착에 대해 설명하시오?

2 정부가 임대주택에 조세를 부과할 때 조세 부담은 누가 더 많이 부담하는가?

3 주택 가격이 상승할 때 주택의 소유자가 양도소득세를 납부하지 않기 위해서 주택의 처분을 연기하거나 포기하는 현상을 뭐라고 하는가?

4 조세 부담의 원칙을 설명하시오?

5 부동산 조세에 관한 것으로 옳지 않은 것은?(단, 우하향하는 수요곡선을 가정함)

① 조세의 전가란 납세의무자에게 부담된 조세가 납세의무자의 부담이 되지 않고 다른 사람에게 이전되는 것을 말한다.
② 주택의 보유세 감면은 자가 소유를 촉진할 수 있다.
③ 임대주택에 재산세를 부과하면 임대주택의 공급이 감소하고 임대료는 상승할 것이다.
④ 토지공급의 가격탄력성이 '0'인 경우, 토지세 부과시 토지소유자가 전부 부담하게 된다.
⑤ 주택의 취득세율을 낮추면, 주택의 수요가 감소한다.

6 우리나라의 부동산 조세제도에 관한 설명으로 옳지 않은 것은?

① 양도소득세와 취득세는 신고납부방식이다.
② 취득세와 증여세는 부동산의 취득단계에 부과한다.
③ 양도소득세와 종합부동산세는 국세에 속한다.
④ 상속세와 증여세는 누진세율을 적용한다.
⑤ 종합부동산세와 재산세의 과세기준일은 매년 6월 30일이다.

7 A지역 아파트시장의 시장수요함수는 2Qd=200-P이고, 시장공급함수는 3Qd=60+P이다. 정부가 부동산거래세를 수요 측면에 단위당 세액 10만원의 종량세의 형태로 부과하는 경우에 A지역 아파트시장 부동산거래세의 초과 부담은?(단, 가격, 단위는 만호, 만원임)

① 9억원 ② 10억원
③ 11억원 ④ 12억원
⑤ 13억원

8 부동산조세에 관한 설명으로 옳지 않은 것은?

① 취득세와 재산세는 누진세율을 적용한다.
② 상속세와 등록면허세는 비례세율을 적용한다.
③ 종합부동산세와 상속세는 국세에 해당한다.
④ 취득세와 증여세는 지방세에 속한다.
⑤ 재산세는 보유세에 속한다.

정답 1. 조세의 귀착이란 한 상품에 세금을 매길 때 세금이 누군가의 부담으로 돌아가는 것을 조세의 귀착이라 한다.
2. 조세 부담은 주택 수요나 공급이 비탄력적인 상대방이 더 많이 부담한다.
3. 주택의 동결효과라 한다.
4. 조세 부담은 1) 보다 비탄력적인 상대방이 더 많이 부담한다. 2) 수요자가 완정비탄력일 경우는 수요자가 전부 부담한다. 3) 공급이 완전비탄력적일 경우는 공급자가 정부 부담한다.
5. ⑤
6. ⑤
종합부동산세와 재산세의 과세기준일은 매년 6월 1일이다.
7. ②
1. 조세를 부과하기 전의 균형 거래량 :
200-2Qd=3Qs-60, Q=52만호(균형거래량)
2. 조세 부과로 인한 거래량 감소
1) (200-2Q)-(3Q-60)=10(조세), Q=50
2) 감소되는 거래량 : 2만호
3) 사회적 손실 : (10만 × 2만호)/2 = 10만호,
아래 그림의 P_1-P_2 : 10만원

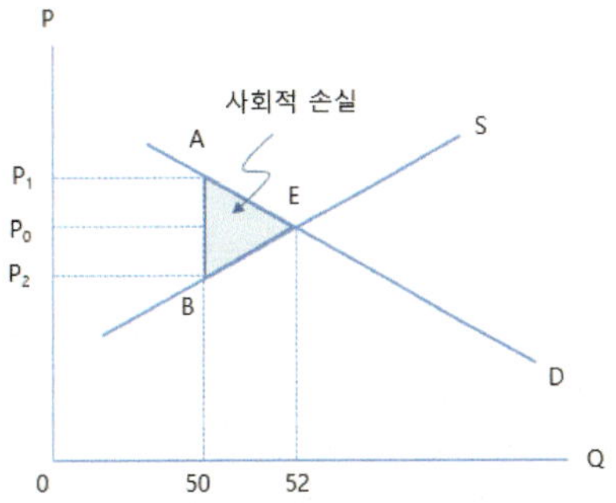

8. ④
취득세는 지방세, 증여세는 국세에 속한다.

CHAPTER 12

인플레이션과 부동산 경기변동

제1절 물가와 물가지수

1.1 가격과 물가지수 개념

(1) 물가

가격(price)은 한 재화나 용역이 수요와 공급으로 결정되는 교환가치이다. 물가(prices)는 수많은 재화와 용역들의 가격을 경제생활에서 차지하는 중요도를 고려하여 평균한 종합적인 가격수준(price level)이다. 물가의 움직임을 측정하기 위해 작성되는 것이 물가지수(price index)이다. 물가지수는 수많은 상품들의 가격을 특수한 방식으로 평균하여 작성한 지표로서 기준시점의 물가를 100으로 놓고 비교 시점의 물가를 나타내는 지수이다. 가격은 미시적인 경제변수이고, 물가는 거시적인 경제변수이다.

(2) 물가지수

물가지수를 작성할 때는 상품 수량을 고정시켜 놓고 상품가격의 변동을 관측한다. 현재 우리나라에서 사용하는 물가지수는 생산자물가지수, 소비자물가지수, GDP디플레이터 등이 있다. 물가지수는 작성 기관이 각기 다르다. 생산자물가지수는 한국은행, 소비자물가지수는 통계청이 매월 작성하며 기준년도는 3-5년마다 개편된다. 생산자물가지수, 소비자물가지수와 같이 기준연도의 상품 조합으로 측정된 물가지수를 라스파이레스(Laspeyres)지수라 하고 비교년도의 상품 조합으로 계산한 물가지수를 파세(Paasche)지수라 한다.[1] GDP디플레이터는 한국은행이 분기별로 작성한다. GDP디플레이터는 명목 GDP를 실질 GDP로 나누어 백분비로 나타낸 것이다.

1) 생산자물가지수

생산자물가지수(producer price index: PPI)는 국내기업들이 국내시장에 출하하는 상품 및 서비스의 평균적인 가격 변동을 측정하기 위해 작성되는 물가지수이다. 2023년 말 현재 생산자물가지수는 국내 거래 비중이 큰 894개(상품 789개, 서비스 105개) 품목을 조사하여 산출한다.

1) 지수산출방식에 대해서는 안국신 경제학길잡이 제5판, 2022, p.342를 참조하기 바란다.

2) 소비자물가지수

소비자물가지수(consumer price index: CPI)는 도시가계가 소비하는 상품들의 가격 변동을 측정하기 위해 작성되는 물가지수이다. 2023년 말 현재 소비자물가지수는 가계의 소비 비중이 큰 458개 소매 가격(소비자 구입가격)을 시장거래액 비중에 따라 가중치를 부여하여 평균하여 산출한다.

3) GDP디플레이터

GDP디플레이터(GDP deflator)는 국민소득 추계 결과 사후적으로 계산되는 종합적인 물가지수로서 명목 GDP를 실질 GDP로 나누어 백분비로 나타낸 것이다.

$$\text{GDP디플레이터} = \frac{\text{명목}\,GDP}{\text{실질}\,GDP} \times 100$$

GDP는 일정기간 동안에 한 나라 국경 안에서 생산된 모든 최종생산물의 시장가치이다. 따라서 GDP디플레이터는 한 나라 안에서 생산된 모든 최종생산물의 평균 가격을 나타내는 포괄적인 물가지수이다.[2)]

제2절 인플레이션

2.1 인플레이션의 개념

인플레이션(inflation)이란 물가수준이 지속적으로 상승하는 현상을 말한다. '물가가 몇 % 이상 상승할 때, 그리고 얼마 동안 상승할 때 인플레이션이다'라는 명확한 기준은 없다. 반대로 물가수준이 지속적으로 하락하는 현상을 디플레이션(deflation)이라고 한다. 인플레이션율(물가상승률)은 물가지수의 증가율을 말하는 것으로 물가지수를 이용해 구한다.

2) 현대 경제학원론 제7판, 김대식·노영기·안국신·이종철, 박영사, 2018, pp.579-582.

$$\text{인플레이션율(물가상승률)} = \frac{\text{당해물가지수} - \text{기준물가지수}}{\text{기준물가지수}} \times 100$$

예를들어 당해연도 물가지수 110이고 기준년도 물가지수가 100이라면, 인플레이션율은 10% 상승한 것이다. 현실적으로 물가수준 변동만 가지고 인플레이션의 크기를 정확하게 알 수 없는 어려운 측면이 있다. 이른바 지수물가와 체감물가와의 괴리를 들 수 있다. 특히 주택과 토지는 우리나라 가계 자산의 70% 수준을 차지할 정도로 물가에 지대한 영향을 미치나 물가지수 작성에서 제외된다는 것이다. 부동산 투기 등으로 부동산 가격이 폭등하면 물가의 오름세 심리를 자극하지만 공식적인 물가지수에 포함되지 않는다. 다만 임대료(자가 주거비[3]는 제외)는 소비자물가지수 산정에 포함되고 있다. 통계청은 소비자물가지수 개편 시기인 2026년에 맞춰 자가 주거비를 물가 지표에 반영할 계획이다.[4]

2.2 인플레이션의 원인

인플레이션은 자본주의 경제를 괴롭히는 골칫거리 중의 하나로 현실경제에 알려져 있다. 인플레이션과 실업은 역의 관계로 거시경제학의 중요한 주제로 치유 방안에 대해 고전학파와 케인스학파 간에 대립하고 있다. 그러면 인플레이션은 어떻게 발생하는가?

거시경제학에서 인플레이션은 총수요곡선(AD)과 총공급곡선(AS)의 교차점이 종전보다 높아지는 것으로 표시된다. 인플레이션은 발생 원인에 따라 수요측 요인에 의해 발생되는 수요견인 인플레이션(demand pull inflation), 공급측 요인에 의해 발생되는 비용인상 인플레이션(cost push inflation), 수요측과 공급측 요인이 동시에 물가상승을 일으키는 혼합형 인플레이션(mixed inflation)이 있다.

(1) 수요견인 인플레이션

총수요가 AD_0에서 AD_1로 증가하여 물가가 P_0에서 P_1로 상승하는 것이 수요견인 인플

3) 현재 OECD 19개국은 소비자물가지수 주지표에 자가주거비를 '임대료 상당액법'으로 표시하고 있지만 우리나라는 적용하지 않고 있다. 다만 1995년부터 '자가주거비 포함지수'를 소비자물가 보조지표로 활용하고 있다.

4) 뉴스1, OECD 19개국 주지표 활용...소비자물가에 '자가주거비' 포함 검토, 2023.9.29.

레이션이다. 이때 국민소득은 Y_0에서 Y_1로 증가한다. 수요측 요인은 여러 가지가 있을 수 있으나 과도한 통화 증가와 확대재정정책이 총수요를 증가시키는 것으로 대체적으로 알려지고 있다. 고전학파들은 안정적인 통화공급으로 인플레이션을 방지할 수 있다고 주장한다. 한편 케인스주의자들은 긴축재정정책으로 인플레이션을 방지할 수 있다고 주장한다. 때로는 통화와 재정정책을 동시에 사용하여 인플레이션을 방지할 수도 있다.

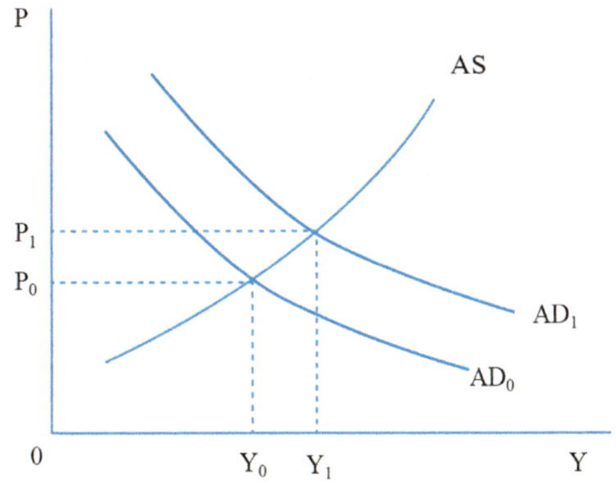

[그림 12-1] 수요견인 인플레이션

(2) 비용 인상 인플레이션

총공급이 AS_0에서 AS_1로 감소하여 물가가 P_0에서 P_1로 상승하는 것이 비용 인상 인플레이션이다. 이때 국민소득은 Y_0에서 Y_1로 감소한다. 임금과 같이 원자재가격 등 생

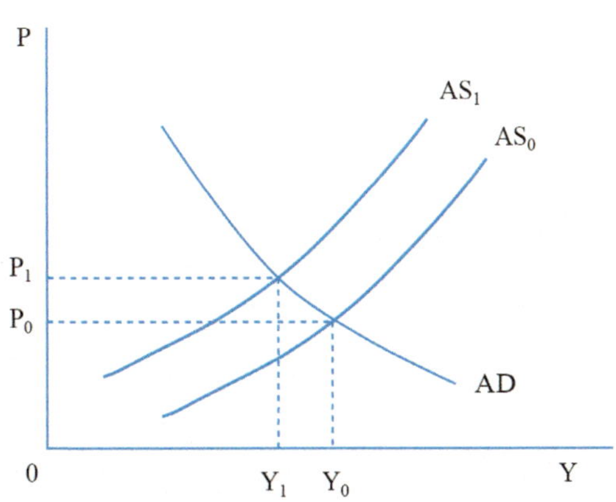

[그림 12-2] 비용인상 인플레이션

산비 상승이 인플레이션을 가져온다. 비용 인상 인플레이션은 과도한 임금 상승 억제와 안정적인 원자제 공급 등 임금-물가통제(wage-price controls) 정책으로 인플레이션을 억제할 수 있다. 따라서 생산원가에 영향을 줄 수 있는 안정적인 임금 유도나 다양한 경로의 원부재 조달 루터를 확보하는 것이 필요하다.

(3) 혼합형 인플레이션

때로는 국민소득의 뚜렷한 변동을 보이지 않으면서 인플레이션이 일어나는 경우가 있다. 수요와 공급의 양측 요인으로 발생하는 인플레이션을 혼합형 인플레이션이라 한다. 총수요가 AD_0에서 AD_1로 변하고, 총공급이 AS_0에서 AS_1로 변하여 물가가 P_0에서 P_1로 증가한다. 노동조합의 과도한 임금인상 요구를 하거나 원자재 가격의 급격한 상승으로 비용인상 인플레이션이 일어난다. 비용인상 인플레이션은 생산감소·고용감소(실업증가)와 같이 일어난다. 이 경우 정부가 실업을 감소시키고자 확대 재정정책을 사용하면 물가가 또다시 상승하고 이것이 다시 임금인상->물가상승의 악순환 고리가 반복되어 혼합형 인플레이션 무대가 마련하게 된다. 혼합형 인플레이션을 진정시키기 위해서는 긴축통화정책과 재정정책을 같이 실시하는 이른바 정책혼합(policy mix)으로 혼합형 인플레이션을 방지할 수 있다.

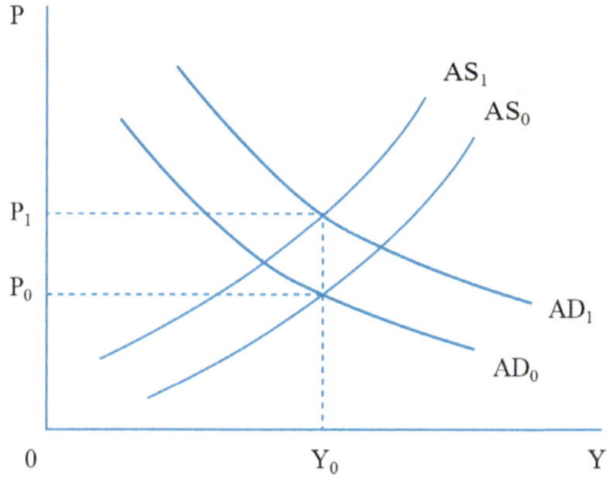

[그림 12-3] 혼합형 인플레이션

2.3 인플레이션의 영향

(1) 생산에 미치는 영향

완만한 인플레이션은 제품가격 상승으로 생산이 확대되고 고용도 증대되어 경기가 좋아지고 수출도 증가한다. 그러나 인플레이션은 인플레이션이 진행되면서 가속적으로 심화되는 경향이 있어 초인플레이션으로 변화하게 되어 오히려 생산위축과 고용이 감소하고 수출도 감소하게 된다. 인플레이션이 진행되면 노동자의 실질소득이 감소되어 노동 의욕이 상실된다. 또한 부동산 투기가 노동을 통한 소득보다 더 많은 이윤을 가져와 생산활동이 크게 위축되어 경제성장에 부담으로 작용한다.

(2) 소득재분배에 미치는 영향

인플레이션이 진행되면 노동자와 같이 고정소득자들이 가장 큰 피해를 본다. 반대로 부동산 등과 같이 자산을 가진 자들은 이득을 보게 된다. 노동자들이 손해를 보는 것은 임금이나 봉급은 적어도 단기에 고정되어 있어 상대적으로 물가가 더 빠르게 증가하기 때문이다. 따라서 인플레이션이 지속되게 되면 고정소득을 받는 노동자들로부터 자산을 소유한 계층으로 소득 이전 효과가 나타나 소득재분배에 부정적인 영향을 주어 사회 갈등의 장애요인이 된다.

(3) 자원 배분에 미치는 영향

실물자산의 선호도가 증가되고 화폐자산의 효율성이 저화되어 자원이 생산적인 부문에서 비생산적인 부문으로 이동하게 된다. 사람들은 장기적인 투자 대신에 단기적인 투자에 관심을 갖게 되어 자원이 비효율적으로 배분된다. 인플레이션은 정부의 경제 정책과 금리 조정에 영향을 주어 자원 배분을 왜곡시킬 수 있다. 예를 들어, 금리 인하로 인해 특정 부문에 자원이 더 많이 투입되거나 부동산 시장이 과열될 수 있다.

(4) 이자율에 미치는 영향

인플레이션은 이자율에 다양한 방식으로 영향을 줄 수 있으며, 주로 명목 이자율과 실질 이자율 간의 관계에서 나타난다. 이자율의 조정은 인플레이션에 대처하는 중요한 정책 도구이다. 피셔(Fisher) 방정식에 따르면 명목 이자율은 실질 이자율과 예상인플레이션율의 합으로 이루어져 있다. 따라서 인플레이션이 기대되면 명목 이자율이 상승하여 투자와 소비를 위축시켜 생산활동에 부정적 영향을 미치게 된다. 인플레이션이 지속되면 경제 전반에 걸쳐 중요한 부정적인 영향을 미치게 된다.

(5) 주택 가격에 미치는 영향

인플레이션은 주택 수요와 공급에도 영향을 미치어 주택 가격을 상승시킨다. 인플레이션은 주택수요를 증가시켜 주택 가격을 증가시킨다. 인플레이션이 지속되면 금융자산보다 주택 등 부동산 및 금과 같은 실물자산을 더 선호하게 된다. 인플레이션이 진행되면 기대 인플레이션 확대로 실물자산에 대한 기대 수익 증대로 생산비와 주택 등 부동산 가격이 증가한다. 이는 노동자들의 실질임금을 감소시켜 노동자들의 생계비 보전을 위해 임금인상을 요구하여 생산비 및 실물 가격 상승으로 이어지기도 한다. 인플레이션으로 인하여 주택의 상대가격이 상승하면 소득효과(income effect)와 대체효과(substitution effect)로 인하여 주택의 소비가 감소한다. 인플레이션이 지속되면 소득과 주택 가격 간의 불균형이 심화될 수 있다. 주택 가격이 소득보다 더 빠르게 상승할 경우, 주택 구매력에 부정적인 영향을 주어 주택 시장의 균형을 저해할 수 있다.

(6) 국제수지에 미치는 영향

인플레이션이 지속되면 국내 제품과 서비스의 가격이 상승하여 국제 시장에서의 경쟁력이 떨어질 수 있다. 이는 수출 상품의 가격 상승으로 수출량이 감소할 수 있고, 수입 상품이 상대적으로 저렴해져 수입량이 증가할 수 있다. 따라서 경상수지의 적자를 유발할 수 있다. 인플레이션은 금융자본 흐름에도 영향을 미친다. 인플레이션으로 긴축통화정책을 쓰면 국내 금리가 높아져 외국 헤지 펀드(hedge fund)가 들어와 자본을 증대시킬 수도 있고, 반대로 금리가 하락하면 헤지 펀드가 유출되어 국제수지에 영향을 미치기도 한다. 따라서 인플레이션은 국제수지의 다양한 측면에 영향을 미칠 수 있다. 인플레이션을 제어하고 국제수지를 안정적으로 유지하기 위해서는 경제 정책의 조정과 국제 경제 상황에 대한 지속적인 모니터링이 필요하다.

(7) 경제성장에 미치는 영향

인플레이션은 경제성장에 다양한 방식으로 영향을 줄 수 있다. 인플레이션이 경제성장에 미치는 주요 효과는 다음과 같다. 인플레이션이 발생하면 장래 물가가 더 오를 것을 예상하여 현재 소비를 늘릴 수 있다. 그러나 높은 인플레이션은 오히려 소비와 투자를 위축시켜 경제에 부정적인 영향을 미친다. 인플레이션의 지속은 임금과 가격의 상승으로 연결되어 경제성장에 부정적인 영향을 미친다. 인플레이션은 부의 재분배 부정적 영향을 미칠 수 있으나 반면 생산성 및 기술혁신을 촉진할 수도 있다. 대체적으로 인플레이션은 자금 배분의 효율성 저하와 비생산적인 부문으로 자금흐름을 왜곡시켜 경제성장을 저해하게 한다.

2.4 스테그플레이션

스테그플레이션(stagflation)이란 생산과 고용이 위축된 상황에서 높은 인플레이션이 일어나는 현상을 말한다. 즉 경기침체하에서 일어나는 인플레이션 현상이라 한다. 높은 인플레이션과 높은 실업률이 공존하는 1970년대의 스테그플레이션 현상은 전통적인 총수요관리정책에 의존해 온 케이스학파 경제이론을 기저부터 어렵게 하였다. 왜냐하면 총수요관리정책을 실시할 경우 확대 통화·재정정책을 사용하게 되면 어느 정도 인플레이션이 일어나더라도 생산 및 고용이 증가하고, 실업률이 하락하게 된다. 그런데 스테그플레이션 하에서는 총수요관리정책의 효과를 설명할 수 없다는 의미이다. 이는 거시경제학을 오랫동안 지배해 온 게인스학파의 전통적인 총수요관리정책의 위기가 아닐 수 없다. 이러한 현상은 경제정책 수립자들에게 어려움을 주는데, 성장을 촉진하기 위해 통화 및 재정정책을 완화하면 인플레이션이 더 악화될 수 있고, 인플레이션을 제어하기 위해 통화 및 재정정책을 긴축하면 경기침체가 심화될 수 있기 때문이다.

(1) 스테그플레이션 원인

1) 공급 충격

경제에 중요한 원자재나 상품의 공급이 갑자기 줄어드는 경우가 스테그플레이션을 유발할 수 있다. 예를 들어, 석유 공급의 감소는 에너지 가격의 급등을 초래하여 인플레이션을 유발하면서 동시에 경제성장을 저해할 수 있다.

2) 노동시장 문제

노동시장에 구조적인 문제가 있을 때, 예를 들어 고용 부족 또는 임금 상승이 일어날 때, 기업은 비용을 절감하고자 생산을 축소하고, 그 결과 경제가 침체될 수 있다.

3) 경제 상황에 부적절한 통화·재정정책 수행

정부나 중앙은행의 통화 및 재정정책이 경제 상황에 부적절하게 적용되면, 성장을 지원하기 위한 정책들이 오히려 인플레이션을 촉진하고 경제성장을 저해할 수 있다.

4) 구조적 문제

장기적으로 경제에 존재하는 구조적인 문제들이 스테그플레이션을 유발할 수 있다. 예를 들어, 생산성의 저하, 인구 구조의 변화, 기술혁신의 부족 등이 경제성장을 제한하고, 이에 따라 인플레이션이 가속될 수 있다.

5) 예측의 어려움

기업이나 소비자들이 경제 상황을 정확하게 예측하지 못할 때, 소비와 투자의 불확실성이 높아져 경제 성장률이 둔화하여 인플레이션이 촉진될 수 있다.

(2) 스테그플레이션 대책

스테그플레이션은 불황인 가운데 인플레이션이 진행되는 것으로 균형 잡힌 통화·재정정책을 수행할 필요가 있다. 취약 계층을 보호하고 경제성장을 지원하는 재분배정책 수행이 필요하다. 또한 공급망을 안정화시키기 위해 다변화할 필요성이 있고, 장기적으로는 연구 및 기술개발을 통한 생산성 향상에 투자할 필요성이 있다. 노동시장의 유연성을 높여 고용을 촉진하고, 직업훈련을 높여 노동역량을 높여야 한다. 원자재 안정적 수급과 무역을 촉진해야 한다.

제3절 부동산 경기변동

3.1 경기변동의 개념

경기변동이란 생산, 소비, 투자 등 경제활동이 확장 국면과 수축 국면이 반복되어 나타나는 현상을 경기순환(business cycle) 또는 경기변동이라 한다. 여기서 경기란 전반적인 경제활동상태를 말한다. 우리나라는 1950년 6.25 전쟁 후 폐허에서 2024년 현재까지 경제의 양적 질적의 성장을 거듭하면서 소위 한강의 기적을 이루었다. 지난 70여년 동안 성장만 있었던 것은 아니고 1997년 외환위기라는 단군 이래 최악의 경제위기를 맞기도 했고, 2008년 글로벌 금융위기를 겪기도 했다. 이처럼 경제활동은 한 때 호경기를 누리던 때가 있는가 하면 평균 수준보다 훨씬 밑도는 불경기를 경험하기도 한다. 경기는 호경기와 불경기를 번갈아 가면서 변화하고 있다.

이런 경기변동은 우리나라만이 겪는 것이 아니라 시장 경제를 추구하는 모든 자본주의국가에서 경기변동을 경험해 오고 있다. [그림 12-4]에 일반적인 경기변동 패턴이 그려져 있다.

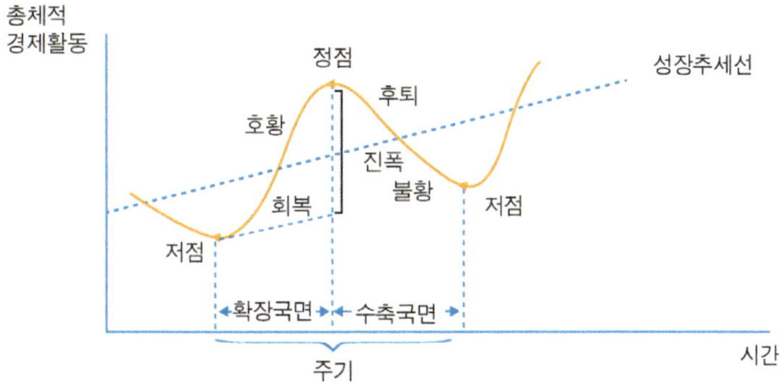

[그림 12-4] 경기변동

경기변동이 없으면 경제는 정상적인 성장경로를 따라 우상향으로 확대될 것이다. 정상적인 성장경로를 성장 추세선(trend growth path)이라 한다. 제2차 세계대전 이후 우리나라, 일본, 대만, 홍콩 등의 성장추세선 기울기는 아주 컸으나, 북한, 쿠바, 아프리카 등의 성장추세선 기울기는 매우 완만하였다. 한 나라의 성장 추세선의 기울기를 결정하는 요인은 생신기술, 자본, 풍부한 노동력, 부존자원 등에 의해 결정된다.

경기변동 과정에서 경기가 가장 나쁜 상태를 저점, 경기가 가장 좋은 상태를 정점이라고 한다. 저점과 정점의 격차를 진폭이라 한다. 저점에서 성장 추세선까지를 회복, 성장 추세선에서 정점까지를 호황이란 한다. 저점에서 정점까지 경제활동이 활발한 국면을 확장 국면이라 한다. 정점에서 성장 추세선까지를 후퇴, 성장 추세선에서 저점까지를 불황이라 한다. 정점에서 저점까지 경제활동이 위축된 국면을 수축 국면이라 한다. 저점에서 다음 저점까지를 경기변동의 주기라 한다. 확장 국면에는 회복과 호황, 수축 국면에는 후퇴와 불황으로 구분하여 경기변동의 4국면이라고 부르기도 한다.

경기변동은 1년을 단위로 계절적으로 변화하기도 하고, 때로는 수년을 단위로 호경기와 불경기를 주기적으로 반복하기도 한다. 경기변동은 각 나라의 경제 상황에 따라 고도성장을 지속하기도 하고 역으로 저성장을 지속하기도 한다. 경기변동은 생산, 투자, 소비, 고용, 기술 등의 경제내적 요인에 의해서도 일어나고, 천재지변이나, 코로나 팬데믹 같은 전염병, 에너지 파동, 정치·사회적 파동 등과 같은 경제외적 요인들에 의해 경기가 침체국면에 빠지기도 한다. 우리가 일반적으로 경기변동이라는 개념에는 순환적 경기변동, 계절적 경기변동, 단기적 경기변동, 장기적 경기변동, 무작위적 경기변동 등이 복합되어 있다. 이런 측면에서 국가나 지역에 따라 여러 개의 부문별 경기변동과 지역별 경기변동의 가중평균치(weighted average)적인 특성을 지니고 있다.

3.2 부동산 경기변동

(1) 부동산 경기변동 개념

부동산 경기변동이란 부동산 시장이 일반 경기변동처럼 상승 국면과 하강 국면을 반복하는 현상을 말한다. 부동산경제는 일반 경제의 특수한 한 부분이다. 특히 우리나라의 경제에서는 부동산 부문이 차지하는 비중이 상당히 커서 부동산 활동과 일반 경제활동과 분리해서 생각할 수 없을 정도로 밀접한 관계가 형성되어 있다. 부동산 시장도 주거용, 상업용, 공업용 시장 등으로 세분화할 수 있다. 또한 부동산 활동에는 부동산 건설활동, 매매활동, 평가활동, 임대활동, 관리활동 등 수많은 부문이 있다. 다양한 부동산 활동으로 인하여 부동산 경기변동도 성장국면이 있는가 하면 하강국면도 있다. 부동산 경기변동도 일반 경기변동처럼 순환적 경기변동, 계절적 경기변동, 단기적 경기변동, 장기적 경기변동, 무작위적 경기변동 등이 복합되어 있다. 이런 측면에서 국가나 지역에 따라 여러 개의 부문별 경기변동과 지역별 경기변동의 가중평균치(weighted average)적인 성격을 가지고 있다.

(2) 부동산 경기변동 특성

부동산 경기변동(business fluctuation)은 일반 경기변동에 비해 주기는 길고 진폭은 크다. 부동산 경기변동은 일반 경기변동과 비교하여 각 순환국면은 불명확하며 불규칙적인 특성을 갖는다. 부동산 시장은 경기순환 이외에도 경기를 타지 않는 안정적인 시장도 있다. 이런 시장은 위치가 좋고 안정적인 수요와 공급으로 주택이나 점포 등이 불황에 강한 부동산 시장이다.

일반 경기변동에서 언급한 바와 같이 부동산 경기변동 부문에도 4가지 형태의 경기변동 현상이 나타나고 있다. 확장기(expansion), 후퇴기(recession), 수축기(contraction), 회복기(rivival)의 4개 국면이 반복하는 것으로 알려지고 있다. 부동산 경기변동에는 단기순환과 장기 순환으로 나눌 수 있다. 단기순환은 주로 재고투자의 변동으로 발생하며, 재고순환 또는 발견자의 이름을 따라 키친순환(Kitchin cycle)이라 부른다. 단기순환은 3-4년을 주기로 한다. 장기 순환은 15~20년을 주기로 한다. 부동산 경기변동의 가장 큰 특징은 주기는 길고 진폭은 크고, 순환 국면은 불규칙적이고 불명확하고, 확장기는 길고 수축기는 짧다는 것이다.

(3) 부동산 경기변동 국면별 특징

부동산의 고유한 특성 때문에 부동산 경기변동은 국면별 다음과 같은 특징을 지니고 있다. 부동산 경기변동 국면에는 회복국면, 호황국면, 후퇴국면, 불황국면, 안정국면의 형태를 가지고 있다.

1) 회복시장

경기 불황이 멈추고 저점을 지나 상향하기 시작하는 국면이다. 부동산 가격 하락이 멈추고 거래가 증가하기 시작한다. 불황으로 은행의 대출 금리가 낮은 상태로 향후 부동산 가격이 상승할 것으로 대비해 실수요자 중심으로 부동산에 투자하려는 경향이 나타나기 시작한다. 부동산 유통관련 전문가들은 하향 시장에서 취했던 매수자 중심의 태도에서 매도자 중시의 태도로 바뀐다. 부동산 가격이 상승하는 추세로 과거 거래되었던 부동산 매매가격은 새로운 거래 가격의 기준이 되거나 하한선이 된다.

2) 상향시장

부동산 경기의 회복이 지속되고 부동산 가격이 계속 상승하면서 거래가 활발해지는 시장이다. 건축허가신청의 건수가 증가하고 그 증가율이 지속된다. 부동산 가격의 상승으로 매수자는 부동산을 빨리 구입하려고 하는 반면 매도자는 거래를 미루는 경향이 있어서 매도자 중심의 시장이 형성된다. 과거에 거래되었던 부동산 매매가격은 새로운 거래 가격의 하한선이 된다.

3) 후퇴시장

부동산 경기의 상승 국면이 끝나고 하향 국면으로 진입이 시작한다. 상향시장에서 부동산 가격 상승은 멈추면서 하락이 시작된다. 부동산 거래가 줄면서 전반적인 부동산 시장이 침체되기 시작한다. 부동산 시장이 침체하면서 거래가 끊기기도 한다. 후퇴시장이 장기화하면서 공실률이 늘어난다. 호황 시장에서 나타났던 매도자 중시 현상이 매수자 중시 현상으로 바뀐다. 과거에 거래되었던 부동산 매매가격은 새로운 거래가격의 기준이 되거나 상한선이 된다. 부동산 경기의 타성으로 인해 경기회복은 장시간이 소요되지만 후퇴 국면은 단기간에 이루어진다.

4) 하향 시장

하향 국면에서는 부동산 가격이 하락할 뿐 특이한 현상은 잘 일어나지 않는다. 자금을 차입하여 부동산을 구입한 사람들에게 하향 국면은 큰 부담을 가지게 된다. 건설 활동이 둔화되고 공실률이 늘어나면서 건축허가 건수는 급격히 감소한다. 부동산 거래 부진으로 유통관련 전문가들의 매수자 중시 현상은 더 커지게 된다.

5) 안정시장

일반 경기변동과 달리 부동산 경기변동에 나타나는 특수한 국면으로 가벼운 가격변동이 지속되는 국면을 안정 국면이라 한다. 실수요자들에 의한 부동산 거래가 지속적으로 일어난다. 과거에 거래되었던 매매가격은 새로운 거래 가격의 기준이 된다.

(4) 부동산 경기변동 유형

1) 순환적 변동

수요와 공급의 균형을 이루기 위해 기업의 재고조정 과정에서 발생하는 변화로 호황과 불황을 반복하는 현상을 말한다.

2) 계절적 변동

일년을 단위로 적어도 일년에 한번씩 정기적으로 나타나는 경기변동을 계절적 변동이라 한다. 이러한 계절적 변동은 계절적 속성과 그에 따른 사람들의 관습 때문에 일어난다. 일반적으로 봄철이 되면 새학기 시작으로 학교 근처로 이사하려는 경향이 강하고 방학이 되면 학교 인근에 임대주택의 공실률이 높아지게 되는 특징을 지닌다.

3) 무작위적 변동(불규칙적 변동)

예기치 못한 사태로 초래하는 비순환적 경기변동을 무작위적 변동이라 한다. 이러한 요인에는 예기치 못한 정부정책 발표, 홍수, 화재, 파업, 자연재해, 전쟁 등이 있다.

4) 장기적 변동

장기적 변동은 50년 또는 그 이상의 기간으로 경기변동이 일어나는 현상을 말한다. 이런 장기적 경기변동은 기술진보, 자연자원의 개발, 인구 증가 등의 요인에 의해 일어난다. 부동산 부문에도 이 같은 장기적 변동 현상이 나타나고 있다. 새로운 지역이 주기적으로 새로 개발되어 개발이 지속되는 곳은 장기적 호황이 지속된다. 새롭게 개발되어 주변에 편의시설이 들어서고, 인구도 유입되면서 가용할 토지가 소진되어 성장은 멈추게 된다. 그리고 일정기간 안정기간이 지나면 장기간 불황이 지속되기도 한다.

(5) 부동산 경기와 일반 경기와의 관계

1) 시차관계

부동산 경기 국면은 일반 경기와 동시에 진행되기도 하고, 때로는 앞서가기도 하고, 뒤따라가기도 한다. 이와 같은 현상을 부동산 경기순환과 일반 경기순환과의 시차관계라 한다. 경기순환의 시간적 관계는 전순한적, 동시순환적, 후순환적, 역순환적 관계의

4가지로 나타낸다.

2) 전순환적

전순환적 경기란 경기가 일반 경기에 비해 앞서 진행되는 것을 말하는데, 주식시장의 경기는 일반 경기에 비해 앞서 진행되어 전순환적 순환을 한다.

3) 후순환적

부동산시장의 경기는 일반 경기에 비해 후순환하는 것으로 알려져 있다. 주거용부동산의 건축경기는 일반경제의 경기와는 반대방향의 역순환적 현상을 보이고 있다. 이는 일반 경기가 호황일 때 유용한 자금이 상당부분 수익성이 높은 다른 부분으로 투자되기 때문이다. 따라서 상대적으로 주택 부분에 투자가 적게 이루어지기 때문이다.

4) 동시순환적

부동산 부분별 경기와 일반 경기가 동시에 진행되는 것을 말한다. 상업용 부동산과 공업용 부동산의 건축경기가 이에 해당한다. 그러나 이러한 경기변동은 통상적으로 지역적·국제적으로 나타나서 전국적·광역적으로 확대되는 경향이 일반적이다. 부동산 경기는 비교적 회복이 느리고 경기후퇴는 빠르게 진행된다. 우경사비대칭의 특징을 갖는다.

(6) 부동산 경기의 측정 지표

경기란 재화의 수요와 공급과 밀접한 관계가 있다. 부동산 경기가 좋다고 하는 것은 재화의 공급이 풍부하고 시장에서 원활하게 거래가 이루어진다는 것을 의미한다. 반대로 생산된 재화가 시장에서 거래되지 않고 재고가 누적되면 경기가 침체하는 신호이다.

부동산 경기도 일반 재화 시장처럼 수요와 공급과의 관계에서 측정된다. 부동산 경기는 수요적인 측면에서 분양량과 매매량의 변동으로 측정된다. 분양량이 증가하고 매매량이 늘어나면 경기가 상승 국면을 맞게 되고, 분양이 감소하고 매매량이 감소하면 하강 국면을 맞게 되어 분양량이나 매매량의 변동을 통해 경기를 측정할 수 있다.

부동산 경기는 공급적인 측면에서 건축허가량, 건축착공량, 건축완공량의 변동으로 측정된다. 건축허가량, 건축착공량, 건축완공량이 증가하면 경기가 상승하는 경향이 있고, 감소 하면경기가 하강하는 경향을 갖게 된다. 따라서 건축허가량, 건축착공량, 건축완공량의 지표는 공급적인 측면에서 경기변동을 측정할 수 있다. 여기서 부동산 가격이 상승하면 경기가 좋다는 것은 잘못된 개념으로 유념할 필요가 있다. 이것은 인플레이션 현상이 경기가 좋아진다고 할 수 없는 것과 같다.

제4절 부동산 가격 거품

4.1 자산 가격 거품

(1) 거품의 개념

주택 가격과 관련하여 주택 가격이 지나치게 지속적으로 상승하면 주택 가격에 거품(bubble)이 있어 가까운 장래에 가격이 추락하여 거품이 붕괴할 것이라고 언론에 종종 오르내리게 되는 이야기를 뉴스나 대중 매체를 통해 종종 접한다. 이때 언론에서 이야기하는 거품의 의미는 무엇이며 어떤 것에 기초하여 말하는 건가? 자산 가격 거품은 단순히 급격한 시장가격 상승을 의미하는 것이 아니다. 가격 거품은 정상적인 균형상태에서 벗어난 이탈을 의미한다. 정상적인 균형상태란 사회적 가치 기준을 말하는 것이 아니라 합리적인 의사 표시로 나타난 수요와 공급이 접하는 균형점을 말한다. 합리적인 의사 표시의 수요와 공급에서 결정된 균형점이 아니라는 것은 비합리적인 수요와 공급으로 균형점이 결정된다는 것이다. 어떤 자산에 가격 거품이 있다고 하는 것은 현재 주어진 시장 환경에서 비합리적인 수요와 공급에 기반하여 가격이 지속적으로 급격히 상승하는 현상을 말한다. 여기서 합리적인 의사 표시로 나타난 수요와 공급의 의미는 경제학에서 냉철한 이성에 기반한 경제행위를 한다는 것이다. 즉 경제학의 기본전제는 사람들은 합리적으로 행동한다는 것이다. 비합리적인 경제활동은 그때그때 기분 내키는 대로 행동한다는 것이다. 비합리적인 의사가 반영된 수요와 공급의 경제행위로 나타나는 가격이 거품 가격이다.

가격 거품(price bubble)은 자산의 기본가치(fundamental value)와 실제가격 간의 차이를 보통 거품이라 한다. 경제학 분석에서 사용되는 거품은 흔히 펀더멘탈(fundamental)에 기초하지 아니한 실명할 수 없는 자산 가격의 움직이다(Garber, 2001). 일반적으로 시장이 효율적이라면 부동산을 포함한 자산 가격은 그 자산으로부터 기대되는 장래 수익의 현재가치, 즉 시장 기본가치(market fundamentals)와 같아야 한다(Fama, 1970). 거품의 정의에 대해서 일의적인 정의를 내리기 어려우나 일반적으로 시장에서 형성된 주식, 부동산 등 자산의 실제 가격이 시장 기본요소(fundamentals)에 의해 결정되는 내재가치(본질적 가치)와 장기간 차이가 나는 현상을 지칭한다. 가격 거품은 본질적으로 환금성이 있는 주식, 주택과 같은 부동산, 금 등과 관련이 있다. 환금성이 없는 일반적인 재화 딸기나 망고 값이 갑자기 몇 배 뛰었다고 거품이라 할 수 없다. 왜냐하면 이런 과일이나 채소는 일시적 공급 부족의 현상이지 사람들이 필요 이상으로 구매한다고 하여 미래 가격 상승을 기대할 수 없기 때문이다.

(2) 거품의 종류

거품의 역사는 3세기경 신용화폐 제도가 도입되었던 로마 시대까지 거슬러 올라간다(Chanceller, 1999). 그러나 거품에 대한 이론적 접근은 1980년대 들어오면서 플러드와 가버(Flood and Garber, 1980), 브랜차드와 와슨(Blanchard and Watson, 1982), 미즈(Meese, 1986), 웨스터(West, 1987), 플러드와 호드릭(Flood and Hodrick, 1990) 등에 의해 체계적 실증적 분석을 하면서 시작되었다.

거품현상을 설명하는 이론에는 합리적 거품(rational bubble)과 비합리적 거품(non-rational bubble)[5]으로 크게 나눌 수 있다. 합리적 거품은 경제주체의 합리적인 기대에 의하여 자산의 시장가격이 시장 기본가치를 크게 상회하는 현상을 말한다. 비합리적 거품은 투자가들이 주택 구입시 기본가치를 결정하는 중요한 변수들의 정보에 대한 객관적인 정보는 무시하고 국지적 거래사례나 주택 가격은 하락하지 않는다는 군중심리 또는 믿음에 따라 행동할 때 발생한다고 케이스(Case, 1986)와 실러(Shiller, 1990)는 미국 3개 도시의 주택구입 행태 설문조사에서 제시하였다(김경한·이한식, 2000, p.61).

5) 비합리적 거품을 유행(fads model) 또는 투자심리라고도 한다.

(3) 거품의 생성과 성장

1) 거품 생성

주택이나 주식 같은 자산에 거품이 있다라고 하는 것은 자산의 본질가치(내재가치)와 실재가격 사이에 차이가 존재한다는 것이다. 내재가치와 실재가격 사이에 어떤 차이가 존재한다면 거품이 생성되었다고 볼 수 있다. 문제는 그 모든 것의 차이가 거품이라 할 수 있느냐 하는 것은 많은 의문을 제기할 수 있다. 그럼에도 불구하고 거품 붕괴의 경제적 위험이 워낙 크기 때문에 내재가치를 추정하여 거품의 존재 여부를 판단해 보려고 많은 경제학자가 노력해 왔다. 거품의 존재유무를 판단하는 관건은 자산의 내재가치를 얼마나 정확하게 산출하느냐에 있다. 예를 들어, 주택 시장에서 주택 가격이 내재가치보다 차이가 발생하였고 그 차이가 계속된다고 해보자. 이때 내재가치와 실재가격 간의 차이가 거품이다. 주택의 실재가격을 P, 내재가치(본질가치)를 F, 거품(차이)을 b라 하고, 이를 수식으로 나타내면 식(12-1)과 같다.

$$P = F + b \tag{12-1}$$

식(12-1)에서 주택 가격 P가 주택의 내재가치 F와 같다면 거품 b는 0이 되어 거품이 없다. 그러나 거품 b가 양의 부호를 보이며 상당한 기간 급격한 상승이 지속되면 주택의 시장가격은 내재가치로부터 이탈되어 b의 값이 커질 때 주택 가격에 거품이 발생하였다고 할 수 있다. 이자율의 일시적 하락으로 내재가치가 증가하거나 거래세 부과로 내재가치가 감소하여 주택의 가격이 변동하는 형상은 거품이라 보기 어렵다. 예를 들어, 이자율이 5% 하락했는데 내재가치가 30~40% 상승하면서 상당한 기간 지속되고 미래에도 주택 가격이 상승할 것이라는 자기실현적 기대감(self-fulfilling prophecies) 등 심리적인 요인이 주택 시장에 팽배할 때 주택 시장에 거품이 존재한다(Flood and Hodrick, 1990)고 할 수 있다. 주택 가격의 거품은 본질적으로 비이성적 기대의 팽창이 가속도적 원리에 의해 비이성적으로 투자에 몰입하는 상황에서 거품이 나타난다.

주택 시장에 거품이 계속 지속될 수 있는 것은 거품의 진행 과정에서 주택의 내재가치를 결정하는 중요한 변수들의 정보에 대한 객관적인 정보를 무시하거나 모른다는 것이다. 주택 가격이 상승하는 이유를 모르는 상황에서 이전에 투자하여 자본이득을 얻은 사람들의 경험치를 참고로 모방하여 투자 행위를 계속하는 것을 빅찬다니, 훼셰이

프와 웰츠(Bikhchandani, Hirshleifer and Welch, 1992)는 정보 캐스케이드라 하였다. 정보 캐스케이드란 무수히 많은 정보를 개인이 판단하기 어려운 상황에서 이전 사람의 행동을 모방하여 판단을 내리는 것을 말한다. 정보 캐스케이드가 지속되면 거품은 성장한다는 것이다.

2) 거품 성장

거품의 속성은 성장하거나 소멸한다. 이 점을 살펴보기 위해 주택에서 발생하는 임대료가 R이고 할인율이 i인 경우를 예로 들어보자. 이 경우 주택의 내재가치는 제6장에서 살펴본 바와 같이 $\frac{R}{i}$이고, 이를 수식으로 현재 주택 가격을 나타내면 식(10-2)와 같다.

$$P_t = F_t + b = \frac{R}{i} + b \tag{10-2}$$

식(10-2)에서 다음 기에 거품(b)이 성장하지 않는다고 한다면 다음 기의 주택 가격은 식(10-3)과 같다.

$$P_{t+1} = F_{t+1} + b = \frac{R}{i} + b \tag{10-3}$$

이 경우 주택의 투자수익률은 어떻게 될까? 투자수익률은 식(10-4)와 같다.

$$\text{투자수익률} = \frac{\text{자본이득} + \text{임대료}}{\text{투자액}} = \frac{(P_{t+1} - P_t) + R}{P_t} = \frac{(0 + R)}{P_t} \tag{10-4}$$

식(10-4)에 식(10-2)을 대입하여 정리하면 식(10-5)과 같다.

$$\text{투자수익률} = \frac{R}{\left(\frac{R}{i} + b\right)} = \frac{i}{\left(1 + \frac{i}{R}\right)} \tag{10-5}$$

식(10-5)의 투자수익률은 요구수익률 i보다 작다. 이렇게 되면 투자가들의 요구수익률보다 작아 주택을 팔고 다른 투자 대안에 투자하려고 하기 때문에 주택 가격은 하락하고 거품은 소멸하게 된다. 결국 거품이 지속되기 위해서는 거품 b가 요구수익률 i만큼 자라야 한다. 이제 거품의 성장이 지속되는 경우를 살펴보자. 현재 시점의 거품 b_t가 다음 시점의 거품이 b_{t+1}이 된다. 이 상황에서 주택의 투자수익률은 거품의 차이가 곧 자본이득이 되어 식(10-6)과 같이 나타낼 수 있다.

$$\text{투자수익률} = \frac{\text{자본이득} + \text{임대료}}{\text{투자액}} = \frac{\text{거품차이} + \text{임대료}}{\text{투자액}} \tag{10-6}$$
$$= \frac{b_{t+1} - b_t + R}{\text{투자액}} = \frac{b_{t+1} - b_t + R}{\left(\frac{R}{i} + b\right)}$$

식(10-6)에서 투자수익률이 최소한 i만큼 되기 위해서는 투자수익률이 i보다 같거나 커야 한다. 이를 등식으로 나타내면, 식(10-7)과 같다.

$$i \leq \frac{(b_{t+1} - b_t + R)}{\left(\frac{R}{i} + b_t\right)} \tag{10-7}$$

식(10-7) 정리하면, 식(10-8)과 같다.

$$i \leq \frac{(b_{t+1} - b_t)}{b_t} \quad \text{또는} \quad b_{t+1} \geq b_t(1+i) \tag{10-8}$$

식(10-8)은 임의 t기에 거품의 크기는 (t-1)기보다 (1+i)배만큼 크다. 따라서 거품이 유지되기 위해서는 거품이 자라는 속도가 i배(요구수익률) 만큼 되어야 함을 의미한다. 효율적 시장하에서 거품이 계속 유지되기 위해서는 거품의 성장 속도가 요구수익률 i와 같아야 한다. 이를 수식으로 나타내면 식(10-9)과 같다(김경환·손재영, 2011).

$$\text{투자수익률} = \frac{(1+i)b_t - b_t + R}{\left(\frac{R}{i} + b_t\right)} = i \tag{10-9}$$

식(10-9)는 거품이 지속될 때 엄청난 투자수익률을 얻는 것과 다르게 요구수익률 만큼 이득을 얻는다는 것을 의미한다. 사람들이 자기실현적 기대감을 가지고 계속해서 주택 시장으로 자본이 몰리면 초과수요가 발생하여 거품의 크기는 자가발전 적으로 더 크게 되어 거품은 더 빠르게 성장하게 된다. 그러나 정부가 주택 시장에 개입하여 금리, 조세 등의 정책적 충격을 주게 되면 거품은 사라질 수 있다. 문제는 거품의 진행 과정을 정확하게 모른다는 것이고 현실적으로 거품의 크기와 방향을 예측할 수 있는 이론적 모형이 없다는 것이 한계이다. 예를 들면, 2008년 미국에서 발생한 서브프라임 모기지(subprime mortgage) 사태이다.

결국 거품은 플러더와 호드릭(Flood and Hodrick, 1990)의 비합리적인 자기실현적 기대감, 빅찬다니외(Bikhchandani et al., 1992)의 모방행위, 실러(Shiller, 2015)의 적응적 기대하에서 생성, 성장한다는 것이다.

4.2 거품의 소멸과 경제적 효과

(1) 거품의 소멸

거품은 반드시 소멸한다. 거품이 우리에게 주는 교훈이다. 풍선에 공기를 계속 주입하면 어떤 임계점을 벗어나면 터지는 것과 같이 내재가치와 가격의 괴리로부터 발생된 거품은 무한정 커지며 성장할 수 없다. 거품이 소멸하는 원인은 수요와 공급의 자율적 조절, 자산효과(wealth effect) 감소, 이자율 조정, 금융 규제, 기대심리 저하, 신용위기 등 매우 다양하고 복합적이다.

지구상에 나타난 거품의 소멸을 살펴보면, 중세에는 교회가 정치, 경제, 사회, 문화를 지배하며 물물교환 제도로 경제 시스템적으로 거품이 발생할 수 없었으나, 중세 후반에 근대 도시국가와 산업혁명이 일어나면서 등장하였다. 20세기 이전에 나타난 대표적인 거품으로 네덜란드의 튤립거품(1634~1637), 프랑스의 미시시피거품(1720), 영국의 사우스시거품(South Sea, 1721), 남미의 광산거품(1820), 영국의 철도거품(1845) 등이 있다. 20세기에 발생한 거품은 1929년 미국의 대공황, 도매금융전문은행거품(1973), 영구변동금리채거품(1986), 미국의 주가 대폭락(Black Monday,1987), 1990년대 일본의 부동산거품, 1990년대 말 인터넷거품 등이 발생했다. 그리고 21세기 들어와서 미국의 서브프라임 모기지 거품(2008) 붕괴로 글로벌 금융위기와 세계 실물경제에 막대한 영향을 주었다.

(2) 경제적 효과

거품의 경제적 효과에는 긍정적인 면과 부정적인 측면이 있다. 거품의 긍정적인 경제적 효과는 거품이 발생하게 되면 투자와 소비를 촉진하여 신기술과 신상품의 개발, 시장을 확대하여 경제 활성화에 기여할 수 있다(최희갑, 2002).

거품의 부정적인 경제적 효과는 첫째, 거품이 있는 제품이나 산업 분야에 경쟁이 심화되어 강자만이 살아남는 정글의 법칙이 존재할 수 있다. 이렇게 되면 경쟁력이 약한 산업 분야나 기초기술 분야에 투자가 약화로 자원 배분의 왜곡 현상이 나타날 수 있다. 둘째, 부동산 가격이 급상승하게 되면 고비용구조가 형성되어 경쟁력이 약화 된다. 셋째, 투기로 인한 불로소득에 형평과세의 균형을 잃게 되면 사회적 불안이 조성되어 높은 사회적비용을 피할 수 없다. 끝으로, 거품이 갑자기 소멸되면 자산 디플레이션이 발생하여 소비와 투자를 위축시키고 이는 총수요와 총공급을 연쇄적으로 감소시켜 경제의 펀더멘탈 약화를 초래한다. 이처럼 거품의 경제적 효과는 긍정적인 면보다 부정적인 측면이 더 강하기 때문에 그 피해를 억제하려고 거품의 존재와 크기를 검증하려는 다양한 연구가 수행되고 있다. 최근에 미국에서 일어난 서브프라임모기지 거품을 살펴보자.

4.3 미국의 서브프라임 모기지 거품

(1) 모기지 거품 배경

미국과 영국은 베트남 패전, 학생운동 성장, 계급투쟁 격화 등으로 경기침체와 실업률 증가, 재정적자를 극복하고자 케인스주의에 입각하여 달러 발행을 남발하면서까지 1970년대 말까지 시장개입을 확대하였다. 그러나 미국과 영국의 이런 노력은 1973년 오일쇼크(Oil Shock)로 실업과 물가가 동시에 상승하는 스태그플레이션(Stagflation)이라는 신조어를 만들어 낼 정도로 경제위기가 가중되자 재정지출을 통한 경기회복은 악순환만 가져온다는 것을 깨달았다. 그래서 미국의 레이건과 영국의 대처는 국가가 시장에 간섭을 최소화하기 위해 규제를 대폭적으로 줄이고 경제의 효율성을 증가시키고자 신자유주의(Neoliberalism) 정책 노선을 천명하였다. 신자유주의는 정부 간섭을 최소화하고 시장 경제의 효율성을 증대시키는 것이다. 이는 무한경쟁, 시장원리 강화, 공기업의 민영화, 각종 규제 최소화, 이윤추구 등의 특징을 가진다는 점에서 기존 자본주의보다 더 강화된 고전적 시장 경제라 볼 수 있다. 이는 작은 정부를 지향하며 전 세계에 자유시장경제 중심의 '세계화(Globalization)'을 도모하려는 신경제주의 비전이다. 신자유주의는 국가권위의 약화, 부의 양극화 심화, 무한경쟁으로 정글의 법칙 노정화, 자유무역 확대, 문명충돌 등의 문제점을 내포하고 있으나, 경제 발전을 위한 새로운 패러다임을 제시했다는 점에서 의의가 있으며, 신자유주의라는 패러다임 제시로 미국이 다시 한번 패권을 화려하게 주도할 수 있었다.

신자유주의 경제기조에 상업은행의 유가증권 발행 금지 법인 글래스스티걸법이 폐지되면서 상업은행도 유가증권의 업무가 기하급수적으로 증가하였고, JP 모건 스탠리 같은 투자은행들도 인수합병(M&A), 기업공개, 기업 구조조정, 파생상품 매매 등을 더욱 공격적으로 확대하였고, 유능한 투자은행의 CEO를 영입하는 유인책으로 스톡옵션(Stock Option)이 활성화되면서 관리 감독은 느슨해지면서 위기의 씨앗은 서서히 뿌려지게 되었다.

2001년부터 점점 둔화된 미국 경제를 극복하기 위한 금리인하, 점증하는 신용대출, 유동성 증가, 지속적인 규제완화 등은 버블의 매개 역할을 했다. 2000년 닷컴버블, 2001년 9.11테러 사태로 경제 둔화는 기존의 확산 분위기를 순식간에 둔화시켰다. 미국의 경제는 새로운 더 강력한 처방이 필요했다. 이에 따라 미국은 경제 파급효과 큰 주택 경기 부양정책을 펼쳤고, 저금리정책으로 금리가 낮아지면서 신용대출은 더욱 증가하였다. 초저금리 정책으로 돈이 은행에 머물려 있을 수 없었고, 투자가들은 보다 수익성이 높은 투자상품에 갈증을 느끼고 있었다. 초저금리(2003년 연방금리는 1% 수준) 신용파생상품을 폭발적으로 증가시켰을 뿐만 아니라 신용파생상품이 어떠한 과정을 거쳐 만들어지는지 관리 감독은 매우 소홀했다.

투자가들은 시장이 과열되면서 투자 레버리지(leverage)를 더욱 확대하였다. 투자은행과 자신의 이익 증대만을 모색하는 모기지 중개업자들의 도덕적 해이(moral hazard)가 소득이나 신용이 낮은 투자자들에게까지 신용 공여를 확대하면서 주택 시장의 붐(boom) 하였다. 이들은 차주의 모기지 적합성, 상환능력 등을 고려하지 않았다. 2008년 9월 14일 리만 브르더스(Lehman Brothers)가 연방정부에 파산보호신청을 하고, 메릴린치(Merrill Lynch)가 벵크 오버 어메리카(Bank of America)에 인수되고, 대형 보험사인 AIG가 연방준비은행(FRB)에 신용보강을 요청하였다. 위기는 예견되었다. 투자은행 및 모기지 중개업자들은 오직 자신의 이익만 추구하려는 욕망에 기반한 도덕적 해이가 모기지 심사 완화, 상환능력이 낮은 저소득층에까지 모기지 확대, 관리 감독 소홀, 이런 것들의 협잡이 글로벌 금융위기를 초래하였다. 미국의 모기지금융기관인 Fannie Mae와 Freddie Mac에 대한 지배권을 연방정부가 행사한다고 2008년 9월 8일 발표하였다. 미국의 주택 및 모기지 대출시장의 붕괴로 자본시장 및 월가의 투자은행들은 대공항 이후 최악의 경제위기를 맞게 되었다. 미국의 서브프라임 모기지 사태는 주택 시장 버블로 시작되었다.

(2) 모기지 거품 붕괴와 효과

2000년대 중반 이후 지속된 초저금리 기조에 신용대출 확대와 유동성 증대, 느슨한 여신심사, 관리 감독 및 평가 시스템의 부실 하에서 폭발적인 다양한 파생상품 양산은 결국 거품 붕괴로 이어졌고, 이완 관련된 금융기관들이 파산되거나 부실화되면서 사상 최악의 글로벌 금융·경제위기기를 맞게 되었다. 글로벌 금융위기의 전개는 모기지 대출시장이 급속히 확대하면서 주택 가격에 버블이 형성되었고, 거품이 붕괴되면서 글로벌 금융 및 경제위기를 초래하였다. 이로 인한 세계 각국은 급격한 신용경색과 자산 가격 디플레이션은 소비 및 투자를 급랭시켰고, 무역신용의 급격한 위축과 함께 신흥개발도상국의 수출급감은 세계 경제를 위기로 치닫게 하였다. 모기지 거품의 붕괴는 세계 각국의 금융 및 경제체제에 치명적인 영향을 미쳤다. 첫째, 글로벌 금융위기와 경제의 동반 침체를 초래하였다. 둘째, 주가가 폭락하고 환율의 변동성이 커지면서 외환시장의 불안정을 확대하였다. 셋째, 무역수지의 급격한 감소와 함께 실물경제를 위축시켰다. 넷째, 주택 시장의 위축으로 건설 및 부동산 관련 파생상품 성장에 부정적인 영향을 초래하였다.

제5절 부동산 가격 거품 검증

5.1 검증 지표

거품은 자산 가격의 변동이 펀더맨털(내재가치)의 움직임과 괴리가 있는 상황을 거품(bubble)이라고 한다. 내재가치를 정확히 산정할 수 없다는데 부동산 가격 거품 검증에 어려움이 있다. 내재가치는 현재와 미래의 경제, 정치, 사회, 인구, 심리석 등 다양한 요인에 의해 양적, 질적 변동성이 늘 유동적이며 그 추정이 쉽지 않다. 거품의 원인과 과정 등에 대한 정의가 경제학자마다 다르다. 거품의 원인에 대해 플러더와 호드릭(Flood and Hodrick, 1990)은 자기실현적 기대감(self-fulfilling prophecies), 빅찬다니외(Bikhchandani et al., 1992)는 모방행위, 실러(Shiller, 2015)는 비이성적인 판단(irrational exuberance)이 거품의 원인으로 보았다.

자산 가격 변동 속에 거품의 존재 여부, 거품의 생성과 붕괴, 크기와 진행 과정, 붕괴 시점은 투자자들의 투자 결정에 매우 중요한 고려 사항이다. 또한 금융기관이나 국민 경제에 미치는 파급력 효과가 상당하여 정부도 자산시장의 변동성을 예의 주시하고 있다. 그래서 많은 경제학자들은 거품 붕괴의 경제적 충격을 최소화하기 위해 거품의 존재 여부를 통계적인 방법으로 검증하기 위해 계량경제분석 방법을 고안해 오고 있다. 이런 이론적인 방법들도 중요하지만 자산시장의 특이 징후들을 표착하여 위험의 경고를 알 수 있는 몇 가지 검증 지표들을 소개하면 다음과 같다. 물론 이것들이 절대적인 기준이 될 수 없다. 그러나 거품 징후를 표착하는 데 도움이 될 수 있다.

첫째, 가격-임대료 비율(Price-to-Rent Ratio; PRR)이다. 자산의 가격이 임대료 대비 너무 높을 경우 자산 가격이 과도하게 상승한 것으로 판단될 수 있다.

$$PRR = \frac{\text{주택가격}}{\text{임대료}}$$

둘째, 가격-수입 비율(Price-to-Income Ratio; PIR)이다. 자산의 가격이 가구의 소득보다 너무 높을 경우 자산 가격이 과도하게 상승한 것으로 판단될 수 있다. 가격-수입 비율을 주택부담능력이 되기도 한다. 주택은 의식주의 하나로서 인간이 살아가는 데 반드시 필요한 재화의 하나인데 주택 가격이 과도하게 상승하면 사람들은 절망감을 가질 수 있으며 사회적 갈등의 원인이 될 수도 있다.

$$PIR = \frac{\text{주택가격}}{\text{소득}}$$

셋째, 주택구입능력지수(Housing Affordability Index: HAI)는 미국 전국 부동산 중

개사협회(National Association of Realtors)에서 작성 발표하는 지표이다. 보통 사람들의 평균적인 주택 구입을 위해 평균적인 대출을 받을 수 있는 최소 소득과 실제 소득의 중위 값의 비율이다. 우리나라에서도 한국주택금융공사가 주택구입능력지수를 정기적으로 산출하여 발표하고 있다.

$$K-HAI=\frac{\text{대출상환가능소득}}{\text{중간가구 월소득}}\times 100=\frac{\frac{\text{원리금상환액}}{DTI}}{\text{중간가구월소득}}\times 100$$

(단, 원리금상환액은 담보가액 대비 대출금 비율(LTV)=50%, 월소득 대비 원리금 상환액 비율(DTI)=25%, 대출 조건은 만기 20년 원리금 균등상환 대출을 가정 하여 산출함)

넷째, 신규 건설 비율(New Construction Ratio)이다. 새로 건설된 주택의 비율을 분석하여 부동산 시장의 공급과 수요를 평가한다. 인구변동이나 재고 주택의 변동률에 비해 신규주택 공급이 시장 흡수율보다 과잉 공급은 주택 가격이 하락할 것으로 판단될 수 있다.

다섯째, 대출 조건 및 대출 증가(Loan Conditions and Mortgage Growth)이다. 금융시장에서의 대출 조건 및 대출 증가를 분석하여 부동산 가격 상승을 견인하는 주요 요인을 확인한다. 과도한 대출 증가는 부동산 가격 거품 형성을 촉진할 수 있다. 부동산을 구입하려는 대출이 실수요 동기인지 아니면 투자적 목적인지 대출 자금의 용도와 규모를 파악하여 실수요보다 투자 목적의 비중이 클 때 부동산 가격 거품 형성을 촉진할 수 있다.

LTV는 부동산 가격에서 대출금액이 차지하는 비율이다. LTV를 대부비율, 저당비율, 담보인정비율로 부르기도 한다. 담보물 가치를 기준으로 대출금액과 대출위험을 평가한다.

$$\text{LTV(Loan-to-Value Ratio, 담보가액 대비 대출금 비율)}=\frac{\text{대출금액}}{\text{담보가액}}$$

DTI는 소득에서 주택담보대출의 원리금상환액이 차지하는 비율이다. DTI는 소득을 기준으로 대출금액과 위험을 평가한다.

$$\text{DTI(Debt-to-Income Ratio, 총부채상환비율)} = \frac{\text{주택담보원리금상환액}}{\text{가처분소득}}$$

DSR는 소득에서 주택담보대출의 원리금상환액과 기타 다른 원리금상환액을 포함한 금액이 차지하는 비율이다.

DSR(Debt-to-Service Ratio, 총부채원리금상환비율)

$$= \frac{\text{주택담보대출원리금상환액} + \text{기타대출원리금원리금상환액}}{\text{연소득}}$$

DCR는 임대사업의 순영업소득을 기준으로 대출금액과 위험을 평가한다.

DCR 또는 DSCR(Debt Service Coverage Ratio, 부채감당률)

$$= \frac{\text{순영업소득}}{\text{부채서비스액(원리금)}}$$

여섯째, 대출 불이행률(Loan Default Rate)이다. 원리금 상환 연체나 대출 불이행률이 증가할 경우 부동산 가격 거품의 위험이 증가할 수 있다. 채무불이행률이 클수록 채무불이행의 가능성은 높아진다. 채무불이행률을 손익분기율 또는 손익분기점이라고도 한다.

$$\text{DR(Default Rate, 채무불이행률)} = \frac{\text{영업경비} + \text{부채서비스액}}{\text{유효조소득}}$$

일곱째, 가격 변동률 (Price Volatility)이다. 부동산 시장에서의 가격 변동률을 평가하여 시장의 안정성을 판단한다. 거품이 자란다면 장기적인 가격추세에서 가격 변동이 과도하고 예측할 수 없을 정도로 내재가치에서 가격이 급등하며 괴리를 보일 것이다.

이외에도 다양한 지표들의 관찰을 통하여 거품의 생성과 크기 징후들을 포착하는 지표로 활용될 수 있다. 이런 지표들이 절대적인 지표가 될 수는 없지만 지표들을 종합적으로 판단할 수 있는 예측 모형을 만들어 모니터링 한다면 거품의 존재 여부를 판단하는 데 도움이 될 수 있다.

5.2 검증 방법

부동산 가격 거품을 측정하기 위해 여러 가지 지표들이 사용될 수 있다. 이러한 지표들은 부동산 가격의 적정성을 평가하고, 현재 시장 상황을 진단하며, 부동산 가격이 거품이 있는지를 판단하는 데 도움이 된다. 그러나 이러한 지표들만으로는 거품의 유무를 판단하는데 한계가 있다. 그래서 다양한 통계적 기법들이 사용되고 있지만 절대적인 방법이 없는 것 또한 사실이다. 거품 존재 여부를 판단하는 데 가장 큰 어려움은 부동산의 내재가치(본질적가치)를 정확히 파악할 수 없다는 데 있다. 내재가치를 가급적 현실에 맞게 정확하게 산정하려는 다양한 통계적 기법들이 소개되고 있다.

(1) 시계열분석

자기회귀이동평균모형(ARIMA)과 GARCH모형을 이용해 부동산 가격의 과거 데이터와 변동성을 바탕으로 거품을 검증할 수 있다. ARIMA 모형은 부동산 가격의 과거 데이터를 바탕으로 미래 가격 추이를 예측하여 추세에서 벗어난 패턴의 정도를 파악하여 검품을 검증하는 기법이다. GARCH 모형은 부동산 가격의 변동성을 추정하여 변동성의 크기 정도에 따라 거품을 검증하는 기법이다. 이들 방법 거품을 검증할 수 있는 하나의 통계적 기법은 될 수 있지만, 추세어서 벗어난 정도와 변동성의 크기의 정확한 기준을 정하기가 쉽지 않다는 현실적 어려움이 내포되어 있다.

(2) 회귀분석

다중회귀분석은 부동산 가격에 다양한 변수(예, 소득, 임대료, 금리, 인구밀도, 가구수, 소비자물가지수 등)를 독립변수로 하여 추정치를 구하여 균형가격과의 차이를 가격의 거품으로 판단하여 거품의 존재 여부를 파악할 수 있다. 이 모형 역시 부동산 가격에 영향을 미치는 요인이 독립변수로 사용된 변수들에 의해서만 부동산 가격이 변동된다는 가정이 성립되어야 하나 현실적으로 완벽하지 않다는 것이다. 독립변수 외에 수많은 요인들의 직간접 영향에 의해 부동산 가격 변동성에 영향을 미칠 수 있다.

(3) 공적분(cointegration) 분석

부동산 가격과 다른 경제변수 간의 장기적인 균형 관계를 분석하는 방법이다. 장기적인 균형 관계에 괴리가 존재할 경우 부동산 가격에 거품이 있을 수 있다.

(4) 정규화 및 표준화된 가격지수

표준화된 가격지수(예: 케이스-실러 지수)를 사용하여 부동산 가격의 장기적 추세를 파악하고, 이 추세에서 벗어난 정도를 분석하여 가격 거품 여부를 판단할 수 있다. 이것 외에도 다양한 기법들이 소개되고 있으나, 사용한 데이터, 국가별, 지역별, 기법에 따라 결과는 다르게 나나타날 수 있다.

읽고 생각할 거리 **주택 가격 거품여부 논란**

한국경제연구원(이하 한경연) 분석에 따르면, 주택 가격은 문재인 정부 지난 5년간 전국적으로 23%의 상승률을 보이며*, 건국 이래 가장 가파르게 오른 것으로 나타났다. 올해 들어 시세 이하로 거래된 급매 거래의 영향으로 주택 가격이 내려가고 있는 것처럼 보이지만, 금리상승의 영향으로 거래물량이 급격히 줄어든 상황에서 주택 가격이 하향 추세로 전환되었다고 판단하기는 어렵다고 한경연은 분석했다.

* 지역별 주택 가격 상승률('18.7월~22.7월, 부동산원 자료 기준) : 서울26.5%, 경기 35.4%, 지방10.6%

한편, 임대차시장 역시 최근 3년간 급등했던 전세가격 상승률은 최근 들어 다소 주춤한 모습을 보이고는 있으나, 물량 부족 현상이 여전히 지속되고 있다. 여기에 전세의 월세화까지 가속화되면서 전반적인 주거 불안정성이 높아지고 있는 상황이라고 한경연은 진단했다.

이승석 한경연 부연구위원은 "최근 5년간 주택 시장은 건국 이래 유례를 찾아보기 힘든 왜곡을 경험했다"고 언급하며, "정부에서는 주택 가격을 낮추기 위해 금융, 세제 등 가용한 모든 경로를 통해 강력하고도 전방위적인 규제정책을 펼쳤지만, 주택 가격은 오히려 더 가파른 급등세를 보였다"고 진단했다. 이 부연구위원은 "그 결과 매매시장에는 '똘똘한 한 채'라는 새로운 패러다임 속에 '영끌·빚투' 현상이 확산 되었고, 임대차시장에는 '20억 전세시대' 개막과 함께 월세가속화 등 임대료 부담이 심화되었다."고 지적했다.

한경연이 전국 200여개 아파트단지*의 적정가격**과 실제 거래가격을 비교한 결과, 서울은 현재 형성된 시세의 38% 이상, 경기는 58% 이상, 지방은 19% 이상 과대평가되어 가격에 거품이 과도하게 존재하는 것으로 분석되었다.

* 아파트 사용승인일이 5년을 경과하고 20년 이내인 아파트단지를 샘플로 선정하여 재건축-리모델링 등에 따른 프리미엄이 가격에 반영될 가능성을 배제하였음

** 적정가격 분석을 위해 해당 자산이 미래에 창출해낼 수 있는 수익을 적정이자율로 현재가치화 한 후, 시장가격과 비교하는 현재가치법(Present Value Method) 사용, 본 분석에서는 대상 아파트의 전세가에 '전월세전환율'을 적용해 연간 수익 산출 후, 산출된 수익에 '시장금리'를 적용하여 해당 아파트의 적정 현재가치 도출

지역별로는 서울 강북권역에 37%, 강남권역에 38% 정도의 가격 거품이 존재하는 것으로 나타났으며, 강남권역 중 부촌으로 알려진 강남-동남권역의 거품 수준은 40%를 초과하는 것으로 조사되었다. 특히, 서초구의 가격 거품은 50% 수준을 넘어서며 서울에서 가장 높은 것으로 분석되었다. 한편, 경기지역의 주택 가격 거품은 58% 수준으로 전국에서 세종시(60%)에 이어 두 번째로 높은 것으로 나타났다. 이러한 가격 거품 현상이 2019년 이후에 특히 심화되었는데, 서울 주요지역 고강도 규제강화에 따른 풍선효과가 주요하게 작용한 것으로 분석되었다. 경기지역에서는 안성(87%), 여주(85%), 의왕(80%) 순으로 가격 거품이 높게 나타났다. 마지막으로 지방은 평균 19.7%의 가격 거품이 존재하는 것으로 조사되었다. 인천-계양, 부산-연제, 대구-수성, 광주-화정 등 일부 지역을

제외하면 지방의 경우에는 주택 가격 거품이 서울 등 수도권의 거품 수준에는 미치지 못하는 것으로 분석되었다.

이승석 한경연 부연구위원은 "국토에 비해 인구밀도가 높은 한국의 여건상 주택 시장가격에 평균 10~15% 정도 거품이 존재해 왔던 것이 사실이지만, 주택 가격 거품이 40%에 근접한 것은 지나친 수준"이라고 언급하며, "일부 지역의 가격 거품이 60%를 넘어서는 등 극단적 버블현상이 발생한 것은 핀셋규제에 따른 풍선효과 등 주택정책 실패의 결과로 볼 수 밖에 없다."라고 지적했다.

자료 : 권태신, 주택 가격 거품여부 논란 및 평가, 한국경제인협회(https://www.fki.or.kr), 경제연구실(보도자료·발표문), 2022.9.23.

주요용어 및 개념

- 물가지수
- 생산자물가지수
- 소비자물가지수
- GDP디플레이터
- 인플레이션
- 디플레이션
- 수요견인 인플레이션
- 비용인상 인플레이션
- 혼합형 인플레이션
- 스테그플레이션
- 경기변동
- 성장추세선
- 회복시장
- 상향시장
- 후퇴시장
- 하향시장
- 안정시장
- 전순환적
- 후순환적
- 거품
- 합리적 거품(rational bubble)
- 비합리적 거품
- 주택구입능력지수
- 담보인정비율(Loan-to-Value Ratio: LTV)
- 총부채상환비율(Debt-to-Income Ratio: DTI)
- 채무불이행률(Default Rate: DR)
- 총부채원리금상환비율(Debt-to-Service Ratio: DSR)
- 부채감당률
- 회귀분석
- 정보 캐스케이드

연습문제

1 인플레이션의 발생원인에 대한 유형을 설명하시오?

2 스테그플레이션(stagflation)의 개념을 설명하시오?

3 부동산 경기순환의 특징을 설명하시오?

4 부동산경기변동에 관한 설명으로 옳지 않은 것은?

① 후퇴시장 국면에서는 부동산 가격이 지속적으로 하락하고 거래량은 감소한다.

② 상향시장 국면에서는 경기상승이 지속적으로 진행되어 경기의 정점에 도달한다.

③ 하향시장 국면에서는 건축허가신청이 지속적으로 감소한다.

④ 회복시장 국면에서는 매도자가 주도하는 시장에서 매수자가 주도하는 시장으로 바뀌는 경향이 있다.

⑤ 안정시장 국면에서는 과거의 거래가격을 새로운 거래가격의 기준으로 신뢰할만한 기준이 된다.

5 거품의 개념을 설명하시오?

6 Flood and Hodrick은 자기실현적 기대감(self-fulfilling prophecies)에 의해 거품이 발생한다 하였다. 자기실현적 기대감을 간략히 설명하시오?

7 A부동산의 1년 동안 예상되는 현금흐름이다. 다음 중 옳은 것은?(단, 주어진 조건에 한함)

- A부동산 가격 : 15억원(자기자본 : 10억원, 대출 : 5억원)
- 순영업소득 : 2억원
- 영업소득세 : 6,000만원
- 저당지불액 : 8,000만원

1) 부채비율은 얼마인가?
2) 지분투자수익률은 얼마인가?
3) 부채감당비율은 얼마인가?
4) 총투자수익률은 얼마인가?

정답 1. 인플레이션의 발생원인은 수요견인 이플레이션, 비용인상 인플레이션, 혼합형 인플레이션이 있다.

2. 스테그플레이션(stagflation)이란 생산과 고용이 위축된 상황에서 높은 인플레이션이 일어나는 현상을 말한다.

3. 부동산 경기순환의 특징은
   1) 부동산 경기변동은 일반 경기변동에 비해 주기는 길고, 진폭은 크다.
   2) 부동산 경기의 각 순환 국면은 불명확하며, 불규칙적이다.
   3) 부동산 시장은 경기순환을 타지 않는 안정시장도 있다.
   4) 건축량과 거래량은 부동산 경기를 확인할 수 있는 대표적인 경기측정 지표이다.

4. ④
   회복시장 국면에서는 매수자가 주도하는 시장에서 매도자가 주도하는 시장으로 바뀌는 경향이 있다.

5. 가격 거품(price bubble)은 자산의 기본가치(fundamental value)와 실제가격 간의 차이를 보통 거품이라 한다.

6. 자기 실현적 기대감이란 내재가치가 30~40% 상승하면서 상당한 기간 지속되고 미래에도 주택 가격이 상승할 것이라는 기대감을 말한다.

7. 1. 부채비율 = 부채(대출금액) / 자기자본 = 5억원 / 10억원 = 50%
   2. 지분투자수익률 = 세전현금흐름 / 지분투자액 = (2억원-7,000만원) / 10억원 = 13%
   3. 부채감당비율 = 순영업소득 / 부채서비스액 = 2억원 / 8,000만원 = 250%
   4. 총투자수익률 = 2억원 / 15억원 = 13.3%

참고문헌

강광화, 「산업연관분석론」, 연암사, 2000, pp.12-14.

강규일, 「한 권으로 읽는 4차 산업혁명」, 책들의 정원, 2018.

고성수, "국내 부동산가격변동이 은행권에 미치는 영향 분석", KIF Working Paper. 2011권 9호, 한국금융연구원, 2011, pp.1-40.

국토교통부, "부동산서비스 디지털 전환과 시장 신뢰성 강화로 도약 발판 마련", 보도자료, 2021. 11. 29.

권호근, 「부동산 경제론」, 형설출판사, 2022.

김경한·이한식, "부동산 가격거품과 가격 전망", 대한부동산학회지, 제18권, 2000, p.61.

김경환, 「부동산 가격과 거시경제 간의 상호관계」, 한국은행 조사국 학술회의 보고서, 2003.

김경환·손재영, 「부동산 경제학」, 건국대학교 출판부, 2011.

김기호, "부의 효과의 분위 추정: 분위 정준 공적분회귀를 중심으로", BOK경제연구, 제21호, 2019.

김대식·노영기·안국신·이종철, 「현대경제학원론 제7판」, 박영사, 2018.

김민주,이엽 역(클라우스 슈밥 저), 「클라우스 슈밥의 제4차 산업혁명」, 메가스터디 BOOKS, 2018.

김상배, "국내 주식형 펀드와 인플레이션 헤지", 재무연구, 제28권 제1호, 2015, pp. 135-162.

김순용, "마코프 국면전환모형을 이용한 지역별 주택시장 경기변동 및 결정요인 분석", 「주택금융 리서치」, 통권30호, 2023. pp.50-61.

김영일, "우리나라 주택부문과 경기변동과의 관련성에 대한 실증분석: 주거용 건설투자를 중심으로", 「연구보고서 2012-01」, 한국개발연구원, 2012.

김영진, 「부동산학범론」, 동경, 동경법경학원, 1979, p.213.

박도휘·강민영·전혜린, 「Real Estate Innovations Overview」, 삼정KPMG 경제연구원에서 한글 요약보고서, KPMG Global, 2022.

박성욱, "부동산에 대한 과세의 거시경제적 효과", 금융경제연구, 제285호, 한국은행, 2007. pp.1-39.

박정윤, "주식과 부동산의 인플레이션 헷지에 관한 비교연구", 경영학연구, 제20권 1호, 1990, pp.173-197.

박진백·이영, "부동산 조세의 주택시장 안정화 효과-보유세와 거래세를 중심으로-", Journal of Real Estate Analysis, Vol.4, No.2, 2018, pp.1-19.

박형근·이상진, "부동산가격 변동과 은행 경영성과 간 관계 분석", 조사통계월보, 2월, 한국은행, 2006, pp.23-30.

서종규, 2017-2021년 부동산 관련 세수 현황 국감자료(김상훈의원) 재구성, 신아일보, 2022.9.28.

서후석, "부동산 포트폴리오 효과에 관한 연구", 부동산학보, 제16집, 1997.

송경섭·정문오·이상엽, "부동산시장의 주택매매가격지수와 주식시장 종합주가지수 및 산업별지수와의 관계 연구, 2011, pp.77-93.

송태정, 「자산가격 상승이 소비에 미치는 영향」, LGERI 리포트, LG 경제연구소, 2007.

안국신, 「안국신 경제학 길잡이」. 율곡출판사, 2022.

안정근, 「현대부동산학 제4판」, 양현사, 2009, p.168.

어명소, "부동산 서비스산업, 고부가가치 산업으로 업그레이드", 국토 제415호, 국토교통부, 2016.5.

여미향·이영수, "MS-VAR 모형을 이용한 주택가격과 주가의 상호연관성 분석", 부동산도시연구, Vol.12, No.2, 건국대학교 부동산도시연구원, 2020, pp.83-101.

오준석·이창석·정상철·권호근·정재호·최차순·유원상·이경태·이경호·이동찬, 「부동산시장분석론」, 형설출판사, 2011, p.14.

오지윤·정규철, "경기변동과 투자의 상호작용: 주택건설을 중심으로", 「연구보고서 2017-12」, KDI, 2017.

윤성훈, "자산가격 급변동이 소비에 미친 영향", 금융경제연구, 제131호, 한국은행, 2002, pp.1-28.

이강국 역(로버트 실러 저), 「비이성적 과열」, RHK(랜덤하우스 코리아), 2015.

이래영, 「부동산경제론」, 삼영사, 2009, p.119.

이선화, "주택거래 과세의 기능과 효과에 대한 연구", 「연구보고서 2015-01」, 한국지방세연구원, 2015.

이승윤·최영우, "주택자산 보유의 세대별 격차가 소비에 미치는 영향", 「조사통계월보」, 11월호, 한국은행, 2018.

이영성·이정전, “토지세와 재산세 운용에 관한 소고”, 환경논총, 제45권, 2007. pp.75-96.
이원기·최재림, “자산가격 변동이 경상수지에 미치는 영향”, 「조사통계월보」, 6월호, 한국은행, 2010.
이종규, 「부동산 경제학」, 부연사, 2011.
이태리·송인호, “종합부동산세 변화가 주택가격과 민간소비에 미치는 영향”, 국토계획, 제56권 제2호, 대한국토·도시계획학회지, 2021, pp.125-137.
이항용, “주택가격 변동과 부의 효과”, 금융경제연구, 제181호, 한국은행, 2004.
이형찬, “4차 산업혁명에 따른 부동산 산업의 전망과 대응 방향”, 국토, 제455호, 2019, pp.6-10.
임미화·정의철, “주택가격변화가 가구의 저축 및 자산축적에 미치는 영향”, 부동산학연구, 제17집 제1호, 2011, pp.83-94.
전수민·권선희, “주택가격이 가계소비에 미치는 영향”, 유라시아연구, 제14권 제4호, (사)아시아·유럽미래학회, 2017, pp.95-116.
정영식·강은정·이진희·김경훈·김지혜, 「국제사회의 부동산 보유세 논의 방향과 거시경제적 영향 분석」, 연구보고서21-17, 대외경제정책연구원, 2021.
정윤·유원상, 「부동산 경제론」, 신광문화사, 2010.
정화영, 「부동산가격 상승이 가계의 자산부채에 미치는 영향과 시사점」, 이슈보고서 22-27, 자산시장연구원, 2022.
정희남·김승종·남기찬·이상영·장희순·조병도 외, 「부동산산업의 경제적 파급효과 및 육성방안연구」, 국토연2014-27, 국토연구원, 2014.
정희남·손태락·이현석 외 57인, 「프롭테크와 부동산산업」, 부연사, 2024, pp.44-46.
차경수·김윤기, “거시경제 충격과 주택가격 간의 동태적 상관관계”, 예산정책연구, 제9권 제2호, 2020, pp.193-220.
최요철·김은영, “가계소비의 자산효과 분석과 시사점”, 「조사통계월보」, 11월호, 2007, pp.23-53.
최차순, “인구구조가 주택가격에 미치는 영향 분석”, 부동산경영, 제28집, 2023, pp.7-22.
______, “VECM을 이용한 주택가격과 주가 간의 장기관계 연구”, Asia-pacific Journal of Multimedia Services Convergent with Art, Humanities, and Sociology, Vol.8, No.9, 2018, pp.13-22.
______, “주택은 인플레이션에 헷지 할 수 있는가?”, 「대한부동산학회지」, 제68호, 2023, pp.131-147.
______, “주택의 기대인플레이션 헷지에 관한 연구”, 「대한부동산학회지」, 제30권 제1호,

2012, pp.255-278.

최희갑·임병준, "주택의 인플레이션 헤징효과", 부동산학연구, 제15권 3호, 2009, pp. 51-69.

하성규, 「주택정책론」, 박영사, 2001, p.91.

한국은행, 「산업연관분석해설」, 한국은행, 2004, pp.85-184.

홍정의, "주택거품과 분양가 상한제의 관계에 관한 연구", 부동산학보, 제80집, 2020, pp.33-49.

홍정효·고보현, "은행의 수익성 결정요인에 관한 실증적 연구", 산업경제연구, 제23권 제2호, 2010, pp.889-906.

황상현, 「조세의 부동산가격 안정화 효과 모형」, 연구보고서(국회미래연구원), 한국재정학회, 2020. 12. 15.

한국은행, 2021년 국민대차대조표(잠정)의 주요 내용, 「조사통계월보」, 제76권 제9호, 2022.

KDI, 「부동산시장 동향 주요 지표」, 2022. 3/4분기.

OECD 대한민국 대표부, "주택시장과 거시경제에 관한 연구 결과 및 시사점", 2019.5.

[영문]

Alfred A. Ring and Dasso, J., 「Real Estate, 10th ed,」 N.J.: Prrntice-Hall, Inc., Englewood Cliffs, 1985, p.29.

Amonhaemanon, D., De Ceuster, M.J.K., Annaert, J. and Long, H.L., "The Inflation-Hedging Ability of Real estate Evidence in Thailand: 1987-2011", Procedia Economics and Finance, Vol.5, 2013, pp.40–49.

Ando, A. and Modigliani, F., "The Life-Cycle Hypothesis os saving: Agrregate Implications and Tests", American Economic Review, Vol.103, 1963, pp.55-84.

Aregger, N., Brown, M., and Rossi, E., "Transaction Taxes, Capital Gains Taxes and House Prices", Working Papers No.2013-02, 2013.

Bernanke, B., Gertler, M. and Gilchrist, S., "The Financial Accelerator and the Flight to Quality", Review of Economics and Statistics, Vol.78, No.1, 1994, pp.1-15.

Bikhchandani, S., Hirshleifer, D., and Welch, I., "A theory of fads, fashion, custom, and cultural change as informational cascades", Journal of political Economy, 1992, pp.992-1026.

Blanchard, O. and Watson, M., "Bubbles, Rational Expectations and Financial Markets" In P. Wachtel (ed), Crisis in the Economic and Financial Structure, Lexington, MA.: Lexington Books, 1982.

Buiter, W.H., 「Centeral banks and financial crises」, Financial Markets Group Discussion Papers 619, Financial Markets Group, The London School of Economics and Political Science, London, UK. 2008.

Campbell, J. and Mankiw, G., "Consumption, Income, and Interest Rates: Reinterpreting the Time Series Evidence" in Blanchard and Fischer ed. NBER Macroeconomics Annual, Cambridge, MA. MIT Press, 1989.

Campbell, J.,"Intertemporal Asset Pricing without Consumption Data" American Economic Review, Vol.83, 1993, pp.487-512.

Capozza, D.R. and G.M. Schwann, "The Value of Risk in Real Estate Markets," The Journal of Real Estate Finance and Economics, Vol.3, 1990, pp.117-140.

Case, K.E., Quigley, J.M. and Shiller, R.J., "Comparing welath effects: the stock market versus the housing market. Advances in macroeconomics, Vol.5, No.1, 2005, pp.1-34.

Case, K.E., "The Market for Single-Family Homes in the Boston Area", New England Economic Review, Federal Reserve Bank of Boston, May, 1986, pp.38-48.

Cavalleri, M. C., Cournède, B. and Ziemann, V. "Housing markets and macroeconomic risks", 「OECD Economics Department Working Papers No.1555」, 2019.

CBRE Korea: Intelligent Investment, "Understanding Korea real estate liquidity flows and cap rates", Report Figures, pp.1-37, CBRE Research October, 2023.

Davis, P. and Zhu, H., "Commercial Property Prices and Bank Performance", BIS Working Paper, No.175, 2005.

DiPasquale, D. and Wheaton, W.C., 「Urban Economics and Real Estate Market」, New Jersey, Prentice Hall, 1966.

Evans, A.W., 「Economics, Real Estate & the Supply of Land」, Blackwell Publishing, 2004.

Fama, E. F. and Schwert, G.W., "Asset returns and inflation", 「Journal of financial economics」, Vol.5, No.2, 1977, pp.115-146.

Fama, E.F., "Efficient Capital Markets: A Review of Theory and Empirical Work", Journal of Finance, May 1970, pp.383-420.

Fischel, W. A., "Homevoters, municipal corporate governmance, and the benefit view of the property tax", National Tax Journal, Vol.54, No.1, 2001, pp.157-173.

Flood, P. R. and Garber, P., "Market Fundamentals versus Price-Level Bubbles: The First Tests", Journal of Political Economy, Vol.88, No.4, 1980, pp.745-770.

Flood, P. R. and Hodrick, R.J., "On Testing for Speculative Bubbles", Journal of Economic Perspectives, Vol.4, No.2, 1990, pp.85-101.

Fratzscher, M. and Straub, R., "Asset Prices and Current Account Fluctuations in G7 Economics", Working Paper Series 1014, ECB, February, 2009.

Fratzscher, M., Juvenal, L. and Sarno, L., "Asset Prices, Exchange Rates and the Current Account", Working Paper Series 790, ECB, August, 2007.

Friedman, M., 「A Theory of the Consumption Function」, Princeton University Press, 1957.

Garber, P., 「Famous First Bubbles」, The MIT press, 2001.

Gerlach, S. and Peng, W., "Bank landing and Property Prices in Hong Kong", Journal of Banking and Finance, Vol.29, No.2, 2005, pp.461-481.

Goodhart, C., "Price Stability and Financial Frgility", in K. Sawamoto, Z. Nakajima and H. Taguchi(Eds), Financial Stability in a Changing Environment, St. Martin's Press, 1995.

Grissom, T.V., Kuhle, J.L. and C.H. Walther, "Diversification Works in Real Estate, too," The Journal of Portfolio Management, Vol.13, No.2, 1987, pp.66-71.

Guren, A.M., Mckay, A., Nakamura, E. and Steinsson, J., "Housing Wealth Effects: The Long View, Review of Economic Studies", Vol.88, 2021, pp.669-707.

Hoyt, W.H., "Competitive Jurisdiction, congestion, and the Henry George Theorem: When should property taxid instead of land", Regional Science and Urban Economics, Vol.21, 1991, pp.351-370.

Huber, W., Messick, L. P. and Piver, W., 「Real Estate Economics 4th Edition」, Educational Textbook Company, Inc., 266.

Ibbotson, R and L.B. Siegel, "Real Rstate Returns: Comparison with Other Investments," Real Estate Economics, Vol.12, No.3, 1984, pp.219-242.

ISIC, Statistical Paper Series, No. 4, Rev. 2, Department of Economic and Social Affairs, Statistical Office of the United Nations, New York, 1968, P.37.

Katz, M., Lustig, H. and L. Nielsen "Are Stocks Real Assets? Sticky Discount Rates in Stock Markets", Review of Financial Studies, Vol.30, No.2, 2017, pp.539–587.

Kidland, F.E., Rupert, P. and Šustek, R., "Housing Dynamics over the Business Cycle", International Economic Review, Vol. No.4, 2016, pp.149-233.

Kiyotaki, N. and Moore, J., "Credit Cycles", Journal of Political Economy, Vol.105, No.2,

1997, pp.211-248.

Kuhn, M., Schularick, M. and Steins, U. I., "The Great American Debt Boom", 1948-2013 (Working Paper,University of Bonn), 2017.

Leamer, E.E., "Housing is the Business Cycle", 「NBER Working Paper Series, 13428」, National Bureau of Economic Research, 2007.

Lettau, M. and S. Ludvigson., "Consumption, Aggregate Wealth and Expected Stock Returns", Journal of Finance, Vol.56, 2000, pp.815-849.

Ling, D.C. and Archer, W.R., 「Real Estate Principles: A Value Approach Third Edition」, McGraw-Hill Companies, Inc., 2010.

McKenzie, D.J. and Betts, R.M., 「Essentials of Real Estate Economics Fifth Edition」, Thomson South-western, 2006.

Meese, R.A., "Testing for Bubbles in Exchange Markets: A case of Sparkling Rates?", Journal of Political Economy, Vol.94, No.2, 1986, pp.345-373.

Miller, N.G. and Geltner, D.M., 「Real Estate Principles for the new Economy」, Thomson South-western, 2005.

Miezowski, P., and Zodrow, G.R., "Taxation and the Tiebout model: The differential effects of head taxes, taxes on land rents, and property taxes", Journal of Economic Literature, Vol.27, No.3, 1989, pp.1098-1146.

Muellbauer, J.N., 「Housing, Credit and Consumer Expenditure」, Proceedings-Econo mic Policy Symposium-Jackson Hole, Federal Reserve Bank of Kansas City, 2007, pp.267-334.

Netzer, D., 「Economics of the property tax」, Washington D.C.: The Brookings Institution, 1966.

Newell, G., "The inflation-hedging characteristics of Australian commercial property: 1984-1995", 「Journal of Property Finance」, Vol.7, No.1, 1996, pp.6–20.

Nguyen, B.T.T., "Can housing investment hedge against inflation?", 「International Journal of Housing Markets and Analysis」, Vol.15, No.3, 2022, pp.1-18.

OECD, "House Prices and Economic Activity" Economic Outlook 68, 2000, pp.169-184.

OECD, Revenue Statistics 1965-2020 Interpretative Guide, 2020, pp.317-318.

OECD, Revenue Statistics in Asian and Pacific Economies, 2023, http://stats.oecd. org.

Ok, Y.K., Kim, J.M. and Park, Y.J., "The Effect of Housing Prices on Bank Performance in Korea", Sustainability, Vol.11, No.22, MDPI, 2019. pp.1-14.

Okunev, J., Wilson, P. and Zurbruegg, R., "The Causal Relationship between Real Estate and Stock Markets", The Journal of Real Estate Finance and Economics, Vol.21, No.3, 2000, pp.251-261.

Piazzesi, M. and M. Schneider, 「Inflation illusion, credit and asset pricing, in: Campbell, J. Y. (Ed.) Asset prices and monetary policy」, Chicago: The University of Chicago Press. 2008.

Shiller, J.C., "Speculative Prices and Popular Models", Journal of Economic Perspectives, Vol.42, 1990, pp.55-65.

Shiller, R. J., 「Irrational Exuberance」, Princeton University Press, 2000.

Sim, S.H. and Chang, B.K., "Stock and Real Estate Markets in Korea: Wealth or Credit-Price Effect", Jouranal of Economic Research, Vol.11, 2006, pp.99-122.

West, Kenneth, "A Specification Test for Speculative Bubbles", The Quarterly Journal of Economics, August 1987, pp.553-680.

Wilson, J.D., "Property taxation, congestion, and local public goods", Journal of Public Economics, Vol.64, 1997, pp.207-217.

Wolswijk, G. "Fiscal Aspects of Housing in Europe", mimeo, 2008.

Yeap, G.P. and H.H. Lean, "Asymmetric inflation hedge properties of housing in Malaysia: New evidence from nonlinear ARDL approach", Habitat International, Vol.62, April 2017, pp.11-21.

〈자료 및 웹사이트〉

국세청, 각 년도 국세통계연감. https://www.nts.go.kr

권태신, 주택가격 거품여부 논란 및 평가, 경제연구실: 보도자료·발표문, 한국경제인협회, 2022.9.23. https://www.fki.or.kr.

KB 국민은행. https://www.kbstar.com.

금융투자협회, 2022년 주요국 가계 금융자산 비교. http://www.kofia.or.kr

금진호(한국연금개발원 연구위원/목원대 겸임교수), 충남일보, 2019.10.9.

김기환, 중앙일보, 2023.1.13.

대한민국 정책브리핑(www.korea.kr), 2013.4.2.

박인혜·김희래 기자, 매일경제, 2023.10.25.

신임호(사회2부 차장), 매일경제, 1998.3.27.

통계청 국가통계포털. https://kosis.kr

통계청, 각 년도 통계연감, 도소매,「서비스업 주요 현황. https://kostat.go.kr/bord

통계청, 표준산업분류표, 2020. http://unstats.un.org.

통계청, 행정자료를 활용한「2022년 주택소유통계」결과, 보도자료, 2023.11.14.

통계청, 2022년 국민대차대조표 결과(잠정), 보도자료, 2023.7.20.

한국부동산원. https://www.reb.or.kr

한국은행 경제통계시스템. https://ecos.bok.or.kr

한국저작권위원회. https://www.copyright.or.kr

한국증권거래소. https://www.co.kr

황인학(한국경제연구원선임연구위원), 한국경제신문/경제칼럼(A20), 2015.5.30.

CBRE Korea: Intelligent Investment. https://www.cbrekorea.com

Cushman & Wakefield Korea Research, Issue Reprot Vol.4, September 2023.

Forbes Global 2000. https://www.forbes.com.

FORTUNE KOREA, 2023년 포춘 글로벌 500대 기업. https://www.fortunekorea.co.kr./news/articleView.html?idxno=29430, 2023.8.2.

GlobalEconomic.com

Statista. https://www.statista.com

Trading Economics. https://ko.tradingeconomics.com

UN Statistics Division(2023.12). ISIC Revision 4. http://unstats.un.org.

World Input Output Database. https://www.wiod.org

Zillow.com

영문 색인

A

B

C

D

E

F

G

Q

R

S

한글 색인

ㄱ

부동산 경제학

1판 1쇄 인쇄 2024년 09월 25일
1판 1쇄 발행 2024년 10월 05일
저 자 최차순
발 행 인 이범만
발 행 처 **21세기사** (제406-2004-00015호)
경기도 파주시 산남로 72-16 (10882)
Tel. 031-942-7861 Fax. 031-942-7864
E-mail : 21cbook@naver.com
Home-page : www.21cbook.co.kr
ISBN 979-11-6833-160-0

정가 32,000원